Le swahili
Collection Sans Peine

par **Odile Racine**

Illustrations de J.-L. Goussé

94430 Chennevières-sur-Marne
FRANCE

© ASSIMIL 2017
ISBN 978-2-7005-0773-7

Nos méthodes

sont accompagnées d'enregistrements sur CD audio ou téléchargement, et existent désormais en version numérique*.

*e-méthode disponible sur le site www.assimil.com, Google Play et App Store

Sans Peine

L'allemand
L'anglais
L'anglais d'Amérique
L'arabe
Le bulgare
Le chinois
Le coréen
Le croate
Le danois
L'égyptien hiéroglyphique
L'espagnol
Le finnois
Le grec
Le grec ancien
L'hébreu
Le hindi
Le hongrois
L'indonésien
L'italien
Le japonais
Le khmer
Le latin
Le malgache
Le néerlandais
Le norvégien
Le persan
Le polonais
Le portugais
Le portugais du Brésil
Le roumain
Le russe
Le sanskrit
Le suédois
Le swahili
Le tchèque
Le thaï
Le turc
L'ukrainien
Le vietnamien

Perfectionnement

Allemand
Anglais
Espagnol
Italien
Russe

Langues régionales

Le breton
Le catalan
Le corse
L'occitan

Affaires

L'anglais des affaires

Objectif langues

Apprendre l'allemand
Apprendre l'anglais
Apprendre l'arabe
Apprendre le chinois
Apprendre le créole guadeloupéen
Apprendre le danois
Apprendre l'espagnol
Apprendre l'hébreu
Apprendre l'islandais
Apprendre l'italien
Apprendre le japonais
Apprendre le néerlandais
Apprendre le portugais
Apprendre le russe
Apprendre le serbe
Apprendre le tchèque
Apprendre le wolof
Learn French

Sommaire

Introduction VII

Leçons 1 à 100
1 Hujambo? 1
2 Mkahawani 3
3 Juma yuko wapi? 7
4 Njiani 9
5 Safari 13
6 Hongera 17
7 Marudio 19
8 Chumba cha hoteli 25
9 Unapoteza kila kitu! 27
10 Asubuhi 31
11 Kujiandaa na harusi 33
12 Visa vya babu 37
13 Simu 41
14 Marudio 45
15 Kujipiga picha 49
16 Baada ya safari 55
17 Labda una saa mbovu 57
18 Dhoruba 61
19 Maulidi 65
20 Wanyamapori 69
21 Marudio 73
22 Zawadi 79
23 Dukani 83
24 Unatia chumvi 87
25 Matatu 91
26 Kwenda Mnazi Mmoja 95
27 Viza 97
28 Marudio 101
29 Kuli 107
30 Jikoni 111
31 Mbu 113

32	Sokoni	117
33	Ndoto mbaya	119
34	Kuishi kwingi kuona mengi	123
35	Marudio	127
36	Mtoto huyu hana masikio	133
37	Bajaji au bodaboda?	137
38	Baiskeli	141
39	Gari la kwenda shamba	143
40	Mashanuo	147
41	Kitendawili	151
42	Marudio	155
43	Baada ya sala	161
44	Mchezo wa watoto	163
45	Malai, malai	167
46	Barazani	171
47	Kwenda taarabuni	175
48	Sinema	179
49	Marudio	181
50	Kituo cha basi	189
51	Maskani	193
52	Mzungu, piga picha	197
53	Kwa daktari wa meno	201
54	Ghadhabu	205
55	Wezi	207
56	Marudio	211
57	Kidumbaki	219
58	Duka la vitabu	223
59	Sanaa ya kimakua	225
60	Saba saba	229
61	Kwa sonara	233
62	Kwenye kichochoro	237
63	Marudio	241
64	Kunguru	245
65	Kuhama	249
66	Kiu	253
67	Kompyuta mbovu	257
68	Kuuliza	261
69	Lamu	265
70	Marudio	269

71	Barua	273
72	Twenzetu!	277
73	Ukoo	281
74	Pweza	285
75	Majibu ya barua	289
76	Posta	293
77	Marudio	297
78	Mpira	305
79	Ujana	307
80	Mazungumzo ya wanawake	311
81	Kuwahi kazini	315
82	Kufanya kamba	317
83	Shahidi avunja mbavu wasikilizaji	321
84	Marudio	325
85	Mzee Zisi na kijichura	331
86	Kwa kinyozi	335
87	Mkwezi	339
88	Haraka haraka haina baraka	343
89	Matunda	345
90	Pikiniki	349
91	Marudio	353
92	Pirika pirika	359
93	Bahari chafu	363
94	Balaa za Tatu	367
95	Baruapepe	371
96	Kwa fundi	373
97	Kuagana	377
98	Marudio	381
99	Ngalawa	383
100	Kwenye ndege	387

Appendice grammatical	394
Index grammatical	399
Bibliographie	405
Lexique swahili - français	408
Lexique français - swahili	439

Introduction

Kila mlango na ufunguo wake, *chaque porte a sa clef*, dit le proverbe. Et il est vrai qu'une langue est sans aucun doute le "sésame" qui vous ouvrira de nouveaux horizons.
Grâce au swahili, vous pourrez, dans un premier temps, découvrir les différentes cultures d'Afrique orientale. En vous penchant sur sa grammaire, vous pourrez également, si vous le souhaitez, aborder avec plus de facilité la plupart des langues parlées au sud d'une ligne allant du Cameroun à la Somalie méridionale.

Le swahili : une langue bantoue

Les innombrables langues actuellement parlées en Afrique se partagent en quatre grandes familles : les langues khoisan parlées en Afrique du Sud et en Tanzanie ; les langues afro-asiatiques en Afrique du Nord et au Proche-Orient ; les langues nilo-sahariennes au nord et à l'est du continent ; et enfin celles du groupe Niger-Congo, constitué en majorité par les langues bantoues.

Cet ensemble, qui couvre un tiers du continent et compte de nos jours plus de quatre cents langues parlées par plus de 130 millions de personnes, est d'une grande homogénéité notamment dans toute la partie orientale de l'Afrique, depuis le Kenya jusqu'en Afrique du Sud.

Le foyer d'origine des langues bantoues se situe le long du fleuve Bénoué qui prend sa source au Tchad, traverse le nord du Cameroun et se jette dans le Niger un peu au sud d'Abuja au Nigéria. C'est depuis cette région que des populations parlant ce que l'on appelle le proto-bantou se sont dispersées dans le reste de l'Afrique d'une part en longeant la côte Atlantique jusqu'en Namibie et d'autre part en suivant le fleuve Congo et ses affluents.

On distingue actuellement trois grands ensembles : les langues de la région d'origine et qui sont parlées dans le Cameroun et le Gabon actuels, les langues de l'Ouest et les langues de l'Est auxquelles appartient le swahili qui est issu d'une langue de la région du fleuve Tana, au nord-est du Kenya (ainsi que le comorien et le mijikenda).

Histoire d'une langue

Le swahili, ou "langue de la côte" – dont le nom est issu d'un terme arabe qui, en français, a donné *sahel* – se serait répandu sur la côte d'Afrique orientale entre le IXe et le XIIe siècle. Jusqu'au XIXe siècle, l'histoire de cette région est celle de cités-États qui rivalisent pour le contrôle des routes commerciales. Au Xe siècle, Kilwa tire sa richesse de l'exportation de l'or et rayonne sur toute la région. Elle est supplantée par Mombasa aux XVe et XVIe siècles. À cet émiettement politique correspond une différenciation des dialectes swahilis. Ceux-ci se répartissent aujourd'hui – d'après des critères linguistiques – en dialectes septentrionaux, parlés sur la côte kenyane, dans l'archipel de Lamu et au sud de la Somalie, et en dialectes méridionaux dispersés le long de la côte tanzanienne, au nord du Mozambique et dans les îles d'Unguja et de Pemba qui forment aujourd'hui Zanzibar.

Au début du XIXe siècle, le sultan d'Oman, Seyyid Said, établit sa domination sur Zanzibar dont il fait sa capitale en 1838. Il fait venir des colons omanais et transforme radicalement l'économie de l'archipel qu'il oriente vers la production et l'exportation du clou de girofle et de la noix de coco, le trafic d'esclaves et le commerce de l'ivoire. C'est l'époque où les caravanes, parties de Zanzibar, s'enfoncent dans l'intérieur des terres et établissent des caravansérails le long de la route. La plus fréquentée relie alors Bagamoyo, au nord de Dar es-Salaam, à la région des Grands lacs et à l'est du Congo. Tabora est fondée à la fin des années 1830, ainsi qu'Ujiji près de l'actuelle Kigoma sur le lac Tanganyika. En 1843, les premières expéditions atteignent l'Ouganda actuel. Ce sont ces routes que reprendront les explorateurs européens, précurseurs de la colonisation occidentale, tels Speke et Burton (1857-1858), Livingstone (1866, 1871-1872) et Stanley (1871).

Dans le même temps, les données économiques ayant évolué en Occident, la propagande anti-esclavagiste s'y est développée, et en 1885, la conférence de Berlin établit les bases d'un partage de l'Afrique entre puissances européennes, tout en se faisant un devoir de lutter contre l'esclavage. En 1891, le protectorat allemand est instauré sur ce qui devient le Tanganyika et sa capitale est établie à Dar es-Salaam. Cette situation dure jusqu'à la fin de la première guerre mondiale à l'issue de laquelle le Tanganyika est placé sous mandat britannique.

Au Tanganyika, les méthodes administratives allemandes diffèrent totalement de celles adoptées par les Anglais. En effet, ils ont à faire face à des populations qui, bien que divisées – quelques 126 ethnies actuellement en Tanzanie, dont aucune n'a le poids démographique pour supplanter les autres –, s'opposent violemment à eux, notamment à travers la révolte maji-maji. Ils ont besoin d'une infrastructure pour mieux exploiter ce territoire, et s'appuient donc sur une administration locale, constituée de fonctionnaires subalternes dont la majorité, issue de la côte, s'exprime en swahili. C'est pourquoi ils choisissent de diffuser son enseignement dans les écoles.

Dans les colonies britanniques, la situation est toute différente. En 1887, le sultan Barghash ben Saïd abandonne ses possessions de la côte kenyane à la *British East Africa Company* et trois ans plus tard, Zanzibar devient un protectorat de la Grande-Bretagne. En 1895, les Anglais contrôlent l'archipel de Zanzibar, le Kenya et l'Ouganda actuels.

Dans ces régions, le swahili n'est parlé que par les habitants de la côte, ceux de l'intérieur le considérant comme la langue des esclavagistes, et les autorités religieuses, pour des raisons d'efficacité dans leur propagande, ne sont pas favorables à sa diffusion. Elles pensent en effet que leur message sera mieux compris s'il est exprimé dans la langue maternelle de leurs ouailles et considèrent par ailleurs le swahili comme le véhicule de l'islam.

Dans cette partie de l'Afrique orientale, sa diffusion n'est pas le résultat d'une politique planifiée, mais la conséquence des modifications que connaît la région. En effet, le swahili se répand dans l'intérieur avec la construction de la voie de chemin de fer qui relie Mombasa à l'Ouganda, surnommée la "perle de l'Afrique". Ce n'est donc pas la langue des fonctionnaires et de l'administration, mais bien celle des travailleurs, l'anglais restant toujours la langue de promotion sociale.

Ces différences de statut ont peu évolué depuis les indépendances dans les années soixante. Dans l'ex-Tanganyika, qui se fédère avec

Zanzibar en 1964 pour former la Tanzanie, le swahili joue un rôle important dans l'élaboration d'un sentiment national. Dans ce pays, dès 1955, le swahili avait été reconnu comme langue nationale aux côtés de l'anglais pour les débats du conseil législatif. Dès l'indépendance, il est aussitôt déclaré langue nationale et continue ainsi d'être employé dans la vie politique et administrative. Le "Père de la Nation" tanzanienne (en swahili **Baba wa Taifa**), Julius Kambarage Nyerere, est un remarquable tribun dont même les adversaires politiques savourent les métaphores, les bons mots et les exercices de style. Ce rôle de langue de la vie politique ne s'est jamais démenti.

Avec l'adoption du multipartisme dans les années quatre-vingt-dix, la presse et les médias connaissent un fort développement. Ce dernier est un peu retombé depuis l'accélération de la mondialisation au début du XXIe siècle.

Au Kenya, on l'a vu, la situation est différente : il n'existe qu'un seul quotidien en swahili, car le swahili est concurrencé par des langues parlées par des ethnies qui pèsent lourd dans la vie politique, comme les Kikuyu et les Luo. Il est cependant enseigné dans le primaire et le secondaire – bien que ce ne soit pas la langue d'enseignement – et les librairies de Nairobi et de Mombasa regorgent de manuels, de romans[1] et d'ouvrages littéraires dans cette langue. En Ouganda, il est surtout parlé par les militaires et il n'est enseigné qu'à l'université.

Kenya, Tanzanie et Ouganda qui avaient été réunis sous la domination britannique à la suite de la première guerre mondiale, tentèrent, à la suite des indépendances, de fonder un ensemble économique commun qui dura de 1967 à 1977. Avec l'accélération de la mondialisation dès la fin du XXe siècle, la Communauté d'Afrique de l'Est fut reconstituée lors d'un traité signé à Arusha le 30 novembre 1999. Ce dernier entra en vigueur le 7 juillet 2000. Il établit que l'anglais et le swahili sont les deux langues de travail de la communauté.

---

[1] Le swahili est une langue qui connaît une abondante littérature. Les premiers textes, écrits en caractères arabes et en dialecte de Lamu, datent du XVIIe siècle.

En 2007, le Rwanda et le Burundi ont adhéré à ce qui est appelé en swahili **Jumuiya ya Afrika Mashariki**. Conformément à ses engagements, le 8 février 2017, le Rwanda a adopté le swahili comme quatrième langue nationale.

Quel swahili apprendre ?

C'est le besoin d'adopter une forme normalisée du swahili pour l'enseigner dans le secondaire qui a poussé les autorités coloniales britanniques à élaborer une forme standard.

Le *kiunguja*, swahili parlé dans la ville de Zanzibar, qui, à travers l'histoire, avait été diffusé à l'intérieur des terres, a été, non sans difficultés, choisi comme base. Afin d'harmoniser ce projet, un Comité Linguistique interterritorial créé le 1er janvier 1930, fut chargé de l'élaboration de manuels et de dictionnaires – dont le Johnson mentionné dans la bibliographie. Après la seconde guerre mondiale et son rattachement à l'université de Makerere à Kampala, il se tourna davantage vers des activités de recherche, notamment sur les dialectes. Depuis, il a été intégré à l'université de Dar es-Salaam où l'*Institute of Swahili Studies* mène des travaux de lexicologie et de lexicographie qui se sont traduits par la publication de dictionnaires en swahili portant sur la langue moderne et sur la langue scientifique.

C'est ce swahili standard, par ailleurs employé dans certaines publications de l'ONU et de l'UNESCO, que nous vous proposons ici, mais nous avons pris soin de souligner, dans les notes, les quelques emplois locaux qui pourraient éventuellement vous dérouter.

Apprendre le swahili avec Assimil : mode d'emploi

Si chaque porte a sa clef, celle d'un apprentissage réussi réside dans la régularité. Nous vous proposons donc une méthode pratique, progressive et plaisante, qui révélera toute son efficacité à condition que vous soyez assidu, sans déroger à cette règle d'or. Choisissez de consacrer une demi-heure par jour à votre apprentissage, et si vous manquez de temps, réduisez le dosage quotidien, mais ne "sautez" pas une séance pour ensuite tenter de la "récupérer". Inversement, n'en faites pas trop à la fois au risque de vous perdre.

La première vague ou phase d'imprégnation

Comment procéder ? Si vous disposez des enregistrements, commencez par écouter le dialogue de la leçon afin de vous mettre la "chanson" de la langue dans l'oreille. En swahili, les accords grammaticaux rythment la phrase comme un refrain, et les règles des dérivations verbales sont basées sur des harmonies vocaliques ; vous gagnerez donc à vous familiariser le plus rapidement possible avec cette musique.
Vous serez aidé par la transcription phonétique donnée en début d'ouvrage mais rien ne vaut une mémorisation orale avec les intonations marquant l'étonnement, la colère ou l'interrogation, aussi ne saurions-nous que trop vous recommander de vous procurer les enregistrements qui faciliteront grandement votre apprentissage.

Lisez ensuite votre texte en vous reportant à la traduction française. Les notes ont pour but d'attirer votre attention sur certains points, de répondre à vos questions, de décortiquer ce que vous avez assimilé de façon intuitive, et enfin d'analyser ce que vous avez acquis spontanément. Vous trouverez également des notes culturelles à la fin de certaines leçons afin de vous donner quelques clés de la culture swahilie.

Une fois le texte compris, répétez le dialogue phrase par phrase (immédiatement après l'écoute si vous possédez les enregistrements). L'essentiel est que la phrase sorte naturellement, comme si vous étiez de langue maternelle swahilie. Cette imitation du spontané créera peu à peu en vous les habitudes et les réflexes qui constituent la connaissance assimilée d'une langue.

À la fin de chaque leçon, faites les exercices proposés : ils constituent les applications directes de ce que vous venez d'apprendre.
Une fois par semaine, les leçons de révision font la synthèse de vos acquis grammaticaux, qu'elles complètent et systématisent. Attention ! Ces leçons font partie intégrante de votre apprentissage ; consacrez-leur autant de temps que pour toute nouvelle leçon.

La deuxième vague ou phase d'activation

Vous procéderez ainsi jusqu'à la 49e leçon. À partir de la 50e, vous passerez à la "phase d'activation" ou "deuxième vague", c'est-à-dire que tout en continuant à avancer comme précédemment dans les nouvelles leçons, vous reprendrez une à une celles que vous avez déjà apprises, en commençant par la première et à raison d'une par jour. Nous vous demanderons alors de traduire les textes français de chaque leçon en swahili. Cette "deuxième vague" vous permettra de constater tous les progrès que vous avez faits tout en vous aidant à les consolider. Nous vous en reparlerons le moment voulu.

Les enregistrements

Réalisés par des locuteurs natifs de langue swahili, ils vous permettront de vous familiariser avec la musique de la langue et vous feront découvrir des sons nouveaux.

Pour vous permettre de vous familiariser avec la langue en douceur, les leçons 1 à 6 et 8 à 13 sont enregistrées deux fois : une fois entièrement, une seconde fois phrase à phrase, chacune suivies d'un blanc vous permettant de répéter. À partir de la leçon cinquante, du fait de la longueur des phrases dans les exercices, vous serez appelé à mettre votre appareil en "pause" pour vous laisser le temps de répéter chaque phrase.

Orthographe et prononciation

Le swahili est réputé pour être une langue facile. Disons, pour être plus proche de la vérité, que c'est une langue d'une régularité extrême, presque "informatique" si l'on peut oser ce rapprochement.

Si vous vous laissez pénétrer par sa logique propre, elle ne vous semblera pas difficile. Laissez-vous guider par nos notes explicatives sans essayer de la comparer avec des langues européennes, sauf bien entendu, lorsque nous vous le signalerons.

Comme toutes les langues bantoues, le swahili est une langue à classes. Cela n'a rien à voir avec une déclinaison, mais signifie que les noms entrent dans des catégories comme le masculin ou le féminin en français. On dit aussi que c'est une langue "agglutinante", ce qui veut dire que les "mots" peuvent s'accrocher les uns aux autres pour former un tout ayant un sens global ; c'est le cas du module verbal – appelé ainsi justement en raison de sa souplesse – que nous avons pris soin de segmenter systématiquement dans les notes.

Le swahili s'écrit comme il se prononce, vous vous habituerez vite aux quelques règles d'orthographe. Quant à la prononciation, elle ne devrait pas trop vous dérouter.
L'écriture du swahili ne présente aucune difficulté pour nous, puisqu'elle fait appel aux caractères latins. Quant à l'orthographe, elle est très simple.

Contrairement aux autres langues bantoues qui comportent des tons, le swahili est une langue accentuelle qui, pour un francophone, ne pose pas de gros problèmes de prononciation. L'accent est toujours placé sur l'avant-dernière syllabe du mot. Prononcez à voix haute et n'hésitez pas à exagérer un peu au début. Sachez aussi que plus vous parlerez lentement, plus on appréciera votre prononciation.

Les voyelles sont au nombre de cinq et se prononcent toutes comme en français. Par contre, l'écriture diffère pour quelques-unes d'entre elles. Ce qui s'écrit **e** se prononce *[é]* et ce qui s'écrit **u** se prononce *[ou]*.
La consonne **j** se prononce *[dy]* comme dans *dièse* ou *diabolo*. Le **h** est toujours aspiré. Essayez d'y faire attention : c'est important pour éviter la confusion entre certains mots.

Voici les caractéristiques :

Orthographe	Transcription phonétique	Prononciation
u	*ou*	comme dans *doux*
th	*th*	comme dans l'anglais **think**
dh	*dh*	comme dans l'anglais **this**
t	*t*	la pointe de la langue s'appuie sur la partie ridée du palais, légèrement en retrait derrière les dents
d	*d*	(*id.*)
s	*s*	toujours sifflant, même entre deux voyelles, comme dans *cassé* ou *facile*
z	*z*	comme dans *gazon*
r	*r*	toujours roulé ; si vous n'y arrivez pas, n'hésitez pas à prononcer *l* comme un certain nombre de locuteurs dont le swahili n'est pas la langue maternelle
ch	*tsh-*	comme dans *Tchad*
sh	*sh*	comme dans *chat*
j	*dy-*	comme dans *dieu*, *diamant*, *dièse*
ny	*gn-*	comme dans *montagne*
k	*k*	comme dans *kaki* ; *q* n'existe pas et *c* n'est jamais seul
g	*g*	comme dans *guerre* ou *gare*
gh	*gh*	correspond au *r* français comme dans *grave*
ng'	*ng'*	ce son, entre *[ing]* en *[ingn]*, s'obtient en bouchant le conduit nasal avec le dos de la langue tout en maintenant la pointe de celle-ci derrière les dents du bas
h	*h*	toujours aspiré comme dans l'anglais **home**.

Et maintenant, vous voilà prêt à attaquer la première leçon !

1 / Somo la kwanza

Avant d'entamer votre première leçon, veillez à bien lire les pages qui précèdent. Vous y trouverez toutes les explications préliminaires indispensables à un apprentissage efficace.

Somo la kwanza [*somo la kwanza*]

Hujambo? [1]

1 – Hu**jam**bo? [2]
2 – Si**jam**bo. **Na we**we hu**jam**bo?
3 – **Mi**mi si**jam**bo **sa**na. **Na bi** [3] Ma**u**a ha**jam**bo?
4 – Ha**jam**bo. [4]
5 – **Na** wa**to**to hawa**jam**bo [5]?
6 – Hawa**jam**bo. Ah**san**te [6].

Prononciation
houdyambo **1** *houdyambo* **2** *sidyambo. na ouéoué houdyambo* **3** *mimi sidyambo sana. na bi maua hadyambo* **4** *hadyambo* **5** *na ouatoto haouadyambo* **6** *haouadyambo. asanté*

Notes

1 Il n'y a pas de vouvoiement en swahili. Mais vous verrez que les règles de politesse sont assez nombreuses. Ce dialogue est un aperçu de la série des salutations échangées entre deux personnes qui se rencontrent. Questions et réponses sont assez formelles, mais vous y prendrez vite plaisir. Il est si agréable de pouvoir converser sans être obligé de parler de quelque chose de précis !

2 **Jambo** n'est pas un verbe mais un nom qui signifie *affaire* ; il est pourtant précédé de **hu-** qui est un pronom que l'on préfixe habituellement à un verbe. Vous vous apercevrez vite qu'en swahili la frontière entre nom et verbe n'est pas aussi étanche qu'en français. Ce pronom signifie *tu* et *ne pas* en même temps. Nous l'appellerons marqueur de sujet.

1 • **moja** [*modya*]

Dans les traductions françaises, les mots entre parenthèses ( ) correspondent à une traduction littérale du swahili. Les mots entre crochets [ ] n'apparaissent pas en swahili mais sont nécessaires en français.

Première leçon

Tu vas bien *(tu-pas-problème)* ?

1 – Tu vas bien *(tu-pas-problème)* ?
2 – Je vais bien *(je-pas-problème)*. Et toi, tu vas bien *(tu-pas-problème)* ?
3 – Moi je vais très bien *(moi je-pas-problème très)*. Et madame Maua, elle va bien *(et madame Maua elle-pas-problème)* ?
4 – Elle va bien *(elle-pas-problème)*.
5 – Et [les] enfants vont bien *(et enfants ils-pas-problème)* ?
6 – Ils vont bien *(ils-pas-problème)*. Merci.

3 **Bi**, qui signifie *madame*, est très employé à Zanzibar. C'est aussi bien un terme d'adresse qu'un terme descriptif. Sur le continent on dira **mama** suivi du prénom du premier fils, nous y reviendrons ultérieurement. Dans l'exemple donné ici, celui qui pose la question ne peut le faire que parce que **Bi Maua** est l'épouse de l'un des deux locuteurs. **Maua** signifie *fleurs*.

4 Tout comme en français, seule l'intonation permet de faire la différence entre l'interrogation et l'affirmation.

5 Notez la répétition de **wa** dans **watoto**, *les enfants*, et **hawajambo**, *ils vont bien*.

6 On peut aussi orthographier **asante**.

[mbili] **mbili** • 2

2 / Somo la pili

▶ Zoezi la kwanza – Tafsiri
Exercice 1 – Traduisez

❶ Bi Maua hajambo? ❷ Hajambo. Na wewe hujambo? ❸ Mimi sijambo. ❹ Watoto hawajambo? ❺ Hawajambo. Ahsante.

***

Zoezi la pili – Kamilisha
Exercice 2 – Complétez (Chaque point représente une lettre ; le dernier point est celui de la ponctuation.)

❶ Tu vas bien ?
. . . . ?

❷ Les enfants vont bien ?
. . . . . . hawajambo?

❸ Ils vont bien.
. . . .

❹ Madame Maua va bien ?
Bi Maua . . . . ?

❺ Elle va très bien, merci.
Hajambo . . . . , ...

Somo la pili *[somo la pili]*

▶ Mkahawani [1]

1 – Habari?
2 – Nzuri.
3 – Leo una pilau au biriani [2]?
4 – Leo nina pilau, sina biriani [3].
5 – Nina njaa. Lete pilau mbili. [4]
6 – Na [5] maji?
7 – Hapana. Lakini lete soda moja na chai moja.
8 – Haya. ☐

Deuxième leçon / 2

Corrigé de l'exercice 1
❶ Madame Maua va bien ? ❷ Elle va bien. Et toi tu vas bien ? ❸ Moi je vais bien. ❹ Les enfants vont bien ? ❺ Ils vont bien. Merci.

***

Corrigé de l'exercice 2
❶ Hujambo ❷ Watoto – ❸ Hawajambo ❹ – hajambo – ❺ – sana, ahsante

Deuxième leçon

Au café
(café-au)

1 – [Quelles sont les] nouvelles ?
2 – Bonnes.
3 – Aujourd'hui tu as [du] pilau ou [du] biriani *(aujourd'hui tu-as pilau ou biriani)* ?
4 – Aujourd'hui j'ai [du] pilau, je n'ai pas [de] biriani *(aujourd'hui j'ai pilau je-n'ai-pas biriani)*.
5 – J'ai faim. Apporte deux pilau *(pilau deux)*.
6 – Et [de l']eau ?
7 – Non. Mais apporte un soda et un thé *(mais apporte soda un et thé un)*.
8 – D'accord.

2 / Somo la pili

💬 Prononciation
mkaha**ouani 1** habari **2** nzouri **3** léo **ou**na pilaou aou biriani **4** léo nina pilaou, **si**na biriani **5 ni**na njaa. l**é**té pilaou **m**bili **6** na ma**dy**i **7** hapana. lakini l**é**té **so**da mo**dy**a na tshaï mo**dy**a **8** haya

Notes

1. Le suffixe **-ni** indique le lieu.

2. Le pilau et le biriani sont deux plats de riz à la viande. Ce sont deux plats d'origine indienne. Le pilau est devenu un plat courant tandis que le biriani est généralement cuisiné pour les fêtes. Les épices les plus variées entrent dans leur composition : ail, gingembre, cardamome, cannelle, cumin, poivre, et pour le second : safran et curry.

3. Le marqueur de sujet est un pronom préfixé au verbe. Comme si en français on écrivait *j'ai* en attachant tout. Nous parlerons donc de préfixe verbal lorsque nous ferons référence à la position dans le verbe ou de marqueur de sujet lorsque nous nous intéresserons à la fonction de ce pronom. Vous aurez sans doute remarqué qu'ils sont différents à la forme affirmative et à la forme négative : **nina**, *j'ai*, et **sina**, *je n'ai pas*. Ici, c'est le pronom seul qui permet de faire la différence entre la forme

***

▶ Zoezi la kwanza – Tafsiri
Exercice 1 – Traduisez

❶ Habari? – Nzuri. ❷ Una chai? – Hapana. Sina chai, lakini nina soda. ❸ Nina njaa. ❹ Una pilau? ❺ Hapana, sina pilau, lakini nina biriani.

***

Zoezi la pili – Kamilisha
Exercice 2 – Complétez

❶ Quelles sont les nouvelles ? – Bonnes.
   . . . . . . ? – . . . . . .

❷ Tu as du pilau ?
   . . . pilau?

❸ Non, je n'ai pas de pilau.
   Hapana, ... pilau.

5 • **tano** *[tano]*

Deuxième leçon / 2

Remarques de prononciation
(Les chiffres devant les remarques renvoient au numéro de phrase dans le dialogue.)

(1) Vous avez peut-être eu l'impression d'entendre **habali**. Vous ne vous êtes pas trompé. Certains locuteurs, notamment ceux dont le swahili est la langue maternelle, prononcent *[habari]* et d'autres placent la pointe de la langue juste un peu plus en avant sur les alvéoles et prononcent *[l]*. Adoptez ce qui vous conviendra le mieux.

(1), (7) Notez que le **r** est roulé et que **ch** se prononce toujours *[tsh]*.

(5), (7) Le **j** ne peut plus se prononcer **dy** quand il est précédé d'une nasale. Dans **njaa**, prononcez-le comme *[j]* en anglais.

affirmative et la forme négative. Nous avons déjà rencontré le pronom **si** dans **sijambo**, *je vais bien* ("je-pas-problème").

4 Les adjectifs se placent après le nom qu'ils déterminent.

5 **Na** signifie *et/avec*. Comme il n'y a pas de verbe *avoir* en swahili, au présent on exprime la possession à l'aide de la copule **na** précédée du marqueur de sujet. Il ne s'agit pas d'un verbe puisque **na** ne peut pas être conjugué.

***

Corrigé de l'exercice 1
❶ Quelles sont les nouvelles ? – Bonnes. ❷ Tu as du thé ? – Non. Je n'ai pas de thé mais j'ai des sodas. ❸ J'ai faim. ❹ Tu as du pilau ? ❺ Non, je n'ai pas de pilau mais j'ai du biriani.

***

❹ Et tu as du biriani ?
. . una biriani?

❺ Non, je n'en ai pas.
. . . . , sina.

Corrigé de l'exercice 2
❶ Habari – Nzuri ❷ Una – ❸ – sina – ❹ Na – ❺ Hapana –

[sita] sita • 6

Somo la tatu [somo la tatou]

Juma yuko wapi?

1 – **Ho**di? [1]
2 – Ka**ri**bu.
3 – **U**ko **wa**pi? [2]
4 – **Ni**po [3] ji**ko**ni. **Pi**ta.
5 – Shika**mo**o. [4]
6 – Mara**ha**ba. [5] Hu**jam**bo?
7 – Si**jam**bo. **Ju**ma **yu**ko **wa**pi?
8 – **Yu**ko ka**zi**ni.
9 – La**ki**ni **le**o **ni** [6] **Ju**ma**pi**li!

Prononciation

*dyou*ma *you*ko *oua*pi 1 *ho*di 2 ka*ri*bou 3 *ou*ko *oua*pi 4 *ni*po
*dyi*koni. *pi*ta 5 shika*mo*o 6 mara*ha*ba. hou*dyam*bo 7 si*dyam*bo.
*dyou*ma *you*ko *oua*pi 8 *you*ko ka*zi*ni 9 la*ki*ni *lé*o *ni* dyou*ma*pili

Notes

1 **Hodi** est un terme utilisé soit pour appeler soit pour s'annoncer lorsqu'on veut entrer dans une maison ou dans une pièce, même lorsque l'on est accompagné d'un membre de la maison. **Karibu**, littéralement *bienvenue*, en est toujours la réponse, car il est en effet impensable de ne pas ouvrir sa porte. La traduction adoptée ici n'est que l'équivalent de ce que l'on dit en français dans une situation similaire.

2 "Être" dans un lieu s'exprime par une construction [marqueur de sujet + locatif], c'est-à-dire ici : [tu + lieu]. Nous avons déjà rencontré ce préfixe marqueur de sujet dans **una**, *tu as*, et sa forme négative dans **Hujambo?**, *Tu vas bien ?* (voir leçon 1, note 2).

3 Avec **nipo** la construction est aussi [marqueur de sujet + locatif]. Vous avez sans doute noté que les deux locatifs sont différents. Le premier, **-ko**, s'emploie pour parler d'un lieu indéterminé ou éloigné. Il est donc

Troisième leçon

Où est Juma ?
(Juma il-est où)

1 – Y a quelqu'un ?
2 – Entrez *(bienvenue)*.
3 – Où es-tu *(tu-es où)* ?
4 – Je suis *(je-suis)* dans [la] cuisine *(cuisine-dans)*. Entre *(passe)*.
5 – Bonjour *(je-saisis-tes-pieds)*.
6 – Bonjour *(merci)*. Tu vas bien *(tu-pas-problème)* ?
7 – Je vais bien *(je-pas-problème)*. Où est Juma *(Juma il-est où)* ?
8 – Il est *(il-est)* au travail *(travail-au)*.
9 – Mais aujourd'hui [c']est dimanche !

logique de le trouver dans la question. Le deuxième, **-po**, s'utilise pour parler d'un lieu déterminé. Nous reviendrons longuement sur les locatifs dans les leçons ultérieures.

4 **Shikamoo**, littéralement "je saisis tes pieds", est une expression autrefois employée par les esclaves envers leurs maîtres. Ce sens est de nos jours ignoré de la plupart des gens et **shikamoo** est devenu une marque de respect essentiellement liée à l'âge : il s'emploie envers les personnes de la génération antérieure.

5 **Marahaba**, *merci*, est la réponse à la salutation précédente.

6 La copule **ni** permet de dire *être* au présent. Ce n'est pas un verbe puisqu'elle ne peut être conjuguée. Il ne faut pas la confondre avec **ni** qui signifie *je* (voir leçon 2, note 3).

Zoezi la kwanza – Tafsiri

❶ Hodi? – Karibu. ❷ Shikamoo. – Marahaba. Hujambo? ❸ Sijambo. Juma yupo? – Hayupo. ❹ Yuko wapi? ❺ Yupo mkahawani.

***

Zoezi la pili – Kamilisha

❶ Il y a quelqu'un ? – Entrez.
   Hodi? – . . . .

❷ Où est madame Maua ?
   Bi Maua . . . . wapi?

❸ Elle est dans la cuisine.
   Yupo . . . .

Somo la nne *[somo la nné]*

Njiani

1 – Mnakwenda wapi? [1]
2 – Tunakwenda mjini, gereji [2].
3 – Sisi tunakwenda hospitali [3]. Mna [4] nafasi?
4 – Ndiyo. Watoto wana homa?
5 – Huyu [5] mdogo ni mgonjwa. Huyu mkubwa hana kitu.
6 – Pole [6]. Ni mtoto mwanamke au mtoto mwanamme [7]?
7 – Ni mwanamke. Na wewe ni Mwingereza? [8]
8 – Hapana, mimi si Mwingereza, mimi ni Mfaransa.

Corrigé de l'exercice 1

❶ Y a quelqu'un ? – Bienvenue. ❷ Bonjour. – Bonjour. Tu vas bien ? ❸ Je vais bien. Juma est là ? – Il n'est pas là. ❹ Où est-il ? ❺ Il est au café.

***

❹ Tu as faim ?
  . . . njaa ?

❺ Non, je n'ai pas faim.
  . . . . . . , ... njaa.

Corrigé de l'exercice 2
❶ – Karibu ❷ – yuko – ❸ – jikoni ❹ Una – ❺ Hapana, sina –

Quatrième leçon

En chemin
(chemin-en)

1 – Où allez-vous *(vous-allez où)* ?
2 – Nous allons en ville *(nous-allons ville-en)*, [au] garage.
3 – Nous, nous allons *(nous-allons)* [à l']hôpital. Vous avez *(vous-avez)* [de la] place ?
4 – Oui. [Les] enfants sont souffrants *(ont fièvre)* ?
5 – Le *(celui-ci)* petit est malade. Le *(celui-ci)* grand n'a rien *(chose)*.
6 – Désolé. [C']est une fille *(enfant-femme)* ou [un] garçon *(enfant-homme)* ?
7 – [C']est [une] fille*(-femme)*. Et toi tu es *(tu-es)* anglais ?
8 – Non, moi je ne suis pas anglais *(je-pas anglais)*, je suis *(je-suis)* français.

[koumi] kumi

4 / Somo la nne

Prononciation
njiani **1** *mnakouenda ouapi* **2** *tounakouenda mjini guérédyi* **3** *sissi tounakouenda hospitali. mna nafassi* **4** *ndiyo. ouatoto ouana homa* **5** *houyou mdogo ni mgonjoua. houyou mkoubwa hana kitou* **6** *polé. ni mtoto mouanamké aou mtoto mouanammé* **7** *ni mouanamké. na ouéoué ni mouingéréza* **8** *hapana mimi si mouingéréza mimi ni mfaransa*

Notes

1. Le verbe en swahili se décompose en une suite d'éléments dont la place indique la fonction : les pronoms marqueurs de sujet, le temps ou l'aspect, le thème verbal. Par exemple : **m-**, *vous* + **-na-**, présent + **kwenda**, *aller*. Nous retrouverons cette construction à la première leçon de révision (§7) sous forme de tableau.

2. **Mjini**, *en ville*, mais **gereji**, *au garage*, car certains noms d'origine étrangère ne prennent pas le suffixe locatif **-ni**.

3. À Zanzibar on dit **hospitali** mais sur le continent on dit **hospitalini**.

4. **Mna**, *vous avez*, se décompose en **m-**, marqueur de sujet qui signifie *vous*, et **na**, particule qui signifie *avec*.

5. **Huyu** est un démonstratif de proximité. Vous remarquerez que l'on retrouve **yu** à la troisième personne du singulier comme dans **yuko**, *il est* (lieu).

6. **Pole** est une formule de politesse qui marque la compassion.

7. Il n'y a pas de masculin ni de féminin. Mais les noms régissent des accords sous forme de préfixes aussi appelés "classificateurs". **Mtoto**, par exemple, est un nom qui commence par **m-** ; les adjectifs qui le

***

Zoezi la kwanza – Tafsiri

❶ Mnakwenda wapi? – Tunakwenda mkahawani. ❷ Sisi tunakwenda gereji. ❸ Watoto wanakwenda wapi? ❹ Wanakwenda mjini. ❺ Na huyu mtoto mdogo, anakwenda wapi? – Anakwenda hospitali.

Quatrième leçon / 4

déterminent commencent donc aussi par **m-** (**mtoto mdogo mgonjwa**, *un petit enfant malade*).

mwanamke, *femme*, et **mwanamme**, *homme*, sont des noms composés de **mwana**, *enfant* + **mke**, *femelle* [ou] + **m(u)me**, *mâle*.

Tous les noms d'êtres animés qui commencent par **m-** + consonne ou **mw** + voyelle appartiennent à la classe 1. Cette numérotation fait référence à un système adopté pour toutes les langues bantoues. Nous les verrons progressivement.

Il ne faut pas confondre ce **m-**, classificateur nominal, et le **m-** pronom marqueur de sujet préfixé au verbe et qui signifie *vous*. Le premier est un classificateur nominal, le second est un pronom marqueur de sujet.

8 Ne vous étonnez pas si l'on vous pose d'emblée des questions sur votre identité ou votre vie privée. C'est une façon de s'intéresser à vous tout simplement, sans aucune arrière-pensée.

***

Corrigé de l'exercice 1

❶ Où allez-vous ? – Nous allons au café. ❷ Nous, nous allons au garage. ❸ Où vont les enfants ? ❹ Ils vont en ville. ❺ Et ce petit enfant-ci, où va-t-il ? – Il va à l'hôpital.

Zoezi la pili – Kamilisha

❶ Nous allons à l'hôpital.
. . . . hospitali.

❷ Vous êtes souffrants ?
Mna . . . . ?

❸ Non, nous allons au travail.
Hapana, tunakwenda . . . .

Somo la tano [somo la tano]

Safari

1 – **Tu**ko **wa**pi?
2 – **Tu**po Cha**li**nze ¹. Una**ta**ka **ku**la ² **ki**tu?
3 – Ha**pa**na. **Si**na njaa. **Ha**sa nina**ta**ka kujisai**di**a ³.
4 – **Ba**si **nen**da! La**ki**ni **fa**nya ⁴ ha**ra**ka. Ha**tu**na ⁵ **mu**da.
5 – Mna**ku**nywa ⁶ **ni**ni?
6 – **Mi**mi nina**ku**nywa **bi**a. **Ye**ye ana**ku**nywa ka**ha**wa.
7 – Na **we**we una**ta**ka **ni**ni?
8 – **Ha**ta **mi**mi nina**ta**ka kaha**wa**.
9 – **Le**te ⁷ ka**ha**wa **mo**ja, tafa**dha**li.   ☐

Prononciation

safari **1** *tou*ko *oua*pi **2** *tou*po tcha*lin*zé. ou*na*taka *kou*la *ki*tou **3** ha*pa*na. *si*na njaa. *ha*ssa nina*ta*ka koudyissaï*di*ya **4** *ba*ssi *nen*da! la*ki*ni *fa*gna ha*ra*ka. ha*tou*na *mou*da **5** mna*kou*gnoua *ni*ni **6** *mi*mi nina*kou*gnoua *bi*a. *yé*yé ana*kou*gnoua ka*ha*oua **7** na *oué*oué ou*na*taka *ni*ni **8** *ha*ta *mi*mi nina*ta*ka kaha*oua* **9** *lé*té kaha*oua* *mo*dya tafa*dha*li

❹ Les enfants ont faim ?
   Watoto wana . . . . ?
❺ Non, ils sont souffrants.
   Hapana, ... homa.

Corrigé de l'exercice 2
❶ Tunakwenda – ❷ – homa ❸ – kazini ❹ – njaa ❺ – wana –

Cinquième leçon

[En] voyage

1 – Où sommes-nous *(nous-sommes où)* ?
2 – Nous sommes *(nous-sommes)* [à] Chalinze. Tu veux *(tu-veux)* manger quelque chose ?
3 – Non. Je n'ai pas *(je-n'ai-pas)* faim. Je veux surtout *(surtout je-veux)* aller aux toilettes *(m'aider)*.
4 – Eh bien vas-y ! Mais fais vite. Nous n'avons pas *(nous-n'avons-pas)* [beaucoup de] temps.
5 – Qu'est-ce que vous buvez *(vous-buvez quoi)* ?
6 – Moi, je bois *(je-bois)* [de la] bière. Lui, il boit *(il-boit)* [un] café.
7 Et toi qu'est-ce que tu veux *(tu-veux quoi)* ?
8 – Moi aussi *(même moi)*, je veux *(je-veux)* [un] café.
9 – Apportez [un] café, s'il vous plaît.

Notes

1 Chalinze est une importante gare routière à une centaine de kilomètres de Dar es-Salaam à l'intérieur des terres. C'est une étape pour la majorité des autobus du pays, en provenance du sud (Iringa), du centre (Dodoma) et du nord (Moshi, Tanga). Notez que l'on n'emploie jamais le suffixe locatif **-ni** avec un nom propre.

5 / Somo la tano

2 **Ku-** est la marque de l'infinitif. Ce préfixe, qui n'est autre que le classificateur de la classe 15 des infinitifs, disparaît lorsque le verbe est conjugué. Par exemple dans **unataka**, *tu veux*, l'infinitif est **kutaka**. Le verbe **kwenda** que nous avons rencontré précédemment est irrégulier. Nous avions vu **tunakwenda mjini**, *nous allons en ville* (voir leçon 4, phrase 2).

3 Il s'agit du verbe **kusaidia** qui signifie *aider*. **Ji** qui correspond aux pronoms réfléchis *me, te, se*, etc. est invariable. Il s'insère dans le module verbal à la place du marqueur d'objet. Le locuteur dit donc littéralement "je-veux m'aider". C'est une façon polie de s'exprimer. Vous remarquerez qu'il est possible d'insérer un pronom dans le verbe, même à l'infinitif.

4 **Fanya** est l'impératif de la deuxième personne du singulier. Le verbe à l'infinitif est **kufanya**, *faire*. L'impératif à cette personne est donc uniquement constitué du thème verbal. **Nenda**, *va*, du verbe **kwenda**, est un impératif irrégulier. Le swahili connaît peu d'exceptions et, quand

***

▶ Zoezi la kwanza – Tafsiri

❶ Mnakunywa nini? – Tunakunywa kahawa. ❷ Unataka kujisaidia? – Ndiyo. ❸ Basi nenda. ❹ Mnataka kula kitu? – Hapana, tunataka kunywa bia. ❺ Tafadhali, lete bia mbili.

***

Zoezi la pili – Kamilisha

❶ Va à la cuisine.
. . . . . jikoni.

❷ Apporte de la bière.
. . . . bia.

❸ Qu'est-ce que tu veux ?
Unataka . . . . ?

❹ Je veux du pilau.
. . . . pilau.

❺ S'il te plaît, apporte un pilau.
. . . . , ... pilau moja.

15 • **kumi na tano** *[koumi na tano]*

5 Si vous comparez **tupo**, *nous sommes*, et **hatuna**, *nous n'avons pas*, vous constatez que le préfixe verbal marqueur de sujet à la forme négative est construit en faisant précéder le pronom affirmatif de **ha-**. Souvenez-vous aussi dans la leçon précédente de **Watoto wana homa?**, *Les enfants sont-ils souffrants ?*, et dans la première leçon de **Hawajambo**, *ils vont bien*.

6 **Mnakunywa**, *vous buvez*. Vous notez que ce verbe, comme le verbe **kwenda**, *aller*, conserve la marque de l'infinitif lorsqu'il est conjugué au présent.

7 **Lete** est un impératif irrégulier. L'infinitif du verbe *apporter* est **kuleta**.

***

Corrigé de l'exercice 1
❶ Qu'est-ce que vous buvez ? – Nous buvons du café. ❷ Tu veux aller aux toilettes ? – Oui. ❸ Eh bien vas-y. ❹ Vous voulez manger quelque chose ? – Non, nous voulons boire de la bière. ❺ S'il te plaît, apporte deux bières.

***

Corrigé de l'exercice 2
❶ Nenda – ❷ Lete – ❸ – nini ❹ Ninataka – ❺ Tafadhali, lete –

Somo la sita [somo la sita]

Hongera

1 – Hujambo?
2 – Sijambo. **Na nyi**nyi ham**jam**bo?
3 – Hatu**jam**bo. Hon**ge**ra **kwa** ku**pa**ta m**to**to. Anai**tw**a **na**ni?
4 – Anai**tw**a **Ta**tu [1].
5 – M**to**to m**zu**ri. **U**na wa**to**to wan**ga**pi [2]?
6 – **Ni**na wa**to**to **si**ta. Wanau**me** wa**ta**tu **na** wana**wa**ke [3] wa**ta**tu. [4]
7 – **U**na ba**ha**ti.
8 – Ndiyo. Wa**to**to **ni ra**ha.
9 – **Nyi**nyi Wa**zu**ngu mnache**le**wa ku**za**a [5]. Kwa **ni**ni?

Prononciation
hon**gué**ra 1 hou**dyam**bo 2 si**dyam**bo. **na gni**gni ham**dyam**bo 3 hatou**jam**bo. hon**gué**ra **koua** kou**pa**ta m**to**to. anaï**tou**a **na**ni 4 anaï**tou**a **ta**tou 5 m**to**to m**zou**ri. **ou**na oua**to**to ouan**ga**pi 6 **ni**na oua**to**to **si**ta. ouana**ou**mé oua**ta**tou **na** ouana**ou**aké oua**ta**tou 7 **ou**na ba**ha**ti 8 ndiyo. oua**to**to **ni ra**ha 9 **gni**gni oua**zoun**gou mnatché**lé**oua kou**za**a. **koua ni**ni

Notes

1 **Tatu**, qui signifie *trois* ou *troisième*, est aussi un prénom.
2 Vous remarquez la répétition du classificateur **wa-** dans le nom et dans l'adjectif. Il s'agit du classificateur de classe 2 qui regroupe tous les pluriels de la classe 1 (voir leçon 4, note 7).
3 **Mwanam(u)me** et **mwanamke** sont des noms composés. Ils font leur pluriel respectivement en **wanaume** et **wanawake**.

Sixième leçon

Félicitations

1 – Tu vas bien *(tu-pas-problème)* ?
2 – Je vais bien *(je-pas-problème)*. Et vous, vous allez bien *(vous-pas-problème)* ?
3 – Nous allons bien *(nous-pas-problème)*. Félicitations pour *(obtenir)* [le] bébé. Comment s'appelle-t-il *(il-est-appelé qui)* ?
4 – Elle s'appelle *(est-appelée)* ⁻atu.
5 – [C'est un] beau bébé *(enfant beau)*. Tu as combien d'enfants *(tu-as enfants combien)* ?
6 – J'ai six enfants *(j'ai enfants six)*. Trois garçons *(hommes trois)* et trois filles *(femmes trois)*.
7 – Tu as *(tu-as)* [de la] chance.
8 – Oui. [Les] enfants [c']est [une grande] joie.
9 – Vous [les] Européens vous tardez *(vous-êtes-en-retard)* [à] faire des enfants *(procréer)*. Pourquoi ?

4 Les chiffres 1, 2, 3, 4, 5 et 8 s'accordent avec le nom qu'ils déterminent alors que 6, 7 et 9 sont invariables. Comme tous les adjectifs, les numéraux se placent après le nom.

5 **Kuzaa** signifie *se reproduire*. Il s'applique aussi bien aux humains qu'aux animaux, quel que soit leur sexe, ou aux plantes. Vous ne serez pas étonnés d'apprendre qu'en Afrique les enfants sont profondément désirés.

[koumi na nané] **kumi na nane**

Zoezi la kwanza – Tafsiri

❶ Hamjambo? – Hatujambo. Na wewe hujambo? ❷ Mimi sijambo sana. Mnaitwa nani? ❸ Mimi ninaitwa Tatu na yeye anaitwa Juma. ❹ Mna watoto wangapi? ❺ Tuna watoto sita.

***

Zoezi la pili – Kamilisha
(S'il vous manque des chiffres, pensez à vous référer aux numéros de pages.)

❶ Vous allez bien ? – Nous allons bien.
. . . . ? – . . . .

❷ Combien avez-vous d'enfants ?
. . . watoto . . . . ?

❸ Nous avons cinq enfants.
. . . . watoto . . . .

7

Somo la saba *[somo la saba]*

Marudio – Révisions

1 La prononciation du swahili

Comme vous avez pu le constater, la lecture et l'orthographe ne posent pas de problème : vous devriez pouvoir maintenant voler de vos propres ailes. Nous vous avons déjà parlé de la prononciation dans l'introduction ; elle non plus, ne devrait pas poser de grosses difficultés. Récapitulons :

j se prononce *[dyi]* comme dans *dièse* ou *diamant*. Quand il est précédé d'une nasale (**n**) il se prononce comme en anglais. Par exemple : **hujambo** *[houdyambo]*, *tu vas bien*, mais **njaa** *[njaa]*, *faim*, **njaa**, *chemin*.

ny est l'équivalent de *gn* en français, par exemple : **nyinyi** *[gnigni]*, *vous*.

s est toujours sifflant (même entre deux voyelles). Par exemple : **nafasi** *[nafassi]*, *place*.

Corrigé de l'exercice 1

❶ Vous allez bien ? – Nous allons bien. Et toi, tu vas bien ? ❷ Moi je vais très bien. Comment vous appelez-vous ? ❸ Moi je m'appelle Tatu et lui, il s'appelle Juma. ❹ Combien avez-vous d'enfants ? ❺ Nous avons six enfants.

***

❹ Qui est cette enfant ?
   Mtoto huyu ni . . . . ?

❺ Cette enfant-ci, c'est Maua.
   Mtoto . . . . ni Maua.

Corrigé de l'exercice 2

❶ Hamjambo – Hatujambo ❷ Mna – wangapi ❸ Tuna – watano ❹ – nani ❺ – huyu –

Septième leçon

dh est un **z** zozoté comme dans l'anglais *this*. On le trouve dans **tafadhali**, *je te prie*.

sh se prononce *[ch]* comme dans *chapeau*, par exemple **shikamoo**, "salutation à une personne de la génération antérieure". Mais **ch** se prononce *[tch]* comme dans *cha cha cha* ou *Tchad*. Par exemple : **chai** *[tshaï]*, *thé*. En swahili, la lettre **c** ne se rencontre jamais isolée.

Le **r** est toujours roulé. Faites un effort car il existe aussi un **r** comme en français, peu fréquent il est vrai. Si vous n'y arrivez absolument pas, alors remplacez-le par un **l**. C'est ainsi que parlent certaines personnes dont le swahili n'est pas la langue maternelle, et ce sera de toutes façons plus joli qu'un **r** grasseyé.

Pensez bien à aspirer (en réalité on devrait plutôt dire expirer) les **h**. Vous avez vu que c'est la seule façon de distinguer les marqueurs de sujet affirmatifs des marqueurs de sujet négatifs. Par exemple **una**, *tu as*, et **huna**, *tu n'as pas*.

e se prononce toujours *[é]* et **u** toujours *[ou]*.

Les voyelles nasalisées (**an**, **on**, **un**, **am**, **om**, **um**) le sont moins que dans le français du nord. Si vous êtes du Midi, empressez-vous de retrouver votre accent méridional et si vous êtes du Nord, évitez de parler du nez.

2 Le suffixe locatif -ni

Il s'emploie même avec des mots abstraits comme **kazini**, *au travail*, mais pas avec les noms propres (par exemple : **ninakwenda Mombasa**, *je vais à Mombasa*) ni avec certains mots d'origine étrangère comme **gereji**, *garage* ; **stesheni**, *gare* ; **baa**, *bar* ; **sinema**, *cinéma*, etc.
Il peut y avoir des différences selon les régions. Par exemple *à l'hôpital* se dit **hospitali** à Zanzibar, **hospitalini** en Tanzanie continentale. Ne vous inquiétez pas, nous vous signalerons ces différences, et de toute façon elles ne gênent pas la compréhension. On dira de vous que vous parlez à la manière des gens de tel ou tel coin, ce qui, tout compte fait, est plutôt positif.

3 Les pronoms personnels

Il en existe deux sortes : ceux qui sont autonomes et ceux qui sont affixés au verbe. Nous avons vu les marqueurs de sujet qui sont placés à l'initiale du module verbal.

3.1 Les pronoms personnels autonomes

	Classe 1		Classe 2
je	**mimi**	*nous*	**sisi**
tu	**wewe**	*vous*	**nyinyi**
il/elle	**yeye**	*ils/elles*	**wao**

3.2 Les marqueurs de sujet (ou pronoms placés à l'initiale du module verbal)

Ces derniers sont de deux catégories : affirmatifs et négatifs. Ils prennent les formes suivantes :

	Affirmatifs	Négatifs
Classe 1		
je	ni-	si-
tu	u-	hu-
il/elle	a-	ha-
Classe 2		
nous	tu-	hatu-
vous	m-	ham-
ils/elles	wa-	hawa-

Ces marqueurs de sujet peuvent être accolés non seulement à des verbes mais aussi, exceptionnellement, à des noms (par exemple **Hujambo?**, *Tu vas bien ?*) ou à des particules (**nina**, *j'ai* ; **upo**, *tu es (dans un lieu)*).

4 Exprimer la possession

Il n'existe pas de verbe *avoir*. On exprime la possession soit par l'emploi du verbe **kupata**, *obtenir*, soit par la combinaison [marqueur de sujet + **na**, *et/avec*], par exemple : **ana**, *il/elle a*.

5 "Être"

Être s'exprime de différentes façons. Nous n'avons pas encore vu le verbe *être* ; toutefois nous savons déjà qu'il peut être traduit par **ni**. Il s'agit d'une particule, c'est-à-dire qu'elle ne se conjugue pas. Son contraire, *ne pas être*, au présent, s'exprime à l'aide de la particule **si** ; souvenez-vous de **mimi si Mwingereza, mimi ni Mfaransa**, *moi je ne suis pas anglais, moi je suis français*.

Être dans un lieu s'exprime à l'aide de la combinaison [marqueur de sujet + locatif], par exemple : **tupo jikoni**, *nous sommes dans la cuisine*. À la troisième personne du singulier (*il/elle*), le marqueur de sujet n'a pas la forme habituellement associée aux verbes (ici il serait *a*) puisqu'il est construit sur l'initiale du démonstratif, c'est-à-dire **yu-** comme dans **huyu**, *celui-ci*. C'est ainsi que *il/elle est dans un lieu* se dit **yupo** ou **yuko**.

6 Le locatif

Il existe un locatif déterminé (**po**) et un locatif pour désigner un lieu indéterminé ou éloigné (**ko**). Reportez-vous à la leçon 3, note 3.

7 Le verbe

Le verbe est modulable (on parle de module verbal) comme un jeu de construction qui pour l'instant s'ébauche ainsi :

1	2	3
Marqueurs de sujet	Marque de temps ou d'aspect	Base verbale
ni-, *je*	**-na-** "présent"	**-kwenda**, *aller*
tu-, *nous*	**-na-** "présent"	**-taka**, *vouloir*

Certains verbes comme **kunywa**, *boire*, ou **kwenda**, *aller*, conservent la marque de l'infinitif **ku-** lorsqu'ils sont conjugués au présent.

L'impératif singulier se réduit à la base verbale (colonne 3), par exemple **pita**, *passe*. Mais il existe des impératifs irréguliers qui concernent les verbes les plus fréquents : **lete**, *apporte* ; **nenda**, *va*.

8 Les noms des êtres vivants (ou "Les classes 1 et 2")

Pour le moment nous pouvons dégager que les noms des êtres vivants sont repérables au singulier grâce au préfixe **m-** + consonne ou **mw-** + voyelle, par exemple : **mtoto** (m-toto), *un enfant* ; **Mwingereza** (mw-ingereza), *un Anglais*.

Au pluriel, les noms des êtres vivants ont tous le préfixe **wa-** + consonne ou voyelle, par exemple : **Wafaransa** (wa-faransa), *des Français* ; **Waingereza** (wa-ingereza), *des Anglais*. Mais il y a le cas particulier de **mwana/wana**, *enfant(s)*, que l'on trouve dans des mots composés comme **wanawake**, *des femmes*, ou **wanaume**, *des hommes*. Ce nom suit la règle **w-** + voyelle.

Les qualificatifs s'accordent avec les noms qu'ils déterminent et prennent les préfixes suivants :

au singulier : **m-** + consonne comme dans **mtoto mmoja mdogo**, *un petit enfant*

Septième leçon / 7

au pluriel : **wa-** + consonne, par exemple : **wanawake watatu**, *trois femmes*.
Nous reviendrons ultérieurement sur ces préfixes. Pour le moment nous ne savons pas ce qui se passe lorsque l'initiale du thème de l'adjectif est une voyelle.
Ces préfixes sont les classificateurs des classes 1 et 2. Ils sont un peu comme les maillons d'une chaîne qui regroupent tous les mots qui dépendent d'un nom.

Dialogue de révision – Mazungumzo ya marudio
(Traduisez)

1 – Hodi! Hodi!
2 – Karibu.
3 – Uko wapi?
4 – Nipo jikoni. Pita.
5 – Habari?
6 – Nzuri. Hujambo?
7 – Sijambo. Juma yuko wapi?
8 – Yuko mjini. Unataka kula kitu? Nina biriani.
9 – Ahsante. Sina njaa.

Traduction
1 Y a quelqu'un ? **2** Entrez. **3** Où es-tu ? **4** Je suis dans la cuisine. Entre. **5** Comme ça va ? **6** Bien. Tu vas bien ? **7** Je vais bien. Où est Juma ? **8** Il est en ville. Tu veux manger quelque chose ? J'ai du biriani. **9** Merci. Je n'ai pas faim.

Ne vous laissez pas impressionner par les classes ; vous vous apercevrez vite que c'est bien moins difficile qu'il n'y paraît. Cela n'a rien à voir avec les déclinaisons, mais est exactement la même chose que la classification en genres comme le masculin et le féminin en français. La différence réside dans le fait que le classement se fait sur d'autres critères. Tenez bon, vous avez tout le temps pour vous familiariser avec toutes ces particularités. Laissez-vous faire, assimilez, cela viendra tout seul.

[ishirini na nné] ishirini na nne

Somo la nane [somo la nané]

Chumba cha hoteli

1 – Ahaa! **Chum**ba ki**zu**ri [1]!
2 – Unaki**pen**da [2]?
3 – **N**diyo. Ti**za**ma! Ki**tan**da **cha** [3] za**ma**ni, **ki**ti ki**ku**bwa **cha** m**ba**o.
4 – **Kwe**li ki**zu**ri..., chanda**rua** [4] che**u**pe [5].
5 – Ahaa! Ki**tan**da kinaone**ka**na [6] **ni cha** ana**sa**. Nina**kwen**da kula**la**.
6 – **We**we m**vi**vu!
7 – **E**! **E**! **E**! **Ni**ni? **Ni ni**ni?
8 – **Vi**pi? **U**na kiro**bo**to **au ni**ni?
9 – Ha**pa**na. **Ni chu**ra! ☐

Prononciation

*tshoum*ba *tsha* ho**té**li **1** ahaa! *tshoum*ba ki**zou**ri **2** ounaki**pen**da **3** **n**dio. ti**za**ma! ki**tan**da *tsha* za**ma**ni **ki**ti ki**kou**boua *tsha* m**ba**o **4** *kwoué*li ki**zou**ri... *tshan*da**roua** *tshé*ou**pé** **5** ahaa! ki**tan**da kinaone**ka**na **ni** *tsha* ana**sa**. nina**kouen**da koula**la** **6** *oué*oué m**vi**vou **7** é! é! é! **ni**ni? **ni ni**ni **8** **vi**pi? **ou**na kiro**bo**to **aou ni**ni **9** ha**pa**na. **ni** *tshou*ra

Notes

1 Les noms et les adjectifs de la classe 7 se reconnaissent au classificateur **ki-** + consonne ou **ki-** + **i** qui devient **ch-** devant les voyelles **a**, **e**, **o**, **u**. Cette classe regroupe essentiellement des noms d'objets mais aussi des parties du corps, des noms d'animaux, etc. Tous les noms d'êtres animés ne font donc pas partie des classes 1/2.

2 Nous avons déjà vu que le module verbal est composé d'une série d'éléments. En voici un nouveau : le pronom marqueur d'objet. Il s'insère entre la colonne qui indique le temps et celle du thème verbal. On

Huitième leçon

[Une] chambre d'hôtel

1 – Oh ! [La] belle chambre *(chambre belle)* !
2 – Elle te plaît *(tu-l'aimes)* ?
3 – Oui. Regarde ! [Un] lit ancien *(d'autrefois)*, [une] grande chaise *(chaise grande)* de bois.
4 – [C'est] vrai [elle est] belle..., [la] moustiquaire [est] blanche.
5 – Ah ! [Le] lit semble être confortable *(de confort)*. Je vais *(je-vais)* [m']allonger.
6 – Paresseuse *(toi paresseuse)* !
7 – Eh ! Eh ! Eh ! Quoi ? C'est quoi ?
8 – Comment ? Tu as *(tu-as)* [une] puce ou quoi ?
9 – Non. [C']est [une] grenouille !

---

l'insère toujours lorsque le complément d'objet grammatical est déterminé. Le marqueur d'objet de classe 7 est **ki**. Décomposons l'exemple : **u-** (marqueur de sujet affir. cl. 1, *tu*) **-na-** (présent) **-ki-** (marqueur d'objet en référence à **chumba** cl. 7) **-pend-** (t. verb. *aimer*) **-a** (modalité neutre).

3 Le groupe complément du nom se construit à l'aide de **-a**, *de*, qui sert de lien ; c'est la raison pour laquelle on l'appelle le connectif. Il s'accorde en classe avec le premier des éléments du groupe. En classe 7, le connectif est **cha**. Par exemple **kiti cha mbao**, *une chaise en/de bois*. Le swahili ne fait pas la différence entre les deux notions.

4 Jusque dans les années soixante, les lits étaient à baldaquin, ce qui permettait de mettre une moustiquaire. Ils redeviennent à la mode avec le développement du tourisme.

5 Il est possible de ne pas mettre **ni**, *est*. L'intonation et une légère pause entre les deux termes suffisent à la compréhension.

6 Vous pouvez maintenant décomposer le verbe : **ki-** (marqueur de sujet affir. de cl. 7) **-na-** (présent) **-onekan-** (t. verb. *sembler*) **-a** (modalité neutre).

[ishirini na sita] ishirini na sita

9 / Somo la tisa

▶ ### Zoezi la kwanza – Tafsiri
❶ Juma ana chumba cheupe kikubwa. ❷ Kina kitanda cha mbao? ❸ Ndiyo, na kiti kizuri cha zamani. ❹ Kitanda kina chandarua. ❺ Basi ni chumba cha anasa.

***

Zoezi la pili – Kamilisha
❶ Aimes-tu la chambre de Juma ?
. . . . chumba . . . Juma?

❷ Oui, c'est une jolie chambre, mais petite.
Ndiyo, ni chumba . . . . . . lakini kidogo.

❸ Elle a un lit ancien.
. . . . kitanda cha . . . .

❹ Et le lit a une grande moustiquaire blanche.
Na . . . . kina chandarua . . . .

❺ La chambre de Juma semble très confortable.
Chumba cha Juma . . . . ni cha . . . . . sana.

Somo la tisa [somo la tissa]

▶ ### Unapoteza kila kitu!

1 – **Mi**mi nina**kwen**da ku**o**ga. Viatu ¹ **vi**ko **wa**pi?
2 – Viatu vipi ²?
3 – Viatu **vya** ³ cho**o**ni. ⁴
4 – **Ha**po **chi**ni. Unavi**o**na? ⁵
5 – Ndio ⁶. **Na** ki**ta**na **ki**ko **wa**pi?
6 – Unapo**te**za **ki**la ⁷ **ki**tu! Ti**za**ma sandu**ku**ni.

Corrigé de l'exercice 1
❶ Juma a une grande chambre blanche. ❷ Elle a un lit de bois ? ❸ Oui, et une jolie chaise ancienne. ❹ Le lit a une moustiquaire. ❺ Alors c'est une chambre confortable.

***

Corrigé de l'exercice 2
❶ Unakipenda – cha – ❷ – kizuri ❸ Kina – zamani ❹ – kitanda – kikubwa cheupe ❺ – kinaonekana – anasa –

Neuvième leçon

Tu perds tout !
(tu-perds chaque chose)

1 – Moi je vais *(je-vais)* [me] doucher. Où sont [les] chaussures *(chaussures elles-sont où)* ?
2 – Lesquelles *(chaussures lesquelles)* ?
3 – [Les] chaussures [pour le] *(du)* cabinet de toilette *(cabinet de toilette-dans)*.
4 – Là-bas, par terre *(terre-sur)*. Tu les vois *(tu-les-vois)* ?
5 – Oui. Et [le] peigne où est-il *(il-est où)* ?
6 – Tu perds *(tu-perds)* tout *(chaque chose)* ! Regarde dans [la] malle *(malle-dans)*.

[ishirini na nané] ishirini na nane

7 – Ha**ki**mo.⁸
8 – **Ba**si ti**za**ma kaba**ti**ni.

Prononciation

ounapoté**za ki**la **ki**tou **1 mi**mi nina**kouen**da kou**o**ga. via**tou vi**ko **oua**pi **2** via**tou vi**pi **3** via**tou vya** tsho**o**ni **4** ha**po** tshi**ni**. ounavi**o**na **5 ndi**o. **na** ki**ta**na **ki**ko **oua**pi **6** ounapoté**za ki**la **ki**tou! ti**za**ma sandou**kou**ni **7** ha**ki**mo **8** ba**ssi** ti**za**ma kaba**ti**ni

Notes

1. La classe 8 regroupe tous les pluriels des noms de la classe 7. Elle se reconnaît au classificateur **vi-** + **i** ou consonne, qui devient **vy-** devant les voyelles **a**, **e**, **o**, **u**, par exemple : **kitu**, *une chose* ; **vitu**, *des choses*. Cependant ce préfixe reste **ki-** devant certaines voyelles lorsqu'un **l** étymologique a disparu, par exemple : **kiatu**, *une chaussure*, **viatu**, *des chaussures* / **chandarua**, *une moustiquaire*, **vyandarua**, *des moustiquaires*.

2. **-ipi**, *lequel*, est un interrogatif qui s'accorde en classe avec le nom qu'il détermine.

3. Le connectif de classe 8 est **vya**.

4. Dans les maisons swahilies ordinaires, le cabinet de toilette se trouve généralement au fond de la cour à l'arrière du corps principal d'habitation. Il s'agit le plus souvent d'une cuve recouverte d'une chape de ciment lisse et glissant. On utilise donc toujours des sandales de plastique pour aller faire sa toilette. Quant à la malle, c'est un meuble beaucoup plus répandu que l'armoire.

5. Le marqueur d'objet de classe 8 est **-vi-**. Il ne subit jamais aucune modification même s'il est suivi d'une voyelle. **Unaviona**, *tu les vois*, se

***

Zoezi la kwanza – Tafsiri

❶ Viti viko wapi? – Viti vipi? ❷ Viti vyeupe. – Viko jikoni. ❸ Na chandarua kiko wapi? – Chandarua kipi? ❹ Chandarua kidogo. – Tizama chumbani. ❺ Mimi ninakwenda kuoga.

7 – Il n'y est pas *(n'est-pas-dedans)*.
8 – Alors regarde dans [l']armoire *(armoire-dans)*.

décompose ainsi : **u-** (marqueur de sujet cl. 1, 2ᵉ pers. *tu*) **-na-** (présent) **-vi-** (marqueur d'objet cl. 8 en référence à **viatu**) **-on** (t. verb. *voir*) **-a** (modalité neutre).

6 On peut orthographier **ndiyo** ou **ndio**.

7 **Kila**, *chaque*, est invariable. Il n'est pas décomposable, c'est-à-dire qu'ici **ki** n'est pas un marqueur de classe 7. Il est le seul adjectif à se placer avant le nom qu'il détermine.

8 Le marqueur de sujet négatif de classe 7 est **haki-**. **Mo** est un locatif qui exprime l'intériorité. Vous connaissez maintenant tous les locatifs : **po** "lieu proche et/ou déterminé" ; **ko** "lieu éloigné et/ou indéterminé" ; **mo** "intériorité".

***

Corrigé de l'exercice 1

❶ Où sont les chaises ? – Quelles chaises ? ❷ Les chaises blanches. – Elles sont dans la cuisine. ❸ Et où est la moustiquaire ? – Quelle moustiquaire ? ❹ La petite moustiquaire. – Regarde dans la chambre. ❺ Moi je vais me doucher.

Zoezi la pili – Kamilisha

❶ Est-ce que le peigne est dans la chambre ?
Kitana .... chumbani?

❷ Il n'y est pas, il est dans le cabinet de toilette.
...... kimo ....

❸ Ah ! Je le vois, merci.
Aa! .... ahsante.

Somo la kumi [*somo la koumi*]

Asubuhi

1 – **Ju**ma! **Fa**nya ha**ra**ka, utache**le**wa [1] shu**le**ni [2].
2 – Su**bi**ri, nina**na**wa [3] **u**so. Ta**ya**ri.
3 – Chu**ku**a vitum**bu**a [4].
4 – Ha**pa**na. Nitanu**nu**a ki**pan**de **cha** sa**ma**ki.
5 – **Ha**ya. **Na** ki**ta**bu **hi**ki [5], unakichu**ku**a?
6 – Ki**ta**bu **ki**pi?
7 – Ki**ta**bu **cha** kiswa**hi**li [6].
8 – Ha**pa**na. **Si**na **ha**ja. Nitakichu**ku**a **ke**sho. □

Prononciation

*assou**bou**hi 1 d**you**ma! **fa**gna ha**ra**ka outatshé**lé**oua shou**lé**ni 2 sou**bi**ri nina**na**oua **ou**sso. ta**ya**ri 3 tshou**kou**a vitoum**bou**a 4 ha**pa**na. nitanou**nou**a ki**pan**dé **tsha** sa**ma**ki 5 **ha**ya. **na** ki**ta**bou **hi**ki unakitshou**kou**a 6 ki**ta**bou **ki**pi 7 ki**ta**bou **tsha** kissoua**hi**li 8 ha**pa**na. **si**na **ha**dya. nitakitshou**kou**a **ke**sho*

 Notes

1. Le futur se reconnaît au marqueur de temps -ta-.
2. **Shule** vient de l'allemand **Schule**. Ce terme est employé sur le territoire de tout l'ancien Tanganyika. À Zanzibar, qui a connu la colonisation britannique, on aurait dit **skuli** (de l'anglais **school**) sans le suffixe locatif -ni.

Dixième leçon / 10

❹ Les chaussures sont-elles dans la malle ?
   Viatu . . . . sandukuni?
❺ Les chaussures blanches ? Elles sont dans l'armoire.
   Viatu . . . . . . ? . . . . kabatini.

Corrigé de l'exercice 2
❶ – kiko – ❷ – Hakipo – chooni – ❸ – Ninakiona – ❹ – vimo –
❺ – vyeupe – Vimo –

10
Dixième leçon

Le matin

1 – Juma ! Dépêche-toi *(fais vite)*, tu vas être en retard à [l']école *(tu-seras-en-retard école-à)*.
2 – Attends, je *(me)* lave [le] visage. [Je suis] prêt.
3 – Prends [des] beignets (de riz).
4 – Non. J'achèterai [un] morceau de poisson.
5 – Bon. Et ce livre *(livre celui-ci)*, tu le prends ?
6 – Quel livre *(livre lequel)* ?
7 – [Le] livre de swahili.
8 – Non. Je n'[en] ai pas besoin *(je-n'en-ai-pas-besoin)*. Je le prendrai *(je-le-prendrai)* demain.

3 Il existe de nombreux verbes pour dire *laver*. Nous avons déjà vu **kuoga** pour *se laver le corps*, *prendre une douche*. **Kunawa** signifie *se laver les mains, le visage et les pieds* pour faire ses ablutions avant la prière. Il est aussi utilisé pour dire *se laver les mains* avant le repas.

4 Kitumbua (vi-) est un beignet à base de farine de riz.

5 Hiki est le démonstratif de proximité de classe 7, qui signifie *celui-ci*. **Huyu** en classe 1 appartient à la même série. Reportez-vous à la leçon 4, note 5.

6 Le classificateur **ki-** de classe 7 sert aussi à former des termes qui contiennent l'idée de manière, pour désigner une langue par exemple : **kiswahili**, *swahili* ; **kifaransa**, *français* ; **kiingereza**, *anglais*. On dit en réalité "parler à la manière swahilie, française" ou "anglaise".

[thelathini na mbili] thelathini na mbili

Zoezi la kwanza – Tafsiri

❶ Kesho utakwenda wapi? ❷ Nitakwenda mjini. ❸ Utafanya nini? ❹ Nitakwenda hospitali. ❺ Aa! Unaumwa?

***

Zoezi la pili – Kamilisha

❶ Demain vous irez au garage ?
Kesho . . . . gereji?

❷ Oui, nous irons au garage.
Ndiyo, ... gereji.

❸ Vous passerez en ville ?
. . . . mjini?

❹ Oui, nous passerons en ville. Tu veux quelque chose ?
Ndiyo, ... mjini. Unataka . . . . ?

❺ Oui, je veux deux livres de swahili.
Ndiyo, ninataka . . . . . . viwili vya . . . .

Somo la kumi na moja
[somo la koumi na modya]

Kujiandaa na harusi

1 – **Ke**sho **ku**twa nita**kwen**da [1] haru**si**ni. Uta**ku**ja?
2 – **Ni**na **ha**mu la**ki**ni **si**na **ng**uo.
3 – **Si**o **ki**tu, nitakuazima [2] **kan**zu.
4 – **Na** utanisuka [3] **nywe**le?
5 – **Ndi**yo.
6 – La**ki**ni sita**wa**hi [4] ku**ti**a **hi**na [5].

Onzième leçon / 11

Corrigé de l'exercice 1
❶ Où iras-tu demain ? ❷ J'irai en ville. ❸ Qu'est-ce que tu feras ?
❹ J'irai à l'hôpital. ❺ Ah ! Tu es souffrant ?

***

Corrigé de l'exercice 2
❶ – mtakwenda – ❷ – tutakwenda – ❸ Mtapita – ❹ – tutapita – kitu
❺ – vitabu – kiswahili

11

Onzième leçon

Préparatifs pour [un] mariage
(se-préparer avec mariage)

1 – Après-demain j'irai à [un] mariage *(mariage-à)*. Tu viendras *(tu-viendras)* ?
2 – J'*(en-ai-envie)* ai envie mais je n'ai rien à me mettre *(je-n'ai-pas vêtement)*.
3 – Ce n'est rien *(n'est-pas chose)*, je te prêterai *(je-te-prêterai)* [une] robe.
4 – Et tu me tresseras *(tu-me-tresseras)* [les] cheveux ?
5 – Oui.
6 – Mais je n'aurai pas le temps *(je-n'aurais-pas-le-temps)* [de] mettre [du] henné.

[thelathini na nné] thelathini na nne • 34

11 / Somo la kumi na moja

7 – Ninam**ju**a [6] m**si**chana m**mo**ja atatu**tia** wan**ja** [7].
Ho**da**ri **sa**na.

8 – **Ba**si [8] nita**kwen**da. ☐

Prononciation
*koudyiaandaa na haroussi **1** késho koutoua nitakouenda haroussini. outakoudya **2** nina hamou lakini sina ngouo **3** sio kitou nitakouazima kanzou **4** na outanissouka gnoulé **5** ndio **6** lakini sitaouahi koutia hina **7** ninamdyoua msitshana mmodya atatoutia ouanja. hodari sana **8** bassi nitakouenda*

Notes

1 Comme au présent (reportez-vous à la leçon 5, notes 2 et 6, et à la leçon 7, §7), le verbe **kwenda**, *aller*, conserve le marqueur **ku-** de l'infinitif lorsqu'il est conjugué au futur. Il en est de même du verbe **kuja**, *venir*, et de tous les verbes dont le radical est monosyllabique, par exemple : **nitakwenda**, *j'irai*, est formé de **ni-** (marqueur de sujet affir. de cl. 1, 1re pers. *je*) **-ta-** (futur) **kw-** (marqueur de l'infinitif) **end-** (t. verb. *aller*) **-a** (modalité neutre) ; **tutakula**, *nous mangerons*, se décompose comme suit : **tu-** (marqueur de sujet affir. de cl. 2, 1re pers. *nous*) **-ta-** (futur) **-ku-** (marqueur de l'infinitif) **-l-** (rad. verb. *manger*) **-a** (modalité neutre) ; **atakuja**, *il viendra*, est formé de **a-** (marqueur de sujet affir. de cl. 1, 3e pers. *il*) **-ta-** (futur) **-ku-** (marqueur de l'infinitif) **-j-** (rad. verb. *venir*) **-a** (modalité neutre).

2 Le marqueur d'objet de deuxième personne de classe 1, *te*, est **-ku-**. Nous avons déjà vu le marqueur d'objet en leçon 8, note 2. Décomposons l'exemple : **nitakuazima**, *je te prêterai*, est formé de **ni-** (marqueur de sujet affir. de cl. 1, 1re pers. *je*) **-ta-** (futur) **-ku-** (marqueur d'obj. de cl. 1, 2e pers. *te*) **-azim-** (t. verb. *prêter*) **-a** (modalité neutre). Il ne peut y avoir de confusion entre le **ku-** marqueur de l'infinitif et le **-ku-** marqueur d'objet car le premier n'est employé qu'avec les verbes dont le radical est monosyllabique et que de plus il disparaît dès que l'on introduit un marqueur d'objet. Nous y reviendrons fréquemment.

3 Le marqueur d'objet de première personne de classe 1, *me*, est **-ni-**. Décomposons l'exemple : **utanisuka**, *tu me tresseras*, est formé de **u-**

35 • thelathini na tano *[thelathini na tano]*

Onzième leçon / 11

7 – Je *(la)* **connais une jeune fille** *(jeune-fille-une)* **qui** *(elle-nous-mettra)* **nous fera des dessins** *(noir)*. **[Elle est] très habile** *(habile très)*.

8 – **Alors j'irai.**

(marqueur de sujet affir. de cl. 1, 2ᵉ pers. *tu*) **-ta-** (futur) **-ni-** (marqueur d'obj. de cl. 1, 1ʳᵉ pers. *me*) **-suk-** (t. verb. *tresser*) **-a** (modalité neutre).

4 Le futur négatif se forme avec le marqueur de temps **-ta-** précédé des marqueurs de sujet négatifs. Décomposons le verbe : **si-** (marqueur de sujet nég. cl. 1, 1ʳᵉ pers. *je*) **-ta-** (futur) **-wahi** (b. verb. *avoir le temps*).

5 Les femmes swahilies utilisent le henné non pas pour se teindre les cheveux mais pour dessiner des arabesques sur les mains et les pieds. Les préparatifs peuvent durer jusqu'à une semaine car il faut répéter les applications et attendre à chaque fois que cela sèche. C'est une coquetterie réservée aux femmes mariées.

6 Le marqueur d'objet de troisième personne de classe 1 *le/la* est **-m-** + consonne comme dans **ninamjua**, *je la connais*, ou **-mw-** + voyelle, par exemple **ninamwona**, *je le/la vois*. Ce pronom doit impérativement être inséré dans le verbe lorsque l'on parle de personnes déterminées.

7 **Wanja** désigne deux choses très différentes qui se présentent toutes deux sous forme de poudre noire : il s'agit d'abord de l'antimoine, plus connu sous le nom de *khôl* que l'on met dans les yeux et sur les sourcils des bébés pour les protéger du mauvais sort. Les femmes s'en servent aussi comme maquillage. Mais pour se peindre les pieds elles emploient une teinture pour cheveux sous forme de poudre noire qu'elles diluent très peu et avec laquelle elles dessinent, après avoir appliqué du henné, des arabesques sur leurs bras et leurs jambes. On croirait des gants et des bottines de dentelle. La réalisation de ces dessins est plus rapide que les applications de henné puisqu'elle ne prend que quatre heures environ. La teinture est fixée à l'aide de vaseline dont elles s'enduisent la peau. Elles peuvent ensuite se laver sans craindre de voir tout s'effacer. Ces décorations peuvent tenir un à deux mois.

8 Dans la leçon 9 (phrase 8) nous avons traduit **basi** par *alors* et dans la leçon 5 (phrase 4) par *eh bien*. Il a les deux sens. C'est un terme de liaison qui marque la transition d'une idée à l'autre.

Zoezi la kwanza – Tafsiri

❶ Kesho kutwa utamtia hina? ❷ Ndiyo, na nitamsuka nywele. Na wewe, nitakuazima kanzu. ❸ Ahsante, lakini mimi sitakwenda harusini. ❹ Kwa nini? ❺ Sina hamu.

***

Zoezi la pili – Kamilisha

❶ Juma aime une jeune fille.
Juma . . . . msichana mmoja.

❷ Tu la connais ?
. . . . ?

❸ Oui, et toi tu la verras demain. Nous nous irons la voir.
Ndiyo, na wewe . . . . kesho. Tutakwenda . . . .

❹ Tu me prêteras une robe ?
. . . . kanzu?

❺ Je te prêterai une robe et je te tresserai les cheveux.
. . . . kanzu na . . . . nywele.

Somo la kumi na mbili *[somo la koumi na mbili]*

Visa vya babu

1 – **Ba**bu, **le**o uta**tu**simu**li**a ha**di**thi?
2 – Mna**ta**ka ha**di**thi ga**ni** [1]?
3 – **Mi**mi nina**ta**ka **ki**sa **cha** Mzee [2] Sungu**ra** [3].
4 – **Mi**mi nina**ta**ka **ki**sa **cha** wa**nya**ma **wa** [4] po**ri**ni.
5 – **Mi**mi nina**ta**ka **ki**sa **cha** mju**ku**u **wa** [5] **mfa**lme.
6 – **Ba**si **le**o nitakusimuli**e**ni [6] "**Mchu**mba **wa ta**tu [7] **wa** m**vu**vi". **Mu**ko ta**ya**ri?

Corrigé de l'exercice 1
❶ Après-demain tu lui mettras du henné ? ❷ Oui, et je lui tresserai les cheveux. Et toi je te prêterai une robe. ❸ Merci, mais moi je n'irai pas au mariage. ❹ Pourquoi ? ❺ Je n'en ai pas envie.

***

Corrigé de l'exercice 2
❶ – anampenda – ❷ Unamjua ❸ – utamwona – kumwona ❹ Utaniazima – ❺ Nitakuazima – nitakusuka –

Douzième leçon

[Les] contes de grand-père

1 – Grand-père, aujourd'hui tu nous raconteras [une] histoire ?
2 – Quelle histoire voulez-vous *(vous-voulez histoire quelle)* ?
3 – Moi je veux [le] conte de monsieur *("vieux")* [le] Lièvre.
4 – Moi je veux [le] conte des animaux de [la] brousse *(brousse-dans)*.
5 – Moi je veux [le] conte du petit-fils du roi.
6 – Alors aujourd'hui je vous raconterai "[La] troisième fiancée *(fiancée de trois)* du pêcheur". [Vous êtes] prêts ?

7 – Ndiyo, tuko tayari.
8 – Sikilizeni ⁸ vizuri ⁹.

Prononciation
vissa vya babou 1 babou léo outatoussimoulia hadithi 2 mnataka hadithi gani 3 mimi ninataka kissa tsha mzéé soungoura 4 mimi ninataka kissa tsha ouagnama oua porini 5 mimi ninataka kissa tsha mdyoukouou oua mfalmé 6 bassi léo nitakousimouliéni mtshoumba oua tatou oua mvouvi. muko tayari 7 ndiyo touko tayari 8 sikilizéni vizouri

Remarque de prononciation
(1) Dans **hadithi**, th se prononce comme dans l'anglais ***thank you***.

Notes

1 L'interrogatif **gani**, *quel*, est plus général que **-ipi**, *lequel* ; de plus, il est invariable.

2 **Mzee** signifie *vieux*. C'est un terme de respect qui n'a pas d'équivalent en français. C'est aussi un prénom. Il est formé à partir du thème nominal **-zee**.

3 Bien qu'étant un animal, **sungura**, *lièvre*, n'a pas le classificateur **m-**. Il appartient en effet à une autre classe que nous ne tarderons pas à voir. Notez seulement que tous les noms d'êtres animés ne commencent pas par **m-**, et que tous les noms commençant par **m-** ne sont pas forcément des noms d'êtres animés. C'est la combinaison préfixe + sens qui permet de déterminer à quelle classe un nom appartient. Nous aurons l'occasion d'en reparler régulièrement et vous serez surpris de voir que cela se repère très facilement.

***

Zoezi la kwanza – Tafsiri

❶ Babu, leo utatusimulia hadithi? ❷ Nitakusimulieni hadithi gani? ❸ Hadithi ya mchumba wa mfalme. ❹ Na utatuchukua porini? Tunataka kutizama wanyama. ❺ Wanyama wa porini!

Douzième leçon / 12

7 – Oui, nous sommes prêts.
8 – Écoutez bien.

4 Le connectif de classe 2 est **wa**.

5 Le connectif de classe 1 est aussi **wa**.

6 Le marqueur d'objet de deuxième personne de classe 2 *(vous)* est un peu complexe puisqu'il se décompose en deux parties (comme *ne... pas* en français). Il est formé d'une partie infixée (**-ku-**) et d'une partie suffixée (**-ni**). Vous avez sans doute remarqué que de nombreux verbes se terminent par la voyelle **a**. Il s'agit en majorité de verbes d'origine bantoue. Ce suffixe **-ni** entraîne une modification de la voyelle finale qui devient alors **e**. Décomposons l'exemple : **nitakusimulieni**, *je vous raconterai*, est formé de **ni-** (marqueur de sujet affir. de cl. 1, 1re pers. *je*) **-ta-** (futur) **-ku-** (1re séquence marqueur d'objet de cl. 2, 2e pers. *vous [a]*) **-simuli-** (t. verbal *raconter*) **-e-** (voyelle de modalité a > e) **-ni** (2e séquence marqueur d'objet de cl. 2, 2e pers. *vous [b]*).

7 Il n'existe pas d'adjectifs ordinaux, on les construit sur le même schéma que le groupe complément du nom. *La troisième fiancée*, **mchumba wa tatu**, se dit donc littéralement "la fiancée de trois". Pour vous familiariser avec cette tournure, pensez à regarder la numérotation des leçons.

8 L'impératif à la deuxième personne du pluriel se forme en ajoutant le suffixe **-ni** au thème verbal. Ce suffixe entraîne ici aussi la transformation du **a** final des verbes d'origine bantoue, en **e**. Attention, ce suffixe **-ni** n'a rien à voir avec le suffixe locatif **-ni** qui, lui, se rattache à des noms.

9 **-zuri** signifie *beau* ou *bien*, comme nous l'avions déjà vu leçon 2, phrase 2 et leçon 6, phrase 5. Nous avons déjà noté aussi que le classificateur de classe 7 **ki-** pouvait avoir la valeur de *à la manière de* (reportez-vous à la leçon 10, note 6). Il en est de même du classificateur de classe 8 **vi-**.

***

Corrigé de l'exercice 1

❶ Grand-père, aujourd'hui tu nous raconteras une histoire ? ❷ Je vous raconterai quelle histoire ? ❸ L'histoire de la fiancée du roi. ❹ Et tu nous emmèneras dans la brousse ? Nous voulons voir les animaux. ❺ Les animaux de la brousse !

Zoezi la pili – Kamilisha

❶ Où est le livre d'histoires ?
 Kitabu . . . hadithi . . . . wapi?

❷ Regardez là-bas.
 . . . . hapo.

❸ Grand-père tu nous raconteras l'histoire du lièvre ?
 . . . . utatusimilia . . . . ya Sungura?

❹ Et nous irons dans la brousse regarder les animaux ?
 Na tutakwenda . . . . . . kutizama wanyama?

Somo la kumi na tatu [somo la koumi na tatou]

Simu

1 – **Ha**lo? Sa**f**ari **Ho**teli?
2 – **Ha**lo?... **E**e. Sa**f**ari **Ho**teli. Ha**b**ari?
3 – **Nzu**ri.
 A! **Si**na sa**li**o! Una**we**za **kwen**da kunu**nu**a **vo**cha? [1]
4 – **Ni**pe [2] **pe**sa.
5 – Chu**ku**a mto**to**ni. Ta**ya**ri?
6 – **E**en.
7 – **Ha**lo? Sa**f**ari Ho**te**li?
8 – **E**en. Sa**f**ari Hoteli. Ka**ri**bu.
9 – Ninakupi**gi**a **si**mu [3] kukuam**bi**a [4] kw**am**ba nina**ta**ka **chum**ba **kwa ke**sho.
10 – **Kwa wa**tu wan**ga**pi?
11 – Wa**wi**li.
12 – Mta**f**ika wa**ka**ti **ga**ni?

❺ Oui, je vous emmènerai *(prendrai)* dans la brousse.
Ndiyo, ... porini.

Corrigé de l'exercice 2
❶ – cha – kiko – ❷ Tizameni – ❸ Babu – hadithi – ❹ – porini –
❺ – nitakuchukueni –

Ne vous laissez pas décourager, vous apprendrez vite à jongler avec tous ces éléments qui se modulent entre eux. Le plus sûr pour y arriver est d'aller tout doucement au départ. Pour vous aider, nous allons continuer à tout décortiquer ainsi jusqu'à ce que la décomposition des modules verbaux s'opère au premier coup d'œil.

Treizième leçon

Un coup de fil *(téléphone)*

1 – Allô ? Safari Hôtel ?
2 – Allô ? ... Oui. Safari Hôtel. Comment allez-vous *(nouvelles)* ?
3 – Bien *(bonnes)*.
Ah ! Je n'ai plus [d']unités *(je-ne-pas-avec reste)*. Tu peux aller acheter une recharge *(tu-peux aller acheter crédit)* ?
4 – Donne-moi [de l']argent.
5 – Prends [en] dans [le] tiroir. C'est fait ?
6 – Oui.
7 – Allô ? Safari Hôtel ?
8 – Oui. Safari Hôtel. Bienvenue.
9 – Je vous téléphone pour vous dire *(je-vous-téléphone pour-vous-dire)* que je veux *(je-veux)* [une] chambre pour demain.
10 – Pour combien [de] personnes *(pour personnes combien)* ?
11 – Deux.
12 – À quel moment arriverez-vous *(vous arriverez moment lequel)* ?

[arobaïni na mbili] arobaini na mbili

13 / Somo la kumi na tatu

13 – Jioni. Tunataka teksi.
14 – Atakusubirini [5] wapi?
15 – Jomo Kenyatta Airport.
16 – Haya. Kwa heri. [6]

Prononciation
simou 1 halo? safari hoteli 2 halo? ee. safari hoteli. habari 3 nzouri. a! sina salio! ounaouéza kouenda kounounoua votsha 4 nipé péssa 5 tshoukoua mtotoni. tayari 6 een 7 halo? safari hoteli 8 een. safari hoteli. karibou 9 ninakoupigia simou koukouambia kouamba ninataka tshoumba koua késho 10 koua watou ouangapi 11 ouaouili 12 mtafika ouakati gani 13 dyioni. tounataka téksi 14 atakousoubirini ouapi 15 dyomo kegnata airport 16 haya. koua héri

Notes

1 Depuis une dizaine d'années, le téléphone portable est devenu indispensable dans l'ensemble de l'Afrique. Le Kenya est un pays phare puisque la société M-pesa permet de faire des transferts d'argent dans les coins les plus reculés du pays auprès de personnes qui ne possèdent pas de compte en banque. Les abonnements avec prélèvements automatiques sont peu développés. Lorsque le crédit en *unités* (**salio**) est épuisé, on recharge avec des cartes dont il faut gratter le numéro avec une pièce. Ces *recharges*, **vocha**, sont disponibles chez tous les marchands de produits de première nécessité.

2 Un verbe à l'impératif accompagné du marqueur d'objet prend toujours la voyelle finale **-e**. **Nipe**, *donne-moi*, se décompose de la manière suivante : **ni-** (marqueur d'objet de la 1ʳᵉ pers. de cl. 1 *me*) **-p-** (rad. verb. *donner*) **-e** (voyelle de l'impératif avec marqueur d'objet). Ce verbe est toujours employé avec un marqueur d'objet qui fait référence au bénéficiaire du don et jamais à la chose attribuée.

***

Zoezi la kwanza – Tafsiri

❶ Juma na Tatu watakuja kesho asubuhi. **❷** Watanikipigia simu? **❸** Ndiyo. **❹** Watakwenda hotelini? **❺** Ndiyo. Watakuja na watoto wawili.

Treizième leçon / 13

13 – L'après-midi. Nous voulons *(nous-voulons)* [un] taxi.
14 – Où vous attendra-t-il *(il-vous-attendra où)* ?
15 – [À] l'aéroport Jomo Kenyatta.
16 – Bien. Au revoir *(avec bonheur)*.

3 Dans **ninakupigia simu**, **-ku-** est le marqueur d'objet de 2ᵉ personne de classe 1 *te*. Le verbe se décompose ainsi : **ni-** (marqueur de sujet de cl. 1, 1ʳᵉ pers. *je*) **-na-** (présent) **-ku-** (marqueur d'objet. de cl. 1, 2ᵉ pers. *te*) **-pigia** (b. verb. *frapper, faire*). Sachez qu'il est impossible d'insérer deux marqueurs d'objet.

4 **Kukuambia**, *pour te dire*, se décompose ainsi : **ku-** (marqueur de l'infinitif), **-ku-** (marqueur d'objet. de cl. 1, 2ᵉ pers. *te*) **ambi-** (t. verb. *dire*) **-a** (modalité neutre).

5 Dans **atakusubirini**, *il vous attendra*, le marqueur d'objet se décompose en deux parties : **-ku-** ... **-ni**, *vous*. Le verbe se décompose de la façon suivante : **a-** (marqueur de sujet de cl. 1, 3ᵉ pers. *il*) **-ta-** (futur) **-ku-** (1ʳᵉ séquence marqueur d'objet 2ᵉ pers. cl. 2, *vous*) **subiri** (t. verb. *attendre*) **-ni** (2ᵉ séquence marqueur d'objet 2ᵉ pers. cl. 2, *vous*).

6 **Kwa heri** signifie *au revoir* mais **heri** a le sens de *bonheur, félicité, béatitude*. On dit donc littéralement "Avec bonheur".

***

Corrigé de l'exercice 1
❶ Juma et Tatu viendront demain matin. ❷ Ils me téléphoneront ?
❸ Oui. ❹ Ils iront à l'hôtel ? ❺ Oui. Ils viendront avec les deux enfants.

[arobaïni na nné] **arobaini na nne** • 44

Zoezi la pili – Kamilisha

❶ Quand les enfants vont-ils venir ?
Watoto . . . . wakati gani?

❷ Ils arriveront demain après-midi.
. . . . kesho . . . . . .

❸ Qu'est-ce que vous leur direz ?
. . . . nini?

Somo la kumi na nne [somo la koumi na nné]

Marudio – Révisions

1 Le swahili : une langue à classes

On compte quinze classes au total. La plupart vont par paires : singulier, pluriel. On parle alors de genres. Une classe est une chaîne d'accords qui relient tous les mots dépendant d'un nom. C'est la raison pour laquelle on parle de classes nominales. Elles se reconnaissent à leurs préfixes. Rassurez-vous, elles sont plus faciles à reconnaître que le masculin et le féminin en français.

1.1 Les classes 7 et 8

Elles regroupent essentiellement des noms d'objets, mais pas uniquement, puisque l'on y retrouve aussi des noms d'animaux. Nous avons vu **chura (vy-)**, *grenouille(s)*, et **kiroboto (vi-)**, *puce(s)*.
Ces classes ont les accords suivants :

	Nom	Adj.	Marqueur de sujet nég.	Marqueur de sujet aff.	Dém. de proximité	Marqueur d'objet	Connectif
Cl. 7	ki- + C[1] ki- + i ch- + a, e, o, u	ki- + C ki- + i ch- + a, e, o, u	haki-	ki-	hiki	-ki	cha

45 • arobaini na tano [arobaïni na tano]

❹ Nous leur raconterons des histoires.
. . . . hadithi.

❺ Ils vous écouteront. Ils aiment beaucoup les contes.
. . . . sana visa.

Corrigé de l'exercice 2
❶ – watakuja – ❷ Watafika – jioni ❸ Mtawaambia – ❹ Tutawasimulia – ❺ Watakusikilizeni – Wanapenda –

Quatorzième leçon

Cl. 8	vi- + C vi- + i vy- + a, e, o, u	vi- + C vi- + i vy- + a, e, o, u	havi-	vi-		-vi- vya

[1] C signifie *consonne*

Les classificateurs des classes 7 et 8 ont aussi le sens de "à la manière de", ce qui permet de construire des adjectifs et des adverbes. Par exemple **kiswahili**, *à la manière swahilie*, **vizuri**, *bien* (littéralement "bellement"). Reportez-vous à la leçon 12, note 9.

1.2 Le groupe complément du nom
Il se construit à l'aide du connectif **-a**, *de*, qui s'accorde avec le premier des éléments du groupe. C'est à l'aide de cette tournure que l'on construit les nombres ordinaux. Par exemple **mtoto wa tatu**, *le troisième enfant*. Reportez-vous à la leçon 12, note 5.

1.3 Les classes 1 et 2
Elles regroupent uniquement des noms d'êtres animés, mais pas tous les noms d'êtres animés. Leurs accords sont les suivants :

	Nom	Adj.	Marqueur de sujet nég.[3]	Marqueur de sujet aff.[3]	Dém. de proximité	Marqueur d'objet[3]	Connectif
Cl. 1	m- + C mw- + V[4]	m- + C mw- + V	1 si- 2 hu- 3 ha-	1 ni- 2 u- 3 a-	huyu	1 -ni- 2 -ku- 3 -m(w)-	wa

[arobaïni na sita] arobaini na sita • 46

| Cl. 2 | wa- + C
wa- + V | wa- + C
w- + V | 1 hatu
2 ham-
3 hawa- | 1 tu
2 m-
3 wa- | hawa | 1 -tu-
2 -ku...-ni
3 -wa- | wa |

[3] Les chiffres correspondent aux personnes.
[4] V signifie *voyelle*.

Pour ce qui est des adjectifs de la classe 2 dont l'initiale du thème est une voyelle, nous les verrons en détail ultérieurement.

2 Le module verbal

Le module verbal s'est enrichi pour nous de trois colonnes. Récapitulons :

1	2	3	4	5	6
Marqueurs de sujet	Marque du temps	Réflexif **ji** ou pronoms marqueurs d'objet ou marqueur de l'infinitif **ku-** dans le cas des verbes monosyllabiques	Thème verbal c'est-à-dire radical d'un verbe ou forme comportant des suffixes appelés extensions	Voyelle de modalité neutre **a** pour les verbes d'origine bantoue qui devient **e** quand on ajoute un suffixe dans la colonne 6	**-ni** 2e séquence du pronom marqueur d'objet de 2e pers. de cl. 2

Par exemple :
a) **nitakusimulieni** *je vous raconterai*
b) **anajiandaa** *il/elle se prépare*
c) **watakuja** *ils/elles viendront*
se décomposent ainsi :

1	2	3	4	5	6
a) **ni-** *je*	**-ta-** "futur"	**-ku-** *vous (a)*	**-simuli -** *raconter*	**-e-**	**-ni** *vous (b)*
b) **a-** *il/elle*	**-na-** "présent"	**-ji-** *se*	**-anda-** *préparer*	**-a-**	
c) **wa-** *ils/elles*	**ta-** "futur"	**-ku-** classificateur de l'infinitif	**-j-** *venir*	**-a-**	

Vous savez maintenant conjuguer un verbe au présent affirmatif (marqueur d'aspect **-na-**), au futur affirmatif (marqueur temps

Quatorzième leçon / 14

-ta-) et au futur négatif (marqueur de temps **-ta-**). Ces deux dernières conjugaisons ne se distinguent que par les marqueurs de sujet affirmatifs ou négatifs (voir §1.1 et 1.3). N'oubliez pas que les verbes dont le radical est monosyllabique comme **kuja**, *venir*, **kula**, *manger*, ainsi que d'autres comme **kwenda**, *aller*, **kwisha**, *finir* et **kunywa**, *boire*, conservent le classificateur de l'infinitif **ku-** lorsqu'ils sont conjugués au présent ou au futur sans marqueur d'objet, mais qu'ils le perdent lorsque celui-ci est inséré.

Prenons des exemples : **anakula** *il/elle mange* ; **anavila** *il/elle les mange* (en parlant par exemple des beignets **vitumbua**) ; **hatakuja** *il/elle ne viendra pas* ; **hatampa** *il/elle ne lui donnera pas*.

Les verbes d'origine bantoue se terminent par la voyelle **a**. À la deuxième personne du pluriel, celle-ci devient **e** lorsqu'on ajoute un suffixe. Par exemple : **watakuambieni**, *ils/elles vous diront*, ou **sikilizeni**, *écoutez*, se décomposent ainsi :

1	2	3	4	5	6
Marqueur de sujet	Temps ou aspect	Marqueur d'objet	Thème verbal	Voyelle de modalité pour les verbes d'origine bantoue	Suffixe d'adresse au pluriel
wa *ils/elles*	**-ta-** "futur"	**-ku-** *vous* (a)	**-ambi-** *dire* **-sikiliz-** *écouter*	-e- -e-	-ni *vous* (b) -ni *vous*

À l'aide de la traduction vous devriez maintenant être en mesure de décomposer tous les verbes que nous avons déjà vus. Essayez de continuer à le faire dans les leçons suivantes. Cela devrait vous permettre de mettre en place des points de repère.

3 L'impératif

À la classe 1, l'impératif est uniquement constitué de la base verbale. Par exemple :
lete, *apporte* ; **fanya haraka**, *dépêche-toi* ; **tizama**, *regarde* ; **subiri**, *attends*.

Le marqueur d'objet se place avant le thème. Dans ce cas, la voyelle finale des verbes d'origine bantoue devient **e**. Par exemple : **mtizame**, *regarde-le*.

À la classe 2, l'impératif est formé du thème verbal suivi du suffixe **-ni** qui indique la pluralité des destinataires de l'ordre exprimé par le verbe. Par exemple :
subirini, *attendez*
sahauni, *oubliez* (infinitif : **-sahau**).

La voyelle finale des verbes d'origine bantoue est modifiée et devient **e**. Par exemple :
sikilizeni, *écoutez*

Mazungumzo ya marudio

1 – Unafanya nini?
2 – Ninakwenda kuoga.
3 – Tutachelewa.
4 – Tuna muda. Viatu viko wapi?
5 – Viatu vipi?
6 – Viatu vya kwenda harusini.
7 – Tizama sandukuni.
8 – Havimo.
9 – Tizama chumbani.

Somo la kumi na tano *[somo la koumi na tano]*

Kujipiga picha

1 – Tizama. Unawajua? Ni wageni wa jana.
2 – Mlikwenda [1] pwani?
3 – Ndiyo walitaka kwenda kuogelea na kulala juani. Tulikaa [2] mpaka jioni.
4 – Uliwapeleka kutizama kobe? [3]
5 – Ndiyo.
6 – Walipenda? [4]

10 – Sina muda. Ninakwenda kununua vocha.
11 – Unataka kumpigia simu nani?
12 – Ninataka kumpigia simu Juma kumwambia kwamba tutachelewa.

Traduction

1 Qu'est-ce que tu fais ? **2** Je vais me doucher. **3** Nous allons être en retard. **4** Nous avons le temps. Où sont les chaussures ? **5** Quelles chaussures ? **6** Les chaussures pour aller au mariage. **7** Regarde dans la malle. **8** Elles n'y sont pas. **9** Regarde dans la chambre. **10** Je n'ai pas le temps. Je vais acheter du crédit (pour le téléphone). **11** À qui veux-tu téléphoner ? **12** Je veux téléphoner à Juma pour lui dire que nous serons en retard.

Eh bien qu'en pensez-vous ? Vous voici arrivé au terme de votre deuxième série de leçons, et tout va bien ! Vous avez peut-être encore quelques soucis avec les classes et les verbes et c'est tout à fait normal ; ne vous en faites pas, tout s'acquiert avec l'habitude : sans que vous vous en aperceviez, des automatismes vont se créer et vous serez vous-même surpris de vos progrès. Courage !

15

Quinzième leçon

Se prendre en photo

1 – Regarde. Tu les connais *(tu-les-connais)* ? [Ce] sont *(est)* [les] étrangers d'hier.
2 – Vous êtes allés à [la] plage *(vous-allèrent plage-à)* ?
3 – Oui. Ils ont voulu *(ils-voulurent)* aller nager et s'étendre au soleil. Nous [y] sommes restés *(nous-restâmes)* jusqu'en fin d'après-midi.
4 – Tu les as emmenés *(tu-les-emmena)* voir [les] tortues ?
5 – Oui.
6 – Ils ont aimé *(ils-aimèrent)* ?

7 – **Sa**na. Laki**ni** mwana**m**ke ali**k**uwa **na** [5] **mam**bo!
8 – **Kwa ni**ni? Ali**f**anya **ni**ni?
9 – Ali**t**aka **ku**la.
10   Nilinu**n**ua chai **na** muho**g**o **wa** kucho**m**a [6] laki**ni** ali**t**aka kisaha**ni**, na **ki**su.
11   **Vyom**bo hi**vi** [7] **vyo**te nili**k**uwa **si**na [8].   □

Prononciation

koudjipiga pitsha 1 tizama. ounawadjoua? ni wagéni wa dyana 2 mlikwenda pwani 3 ndiyo oualitaka kwenda kouogéléa na kulala dyouani. toulikaa mpaka dyioni 4 ouliwapéléka koutizama kobé 5 ndiyo 6 walipenda 7 sana. lakini mwanamké alikouwa na mambo 8 kwa nini? alifagna nini 9 alitaka koula 10 nilinounoua tchai na mouhogo wa kouchoma lakini alitaka kisahani na kisou 11 vyombo hivi vyoté nilikouwa sina

Notes

1   Le passé affirmatif se reconnaît au marqueur de temps **-li-**. Décomposons l'exemple : **mlikwenda**, *vous êtes allés*, est formé de **m-** (marqueur de sujet cl. 1, 1re pers. *je*) **-li-** (passé affirmatif) **-ku-** (classificateur de l'infinitif pour les verbes monosyllabiques et assimilés) **-end-** (t. verb. *aller*) **-a** (modalité neutre). Il serait contre-productif de faire correspondre les emplois des temps en français et en swahili. Ce sont des systèmes totalement différents (comme des monnaies ou des mesures de capacité par exemple auxquelles il faut, petit à petit, se familiariser par leur utilisation. Ainsi **-li-** permet d'exprimer un accompli, un passé révolu.

2   **Tulikaa**, *nous restâmes*, se décompose de la manière suivante : **tu-** (marqueur de sujet cl. 2, 1re pers.) **-li-** (passé affirmatif) **-ka-** (t. verb. *rester*, *demeurer*) **-a** (modalité neutre).

3   En face du port de Zanzibar se trouve une petite île, Prison Island, où étaient autrefois protégées les tortues géantes dont certaines étaient très âgées. Avec le développement du tourisme, ces animaux sont en voie de disparition. Certaines ont été volées et conduites dans des hôtels de la côte, les autres sont harcelées par des badauds qui s'amusent à grimper dessus.

7 – Beaucoup. Mais [la] femme elle faisait [des] histoires *(elle-était elle-avec problèmes)* !
8 – Pourquoi ? Qu'est-ce qu'elle a fait *(elle-fit quoi)* ?
9 – Elle a voulu *(elle-voulu)* manger.
10 J'ai acheté *(j'achetai)* [du] thé et [du] manioc grillé mais elle voulait *(elle-voulut)* [une] soucoupe, [un] couteau.
11 Toute cette vaisselle je ne l'avais pas *(ustensiles ceux-ci tous moi j'étais je-pas-avec).*

4 Walipenda, *ils aimèrent*, se décompose de la façon suivante : **wa-** (marqueur de sujet de cl. 2, 3ᵉ pers., *ils*) **-li-** (passé), **-pend-** (t. verb. *aimer*) **-a** (modalité neutre).

5 Alikuwa na, *elle avait*, se décompose de la façon suivante : **a-** (marqueur de sujet de cl. 1 3ᵉ pers.) **-li-** (passé) **-ku-** (classificateur de l'infinitif parce que le verbe est monosyllabique) **-w-** (t. verb. *être*) + **a-** (marqueur de sujet de cl. 1 3ᵉ pers.) **na**, *avec*.

6 Muhogo wa kuchoma, *du manioc grillé*, est construit de la façon suivant : **muhogo** (cl. 3), *manioc* + **wa** (connectif de classe 3 en relation avec **muhogo**) + **kuchoma**, *faire griller*). Le manioc grillé constitue un petit en-cas très ordinaire. On le vend sous forme de bâtonnets que l'on mange à la main.

7 Hivi, *ceux-ci*, est le démonstratif de proximité de classe 8

8 Nilikuwa sina, *je n'avais pas*, se décompose de la manière suivante : **ni-** (marqueur de sujet de cl. 1, 1ʳᵉ pers., *je*) **-li-** (passé) **-ku-** (classificateur de l'infinitif parce que le verbe est monosyllabique) **-w-** (t. verb. *être*) **-a** (modalité neutre) + **si-** (marqueur de sujet négatif de cl. 1, 1ʳᵉ pers., *je*) **-na** (*avec*). Cette forme est parallèle à celle vue en note 5.

15 / Somo la kumi na tano

Zoezi la kwanza – Tafsiri
❶ Jana ulikwenda wapi? ❷ Nilikwenda mkahawani.
❸ Ulikunywa nini? ❹ Nilikunywa chai na nilikula vitumbua.
❺ Halafu[1] nilirudi[2] nyumbani.

[1] **halafu**, *ensuite*
[2] **-rudi**, *rentrer*

***

Zoezi la pili – Kamilisha

❶ Hier nous sommes allés à la plage.
   Jana . . . . pwani.

❷ Les invités ont aimé ?
   Wageni . . . . ?

❸ Oui, mais ils sont compliqués !
   Ndio, lakini . . . . !

❹ Pourquoi ? Qu'est-ce qu'ils ont fait ?
   Kwa nini? . . . . nini?

❺ Ils se sont allongés au soleil depuis midi jusqu'en fin d'après-midi.
   . . . . juani toka mchana mpaka . . . . . .

Bien que le repas ne soit pas un moment de convivialité aussi affirmé que dans la culture française, et qu'il se déroule, à la campagne, sur une natte à même le sol, sans couteau ni fourchette, les manières de "table" n'en sont pas moins très précises.

On considère en effet que la main droite est réservée aux activités propres tandis que la gauche est réservée à des activités "sales". On utilise donc la droite pour se nourrir et la gauche pour la toilette intime. Cette règle est très stricte. Par ailleurs tous les membres de la maison ne sont pas forcément réunis pour le repas.

Corrigé de l'exercice 1

❶ Où est-ce que tu es allé hier ? ❷ Je suis allé au café. ❸ Qu'est-ce que tu as bu ? ❹ J'ai bu du thé et j'ai mangé des beignets de riz. ❺ Ensuite je suis rentré à la maison.

***

Corrigé de l'exercice 2

❶ – tulikenda – ❷ – walipenda ❸ – wana mambo ❹ – Walifanya – ❺ Walilala – jioni –

Le plat commun n'est pas la règle, même lorsqu'il y a un plat unique, mais il n'est pas ignoré non plus. Chez les personnes fortunées on peut proposer un grand nombre de plats en même temps.

La maîtresse de maison fait passer un rince-doigts en début et en fin de repas. Le maître de maison répartit la nourriture. Si le plat est commun, la politesse exige que l'on ne mange que ce qui est devant soi.

Manger copieusement, c'est faire honneur à la cuisinière. Ne pas finir son assiette signifie que l'on n'a pas apprécié. Éructer est le signe que l'on est rassasié et satisfait. Il est de bon ton de ne pas quitter la "table" avant que tous les convives aient terminé.

16

Somo la kumi na sita [somo la koumi na sita]

Baada ya safari

1 – Habari za ¹ siku nyingi ²? Ulikuwa wapi?
2 – Nzuri. Nilisafiri kidogo.
3 – Ulikwenda ³ wapi?
4 – Afrika ya ⁴ Magharibi.
5 – Nchi ⁵ gani?
6 – Nigeria. ⁶
7 – Unakwenda mara kwa mara ⁷! Safari inachukua muda gani?
8 – Aa! Safari ni ndefu ⁸. Inachukua saa nne kwa ndege.

Prononciation

baada ya safari 1 habari za sikou gningui? oulikoua ouapi 2 nzouri. nilissafiri kidogo 3 oulikouenda ouapi 4 afrika ya magharibi 5 nchi gani 6 naïdjérya 7 ounakouenda mara koua mara! safari inatshoukoua mouda gani 8 aa! safari ni ndéfou. inatshoukoua saa nné koua ndégué

Remarque de prononciation

(4) gh se prononce comme le *r* grasseyé du français mais certains locuteurs dont le swahili n'est pas la langue maternelle le prononcent *[gu]* comme dans *gare*.

Notes

1 Le connectif de classe 10 est **za**.

2 Les noms et les adjectifs des classes 9 et 10 ont le même préfixe. Celui-ci, quand il apparaît, est soit **ny-** soit **n-** ; c'est la raison pour laquelle les linguistes l'appellent "n homorganique" (qui change de forme selon ce qui suit, symbole ₦). Ce préfixe est donc **ny-** devant une voyelle, par exemple : **nyumba nyingi**, *beaucoup de maisons*. Il est **n-** devant **d, g, j,**

55 • hamsini na tano [hamsini na tano]

Seizième leçon

Retour de voyage *(après de voyage)*

1 – [Quelles sont les] nouvelles depuis tout ce temps *(de jours nombreux)* ? Où étais-tu ?
2 – Bonnes. J'ai fait un petit voyage *(j'ai-voyagé un-petit-peu)*.
3 – Où es-tu allé *(tu-es-allé où)* ?
4 – [En] Afrique de l'Ouest.
5 – [Dans] quel pays *(pays quel)* ?
6 – [Au] Nigéria.
7 – Tu y vas *(tu-vas)* fréquemment *(fois par fois)*. [Le] voyage *(il-prend)* prend combien de temps *(temps combien)* ?
8 – Oh ! Le voyage est long ! Il faut *(il-prend)* quatre heures *(heures quatre)* d'avion *(avec avion)*.

et **z**, par exemple : **ndege (-) ndogo (-)**, *un (des) petit(s) avion(s)* ; **nguo (-) nzuri (-)**, *un (de) beau(x) vêtement(s)* ; **njia (-)**, *un (des) chemin(s)*. Il disparaît devant les autres consonnes, par exemple : **njaa kubwa**, *une grande faim* ; **kazi (-)**, *travail/travaux* ; **chai**, *thé* ; **siku (-)**, *jour(s)* ; **sungura (-)**, *lièvre(s)*. Les classes 9/10 sont probablement celles qui regroupent le plus grand nombre de noms. On y trouve des noms de toutes sortes, parmi lesquels la majorité des noms d'animaux et des noms de parenté ainsi que la plupart des noms d'origine étrangère. Ceux-ci sont assimilés sans préfixe, même s'ils commencent par une des consonnes qui l'admettent, par exemple **bia**, *bière(s)* ; **asubuhi**, *matin* ; **gereji**, *garage(s)*.

3 Comme nous l'avons noté dans la leçon 15, note 5, les verbes comme **kuwa**, *être*, et **kwenda**, *aller*, et ceux dont le radical est monosyllabique, conservent le classificateur de l'infinitif **ku-** lorsqu'ils sont conjugués au passé.

4 Le connectif de classe 9 est **ya**.

5 Les noms et les adjectifs des classes 9/10 qui ont un radical monosyllabique prennent tous le classificateur **N** quelle que soit la consonne initiale du radical. C'est le cas de **nchi (-)**, *un (des) pays*. Dans ce cas, c'est le classificateur qui porte l'accent tonique.

[hamsini na sita] hamsini na sita

6 Généralement les noms géographiques peu familiers conservent l'orthographe et la prononciation anglaise.

7 **Mara (-)** signifie *fois* (dans la table de multiplication par exemple). Mais **mara kwa mara**, "fois par fois", a le sens de *fréquemment*.

8 Le cas de l'adjectif **-refu**, *long*, est particulier. Son radical se modifie au contact du préfixe N̄. Dans les classes 9/10 on dit donc **ndefu**.

***

Zoezi la kwanza – Tafsiri

❶ Habari za siku nyingi? – Nzuri. ❷ Habari za safari? – Nzuri. ❸ Ulikwenda wapi? ❹ Nilikwenda Afrika ya Magharibi. ❺ Safari ni ndefu? – Ndio, sana.

***

Zoezi la pili – Kamilisha

❶ Quelles sont les nouvelles depuis tout ce temps ? – Bonnes.
   Habari . . siku . . . . . . ? – . . . . . .

❷ Tu as fait un long voyage ?
   . . . . safari . . . . . ?

❸ Oui, neuf heures d'avion.
   Ndio, . . . tisa kwa . . . .

Somo la kumi na saba *[somo la koumi na saba]*

Labda una saa mbovu

1 – Sama**h**a**ni bi**bi, ninata**fu**ta kau**n**ta ya kuhaki**ki**sha ti**ke**ti **ya kwen**da Nai**ro**bi.

2 – **Nde**ge **ya** Nai**ro**bi ilio**n**do**ka** ' **sa**a m**bi**li asu**bu**hi.

Corrigé de l'exercice 1
❶ Quelles sont les nouvelles depuis tout ce temps ? – Bonnes.
❷ Quelles sont les nouvelles du voyage ? – Bonnes. ❸ Où es-tu allé ?
❹ Je suis allé en Afrique de l'Ouest. ❺ Le voyage est long ? – Oui, très.

***

❹ Où es-tu allé ?
. . . . wapi?

❺ J'ai voyagé en Afrique de l'Ouest.
. . . . Afrika . . Magharibi.

Corrigé de l'exercice 2
❶ – za – nyingi – Nzuri ❷ Ulifanya – ndefu ❸ – saa – ndege
❹ Ulikwenda – ❺ Nilisafiri – ya –

Dix-septième leçon

Peut-être avez-vous une montre hors d'usage
(peut-être tu-as montre hors-d'usage)

1 – Excusez-moi *(excuse-moi)* madame, je cherche
(je-cherche) [le] guichet [pour] *(de faire-vérifier)* vérifier
[mon] billet [pour] *(de)* aller [à] Nairobi.

2 – [L']avion de Nairobi est parti [à] huit heures *(heures deux)* [ce] matin.

[hamsini na nané] hamsini na nane

17 / Somo la kumi na saba

3 – Lakini saa mbili ² bado!
4 – Labda una saa mbovu ³. Tizama ukutani. Sasa ni saa saba na nusu. ⁴
5 – Nitafanya je ⁵? Nani atafungua mkutano?
6 – Panda treni. Ninajua inaondoka mchana na inafika usiku ⁶, saa tatu.
7 – Ninaomba kupiga ⁷ simu.
8 – Shika.
9 – Asante.

Prononciation
labda ouna saa mbovou 1 samahani bibi ninatafouta kaounta ya kouhakikisha tikéti ya kouenda naérobi 2 ndégué ya naérobi iliondoka saa mbili assoubouhi 3 lakini saa mbili bado 4 labda ouna saa mbovou. tizama oukoutani. sasa ni saa saba na noussou 5 nitafagna dyé? nani atafoungoua mkoutano 6 panda tréni. ninadyoua inaondoka mtshana na inafika oussikou saa tatou 7 ninaomba koupiga simou. 8 shika 9 assanté

Notes

1 Le marqueur de sujet affirmatif de classe 9 est **i-**.

2 L'adjectif numéral **-wili** prend des formes différentes selon la classe à laquelle il est employé. En classe 9 il se dit **mbili**.

3 Dans le cas de **mbovu**, le préfixe **n-** des classes 9 et 10 se transforme en **m-** devant **b**. Autrement ce serait impossible à prononcer.

4 Attention ! En swahili, les heures ne se comptent pas du tout comme en français. Il y a six heures de décalage par rapport au système occidental. Un peu de géographie et vous comprendrez que c'est très logique. Le swahili est parlé dans des régions équatoriales (l'équateur passe entre Kampala et Nairobi) où le jour et la nuit font chacun douze heures avec des variations saisonnières minimes. On considère donc que le jour commence avec le lever du soleil, à 6 heures (comptage occidental). Donc, lorsque votre montre indique 7 heures, il est 1 heure. Simple, non ? Un petit truc pour vous en sortir : regardez à l'opposé de la petite

Dix-septième leçon / 17

3 – Mais [il] n'est pas encore huit heures *(heures deux pas-encore)* !
4 – Peut-être avez-vous *(tu-as)* [une] montre hors d'usage. Regardez au mur *(mur-au)*. Maintenant [il] est une heure et demie *(heures sept et demie)*.
5 – Qu'est-ce que je vais faire *(je-ferai quoi)* ? Qui va ouvrir *(il-ouvrira)* [la] réunion ?
6 – Prenez *(monte)* [le] train. Je sais *(je-sais)* [qu']il part *(il-part)* [à] midi et [qu'] il arrive *(il-arrive)* [le] soir *(nuit)*, [à] neuf heures *(heures trois)*.
7 – Est-ce que je pourrais téléphoner *(je-demande téléphoner)* ?
8 – Je vous en prie *(prends)*.
9 – Merci.

aiguille et cela vous évitera d'avoir à calculer avant de traduire. Pour les minutes et les secondes, il n'y a bien entendu pas de différence. Par contre n'oubliez pas que les événements de la nuit précédente ont eu lieu la veille. C'est donc "hier" que vous aurez bien ou mal dormi !

5 Je est un interrogatif invariable.

6 **Asubuhi**, *matin*, s'arrête à **mchana**, *midi*, *début d'après-midi*, qui est suivi de **jioni**, *après-midi*, *jusqu'à la tombée de la nuit*, puis de **usiku**, *nuit*.

7 **Kuomba** signifie *demander* mais pas "interroger". Il a le sens de "demander une faveur"; il est donc utilisé avec la même fréquence que *s'il vous plaît* en français.

18 / Somo la kumi na nane

Zoezi la kwanza – Tafsiri

❶ Samahani ninatafuta treni ya kwenda Nairobi. ❷ Treni ya Nairobi bado. Inaondoka saa tisa. ❸ Sasa si saa nane na nusu? ❹ Tizama saa ya ukutani. ❺ Kweli ni saa mbili na nusu.

***

Zoezi la pili – Kamilisha

❶ Nous partons à sept heures.
   Tunaondoka saa . . . . .

❷ Le matin ou le soir ?
   Asubuhi au . . . . . ?

❸ Le matin et nous arriverons en fin d'après-midi.
   Asubuhi na tutafika . . . . . .

Somo la kumi na nane [somo la koumi na nané]

Dhoruba

1 – Mvua [1] nyingi sana!
2 – Ndio, inanizuia kuona. Bahati barabara hii [2], ninaijua vizuri.
3 – Wipa hizi [3] mbovu?
4 – Ndio. Na gari inavuja.
5 – Simama, simama. Ng'ombe na farasi [4] wanapita.
6 – Ninafunga breki lakini...
7 – He! Tuko wapi?
8 – Juu ya mti, chini ya daraja! [5]

Prononciation

dhorouba 1 mvoua gningui sana 2 ndio inanizouïa kouona. bahati barabara hii ninaïdyoua vizouri 3 ouipa hizi mbovou 4 ndio. na gari inavoudya 5 simama simama. ng'ombé na farassi ouanapita 6 ninafounga bréki lakini 7 hé! touko ouapi 8 dyouou ya mti tshini ya daradya

Corrigé de l'exercice 1

❶ Excuse-moi, je cherche le train pour aller à Nairobi. ❷ Le train de Nairobi [ne part] pas encore. Il part à trois heures. ❸ N'est-il pas deux heures et demie ? ❹ Regarde l'horloge sur le mur. ❺ C'est vrai, il est huit heures et demie.

***

❹ Nous voyagerons en train ou en avion ?
   Tutasafiri . . . treni au . . . ndege?

❺ Nous prendrons la voiture. Ce sera un long voyage.
   . . . . gari. Itakuwa safari . . . . . .

Corrigé de l'exercice 2
❶ – moja ❷ – usiku ❸ – jioni ❹ – kwa – kwa – ❺ Tutapanda – ndefu

Dix-huitième leçon

[Un] orage

1 – [La] pluie [est] très forte *(pluie beaucoup très)* !
2 – Oui, elle m'empêche de voir. Heureusement *(chance)* [que] cette route *(route celle-ci)* je la connais bien.
3 – Ces essuie-glaces *(essuie-glaces ceux-ci)* [sont] hors d'usage ?
4 – Oui. Et la voiture a des fuites.
5 – Arrête, arrête. [Des] vaches et [des] chevaux passent.
6 – Je freine *(je ferme freins)* mais...
7 – Ouf ! Où sommes-nous *(nous-sommes où)* ?
8 – Sur *(de)* [un] arbre, sous *(de)* [un] pont.

Remarques de prononciation
(Titre) dh se prononce en zozotant comme dans l'anglais **this**.
(5) Le son **ng'** est le seul qui puisse éventuellement vous sembler étrange. Il se prononce avec le dos de la langue qui vient se coller contre le fond du palais alors que la bouche reste ouverte. C'est un peu comme si vous disiez *parking* sans faire claquer le *g*.

18 / Somo la kumi na nane

Notes

1. Dans **mvua**, *pluie*, le préfixe *N* devient **m-** devant **v**. C'est la même règle que pour **mbovu**, *hors d'usage*, *vétuste*, que nous avons vu leçon 17, note 3.
2. Le démonstratif de proximité de classe 9 est **hii**.
3. Le démonstratif de proximité de classe 10 est **hizi**.
4. **Ng'ombe (-)**, *vache(s)*, *bovin(s)* ; **farasi (-)**, *cheval(-aux)*, ainsi que la plupart des noms d'animaux font partie des classes 9/10 (reportez-vous à la leçon 16, note 2) mais le sens prévaut sur la forme et tous les accords des êtres vivants se font dans les classes 1/2. Ainsi on dira par exemple :

***

Zoezi la kwanza – Tafsiri

❶ Bahati barabara hii ninaijua. ❷ Ndio, kwa sababu mimi sioni vizuri. Mvua kubwa sana na wipa hazifanyi kazi. ❸ Simama, simama! Watoto wanapita. Funga breki! ❹ Ninafunga lakini… ❺ Aah! Tuko wapi? Juu ya mti au chini ya daraja?

***

Zoezi la pili – Kamilisha

❶ Qu'as-tu fait hier ?
 . . . . ulifanya nini?

❷ Je suis allé voir les animaux.
 Nilikwenda . . . . wanyama.

❸ J'ai surtout aimé le lièvre. Il est petit et beau.
 . . . . sungura hasa. Ni . . . . . na . . . . . .

❹ Et le cheval, tu l'aimes ?
 Na . . . . . . unampenda?

❺ Oui, mais il est grand *(long)*.
 Ndio, lakini ni . . . . . .

Dix-huitième leçon / 18

ninamtizama farasi, *je (le) regarde le cheval*. Dans ce cas l'objet grammatical est **farasi** (cl. 9) mais le marqueur d'objet est **m-** (cl. 1) car il s'agit d'un être animé.

Voici un exemple qui vous permettra de comprendre. Vous connaissez **ndege (-)**, *avion*, mais le sens premier est *oiseau*. Ce sont les accords de classes qui permettent de faire la différence.

ndege nzuri inapita (cl. 9), *un bel avion passe*
ndege mzuri anapita (cl. 1), *un bel oiseau passe*.

5 Le connectif de classe 9 sert à la construction de prépositions, comme :
juu, *haut, en haut* → **juu ya**, *au-dessus de*
chini, *bas, en bas, par terre* → **chini ya**, *au-dessous de*.

***

Corrigé de l'exercice 1
❶ Par chance, je connais cette route. ❷ Oui, parce que moi je ne vois pas bien. La pluie est très forte et les essuie-glaces ne marchent pas. ❸ Arrête, arrête ! Des enfants passent. Freine ! ❹ Je freine mais... ❺ Ouf ! Où sommes-nous ? Sur un arbre ou sous un pont ?

Corrigé de l'exercice 2
❶ Jana – ❷ – kuwatizama – ❸ Nilimpenda – mdogo – mzuri ❹ – farasi – ❺ – mrefu

[sitini na nné] **sitini na nne**

Somo la kumi na tisa [somo la koumi na tissa]

Maulidi

1 – **Ma**ma, **ja**na mwali**mu** [1] ali**se**ma ana**ta**ka ku**fa**nya mauli**di**.
2 – **Li**ni? [2]
3 – Ju**ma**nne au Juma**ta**no. [3]
4 – **Si** Alha**mi**si? Ita**ku**wa [4] ta**re**he **ga**ni?
5 – **Kwa** ki**zu**ngu ita**ku**wa tarehe **ku**mi **na ti**sa **au** ishi**ri**ni. [5]
6 – Mtaa**nza saa nga**pi?
7 – Tutaa**nza saa** [6] **n**ne ka**so**robo **za** u**si**ku. Uta**we**za ku**fa**nya **ke**ki?
8 – **Ke**ki **za** ai**na ga**ni?
9 – **Ka**ma sa**fa**ri [7] **ya mwi**sho, **kwa** sa**ba**bu mwali**mu** ali**zi**penda [8] **sa**na. ☐

 Prononciation

*maouli**di** 1 **ma**ma dya**na** moualimou alis**sé**ma ana**ta**ka kou**fa**gna maouli**di** 2 **li**ni 3 dyouma**nné** aou dyouma**ta**no 4 **si** alha**mi**ssi? ita**kou**a ta**ré**hé **ga**ni 5 **kou**a ki**zou**ngou ita**kou**a ta**ré**hé **kou**mi **na ti**ssa **aou** ishi**ri**ni 6 mtaa**nza saa nga**pi 7 toutaa**nza saa nné** ka**sso**robo **za** ou**ssi**kou. outa**ou**éza kou**fa**gna **ké**ki 8 **ké**ki **za** aï**na ga**ni 9 **ka**ma sa**fa**ri **ya mou**isho **kou**a sa**ba**bou moualimou ali**zi**penda **sa**na*

 Notes

[1] Le sens premier de **mwalimu** (pluriel **waalimu** ou **walimu**) est *maître d'école coranique* mais il désigne aussi le *professeur* ; c'est le surnom du premier président de la République Unie de Tanzanie, J. K. Nyerere, qui fut professeur d'histoire avant d'être président.

[2] **Lini**, *quand*, ne s'emploie que pour parler d'un autre jour, dans le passé ou dans le futur. Autrement on dira **Wakati gani?**, *À quel moment ?* ("moment quel").

Dix-neuvième leçon

Maulid

1 – Maman, hier [le] maître a dit *(il-a-dit)* [qu']il veut *(il-veut)* faire [le] *maulid*.
2 – Quand ?
3 – Mardi ou mercredi.
4 – Ce n'est pas jeudi ? Ce sera quelle date *(il-sera date quelle)* ?
5 – À la façon européenne ce sera *(il-sera date)* [le] dix-neuf *(dix et neuf)* ou [le] vingt.
6 – Vous commencerez *(vous-commencerez)* [à] quelle heure *(heures combien)* ?
7 – Nous commencerons *(nous-commencerons)* [à] dix heures *(heures quatre)* moins [le] quart du soir. Tu pourras *(tu-pourras)* faire [des] gâteaux ?
8 – [Des] gâteaux de quelle sorte *(sorte quelle)* ?
9 – Comme la dernière fois *(fois de dernière)*, parce que *(pour raison)* [le] maître les a beaucoup aimés *(il-les-a-aimés beaucoup)*.

---

3 La semaine commence le *samedi*, **Jumamosi**. **Jumapili**, *dimanche* (nous l'avons vu à la leçon 3), est donc le "deuxième jour" tandis que *mercredi*, **Jumatano**, est le "cinquième jour" ; **Alhamisi**, *jeudi*, ainsi que vendredi sont désignés par des termes d'origine arabe (**Alhamisi** signifie le "cinquième" en arabe).

4 Le marqueur de sujet de classe 9, **i-**, est utilisé pour les tournures impersonnelles.

5 Le calendrier musulman est un calendrier lunaire qui ne suit pas les saisons ; par ailleurs le point de référence pour les habitants de la côte – qui sont en majorité musulmans – est le mois de ramadan. À Zanzibar les gens comptent les mois à partir de la rupture du jeûne. Pour les activités administratives et commerciales on utilise le calendrier chrétien occidental.

19 / Somo la kumi na tisa

6 N'oubliez pas que **saa** est toujours au pluriel à partir de deux.

7 Nous avions déjà rencontré **safari** dans le sens de *voyage* (reportez-vous à la leçon 16). **Mwisho**, *fin*, vient du verbe **kuisha**, *finir*. **Safari ya kwanza** signifie *la première fois* ; **kwanza**, *d'abord*. Nous aurions aussi pu dire **mara ya mwisho**, *la dernière fois*. Nous avions déjà rencontré **mara kwa mara**, *fréquemment*, leçon 16, note 7.

8 Le marqueur d'objet de classe 10 est **-zi-**.

***

Zoezi la kwanza – Tafsiri

❶ Wageni watakuja lini? **❷** Jumapili au Jumanne. **❸** Watafika wakati gani? **❹** Mchana au jioni. **❺** Watakuja kwa ndege au kwa gari?

***

Zoezi la pili – Kamilisha

❶ Juma partira à quelle date ?
Juma ataondoka . . . . . . gani?

❷ Le dix-neuf ou le vingt.
Tarehe . . . . na . . . . au . . . .

❸ Ce sera quel jour ?
Itakuwa . . . . gani?

❹ Mercredi ou jeudi.
. . . . au . . . .

❺ Il partira à dix heures du matin
Ataondoka . . . . . za . . . .

*Le **maulid** est la célébration de la naissance du prophète Mohammed. La date généralement admise est le 12 rabi 1. Ce jour-là et durant tout le mois, les fidèles se rassemblent la nuit dans les mosquées pour lire des textes à sa louange.*
Les maîtres des écoles coraniques et leurs élèves – de jeunes garçons de 8 ans à l'adolescence – dirigent les cérémonies. Ils sont vêtus de grandes robes blanches et coiffés d'un petit chapeau blanc brodé.

Corrigé de l'exercice 1
❶ Quand les invités viendront-ils ? ❷ Dimanche ou mardi. ❸ Ils arriveront à quel moment ? ❹ En début ou en fin d'après-midi. ❺ Viendront-ils en avion ou en voiture ?

***

Corrigé de l'exercice 2
❶ – tarehe – ❷ – kumi – tisa – ishrini ❸ – siku – ❹ Jumatano – Alhamisi ❺ – saa nne – asubuhi

Selon les écoles, ils s'accompagnent ou non d'instruments de musique comme des tam-tams et des tambourins.
L'assistance est soit mixte (les hommes et les femmes étant sur des aires séparées) soit uniquement composée d'hommes ou de femmes. Les gens s'assoient sur des nattes. Pendant les pauses on fait circuler du café, des biscuits, du **halua**.
Tout au long de la récitation, qui peut durer de deux à quatre heures, on fait brûler de l'encens et on asperge l'assistance d'eau de rose. Dans les écoles qui autorisent les instruments de musique, les jeunes gens exécutent une amorce de danse en se balançant en rythme latéralement ou d'avant en arrière. Leur ondulation ressemble au mouvement des vagues.
À Zanzibar on fait aussi des **maulid** *pour des naissances, des décès ou lorsqu'on emménage. Dans ce dernier cas, la cérémonie n'a pas lieu à la mosquée mais au nouveau domicile.*

Somo la ishirini [somo la ishirini]

Wanyamapori

1 – Tizama picha hii. Niliwapeleka watalii kutizama wanyamapori.
2   Huyu ni Mjerumani, na huyu ni Mmarekani.
3 – Na picha ile [1]? Uko karibu na [2] simba?
4 – Ndio, mbele ya [3] simba lakini mbali nae.
5 – Basi una moyo! Mimi wanyama hawa [4] wananitisha mno.
6 – Mwoga. Hii ni picha tu! Nilikaa mbali.
7 – Aa! Mimi simba ninamwogopa sana, hata mbali.
8   Ni mnyama mkali kuliko wote [5].
9 – Sio mkali kuliko kiboko. Kiboko ni mkali zaidi [6].
10 Tena [7] ni mnene na mzito.
11 – Na kifaru je? Anakasirika mara moja [8]. Huyu ni hatari kweli kweli.

Prononciation

ouagnamapori 1 tizama pitsha hii. niliouapéléka ouatalii koutizama ouagnamapori 2 houyou ni mdyéroumani na houyou ni mmarékani 3 na pitsha ilé? ouko karibou na simba 4 ndio, mbélé ya simba lakini mbali naé 5 bassi ouna moyo! mimi ouagnama haoua ouananitisha mno 6 mouoga. hii ni pitsha tou! nilikaa mbali 7 aa! mimi simba ninamouogopa sana hata mbali 8 ni mgnama mkali kouliko ouoté 9 sio mkali kouliko kiboko. kiboko ni mkali zaïdi 10 téna ni mnéné na mzito 11 na kifarou dyé? anakasirika mara modya. houyou ni hatari kouéli kouéli

Notes

1 Ile est le démonstratif d'éloignement de classe 9. Il correspond à *celui-là/celle-là* en français, tandis que hii correspond à *celui-ci/celle-ci*.

Vingtième leçon

Les animaux de la brousse
(animaux-de-brousse)

1 – Regarde cette photo *(photo celle-ci)*. J'ai emmené *(je-les-ai-emmenés)* [des] touristes voir *(regarder)* [les] animaux de [la] brousse.
2   Celui-ci est [un] Allemand et celui-ci est [un] Américain.
3 – Et cette photo-là *(photo celle-là)* ? Tu es à côté *(proche)* d'[un] lion ?
4 – Oui, devant *(de)* [un] lion, mais loin de lui.
5 – Eh bien tu es courageux *(tu-as cœur)*. Moi, ces animaux *(animaux ceux-ci)*, ils me font trop peur *(ils-m'effraient trop)*.
6 – Peureux ! Ce n'est qu'[une] photo *(ceci est photo seulement)* ! J'étais *(je-demeurai)* loin.
7 – Ah ! Moi j'ai très peur du lion *(lion je-le-crains beaucoup)*, même [de] loin.
8   [C']est [l']animal le plus méchant de tous *(méchant plus-que tous)*.
9 – Ce n'est pas aussi méchant que *(n'est-pas méchant plus-que)* [l']hippopotame. [L']hippopotame est plus méchant *(méchant davantage)*.
10   De plus *(encore)* [il] est gros et lourd.
11 – Et [le] rhinocéros alors ? Il se met en colère subitement *(fois une)*. Lui *(celui-ci)* est vraiment [très] dangereux *(danger vrai vrai)*.

2   Vous connaissiez **karibu** dans le sens de *bienvenue*. **Karibu** vient d'une racine arabe qui signifie *s'approcher* et qui a aussi donné un verbe signifiant *s'approcher* en swahili. Nous avions déjà vu que les prépositions locatives se construisent habituellement avec le connectif de classe 9 **ya**. **Karibu na**, *proche de*, est une exception, ainsi que **mbali na**, *loin de*.

20 / Somo la ishirini

3 **Mbele** signifie *devant* ; **mbele ya**, *devant quelque chose*.

4 **Hawa** est le démonstratif de proximité de classe 2. Il appartient à la même série que **huyu**.

5 Il n'y a pas de superlatif en swahili. La plupart du temps on rencontre un simple adjectif là où vous attendriez un superlatif en français. Vous verrez que vous le rétablirez assez aisément. La façon la plus courante d'exprimer cette notion est d'employer le comparatif et de dire *plus que tous*, **kuliko -ote**. Il n'y a pas non plus de comparatif d'infériorité. Pour dire qu'un enfant est moins grand qu'un autre, on est obligé d'inverser les termes de la comparaison et de dire qu'il est plus petit. Les seules combinaisons possibles sont donc :

***

Zoezi la kwanza – Tafsiri

❶ Mimi ninamwogopa simba, ni mnyama mkali sana. ❷ Sio mkali kuliko kifaru. ❸ Kweli, kifaru ni mkali zaidi tena mnene na mzito. ❹ Halafu simba ni mnyama mzuri kuliko wote. ❺ Ndio, ni mfalme wa wanyama.

***

Zoezi la pili – Kamilisha

❶ Qui préfères-tu *(aimes-tu davantage)*, le rhinocéros ou l'hippopotame ?
Nani unampenda . . . . . , kifaru au . . . . . . ?

❷ J'ai peur de tous les deux.
Ninawaogopa . . . . wawili.

❸ Le rhinocéros est le plus gros, n'est-ce pas ?
Kifaru ni . . . . . zaidi, siyo?

❹ Lui, c'est surtout le plus méchant !
. . . . ni . . . . . zaidi, hasa!

❺ Oui, c'est le plus méchant de tous. Il se met en colère subitement.
Ndio, ni mkali . . . . . . wote. Anakasirika . . . .

Vingtième leçon / 20

Juma ni mdogo kuliko Tatu, *Juma est plus petit que Tatu.*
Juma ni mdogo kuliko wote, *Juma est le plus petit (de tous).*

6 **Zaidi,** *davantage,* s'utilise ou non avec la deuxième partie de la comparaison. On peut donc dire : **Juma ni mnene zaidi kuliko Tatu,** *Juma est plus gros que Tatu.*

7 Le sens le plus courant de **tena** est *encore* mais il peut aussi être employé de cette façon ; dans ce cas, son sens se modifie légèrement.

8 Nous avons déjà rencontré **mara,** *fois,* dans la leçon 16, note 7. **Mara moja,** littéralement "fois une", signifie *soudainement, subitement.*

***

Corrigé de l'exercice 1
❶ J'ai peur du lion, c'est un animal très méchant. ❷ Ce n'est pas aussi méchant qu'un rhinocéros. ❸ C'est vrai, le rhinocéros est plus méchant et en plus il est gros et lourd. ❹ En outre, le lion est l'animal le plus beau. ❺ Oui, c'est le roi des animaux.

Corrigé de l'exercice 2
❶ – zaidi – kiboko ❷ – wote – ❸ – mnene – ❹ Huyu – mkali – ❺ – kuliko – mara moja

Somo la ishirini na moja
*[somo la ishirini na mo*dya]*

Marudio – Révisions

1 Les classes 9 et 10

Les classes 9 et 10 regroupent toutes sortes de noms : noms d'objets, d'animaux, de parenté etc., ainsi qu'un grand nombre de termes d'origine étrangère.

Le classificateur de ces classes, qui prend des formes différentes selon qu'il est suivi par certaines consonnes ou par des voyelles est représenté par **N̶** (n barré).

Devant une voyelle le préfixe est **ny-** :
nyumba nyeupe, *une (des) maison(s) blanche(s)*
nywele nyingi, *beaucoup de cheveux*

Devant **d**, **g**, **j**, **z**, le préfixe est **n-** :
ndege (-), *oiseau(x), avion(s)*
ng'ombe (-), *vache(s), bovin(s)*
nguo (-), *vêtement(s)*
njia (-), *chemin(s)*
njaa, *faim*
nzuri (cl.9/10), *beau(x), bon(s)*

Il disparaît devant les autres consonnes :

babu (-)	grand(s)-père(s)	keki (-)	gâteau(x)
mama (-)	maman(s), mère(s)	pori	savane, brousse
farasi (-)	cheval(-aux)	pwani	plage
habari (-)	nouvelle(s)	picha (-)	photo(s), image(s)
hadithi (-)	histoire(s)	raha	joie
haja	besoin	saa (-)	heure(s)

Vingt et unième leçon

hamu	envie	safari (-)	voyage(s)
harusi (-)	*mariage(s)*	**samaki (-)**	*poisson(s)*
hatari	*danger*	**shule (-)**	*école(s)*
homa	*fièvre*	**siku (-)**	*jour(s)*
hoteli (-)	*hôtel(s)*	**simba (-)**	*lion(s)*
kahawa	*café* (boisson)	**simu (-)**	*téléphone(s)*
kanzu (-)	*robe(s)*	**sungura (-)**	*lièvre(s)*
kazi (-)	*travail(aux)*	**chai**	*thé*

Il se transforme en **m-** devant **b** et **v** :
mvua, *pluie*
mbovu (cl.9/10), *vétuste(s), hors d'usage*

Il apparaît toujours dans les mots dont le radical est monosyllabique.
nchi (-), *pays*

C'est dans les classes 9/10 qu'est intégrée la plus grande partie du vocabulaire d'origine étrangère. Les mots sont assimilés sans que l'on ajoute de marqueur de classe.

asubuhi (-)	*matin(s)*	de l'arabe ***subuh***
breki (-)	*frein(s)*	de l'anglais ***brake***
dhoruba (-)	*orage(s)*	de l'arabe ***dharuba***
gari (-)	*voiture(s)*	du hindi ***gari***
gereji (-)	*garage(s)*	de l'anglais ***garage***
tarehe (-)	*date(s)*	de l'arabe ***ta'rikh***
tiketi (-)	*billet(s)*	de l'anglais ***ticket***
treni (-)	*train(s)*	de l'anglais ***train***
wipa (-)	*essuie-glaces*	de l'américain ***wiper***
zawadi (-)	*cadeau(x)*	de l'arabe ***zad***

Les accords des classes 9/10 sont les suivants :

	Nom	Adj.	M.[1] de sujet nég.	M.[1] de sujet aff.	M.[1] d'objet	Dém. de proximité	Dém. d'éloignement	Connectif
Cl. 9	N	N	hai-	i-	-i-	hii	ile	ya
Cl. 10	N	N	hazi-	zi-	-zi-	hizi	zile	za

[1] M. signifie *marqueur*

Ce sont donc les pronominaux qui permettent de distinguer les deux classes. Les emplois de la classe 9 sont variés :
1) c'est dans cette classe que l'on compte ;
2) le connectif de classe 9 (**ya**) sert à former des prépositions locatives ;
3) le marqueur de sujet de classe 9 sert à la formation de tournures impersonnelles, par exemple : **itakuwa tarehe tatu**, *ce sera à la date du trois*. (Reportez vous à la leçon 19, note 4.)

2 Les accords des noms d'animés

Les noms qui désignent des êtres vivants n'appartiennent pas tous aux classes 1/2, mais quelle que soit leur classe d'origine, ils entraînent tous des accords dans les classes 1/2, c'est-à-dire basés sur le sens et non sur la forme, ou plus exactement sur la morphologie du mot.
Par exemple :
Kifaru (cl. 7) **mnene** (cl. 1) **anakuja** (cl. 1),
Un gros rhinocéros arrive.
Babu (cl. 9) **anasema** (cl. 1),
Grand-père dit.
Ng'ombe (cl. 10) **weupe** (cl. 2) **wanapita** (cl. 2),
Des vaches blanches passent.

3 Les démonstratifs de proximité

Vous connaissez maintenant les démonstratifs de proximité de six classes. Vous remarquerez que, excepté en classe 1, ils sont tous construits à partir des marqueurs de sujet préfixés aux verbes.

Récapitulons :

	Pronoms marqueurs de sujet affirmatifs	Démonstratifs de proximité
Cl. 1	**a-** *il/elle*	**huyu**
Cl. 2	**wa-** *ils/elles*	**hawa**
Cl. 7	**ki-**	**hiki**
Cl. 8	**vi-**	**hivi**
Cl. 9	**i-**	**hii**
Cl. 10	**zi-**	**hizi**

Ils se construisent donc comme suit. Partons du marqueur de sujet (par exemple **ki-**) que l'on fait précéder d'une voyelle identique (**i + ki**), puis faisons précéder d'un **h** (**h + i + ki**).
Essayez avec les autres classes. Souvenez-vous seulement qu'en classe 1 on ne part pas du préfixe marqueur de sujet mais du préfixe pronominal **yu-** qui n'existe plus à l'état isolé en swahili standard mais se rencontre dans des formes dialectales.

4 Les marqueurs d'objet

Vous connaissez les marqueurs d'objet de six classes. Ils sont identiques aux marqueurs de sujet, sauf celui de troisième personne de classe 1 et celui de 2ᵉ personne de classe 2.

	Pronoms marqueurs de sujet affirmatifs	Pronoms marqueurs d'objet
Cl. 1	**ni-** *je*	**-ni-** *me*
	ku- *tu*	**-ku-** *te*
	a- *il/elle*	**m-/-mw-** *lui*
Cl. 2	**tu-** *nous*	**-tu-** *nous*
	m- *vous*	**-ku-...-ni** *vous*
	wa- *ils/elles*	**-wa-** *ils/elles*
Cl. 7	**ki-**	**-ki-**
Cl. 8	**vi-**	**-vi-**
Cl. 9	**i-**	**-i-**
Cl. 10	**zi-**	**-zi-**

Le marqueur d'objet n'est pas inséré dans le module verbal lorsque l'objet grammatical n'est pas déterminé. Lorsqu'il est déterminé, on peut l'insérer ou non.

21 / Somo la ishirini na moja

Par exemple :
Ninapenda vitabu, *j'aime les livres* (en général)
Ninapenda vitabu hivi, *j'aime ces livres-ci*
Ninavipenda vitabu hivi, *j'aime ces livres-ci*

***

▶ Mazungumzo ya marudio

1 – Habari za siku nyingi?
2 – Nzuri.
3 – Ulikuwa wapi?
4 – Nilisafiri. Nilikwenda Kenya.
5 – Wapi Kenya?
6 – Nilikwenda Nairobi na Kisumu.
7 – Kufanya nini?
8 – Niliwapeleka watalii kutizama wanyama pori.
9 – Una picha?
10 – Ndiyo. Tizama hapa ni mimi na huyu ni Mjerumani…
11 – Na wewe ulifanya nini?
12 – Mimi nilipata ajali ya gari.
13 Mvua ilinyesha sana. Wipa zilikuwa mbovu.
14 Ng'ombe alipita barabarani. Nilifunga breki lakini…
15 – Sasa?
16 – Nilikaa hospitali muda mrefu.
17 – Lakini sasa hujambo?
18 – Sijambo. Ahsante.

Il est toujours inséré lorsque l'on parle de personnes déterminées.
Unatizama watu?, *Tu regardes des gens ?*
Unawatizama watu?, *Tu regardes les gens ?*
Unawatizama watu hawa?, *Tu regardes ces gens-ci ?*

***

Traduction

1 Quelles nouvelles depuis le temps ? **2** Ça va bien. **3** Où étais-tu ? **4** Je suis parti en voyage. Je suis allé au Kenya. **5** Où au Kenya ? **6** Je suis allé à Nairobi et à Kisumu. **7** Pour quoi faire ? **8** J'ai emmené des touristes voir les animaux sauvages. **9** Tu as des photos ? **10** Oui. Regarde là c'est moi et lui c'est un Allemand. **11** Et toi qu'est-ce que tu as fait ? **12** Moi j'ai eu un accident de voiture. **13** Il pleuvait beaucoup. Les essuie-glaces étaient abimés. **14** Une vache a traversé la route. J'ai freiné mais... **15** Alors ? **16** Je suis resté longtemps à l'hôpital. **17** Mais maintenant ça va mieux ? **18** Je vais mieux. Merci.

Maintenant que vous connaissez les classe 9 et 10, vous allez pouvoir tout dire ou presque. Elles sont si courantes que lorsqu'on veut imiter les étrangers qui ne possèdent pas bien le swahili, on fait tous les accords dans ces deux classes. Mais vous allez bien vite dépasser ce stade, n'est-ce pas ? Songez à tout ce que vous avez déjà assimilé alors que vous n'avez même pas encore parcouru le quart de votre chemin ; mais quels progrès déjà ! Et puisque nous parlons de progrès, nous pensons que désormais, la prononciation ne devrait plus vous poser de problèmes, surtout si vous accompagnez votre apprentissage de l'écoute des enregistrements. Aussi ne trouverez-vous plus de prononciation figurée à la suite des dialogues : cette béquille ne devrait plus vous être indispensable. Pensez seulement à répéter les phrases à haute voix.

[sabini na nané] **sabini na nane**

Somo la ishirini na mbili

À partir de maintenant, nous ne ferons plus figurer la transcription phonétique à la française des dialogues car vous êtes désormais suffisamment familier avec la prononciation du swahili.

Zawadi

1 – **Ju**zi jirani alitualika mchana.
2 Tuli**fi**ka **saa sa**ba **na ro**bo **hi**vi [1], yaani [2] tuliche**le**wa ki**do**go, **ka**ma **ro**bo **sa**a.
3 – **Ro**bo **saa sio** kuche**le**wa!
4 – Ninafi**ki**ri alikasi**ri**ka.
5 – **Kwa ni**ni?
6 – **Kwa** sa**ba**bu nilim**pa** zawa**di**...
7 – **Ba**si hakuifun**gua, wa**la [3] hakuiti**za**ma [4]. Alii**we**ka pem**be**ni.
8 – Hakukushu**ku**ru? [5]
9 – Ha**pa**na. [6] Alinishu**ku**ru.
10 – Siki**li**za. Kutofun**gua** [7] **ni** utama**du**ni **tu**. **Ni**na uha**ki**ka alifu**ra**hi.

Notes

1 Le démonstratif de proximité de classe 8 **hivi** a aussi le sens de *environ*.

2 **Yaani** est un verbe arabe conjugué qui est passé tel quel en swahili. Sa signification est *cela signifie*, *c'est-à-dire*.

3 **Wala** de l'arabe *et non* est toujours employé avec des formes négatives. On le traduit généralement par *ni*.

4 Le passé négatif se construit avec : 1) les marqueurs de sujet négatifs, 2) le marqueur de temps **-ku-**, 3) la voyelle qui indique une modalité neutre (celle de l'énonciation d'un événement), c'est-à-dire **-a** pour les verbes d'origine bantoue. Décomposons les deux verbes de la phrase :

Vingt-deuxième leçon

[Le] cadeau

1 – Avant-hier [le] voisin nous a invités *(il-nous-a-invités)* [à] midi.
2 Nous sommes arrivés *(nous-arrivâmes)* [à] une heure *(heures sept)* et quart environ, c'est-à-dire [que] nous étions un petit peu en retard *(nous-fûmes-en-retard un-petit-peu)*, d'à peu près *(comme)* [un] quart [d']heure.
3 – [Un] quart [d']heure, [ce] n'est pas être en retard *(être-en-retard)* !
4 – Je pense [qu']il était mécontent *(il-fut mécontent)*.
5 – Pourquoi ?
6 – Parce que je lui ai donné *(je-lui-ai-donné)* [un] cadeau...
7 Eh bien il ne l'a pas ouvert, pas plus [qu']il ne l'a regardé *(il-ne-l'a-pas ouvert ni il-ne-l'a-pas-regardé)*. Il l'a mis de côté *(il-l'a-mis côté-dans)*.
8 – Il ne t'a pas remercié *(il-ne-t'a-pas-remercié)* ?
9 – Si *(non)*. Il m'a remercié *(il-m'a-remercié)*.
10 – Écoute. Ne pas ouvrir *(ne-pas-ouvrir)* [le cadeau c']est [notre] culture, c'est tout *(seulement)*. Je suis sûr *(j'ai certitude)* [qu'] il était content *(il-fut-content)*.

Hakuifungua, *il ne l'a pas ouvert*, est formé de **ha-** (marqueur de sujet nég. cl. 1, 3ᵉ pers. *il*), **-ku-** (passé nég.), **-i-** (marqueur d'obj. cl. 9 en référence à **zawadi**, *le*), **-fungu-** (t. verb. *ouvrir*) **-a** (modalité neutre). **Hakuitizama**, *il ne l'a pas regardé*, est formé de **ha-** (marqueur de sujet nég. cl. 1, 3ᵉ pers. *il*), **-ku-** (passé nég.), **-i-** (marqueur d'objet cl. 9 en référence à **zawadi**, *le*), **-tizam-** (t. verb. *regarder*) **-a** (modalité neutre).

5 Les verbes qui ne sont pas d'origine bantoue peuvent se terminer par différentes voyelles. Ils les conservent à toutes les conjugaisons. **Hakukushukuru**, *il ne t'a pas remercié*, se décompose ainsi : **ha-** (marqueur de sujet nég. cl. 1, 3e pers. *il*) **-ku-** (passé nég.) **-ku-** (marqueur d'objet cl. 1, 2e pers. *te*) **-shukuru** (t. verb. *remercier*).

6 Attention ! À une interrogation négative, la formulation de la réponse en swahili exprime ce qui s'est effectivement passé et il n'existe pas de terme équivalent à *si*.

7 L'infinitif négatif est marqué par la combinaison du marqueur d'infinitif **ku-** suivi du marqueur de négation **to-**.

***

Zoezi la kwanza – Tafsiri

❶ Ulimwona Maua juzi? ❷ Sikumwona. Kwa nini? ❸ Hakuweza kuja. ❹ Alikuwa na kazi nyingi? ❺ Ndio, alipata wageni.

***

Zoezi la pili – Kamilisha

❶ Tu n'étais pas en retard hier ?
 . . . . jana?

❷ Je n'étais pas en retard, je suis arrivé à huit heures.
 . . . . , nilifika saa . . . . . .

❸ Pourquoi est-ce que je ne t'ai pas vu ?
 Kwa nini . . . . ?

❹ Parce que je suis parti à huit heures et quart.
 Kwa sababu . . . . saa mbili na . . . . .

❺ Pourquoi est-ce que tu ne m'as pas attendu ? Je n'ai pas pu.
 Kwa nini . . . . ? Sikuweza.

Vingt-deuxième leçon / 22

***

Corrigé de l'exercice 1
❶ Tu as vu Maua avant-hier ? ❷ Je ne l'ai pas vue. Pourquoi ? ❸ Elle n'a pas pu venir. ❹ Elle avait beaucoup de travail ? ❺ Oui, elle a eu des invités.

***

Corrigé de l'exercice 2
❶ Hukuchelewa – ❷ Sikuchelewa – mbili ❸ – sikukuona ❹ – niliondoka – robo ❺ – hukunisubiri –

***

Traditionnellement, rien n'oblige un invité à apporter un cadeau, mais cela n'est pas interdit. Par contre, c'est faire preuve d'un grand manque de savoir-vivre que d'ouvrir immédiatement le paquet : il faut savoir réfréner sa curiosité. Cela évite d'avoir à sauter de joie si l'on est déçu par le cadeau. Sachez aussi qu'il n'est pas d'usage d'inviter les gens en couple, surtout en milieu musulman. Généralement, les femmes invitent leurs amies et les hommes s'invitent entre eux.

23 Somo la ishirini na tatu

Dukani

1 – Ninataka kutizama **kan**ga [1] **z**ile [2].
2 – **Hi**zi **ran**gi nye**kun**du?
3 – Hapa**na**, **z**ile **ran**gi **ya** kijani [3]. **Hii i**na msemo **ga**ni?
4 – "Tanga**wi**zi ili**ku**fa **bu**re, m**we**nye viungo **ni** man**ja**no [4]." [5]
5 – **Ba**si! **Ni**pe [6] v**i**atu **vi**le [7]. Nina**ta**ka kuvi**o**na.
6 – **Hi**vi vye**u**si?
7 – Ndio... **Ba**si. [8] Ahsa**n**te. **Kwa he**ri **bwa**na.
8 – Ka**ri**bu **te**na. [9]

Notes

1 Le *kanga* est un vêtement constitué de deux pagnes identiques qui se portent sur les vêtements. Le premier est enroulé autour de la taille tandis que le second couvre le haut du corps : on peut le porter enroulé autour de la poitrine, ou s'en couvrir la tête pour sortir. Les *kanga* sont par ailleurs utilisés à des fins très diverses : pour porter les bébés sur le dos, pour former des coussinets à poser sur la tête afin de transporter des charges, ou comme draps pour se couvrir la nuit, etc. Les motifs sont extrêmement variés mais ne ressemblent en rien au batik que l'on trouve en Afrique occidentale. Ce sont souvent des dessins figuratifs, parfois même des portraits d'hommes célèbres ou de personnages politiques particulièrement populaires. Ils comportent toujours une maxime ou un proverbe en bas du motif principal. En cela les *kanga* sont aussi des cadeaux permettant de faire passer un message.

2 **Zile** est le démonstratif d'éloignement de classe 10.

3 **Jani** signifie *feuille*. On dit donc "couleur de comme-feuille" pour dire *vert*. Les noms des couleurs sont au nombre de trois : blanc, noir, rouge. Pour les autres teintes, le swahili a recours à des comparaisons du

Vingt-troisième leçon

Dans une boutique
(boutique-dans)

1 – Je veux *(je-veux)* regarder ces pagnes-là *(pagnes ceux-là)*.
2 – Ceux-ci [de] couleur rouge ?
3 – Non, ceux-là [de] couleur verte *(de comme feuille)*.
Quel est le dicton de celui-ci *(celui-ci il-a dicton quel)* ?
4 – "[Le] gingembre est mort pour rien, celui qui fait *(celui ayant)* la sauce *(épices)* [c']est [le] curcuma".
5 – Non *(ça suffit)*. Donne-moi ces chaussures-là *(chaussures celles-là)*. Je veux les voir *(je-veux les-voir)*.
6 – Celles-ci, [les] noires ?
7 – Oui... Bon *(ça suffit)*. Merci. Au revoir monsieur.
8 – [Sois la] bienvenue *(bienvenue encore)*.

même type que le français, on fait référence à des plantes (comme pour orange ou marron) ou à des produits (crème, taupe, etc.). Vous avez sans doute remarqué ici l'emploi adverbial du classificateur **ki-** de classe 7.

4 **Manjano**, *curcuma* signifie aussi *jaune*.
5 Ce dicton signifie qu'il ne faut jamais se vanter de ce que l'on n'a pas fait car, si le curcuma, appelé communément "faux safran", donne la couleur, c'est le gingembre qui donne le goût.
6 Lorsqu'un impératif est précédé du marqueur d'objet, la voyelle finale des verbes d'origine bantoue n'est plus **a** mais **e**.
7 **Vile** est le démonstratif d'éloignement de classe 8.
8 Nous avons déjà vu **basi** dans le sens de *eh bien*, *alors*. Il signifie aussi *assez*, *c'est suffisant*.
9 Cette formule est toujours adressée par un hôte à son visiteur lors du départ de celui-ci.

[themanini na nné] **themanini na nne**

Zoezi la kwanza – Tafsiri

❶ Ninataka kutizama kanzu zile. ❷ Hizi rangi ya manjano?
❸ Hapana, zile rangi ya kijani. ❹ Na mimi ninataka kuona viatu vile. ❺ Vile vyekundu?

***

Zoezi la pili – Kamilisha

❶ Maman m'a donné un pagne.
Mama . . . . kanga.

❷ C'est le rouge sur la table.
Ile . . . . mezani.

❸ Il a quel dicton ?
Ina . . . . . gani?

❹ "Les jours passent et ne se ressemblent pas" *(Avant-hier et hier ne sont pas comme aujourd'hui).*
. . . . na . . . . si kama . . . .

❺ Il est beau, mais moi je veux le noir et blanc.
Nzuri, lakini mimi ninataka . . . nyeusi kwa . . . .

***

Les magasins, ou plus exactement les échoppes, ne sont pas spécialisées dans la vente d'un seul genre d'article. Les marchands de vêtements, par exemple, vendent aussi des chaussures, des montres, des articles de toilette... Les plus gros commerçants offrent aussi de l'électroménager et du matériel électronique. La boutique s'ouvre directement sur la rue, une partie de la marchandise étant accro-

Vingt-troisième leçon / 23

Corrigé de l'exercice 1
❶ Je veux voir ces robes-là. ❷ Celles*(-ci)* de couleur jaune ? ❸ Non, celles de couleur verte. ❹ Et moi, je veux voir ces chaussures-là. ❺ Les rouges ?

***

Corrigé de l'exercice 2
❶ – alinipa – ❷ – nyekundu – ❸ – msemo – ❹ Juzi – jana – leo ❺ – ile – nyeupe

***

chée à l'extérieur tandis que l'autre est exposée sur les murs et au plafond à l'intérieur. Il est très fréquent, notamment chez les femmes, de demander à voir et à toucher un grand nombre d'articles et de repartir sans rien acheter. Elles vont comparer la qualité et les prix chez les concurrents avant de revenir éventuellement.

Somo la ishirini na nne

Unatia chumvi [1]

1 – Hukusikia kwenye [2] redio? Jana asubuhi ndege moja ilipata ajali baada ya kuruka.
2 – Sikusikia. Wakati gani?
3 – Ilikuwa saa mbili na dakika ishirini na tano. Hakufa [3] hata mtu mmoja.
4 – Ajabu!
5 – Ndio. Nilikuwa ndani ya ndege. Sote [4] tulichupa [5].
6 – Mlichupa nyote [6] na hamkuumia?
7 – Hakuumia hata mmoja. Yule [7] rubani ni mtu hodari. Ninamjua mimi.
8 – Na baadaye [8] mlipanda ndege ile ile [9].
9 – Ndio. Unajua vipi?
10 – Aa! Ninafikiri unatia chumvi.   □

Notes

[1] Kutia chumvi, *mettre du sel*, vient de l'idée que, pour donner du goût, du piquant à une histoire, on a parfois recours à quelques artifices.

[2] Nous avions déjà vu l'adjectif **-enye**, *ayant*, dans la leçon 23. Il est ici mis à une classe que nous n'avons pas encore vue et employé comme locatif au sens assez général.

[3] Les verbes monosyllabiques ne conservent pas la marque de l'infinitif lorsqu'ils sont conjugués au passé négatif. Il en est de même des verbes qui se comportent comme les monosyllabiques, c'est-à-dire **kwisha**, *finir*, et **kwenda**, *aller*.

[4] Nous avions déjà rencontré, leçon 15, l'adjectif **-ote**, *tous*. En classe 2, il connaît trois formes. **Sisi sote** ou **sote**, *nous tous*, est la première personne.

Vingt-quatrième leçon

Tu en rajoutes
(tu mets sel)

1 – Tu n'as pas entendu à *(tu-n'as-pas-entendu dans)* [la] radio ? Hier matin [un] avion *(avion un)* a eu *(il-a-obtenu)* [un] accident après avoir décollé *(après de décoller)*.
2 – Je n'ai pas entendu *(je-n'ai-pas-entendu)*. [À] quel moment *(moment quel)* ?
3 – [Il] était huit heures *(heures deux)* vingt-cinq *(et minutes vingt et cinq)*. Il n'y a pas eu un seul mort *(il-n'est-pas-mort même personne une)*.
4 – [C'est] étonnant !
5 – Oui. J'étais dans *(de)* [l']avion. Nous avons tous sauté *(tous nous-avons-sauté)*.
6 – Tous, vous avez sauté *(vous-avez-sauté)* et vous ne vous êtes pas blessés *(vous-ne-vous-êtes-pas-blessés)* ?
7 – Personne n'a été blessé *(il-ne-s'est-pas-blessé même un)*. Le pilote est quelqu'un *(personne)* [de très] adroit. Je le connais *(je-le-connais)* moi.
8 – Et ensuite vous êtes remontés *(vous-êtes-montés)* [dans le] même avion *(avion celui-là celui-là)*.
9 – Oui. Comment le sais-tu *(tu-sais-comment)* ?
10 – Ah ! Je crois *(je-crois)* [que] tu en rajoutes un peu *(tu-mets sel)*.

---

5 **Kuchupa** signifie *sauter du haut vers le bas* tandis que **kuruka** signifie non seulement *s'envoler*, *décoller*, mais aussi *sauter horizontalement*.
6 **Nyinyi nyote**, *vous tous* : vous avez ici la 2e personne de classe 2 de l'adjectif **-ote**, *tous*.

7 **yule** est le démonstratif d'éloignement de classe 1. Il appartient à la même série que **ile** (cl. 9) que nous avons vu à la leçon 20, note 1, **zile** (cl. 10) à la leçon 23, note 2 et **vile** (cl. 8) que nous avions noté leçon 23, note 7. Vous remarquez qu'il se forme à l'aide du thème **-le** précédé du préfixe des pronominaux. Dans l'exemple donné ici, le fait que le démonstratif soit placé avant le nom et non après comme nous l'avons vu jusqu'à présent, permet de déterminer le nom. **Yule mtu** se traduit généralement par *la personne* tandis que **mtu yule** signifie *cette personne-là* autrement dit celle dont j'ai déjà parlé et qui est donc déjà déterminée.

***

Zoezi la kwanza – Tafsiri
❶ Wageni hawakuja jana. Walipata ajali. ❷ Waliumia? ❸ Hapana, hawakuumia, lakini gari ni mbovu. ❹ Ilikuwa wakati gani? ❺ Saa tisa na dakika kumi za usiku.

***

Zoezi la pili – Kamilisha
❶ Tu n'as pas bu de café ? Pourquoi ?
.... kahawa? Kwa nini?

❷ Je n'ai pas pu. Et je n'ai rien mangé ? Je suis souffrant.
.... Na ...... kitu? Nina homa.

❸ Tu n'as pas téléphoné à la voisine ?
.... simu jirani?

❹ Non, je ne lui ai pas téléphoné. Je n'ai vu personne.
Ndio .... simu. .... mtu .... mmoja.

❺ Tu es suis resté au lit ?
...... kitandani?

Vingt-quatrième leçon / 24

8 Nous avons vu **baada ya** dans la première phrase. **Baadaye** ou **baadae** (les deux orthographes sont possibles) est une forme contractée et signifie *après cela*.

9 La répétition du démonstratif signifie *le même* ou plus exactement *celui-là même*.

***

Corrigé de l'exercice 1
❶ Les invités ne sont pas venus hier. Ils ont eu un accident. ❷ Ils ont été blessés ? ❸ Non, ils n'ont pas été blessés, mais la voiture est hors d'usage. ❹ C'était à quel moment ? ❺ À trois heures dix du matin.

Corrigé de l'exercice 2
❶ Hukunywa – ❷ Sikuweza – sikula – ❸ Hukumpigia – ❹ – sikumpigia – Sikumwona – hata – ❺ Ulikaa –

Somo la ishirini na tano

Matatu [1]

1 – M**uem**be Ta**ya**ri [2], M**uem**be Ta**ya**ri, M**uem**be Ta**ya**ri.
2 – Una**pi**ta Kibo**ko**ni [3]?
3 – Ha**pa**na, si**pi**ti [4], la**ki**ni nina**pi**ta ka**ri**bu.
4 – **Ni**na m**zi**go [5].
5 – **Wa**pi?
6 – **Huu** [6]. **Mu**hogo [7] **ha**pa.
7 – M**zi**go m**ku**bwa **na** m**zi**to **m**no! Si**we**zi kuuchu**ku**a [8].
8 – Nita**li**pa **kwa wa**tu [9] wa**nne**. **Sa**wa?
9 – **Sa**wa. La**ki**ni wa**ne**ne **au** wem**bam**ba? [10]

Notes

1 Matatu est le nom kenyan pour désigner les taxis collectifs urbains. Ce sont généralement des minibus qui circulent sur des trajets définis. Sur le marchepied de la porte latérale se tient un jeune homme – que l'on appelle **utingo** à Zanzibar ou **konda** ailleurs – qui crie la destination et qui est chargé de faire payer les passagers.

2 Muembe Tayari est le nom du grand marché central de Mombasa. Mwembe signifie *manguier*.

3 Kibokoni est le vieux quartier du centre de Mombasa, au pied de la citadelle de Fort Jésus.

4 Le présent négatif se caractérise par 1) des pronoms marqueurs de sujet négatifs, 2) l'absence de marqueur de temps dans la deuxième colonne, 3) la voyelle finale -a des verbes d'origine bantoue devient -i. Décomposons l'exemple : **Sipiti**, *je ne passe pas*, est formé de **si-** (marqueur de sujet nég. cl. 1, 1ʳᵉ pers. *je*) Ø (absence de marque de temps) **-pit-** (t. verb. *passer*) **-i** (présent négatif pour les verbes d'origine bantoue).

91 • tisini na moja *[tissini na modya]*

Vingt-cinquième leçon

[Le] taxi collectif

1 – *Muembe Tayari, Muembe Tayari, Muembe Tayari.*
2 – Tu passes *(tu-passes)* [à] Kibokoni ?
3 – Non je n'[y] passe pas *(je-ne-passe-pas)*, mais je passe *(je-passe)* [à] proximité.
4 – J'ai [un] fardeau.
5 – Où ?
6 – Celui-ci. [Le] manioc *(ici)*.
7 – [C']est [un] fardeau encombrant *(grand)* et trop lourd *(lourd trop)*. Je ne peux pas le prendre *(je-ne-peux-pas le-prendre)*.
8 – Je paierai pour quatre personnes *(je-payerai pour personnes quatre)*. Ça va ?
9 – Ça va. Mais grosses ou maigres ?

---

5 Les noms et les adjectifs en classe 3 se reconnaissent au classificateur **m-** + consonne ou **m-** + **o** comme dans **moyo**, *cœur*, et **mw-** + voyelle. Cette classe regroupe tous les noms d'arbres : **mti**, *arbre* ; **mwembe**, *manguier* ; **mkahawa**, *caféier*, ainsi que le lieu ou l'on boit du café. On trouve aussi dans cette classe les noms des parties doubles du corps ainsi que toutes sortes d'autres noms. Vous connaissez déjà **mji**, *ville*, **mkutano**, *réunion*, et maintenant **mzigo**, *fardeau, bagage*.

6 Le démonstratif de proximité de classe 3 est **huu**. Il fait ici référence à **mzigo** le *fardeau*.

7 Dans quelques cas, notamment devant **h**, le préfixe de classe 3 est **mu-**, par exemple **muhogo**, *manioc*.

8 Le marqueur d'objet de classe 3 est **-u-**. Vous noterez qu'il est inséré dans un verbe à l'infinitif.

9 **Mtu**, pluriel **watu**, signifie *personne(s)*. Dans d'autres langues bantoues, le pluriel de classe 2 est marqué par le préfixe **ba-**. **Ba-ntu**, *hommes*, est l'origine du terme qui en français est orthographié *bantou*.

10 Dans la leçon 7 §8, nous avions laissé de côté le cas des adjectifs de la classe 2 dont l'initiale du thème est une voyelle ; eh bien nous y voici, et vous en déduisez que devant une voyelle le préfixe est **w-**. Pour le tableau récapitulatif des accords des classes 1 et 2, reportez-vous à la leçon 14, §1.3.

***

Zoezi la kwanza – Tafsiri
❶ Unaona mwembe? ❷ Hapana, siuoni. ❸ Na muhogo je? ❹ Ndio, muhogo ninauona. ❺ Lakini karibu na muhogo sioni kitu.

***

Zoezi la pili – Kamilisha
❶ Tu peux prendre le fardeau ?
Unaweza . . . . mzigo?

❷ Oh ! Il est gros, qu'est-ce que c'est ?
Aa! . . . . . . , ni nini?

❸ C'est du manioc.
Ni . . . .

❹ Je ne le prends pas. Il est trop gros et trop lourd.
. . . . Ni mkubwa na . . . .

❺ Tu ne le prends pas ? Qu'est-ce que je vais faire ?
. . . . ? Nitafanya nini?

Vingt-cinquième leçon / 25

***

Corrigé de l'exercice 1
❶ Tu vois le manguier ? ❷ Non, je ne le vois pas. ❸ Et le manioc ?
❹ Oui, le manioc je le vois. ❺ Mais près du manioc je ne vois rien.

***

Corrigé de l'exercice 2
❶ – kuchukua – ❷ – Mkubwa – ❸ – muhogo ❹ Siuchukui – mzito mno ❺ Huuchukui –

Voilà, mine de rien, vous avez fait le quart du chemin, et sans vous en apercevoir, vous avez appris plusieurs centaines de mots. Vous ne les avez pas tous retenus ? Qu'importe ! Vous les reconnaîtrez lorsque vous les entendrez. Si vous disposez des enregistrements, ils sont là pour vous aider. Continuez à avancer régulièrement, vos efforts seront récompensés.

Somo la ishirini na sita

Kwenda Mnazi Mmoja [1]

1 – Sama**h**ani **ma**ma, ninata**f**uta m**ta**a wa [2] M**na**zi M**mo**ja.
2 – Unau**o**na **u**le [3] msi**ki**ti m**do**go mweupe [4]?
3 – N**di**o.
4 – **Ba**si, **nen**da **mo**ja kwa **mo**ja [5] m**pa**ka msiki**ti**ni.
5 – Hala**fu**, **pi**ta kicho**cho**ro **cha** m**ko**no wa ku**sho**to.
6 – Uta**o**na ho**te**li **ye**nye [6] m**la**ngo wa **nak**shi.
7 – **Ha**ya.
8 – **Pin**da m**ko**no wa ku**li**a, uta**ku**ta m**ta**a wa M**na**zi M**mo**ja.
9 – **Ni** mbali? Ninahi**ta**ji **tek**si?
10 – **Si**o mbali. Huhi**ta**ji [7] **tek**si. Una**we**za **kwen**da **kwa** mi**guu** [8].
11 – A**san**te.

Notes

1 **Mnazi Mmoja** signifie *un seul cocotier*. Il y a plusieurs lieux qui portent ce nom à Dar es-Salaam, à Zanzibar et ailleurs.

2 **Wa** est le connectif de classe 3.

3 **Ule** est le démonstratif d'éloignement de classe 3. Il est formé de **u** + **-le**, d'où vous pouvez déduire que les marqueurs de sujet et marqueurs d'objet de classe 3 sont **u-**.

4 Les adjectifs en classe 3 dont le thème commence par une voyelle prennent le préfixe **mw-**, par exemple **mweupe**, *blanc, blanche*.

5 **Moja kwa moja**, littéralement "un par un" signifie *tout droit, directement*.

6 Nous avons déjà rencontré l'adjectif **-enye**, *ayant*, à plusieurs reprises. Vous remarquez qu'il ne se comporte pas comme les autres adjectifs puisque, excepté en classe 1 où il se dit **mwenye**, il ne prend pas le

Vingt-sixième leçon

Aller [à] Mnazi Mmoja

1 – Excusez-moi *(excuse-moi)* madame, je cherche *(je-cherche)* [la] rue de Mnazi Mmoja.
2 – Tu *(la)* vois [la] petite mosquée blanche *(mosquée petite blanche)* ?
3 – Oui.
4 – Et bien, va tout droit *(un par un)* jusqu'à [la] mosquée *(mosquée-à)*.
5 – Ensuite, prends *(passe)* [la] ruelle de *(main de)* gauche.
6 – Tu verras *(tu-verras)* [un] hôtel avec *(ayant)* [une] porte sculptée *(de sculpture)*.
7 – D'accord.
8 – Tourne [à] *(main de)* droite, tu trouveras [la] rue de Mnazi Mmoja.
9 – [C']est loin ? J'ai besoin *(j'ai-besoin)* [de prendre un] taxi ?
10 – [Ce] n'est pas *(ce-n'est-pas)* loin. Tu n'as pas besoin *(tu-n'as-pas-besoin)* [de prendre un] taxi. Tu peux [y] aller à *(avec)* pied*(s)*.
11 – Merci.

classificateur nominal (autrement dit, le préfixe de classe des noms et des adjectifs) mais celui des pronoms. Sa traduction par *ayant* devrait vous permettre de ne pas oublier cette particularité.

7 Les verbes qui ne se terminent pas par **-a** conservent la voyelle qu'ils ont à l'infinitif lorsqu'ils sont conjugués au présent négatif. *Avoir besoin* se dit **kuhitaji**.

8 **mi-** est le classificateur nominal de la classe 4. Celle-ci regroupe tous les pluriels de la classe 3. Le singulier de **miguu** est donc **mguu** qui signifie *jambe*, *pied*, tout comme **mkono** signifie *main*, *bras*, *manche*. Le classificateur nominal est aussi **mi-** devant une voyelle, par exemple : **moyo/mioyo**, *cœur(s)*, que nous avons vu dans l'expression *avoir du courage*, leçon 20, phrase 5.

Zoezi la kwanza – Tafsiri
❶ Samahani bwana, ninataka kwenda Mnazi Mmoja. ❷ Kwa miguu? ❸ Ndio. ❹ Basi nenda moja kwa moja mpaka msikiti mkubwa, halafu pita mkono wa kushoto. ❺ Sio mbali sana. Dakika tano tu.

***

Zoezi la pili – Kamilisha
❶ Excusez-moi madame, je cherche l'hôtel de la plage.
. . . . mama, ninatafuta hoteli . . pwani.

❷ Prenez la première rue à main droite.
Pita mtaa . . kwanza . . . . . wa . . . . . .

❸ Ensuite allez tout droit jusqu'à la mosquée ayant une grande porte sculptée.
Halafu nenda . . . . mpaka msikiti . . . . . mlango . . . . . . wa nakshi.

❹ Ensuite allez jusqu'au grand manguier, prenez à main gauche, vous trouverez l'hôtel.
Halafu nenda mpaka . . . . . . mkubwa, pita mkono wa . . . . utakuta hoteli.

Somo la ishirini na saba

Viza

1 – Ninataka viza ya kuingia Kenya.
2 – Utakaa muda gani?
3 – Miezi miwili. [1] Lakini siendi [2] Kenya tu.
4 – Nitatoka na kurudi [3], kwa sababu nitasafiri Kampala kwa wiki mbili.

Corrigé de l'exercice 1
❶ Excusez-moi monsieur, je veux aller à Mnazi Mmoja. ❷ À pied ? ❸ Oui. ❹ Alors allez tout droit jusqu'à la grande mosquée, ensuite prenez à gauche. ❺ Ce n'est pas très loin. Cinq minutes seulement.

***

❺ Merci.

. . . .

Corrigé de l'exercice 2
❶ Samahani – ya – ❷ – wa – mkono – kulia ❸ – moja kwa moja – wenye – mkubwa – ❹ – mwembe – kushoto – ❺ Asante

Zanzibar et Lamu sont célèbres pour leurs ruelles étroites et leurs grandes maisons de style arabe avec de lourdes portes de bois aux embrasures si finement sculptées que l'on peut parler de dentelle de bois. Comme en Inde et en Oman, les panneaux sont parfois décorés de gros clous de cuivre.

Vingt-septième leçon

[Un] visa

1 – Je veux *(je-veux)* [un] visa pour *(de)* entrer [au] Kenya.
2 – Vous resterez combien [de] temps *(tu-resteras temps combien)* ?
3 – Deux mois *(mois deux)*. Mais je ne vais pas *(je-ne-vais-pas)* seulement [au] Kenya *(Kenya seulement)*.
4 Je sortirai et reviendrai *(je-sortirai et revenir)*, parce que je me rendrai *(je-voyagerai)* [à] Kampala pour deux semaines *(semaines deux)*.

*[tis**si**ni na na**né**]* tisini na nane

27 / Somo la ishirini na saba

5 – **Ni ma**ra **ya kwan**za **kwen**da **Ke**nya?
6 – **Ha**pa**na. Ni**li**wa**hi **kwen**da **mwa**ka **el**fu **mo**ja **mi**a **ti**sa **na ti**si**ni na n**ne.
7 – **U**na**kwen**da ki**ta**li**i**?
8 – **Ha**pa**na. Ni**na**kwen**da ku**jen**ga mi**tam**bo **ya** [4] u**me**me.
9 – **U**na **chan**jo **zo**te [5]?
10 – **Ni**na **zi**le **za za**ma**ni. Ba**do [6] **zi**na**faa**.
11 – **Sa**wa. **Ja**za **fo**mu **hii na pi**ta **te**na [7] Iju**maa**. **Vi**za ita**ku**wa ta**ya**ri.

Notes

1 Le classificateur nominal de classe 4 est **mi-** quelle que soit l'initiale du thème. Le classificateur de l'adjectif est **mi-** lorsque l'initiale du thème est une consonne, par exemple : **mwezi mmoja** (cl. 3), *un mois* ; **miezi miwili** (cl. 4), *deux mois*.

2 Les verbes monosyllabiques et ceux qui y sont assimilés ne conservent pas la marque de l'infinitif lorsqu'ils sont conjugués au présent négatif.

3 Lorsque deux verbes qui se suivent ont le même sujet, le second se met à l'infinitif. Reportez-vous à la leçon 28, §6.

4 Le connectif de classe 4 est **ya**.

5 Nous avons déjà rencontré l'adjectif **-ote**, *tous*. Vous constatez ici qu'il ne prend pas le classificateur des adjectifs mais celui des pronoms.

6 **Bado** signifie *encore* ou *pas encore* selon qu'il est employé avec un verbe à la forme affirmative ou à la forme négative.Note

***

Zoezi la kwanza – Tafsiri

❶ Mwaka huu ninakwenda Uganda. **❷** Utaondoka lini? **❸** Nitaondoka Alhamisi na kufika Kampala Ijumaa saa moja asubuhi. **❹** Utakaa muda gani? **❺** Miaka miwili na nusu.

Vingt-septième leçon / 27

5 – [C']est la première fois [que vous allez] *(aller)* [au] Kenya ?
6 – Non. J'ai eu l'occasion *(j'ai-eu-l'occasion)* [d'y] aller en mille-neuf-cent-quatre-vingt-quatorze *(année mille un, cent neuf, et quatre-vingt-dix, et quatre)*.
7 – Vous [y] allez [en] touriste *(tu-vas façon touriste)* ?
8 – Non. Je vais *(je-vais)* construire [des] centrales électriques *(d'électricité)*.
9 – Vous avez tous [les] vaccins *(tu-as vaccins tous)* ?
10 – J'ai ceux d'autrefois. Ils sont encore valables *(encore ils-conviennent)*.
11 – Bien. Remplissez ce formulaire *(remplis formulaire celui-ci)* et repassez *(passe encore)* vendredi. [Le] visa *(il-sera)* sera prêt.

7 Il y a une différence entre **pita tena** *repasse*, ou **njoo tena**, *reviens*, et **rudi**, *retourne*. Les deux premiers sous-entendent le retour à l'endroit où se trouvent les deux interlocuteurs, tandis que **rudi** se réfère à l'endroit d'où l'on vient. Reportez-vous à la quatrième phrase.

Corrigé de l'exercice 1
❶ Cette année je vais en Ouganda. ❷ Quand partiras-tu ? ❸ Je partirai jeudi et j'arriverai à Kampala vendredi à sept heures du matin. ❹ Combien de temps resteras-tu ? ❺ Deux ans et demi.

[mia modya] **mia moja** • 100

Zoezi la pili – Kamilisha

❶ Ces mosquées-ci sont belles.
Misikiti . . . ni . . . .

❷ Oui, la grande, là, c'est la mosquée du vendredi.
Ndio, . . . mkubwa ni msikiti . . ijumaa.

❸ Elle a de grandes portes sculptées.
Una . . . . mikubwa . . nakshi.

❹ Ce sont des mosquées anciennes.
Ni . . . . ya zamani.

Somo la ishirini na nane

Marudio – Révisions

1 Le passé affirmatif

Il se construit avec :

Marqueur de sujet	Marque de temps ou d'aspect	Marqueur d'objet	Thème verbal	Modalité
affirmatif	**-li-**		les verbes monosyllabiques conservent le **ku-** de l'infinitif quand ils sont employés sans marqueur d'objet	identique à celle de l'infinitif

Les verbes monosyllabiques et ceux qui suivent les mêmes règles comme **kwenda**, *aller*, et **kwisha**, *finir*, conservent le préfixe de l'infinitif **ku-** lorsqu'ils sont employés sans marqueur objet, mais le perdent dès que l'on insère le marqueur d'objet, par exemple :
tulikunywa, *nous avons bu*
uliinywa chai, *tu as bu le thé*
mlikuja, *vous êtes venus*
alinipa, *il m'a donné*

❺ Oui, le roi les a construites en mille sept cent quatre-vingt-dix-sept.
Ndio mfalme . . . . mwaka elfu moja . . . . . . na . . . . . . na saba.

Corrigé de l'exercice 2
❶ – hii – mizuri ❷ – ule – wa – ❸ – milango – ya – ❹ – misikiti – ❺ – aliijenga – mia saba – tisini –

28
Vingt-huitième leçon

Tous les verbes conservent la voyelle finale qu'ils ont à l'infinitif. Elle est **-a** pour les verbes d'origine bantoue mais elle varie pour les verbes d'origine étrangère dont la plus grande partie sont d'origine arabe, par exemple :
nilihitaji, *j'ai eu besoin*
alikushukuru, *il t'a remercié*

2 Le passé négatif

Il se construit avec :

Marqueur de sujet	Marqueur de temps ou d'aspect	Marqueur d'objet	Thème verbal	Modalité
négatif	**-ku-**		toujours nu	identique à celle de l'infinitif

Les verbes dont le radical est monosyllabique et ceux qui suivent les mêmes règles ne conservent jamais le classificateur de l'infinitif. Par exemple : **hakufa**, *il n'est pas mort*

Tous les verbes conservent la voyelle finale qu'ils ont à l'infinitif. Celle-ci est variable dans les verbes d'origine étrangère. Par exemple : **sikumshukuru**, *je ne l'ai pas remercié*

3 L'impératif (suite)

Lorsqu'un verbe à l'impératif est précédé du marqueur d'objet, la voyelle finale des verbes d'origine bantoue, qui est à l'infinitif, devient **e**. Les autres verbes conservent la voyelle qu'ils ont à l'infinitif. Par exemple :
kupa, *donner*
nipe, *donne-moi*
kushukuru, *remercier*
mshukuru, *remercie-le*

4 Les classes 3 et 4

Les classes 3/4 regroupent des noms d'arbres, de parties doubles du corps, de mesure du temps etc.
Leurs préfixes sont les suivants :

Classe 3	Noms	Adjectifs
m- + consonne	**mti**, *arbre* **mji**, *ville*	**mzigo mzito**, *un lourd bagage*
m- + o, u	**moyo**, *cœur* **mundu**, *serpe*	
mu- + C	**muwa**, *canne à sucre* **muhogo**, *manioc*	
mw- + a, e, i	**mwaka**, *année* **mwezi**, *mois* **mwili**, *corps* **mwisho**, *fin*	**mlango mweupe**, *une porte blanche*

Classe 4	Noms	Adjectifs
mi- + consonne	**mikono**, *bras, mains* **mihogo**, *plants de manioc* **miwa**, *cannes à sucre*	**minazi mirefu**, *des cocotiers hauts*
mi- + voyelle	**miaka**, *années* **miembe**, *manguiers* **mioyo**, *cœurs*	**miaka mingi**, *de nombreuses années*
my- + voyelle		**miti myembamba**, *des arbres fins*

Les accords des classes 3/4 sont les suivants :

	Nom	Adj.	M. de sujet aff.	M. d'objet	Dém. de proximité	Dém. d'éloignement	Connectif
3	m- + C	m- + C	u-	-u-	huu	ule	
	m- + o, u						
	mu- + u, w, h						
	mw- + a, e, i	mw- + V					wa
4	mi- + C	mi- + C, i	i-	-i-	hii	ile	
	mi- + V	my- + V					ya

Les linguistes ont reconstitué ce que l'on appelle le bantou commun (bc) à partir de la comparaison d'un grand nombre de langues de cette famille. Ils ont ainsi pu définir des classes qui se reconnaissent à des classificateurs identiques dans toutes ces langues. Pour les nominaux (noms et adjectifs) de la classe 3, le classificateur est ***MU-** (ce qui permet de comprendre les variations observées en swahili) et pour la classe 4, il est ***MI-**. Ces classificateurs nominaux sont signalés en marge du tableau synoptique des classes.

5 Le présent négatif

Il se construit comme suit :

Marqueur de sujet	Marque de temps ou d'aspect	Marqueur d'objet	Thème verbal	Modalité
négatif	Ø absence de marque du temps ou d'aspect		toujours nu	-i pour les verbes bantous, voyelle de l'infinitif pour les autres

Les verbes monosyllabiques et ceux qui suivent les mêmes règles ne conservent pas le classificateur de l'infinitif, même quand ils sont employés sans marqueur d'objet, par exemple : **hatuendi**, *nous n'allons pas*.

Les verbes d'origine arabe conservent la voyelle qu'ils ont à l'infinitif, par exemple : **hashukuru**, *il/elle ne remercie pas*.

6 L'infinitif

Il existe un infinitif négatif qui se reconnaît à un marqueur de négation très répandu dans les langues bantoues et qui est **-to-**. Par exemple :
kutoona, *ne pas voir*
kutofika, *ne pas arriver*

Il est possible d'insérer un marqueur d'objet dans un verbe à l'infinitif affirmatif et à l'infinitif négatif. Par exemple :
kumpenda, *l'aimer*
kutomwambia, *ne pas lui dire*

Enfin, lorsque deux verbes qui se suivent ont le même sujet, il est préférable de laisser le second à l'infinitif. C'est un peu comme en français, où l'on dit par exemple *Je viendrai manger*, **Nitakuja kula** ; ici on a **Nitatoka na kurudi**, *Je sortirai et reviendrai*. Vous voyez, ce n'est pas difficile.

7 Les démonstratifs d'éloignement

Vous connaissez maintenant les démonstratifs d'éloignement de huit classes. Ils correspondent aux démonstratifs français *celui-là*, *celle-là*, *ceux-là*, *celles-là*.

Classes 1/2	**yule wale**
Classes 3/4	**ule ile**
Classes 7/8	**kile vile**
Classes 9/10	**ile zile**

Vous remarquez qu'ils se construisent à partir du thème **-le** précédé du classificateur des pronoms.

Lorsqu'ils sont placés après le nom qu'ils déterminent ils ont une valeur déictique par exemple : **mzee yule**, *ce vieux-là*. Mais lorsqu'ils sont placés avant, ils indiquent la reprise d'un terme déjà mentionné et déjà déterminé, par exemple **yule mzee**, *le vieux*. Reportez-vous à la leçon 24, note 7.

Vingt-huitième leçon / 28

> Mazungumzo ya marudio

1 – Jana nilikwenda mjini kununua wipa. Sikupata.
2 – Hukuenda dukani karibu na msikiti wa Ijumaa?
3 – Aa! Nilichelewa.
4 – Huna saa?
5 – Ndio sina.
6 – Basi nunua saa kwanza!
7 – Nilikwenda hospitali kwanza kumwona jirani yetu.
8 – Ana nini?
9 – Alipata ajali juzi. Ameumia mguu wa kulia na mkono wa kushoto.
10 – Alipata ajali vipi?
11 – Matatu moja haikusimama. Ilipita mbele yake.
12   Naye alichelewa kufunga breki.

Traduction

1 Hier je suis allé en ville acheter des essuie-glaces. Je n'en ai pas trouvé. **2** Tu n'es pas allé au magasin à côté de la mosquée du vendredi ? **3** Non. J'étais en retard. **4** Tu n'as pas de montre ? **5** Non, je n'en ai pas. **6** Alors achète d'abord une montre ! **7** Je suis d'abord allé à l'hôpital pour voir notre voisin. **8** Qu'est-ce qu'il a ? **9** Il a eu un accident l'autre jour. Il est blessé à la jambe droite et au bras gauche. **10** Comment a t-il eu un accident ? **11** Un taxi collectif ne s'est pas arrêté. Il est passé devant lui. **12** Et lui il a tardé à freiner.

Vous connaissez maintenant toutes les conjugaisons qui indiquent un temps. Nous avons systématiquement décomposé les verbes et continuerons à le faire pour vous faciliter le travail. Vous voyez déjà que le swahili est comme un jeu de construction et qu'il y a peu d'exceptions. Toute la grammaire tient en deux tableaux, l'un pour les classes nominales, l'autre pour le module verbal, que nous sommes en train de regarder à la loupe. En prenant pour modèle ceux que nous présentons dans les leçons de révision, essayez de faire vos propres tableaux. Vous les remplirez au fur et à mesure que nous progresserons et cela vous permettra de faire à chaque fois la synthèse de ce que vous avez appris. Nous vous conseillons de les accrocher au mur, à l'endroit où vous vous installez habituellement pour travailler. Si cela est impossible, faites-

Somo la ishirini na tisa

Kuli [1]

1 – Nimechoka. [2] Mgongo unaniuma.
2 – Umefanya kazi [3] nyingi leo?
3 – Ndio. Meli ya abiria imekuja [4] kutoka [5] Zanzibar.
4 – Meli mpya [6]?
5 – Ndio. Nimewakuta wale [7] Wahindi wa juzi [8].
6 – Aa! Wale wafanya biashara [9]?
7 – Ndio. Na walikuwa na mizigo! Lakini nimepata fedha za kutosha.
8 – Basi sio mbaya.

 Remarque de prononciation
(3) Attention à la prononciation du mot **Zanzibar**. L'accent tonique est sur la première syllabe, et le **r** ne se prononce pas.

 Notes

1 Kuli (-), *débardeur(s)*, vient de l'anglo-hindi ***coolie***.

2 Le verbe **nimechoka**, *je suis fatigué*, se décompose ainsi : **ni-** (marqueur de sujet affirm. cl. 1, 1ʳᵉ pers. *je*) **-me-** (résultatif) **-chok-** (t. verb. *être fatigué*) **-a** (modalité neutre). Le morphème **-me-** n'est pas un marqueur de temps mais d'aspect : cela signifie qu'il n'indique pas si l'action se déroule dans le passé, le présent ou le futur, mais la façon dont l'action est perçue par le locuteur. En l'occurrence il s'agit du résultatif. Il signifie que, pour le locuteur, le résultat de l'action se fait encore sentir au moment où il parle. Reprenons l'exemple : **nimechoka**, que nous avons traduit par *je suis fatigué*, signifie en réalité "je me suis fatigué et je le suis encore au moment où je parle".

les sur une fiche et gardez-les constamment sous les yeux. Bien sûr vous pouvez vous référer aux tableaux en fin de volume, mais le vôtre sera bien plus coloré et agréable à regarder.

Vingt-neuvième leçon

[Les] débardeurs

1 – Je suis fatigué. J'ai mal au dos *(dos il-me-fait-mal)*.
2 – Tu as beaucoup travaillé *(tu-as-fait travail beaucoup)* aujourd'hui ?
3 – Oui. [Le] bateau de voyageurs est arrivé *(il-est-venu depuis)* en provenance de Zanzibar.
4 – [Le] nouveau bateau *(bateau nouveau)* ?
5 – Oui. J'ai rencontré *(je-les-ai-rencontrés)* [les] Indiens de [l'autre jour] *(avant-hier)*.
6 – Ah ! Les commerçants *(faiseurs commerce)* ?
7 – Oui. Et ils avaient *(ils-étaient avec)* [des] bagages ! Mais j'ai gagné *(j'ai-obtenu)* assez d'argent *(argent de suffire)*.
8 – Eh bien [ce] n'est pas mal.

---

3 Il n'y a pas de verbe *travailler* aussi emploie-t-on la locution **kufanya kazi**, "faire travail".

4 Avec le résultatif **-me-**, les verbes dont le radical est monosyllabique conservent le classificateur **ku-** de l'infinitif lorsqu'ils sont employés sans marqueur d'objet. **Imekuja**, *il est venu*, se décompose ainsi : **i-** (marqueur de sujet affirm. cl. 9 *il*) **-me-** (résultatif) **-ku-** (classificateur de l'infinitif) **-j-** (rad. verb. *venir*) **-a** (modalité neutre).

5 Dans la quatrième phrase de la leçon 27, nous avons vu que **kutoka** est un verbe qui signifie *sortir*. Dans la phrase qui nous intéresse ici, il est employé comme préposition et signifie *en provenance de*, *issu de*.

6 **Mpya**, *nouveau*, est en classe 9. Comme tous les noms et les adjectifs monosyllabiques des classes 9/10, il prend le préfixe *N* qui porte l'accent tonique. Mais devant **p** le préfixe se transforme en **m-**. Il en est de

mia moja na nane • 108

même pour **mbaya** à la phrase 8. Sur les différentes formes prises par le classificateur des noms et des adjectifs des classes 9/10, reportez-vous à la leçon 21, §1.

7 **Wale** est le démonstratif d'éloignement de classe 2. Lorsque cet adjectif est placé avant le nom, il se traduit par l'article défini *le/la/les*. Nous avons déjà rencontré le démonstratif d'éloignement de classe 1 **yule** *celui-là/celle-là*, à la leçon 24, note 7.

8 Nous avons déjà rencontré **juzi** (leçon 22, phrase 1) avec le sens de *avant-hier*. Il signifie aussi *il y a quelques jours* ou *il y a quelque temps*.

***

Zoezi la kwanza – Tafsiri

❶ Umechoka? ❷ Sana. Nimefanya kazi nyingi, miguu inaniuma. ❸ Umefanya kazi gani? ❹ Nimewasaidia watu, walikuwa na mizigo! ❺ Nimepata fedha za kutosha.

***

Zoezi la pili – Kamilisha

❶ Où est allée madame Maua ?
Bi Maua . . . . wapi?

❷ Je ne sais pas, peut-être au magasin.
. . . . . labda dukani.

❸ Elle n'a rien dit ?
. . . . kitu?

❹ Elle a dit qu'elle serait de retour à onze heures.
. . . . atarudi saa . . . . .

❺ Eh bien je vais l'attendre.
Basi . . . .

Vingt-neuvième leçon / 29

9 Il n'existe pas de nom de personne formé sur le radical de **biashara**, *commerce*. On dit donc **mfanya** (de **kufanya**, *faire*) **biashara**, *commerce*.

Corrigé de l'exercice 1
❶ Tu es fatigué ? ❷ Très. J'ai beaucoup travaillé, mes jambes me font mal. ❸ Quel travail as-tu fait ? ❹ J'ai aidé des gens, ils avaient des bagages ! ❺ J'ai gagné pas mal d'argent.

***

Corrigé de l'exercice 2
❶ – amekwenda – ❷ Sijui – ❸ Hakusema – ❹ Amesema – tano ❺ – nitamsubiri

Les Indiens constituent une importante communauté en Afrique de l'Est. Ils sont arrivés au XIXᵉ siècle après la colonisation par les Britanniques de la partie occidentale de l'Océan indien. La majorité d'entre eux sont musulmans et appartiennent à diverses branches de l'islam. Les hindouistes sont moins nombreux. Tous forment des communautés assez repliées sur elles-mêmes. Leur volonté de se distinguer des Africains les a conduits à négliger l'apprentissage du swahili, et ils le parlent généralement très mal. C'est parmi eux que l'on trouve les plus grosses fortunes de la région. Beaucoup sont dans l'import-export. Les moins riches ont généralement pu bénéficier de suffisamment d'éducation pour pouvoir être artisans (mécaniciens, plombiers, électriciens etc.) ou, pour les femmes, obtenir des postes d'accueil nécessitant la connaissance des langues étrangères (compagnies aériennes, bureaux de change, etc.). Leur refus de s'intégrer et leur richesse ostentatoire leur ont parfois valu des haines féroces. Ils ont dû fuir Zanzibar pendant la révolution de 1964 et ont été expulsés d'Ouganda en 1971 sous le régime d'Idi Amin Dada.

mia moja na kumi

Somo la thelathini

Jikoni

1 – Umete**lek**a ¹ **ma**ji ²?
2 – **Ba**do. **Na** sija**twan**ga ³ hi**li**ki **na** mda**la**sini.
3 – **Ba**si **ni**pe **ki**nu, nita**twan**ga.
4 – Chu**ku**a **ki**le ⁴ **ki**nu ki**do**go pem**be**ni.
5 – Su**ka**ri **na** ma**ja**ni **ya chai** ⁵ **ya**ko **wa**pi ⁶?
6 – **Kwe**nye **chu**pa, me**za**ni.
7 – **Ma**ji ta**ya**ri, yana**chem**ka. Nina**tia vi**tu **vyo**te **na** ma**zi**wa?
8 – **Ndi**o. Wa**to**to hawa**pen**di ⁷ **chai ka**vu ⁸.

Remarque de prononciation
(6) Attention ! Le terme **meza** est régulier dans sa prononciation. On ne dit jamais *[médza]* mais *[méza]*.

Notes

1 **Kuteleka** signifie *mettre à chauffer*, *mettre sur le feu*, *faire chauffer*.

2 Les noms de la classe 6 se reconnaissent au classificateur **ma-**. Cette classe regroupe, entre autres, les pluriels de la classe 5 ainsi que des noms de liquides. C'est le cas de **maji**, *eau*, et de **maziwa**, *lait*. Vous en déduisez que **matamshi**, *prononciation*, appartient à la classe 6, ainsi que **mazoezi**, *exercices*, et **marudio**, *révisions*.

3 Le morphème **-ja-** indique que l'action exprimée par le verbe n'est pas encore réalisée. C'est un inaccompli. Décomposons l'exemple : **sijatwanga**, *je n'ai pas (encore) pilé*, est formé de **si-** (marqueur de sujet nég. cl. 1, 1ʳᵉ pers. *je*) **-ja-** (inaccompli) **-twang-** (t. verb. *piler*) **-a** (modalité neutre).

4 **Kile** est le démonstratif d'éloignement de classe 7. Pour la liste des démonstratifs d'éloignement, reportez-vous à la leçon 28, §7, ou au tableau récapitulatif des accords de classes dans l'appendice grammatical.

5 **Majani ya chai**, *feuilles de thé* ; vous constatez que le connectif de classe 6 est **ya**.

Trentième leçon

Dans [la] cuisine (cuisine-dans)

1 – Tu as mis [l']eau à chauffer (tu-as-mis-à-chauffer eau) ?
2 – [Pas] encore. Et je n'ai pas encore pilé (je-n'ai-pas-encore-pilé) [les graines de] cardamome et [la] cannelle.
3 – Eh bien donne-moi [le] mortier, je vais piler (je-pilerai).
4   Prends le petit mortier (mortier petit) dans [le] coin (coin-dans).
5 – Où sont [le] sucre et [les] feuilles de thé (sucre et feuilles de thé sont où) ?
6 – Dans [les] bocaux (bouteilles), sur [la] table (table-sur).
7 – [L]eau ça y est (prête), elle bout (elle-bout). Je mets tout (je-mets choses toutes) ainsi que (avec) [du] lait ?
8 – Oui. [Les] enfants n'aiment pas [le] thé nature (ils-n'aiment-pas thé sec).

6   **Yako wapi?**, *Où sont-elles ?* Vous remarquez que le marqueur de sujet de classe 6 est **ya-**.

7   Décomposons le verbe **hawapendi**, *ils n'aiment pas*. Il est formé de **hawa-** (marqueur de sujet nég. cl. 2, 3ᵉ pers. *ils*) Ø (absence de marque de temps) **-pend-** (t. verb. *aimer*) **-i** (présent négatif). Pour ce dernier, reportez-vous à la leçon 28, §5.

8   Il y a deux façons de dire *thé sans lait*. On emploie soit l'expression **chai kavu**, "thé sec", soit celle de **chai ya rangi**, "thé de couleur".

Zoezi la kwanza – Tafsiri

❶ Umetwanga tangawizi? – Bado. ❷ Umetia chumvi? – Bado. ❸ Umeteleka maji? – Bado, sijawahi. ❹ Basi umefanya nini? ❺ Nimekoga.

***

Zoezi la pili – Kamilisha

❶ Juma a préparé le thé ?
   Juma . . . . chai?

❷ Oui, mais il n'a pas [encore] mis le sucre.
   Ndio, lakini . . . . sukari.

❸ Il a posé les tasses sur la table ?
   . . . . vikombe mezani?

❹ Pas encore, il n'a pas encore eu le temps.
   Bado, ...

❺ Et toi, tu as préparé les beignets de farine de riz ?
   Na wewe umepika . . . . ?

31

Somo la thelathini na moja

Mbu

1 – **Mbo**na [1] unahanga**i**ka? **U**na ki**cha**a?
2 – **M**bu ameingia. [2]
3 – Amekuuma? [3]
4 – Ndiyo. **Ha**pa, **kwe**nye **pa**ja **la** ku**sho**to [4], begani **na** sha**vu**ni [5] **pi**a.
5 – **Wa**sha **ta**a... **Lo**! **Ji**cho [6] limevimba [7]!

Corrigé de l'exercice 1

❶ Tu as pilé le gingembre ? – Pas encore. ❷ Tu as mis du sel ? – Pas encore. ❸ Tu as fait chauffer de l'eau ? – Pas encore, je n'ai pas eu le temps. ❹ Eh bien, qu'est-ce que tu as fait ? ❺ J'ai fait ma toilette.

***

Corrigé de l'exercice 2

❶ – amepika – ❷ – hajatia – ❸ Ameweka – ❹ – hajawahi ❺ – vitumbua

Le thé aux épices est une spécialité de la côte. Si vous arrivez à vous procurer les ingrédients (dont les proportions diffèrent selon les goûts) vous pourrez le préparer chez vous. Pour cela, décortiquez cinq ou six cardamomes. Rincez ensuite deux morceaux d'écorce de cannelle d'environ trois centimètres de long. Épluchez un petit morceau de gingembre frais et ajoutez une gousse de vanille (facultatif). Pilez le tout. Si vous optez pour un thé au lait, versez un centimètre d'eau au fond d'une casserole et faites bouillir (et non infuser) les épices et les feuilles de thé noir. Lorsque celles-ci sont bien ouvertes, ajoutez le lait et portez à nouveau à ébullition. En Afrique orientale, on a coutume de sucrer le thé à ce moment-là, avant de le verser dans un thermos. Sachez que le thé, accompagné de pain ou des restes de midi, constitue le repas habituel du soir.

Trente et unième leçon

[Le] moustique

1 – Pourquoi [est-ce que] tu remues ? Tu es fou *(tu-as folie)* ?
2 – [Un] moustique est entré *(il-est-entré)*.
3 – Il t'a piqué *(il-t'a-mordu)* ?
4 – Oui. Là, à [la] cuisse *(de)* gauche, à [l']épaule *(épaule-à)* et à [la] joue *(joue-à)* aussi.
5 – Allume [la] lampe... Oh là là ! [L']œil [est] gonflé *(il-est-gonflé)* !

6 – **La**zima [8] chanda**ru**a **ki**na **tun**du... **Yu**ko **ju**u, m**pi**ge.
7 – Nitam**pa**ta... **Ba**do, ha**ja**fa [9].
8 – Ta**ra**tibu! Chanda**ru**a kina**ta**ka [10] kuan**gu**ka. □

Remarque de prononciation

(6) Attention ! Dans **lazima**, l'accent tonique est sur la première syllabe : *[**la**zima]*.

Notes

1 **Mbona** est un interrogatif qui exprime aussi l'étonnement.

2 **Mbu** est un mot des classes 9/10. Comme son radical est monosyllabique, il est précédé du classificateur de classe **N** qui porte l'accent tonique. Ce dernier devient **m-** devant **b**. **Mbu**, *moustique*, étant un nom d'animal, il dirige un accord en classe 1. C'est la raison pour laquelle le marqueur de sujet du verbe **ameingia**, *il est entré*, est **a-** (3ᵉ pers. de classe 1).

3 **Kuuma**, *mordre*, est employé par les continentaux. Les insulaires disent **kutafuna**.

4 **Paja la kushoto**, *la cuisse de gauche*. Le connectif de classe 5 est **la**. Vous en déduisez donc que **somo**, *leçon*, appartient à cette classe et que son pluriel est **masomo**.

5 Les noms polysyllabiques de la classe 5 n'ont pas de préfixe marqueur de classe. Par exemple **paja (ma-)**, *cuisse(s)* ; **bega (ma-)**, *épaule(s)* ; **shavu (ma-)**, *joue(s)*. Les classes 5 et 6 regroupent toutes sortes de noms, mais surtout des noms de fruits, de parties du corps, ainsi que des noms de métiers ou de fonctions.

6 Les noms monosyllabiques de classe 5 se reconnaissent au classificateur **ji-**, par exemple : **jicho/macho**, *un œil/des yeux*. Devant une voyelle,

***

Zoezi la kwanza – Tafsiri

❶ Mbu amekuuma? ❷ Ndio, tizama: bega la kulia na shavu la kushoto. ❸ Lo! Umevimba! ❹ Lazima chandarua kina tundu. ❺ Ndio, iko juu. Unaiona?

6 – [La] moustiquaire a [sûrement] *(il-faut-que moustiquaire elle-a)* [un] trou... Il est en haut, frappe-le.
7 – Je l'aurai *(je-l'obtiendrai)*... Pas encore, il n'est pas mort *(il-n'est-pas-encore-mort)* !
8 – Attention ! [La] moustiquaire va *(elle-veut)* tomber.

ce préfixe de classe 5 prend la forme **j-**, par exemple **jambo**, *une affaire*, dont le pluriel est **mambo**.

7 Le marqueur de sujet de classe 5 est **li-**.

8 **Lazima** signifie *il faut que*. C'est son sens ordinaire. Employé avec des noms d'objets (on ne peut leur faire sentir une obligation), il signifie *sûrement*, *certainement*, il ne peut en être autrement.

9 Les verbes dont le radical est monosyllabique ne conservent jamais le classificateur **ku-** de l'infinitif lorsqu'ils sont conjugués avec l'inaccompli **-ja-**. Décomposons l'exemple : **hajafa**, *il n'est pas encore mort*, est formé de **ha-** (marqueur de sujet nég. cl 1, 3ᵉ pers. *il*) **-ja-** (inaccompli) **-fa** (b. verb. *mourir*).

10 **Kutaka** signifie *vouloir* (nous l'avons vu dans la leçon 5) ; or, il est bien évident que la moustiquaire ne peut vouloir quelque chose. Employé dans ce contexte, **kutaka**, a le sens de *être sur le point de*. Avec le passé, il signifie *faillir*, par exemple : **mtoto alitaka kuanguka**, *l'enfant a failli tomber*.

***

Corrigé de l'exercice 1

❶ Un moustique t'a piqué ? ❷ Oui, regarde : à l'épaule droite et à la joue gauche. ❸ Oh là là ! Tu es enflé ! ❹ La moustiquaire a sûrement un trou. ❺ Oui, il est en haut. Tu le vois ?

Zoezi la pili – Kamilisha

❶ Pourquoi est-ce que tu n'es pas encore parti ?
Mbona . . . . ?

❷ Je n'ai pas encore bu le thé.
Bado . . . . chai.

❸ Pourquoi est-ce que tu n'as pas encore bu le thé ?
Kwa nini . . . . chai?

Somo la thelathini na mbili

Sokoni

1 – **Hu**na **ndi**mu?
2 – **Ndi**mu zime**kwi**sha. La**ki**ni **ni**na mali**mau** a**u** mae**mbe ya** [1] ki**u**ngo.
3 – **Ma**ma kani**tu**ma [2] **ndi**mu.
4 – **Chuku**a mae**mbe ha**ya [3]. **Ni**na uha**ki**ka ataya**pen**da [4].
5 – **Ha**ya [5]. Ma**chu**ngwa ma**ta**mu? [6]
6 – **Sa**na. Unataka kuli**o**nja [7] **mo**ja?
7 – **Ba**si. Ninakua**mi**ni. Mapa**pai** yameshai**va** [8]?
8 – **Yo**te ma**bi**vu. **Chuku**a **hi**li [9] **zu**ri.
9   Ninao**nge**za ma**pe**ra ma**wi**li ma**do**go za**wa**di. □

Notes

1 Le connectif de classe 6 est **ya**.

2 **Kanituma** a le même sens que **amenituma**. On emploie le marqueur de personne et d'aspect **ka-** uniquement à la place de **ame-** et jamais dans un autre cas. C'est donc le résultatif à la 3ᵉ personne de classe 1.

3 **Haya** est le démonstratif de proximité de classe 6.

4 **-ya-** est le marqueur d'objet de classe 6.

5 **Haya** ici n'est pas un démonstratif. Il signifie *d'accord*.

6 **Ma-** est le classificateur des qualificatifs en classe 6.

❹ Parce que maman n'a pas encore fait la cuisine.
   Kwa sababu mama . . . .

❺ Elle est allée acheter du sucre.
   . . . . kununua sukari.

Corrigé de l'exercice 2
❶ – hujaondoka ❷ – sijanywa – ❸ – hujanywa – ❹ – hajapika
❺ Amekwenda –

Trente-deuxième leçon

[Au] marché *(marché-au)*

1 – Vous n'avez *(tu-n'as-pas)* pas [de] citrons verts ?
2 – [Des] citrons verts il n'y en a plus *(citrons-verts ils-sont finis)*. Mais j'ai [des] citrons jaunes ou [des] mangues vertes *(d'épice)*.
3 – Maman m'a envoyée *(elle-m'a-envoyé)* [chercher des] citrons verts.
4 – Prends ces mangues-ci *(mangues celles-ci)*. Je suis sûr *(j'ai certitude)* [qu']elle les aimera *(elle-les-aimera)*.
5 – D'accord. [Les] oranges [sont] sucrées ?
6 – Très. Tu veux [en] *(la)* goûter une ?
7 – Merci *(assez)*. Je vous *(te)* fais confiance. [Les] papayes sont déjà mûres *(ont déjà mûri)* ?
8 – Toutes sont mûres. Prends celle-ci [elle est] belle.
9 J'ajoute deux petites goyaves *(goyaves deux petites)* [en] cadeau.

---

7 -li- est le marqueur d'objet de classe 5.
8 -sha- renforce le résultatif -me-. Il s'agit d'une partie du verbe **kwisha**, *finir*. Il ne s'emploie qu'avec ce temps. Décomposons l'exemple : **yameshaiva**, *elles ont déjà mûri*, **ya-** (marqueur de sujet affir. cl. 6 *elles*) **-mesha-** (résultatif renforcé) **-iv-** (t. verb. *mûrir*) **-a** (modalité neutre).
9 **Hili** est le démonstratif de proximité de classe 5.

Zoezi la kwanza – Tafsiri

❶ Mama kanituma ndimu. **❷** Sina ndimu lakini nina malimau. **❸** Basi nipe malimau matatu. Machungwa matamu? **❹** Sana, unataka kuonja? **❺** Hapana. Ninakuamini. Lakini nipe machungwa haya matano.

***

Zoezi la pili – Kamilisha

❶ D'où proviennent ces mangues-ci ?
Maembe . . . . yanatoka wapi?

❷ Elles proviennent de Mombasa.
. . . . Mombasa.

❸ Elles ne sont pas mûres. Ce sont des mangues pour la sauce.
Si . . . . Ni maembe . . kiungo.

❹ Ces goyaves ont déjà mûri ?
. . . . . . haya yameshaiva?

Somo la thelathini na tatu

Ndoto mbaya

1 – Buibui, mabuibui. [1]
2 – **Na**di, **Na**di!
3 – **Li**le jem**b**e [2] **ka**li **la ba**ba **li**ko [3] **wa**pi?
4 – Unaota **ni**ni?
5 – Majongoo, majijongoo [4] yametoa [5] majicho makubwa.
6 – **Ni** ndoto tu. **Ka**a kitako [6]. Jongoo hana macho.
7 – **Ma**ma mabuibui yalikuwa **na** manyoya [7] marefu **na** meno [8] makubwa.

Trente-troisième leçon / 33

Corrigé de l'exercice 1
❶ Maman m'a envoyée chercher des citrons verts. ❷ Je n'ai pas de citrons verts mais j'ai des citrons jaunes. ❸ Alors donnez-moi trois citrons jaunes. Est-ce que les oranges sont sucrées ? ❹ Très, vous voulez goûter ? ❺ Non, je vous fais confiance, mais donnez-moi ces cinq oranges-ci.

***

❺ Pas encore, mais cette papaye est très bonne.
Bado, lakini papai . . . . ni . . . . sana.

Corrigé de l'exercice 2
❶ – haya – ❷ Yanatoka – ❸ – mabivu – ya – ❹ Mapera – ❺ – hili – tamu –

Dans la cuisine swahilie, on utilise beaucoup le citron vert, mais quand ce n'est pas la saison on emploie des citrons jaunes, des mangues vertes ou encore du tamarin pour donner de l'acidité aux mets. Vous ne connaissez pas le tamarin ? Nous vous en parlerons à la leçon 45. Patience !

Trente-troisième leçon

Un mauvais rêve
(rêve mauvais)

1 – [Des] araignées, [des] grosses araignées.
2 – Nadi, Nadi !
3 – [La] houe tranchante de papa, où est-elle *(elle-est où)* ?
4 – De quoi rêves-tu *(tu-rêves quoi)* ?
5 – [Les] mille-pattes, [les] gros mille-pattes font *(ont-sorti)* [d']horribles yeux *(horribles-yeux)* énormes.
6 – Ce n'est qu'un rêve *(est rêve seulement)*. Assieds-toi *(façon-fesses)*. [Le] mille-pattes n'a pas *(il-n'a-pas)* [d']yeux.
7 – Maman, [les] grosses araignées avaient *(grosses-araignées elles-étaient avec)* [de] longs poils *(pelage long)* et des grandes dents *(dents grandes)*.

mia moja na ishirini • 120

32 / Somo la thelathini na tatu

8 – **Ni** m**a**mbo **y**a n**d**oto. Yameshakwisha. [9] Jaribu kulala tena.

Notes

1 **Buibui (-)**, *araignée(s)*, est un nom des classes 9/10. **Mabuibui** est constitué du même thème nominal (**buibui**) auquel est adjoint le classificateur de classe 6. Il signifie *grosses araignées*. Cet emploi particulier des classes 5/6 s'appelle un augmentatif car il permet d'exprimer l'idée que quelque chose est très gros, hideux ou effrayant.

2 **Lile** est le démonstratif d'éloignement de classe 5. Placé avant le nom qu'il détermine, il joue le rôle d'un article défini et indique la reprise d'un terme dont on a déjà parlé. **Jembe/majembe**, *houe(s)*, est un nom des classes 5/6. Il ne s'agit pas ici d'un augmentatif.

3 **Li-** est le marqueur de sujet affirmatif de classe 5.

4 **Jongoo/majongoo** est un gros mille-pattes noir de 10 à 15 cm de long et de la grosseur d'un doigt. Il s'aventure fréquemment dans les lieux humides à la recherche d'un peu de fraîcheur. À la façon qu'il a de se cogner partout pour chercher son chemin, les gens disent qu'il est aveugle. En français on l'appelle *iule*.

Décomposons le terme **majijongoo**, *gros mille-pattes*. Il est formé de **ma-** (classificateur nominal cl. 6) **-ji-** (classificateur nominal cl. 5) **-jongoo** (thème nominal). Cette construction n'apparaît qu'avec les noms des classes 5/6 mis à la forme augmentative. Ne cherchez pas à la reproduire pour le moment. L'important est de la reconnaître lorsque vous la rencontrerez. On retrouve la même chose avec **majicho**, *de gros yeux*, qui se décompose ainsi : **ma-** (classificateur nominal de classe 6) **-ji-** (classificateur nominal de classe 5) et **-cho** (radical).

***

Zoezi la kwanza – Tafsiri

❶ Leo somo ni gumu[1] sana. Lakini umefahamu? **❷** Ndio, lakini kiswahili kina mambo. **❸** Mambo gani? **❹** Buibui na mabuibui, majongoo na majijongoo. **❺** Ndio, lakini sio mambo magumu sana.

[1] **gumu**, *difficile*

Trente-troisième leçon / 33

8 – Ce n'est qu'un rêve *(est affaires de rêve)*. **C'est fini** *(elles-sont-déjà-finies)*. **Essaye de te rendormir** *(dormir encore)*.

5 **Majongoo yametoa**... Vous remarquez que le marqueur de sujet est celui de la classe 6 et non celui de la classe 2 alors que le sujet est un être vivant. Appliqué aux augmentatifs, ce type d'accord ajoute un côté affectif à la narration. Dans le cas présent, il traduit la frayeur du locuteur.

6 **Kaa kitako** signifie littéralement "assieds-toi sur ton derrière" (**tako/ matako**, *fesses*). Nous avons vu à la leçon 20 le verbe **kukaa** dans le sens de *se tenir, demeurer*.

7 **Nyoya** au singulier signifie *plume, poil* ; il est plus fréquent au pluriel **manyoya** et désigne le *plumage*, le *pelage* ou la *fourrure*. Pour les humains on emploie **laika (ma-)**, *poil(s)*.

8 **Meno**, *dents*, est le pluriel de **jino**. Le radical est **-ino**. Au singulier on a donc **j-** + **ino** et au pluriel **ma-** + **ino** (comme *mais* en français, le contact du **a** et du **i** fait **é**).

9 **Yameshakwisha**, *elles* (**mambo**, *affaires*) *sont déjà finies*. Vous remarquerez que le verbe **kwisha**, *finir*, employé avec le résultatif renforcé **-mesha-** conserve le marqueur **ku-** de l'infinitif. Décomposons l'exemple : **ya-** (marqueur de sujet affir. cl. 6 *elles*) **-mesha-** (résultatif renforcé) **-kw-** (classificateur de l'infinitif) **-ish-** (t. verb. *finir*) **-a** (modalité neutre).

Corrigé de l'exercice 1
❶ Aujourd'hui la leçon est très difficile. Mais tu as compris ? ❷ Oui, mais le swahili est compliqué. ❸ En quoi ? ❹ Des araignées et des grosses araignées, des mille-pattes et des gros mille-pattes. ❺ Oui, mais ce ne sont pas des choses très difficiles.

Zoezi la pili – Kamilisha

❶ La nuit dernière, je n'ai pas bien dormi.
   Jana . . . . vizuri.

❷ Pourquoi ? Les moustiques t'ont piqué ?
   Kwa nini? Mbu . . . . ?

❸ Non, j'ai fait un cauchemar.
   Hapana, ... ndoto mbaya.

Somo la thelathini na nne

Kuishi kwingi [1] kuona mengi

1 – **Mi**mi **ni m**tu **m**zi**m**a [2], **m**a**m**bo **ya** ki**s**a**s**a yana**n**i**shin**da.
2 – **Kwa ni**ni?
3 – **Kwa m**fa**n**o **ju**zi **n**ili**kwen**da **N**ai**r**o**b**i.
4   **K**u**s**e**m**a **kw**e**l**i, **kw**e**n**ye **n**de**g**e **n**ili**k**uwa **n**a wa**s**i**w**a**s**i.
5 – **U**li**o**go**p**a?
6 – **N**dio. **M**a**r**a u**n**a**h**i**s**i **tum**bo. **M**a**r**a **m**a**s**i**k**io ya**n**a**l**ia.
7   **M**a**r**a u**n**a**o**na **v**itu **vyo**te **j**uu **ch**i**n**i.
8 – **H**u**k**u**l**ewa [3] **l**a**k**i**n**i [4]?
9 – **S**i**k**u**l**ewa, **l**a**k**i**n**i **s**iku**p**e**n**da **t**u. **S**ita**p**a**n**da **t**e**n**a **n**de**g**e. **M**ai**sh**a. [5]

Trente-quatrième leçon / 34

❹ J'ai rêvé que de gros mille-pattes faisaient de gros yeux.
   Niliota . . . . yametoa . . . .

❺ Ce n'est qu'un rêve, le mille-pattes n'a pas d'yeux.
   Ni ndoto tu, ... hana macho.

Corrigé de l'exercice 2
❶ – sikulala – ❷ – wamekuuma ❸ – nimefanya – ❹ – majijongoo – majicho ❺ – jongoo –

Trente-quatrième leçon

Vivre vieux, [c'est] voir beaucoup
(vivre beaucoup voir beaucoup)

1 – Moi [je] suis [une] personne âgée *(entière)*, les choses *(affaires)* modernes *(de à-la-façon-de-maintenant)* me dépassent *(elles-me-vainquent)*.
2 – Pourquoi *(pour-quoi)* ?
3 – Par exemple, dernièrement *(avant-hier)* je suis allée *(je-suis-allée)* [à] Nairobi.
4   [À] dire vrai, dans [l']avion, j'étais inquiète *(j'étais avec souci)*.
5 – Tu as eu peur *(tu-as-eu-peur)* ?
6 – Oui. [Une] fois tu sens *(tu-sens)* [ton] estomac *(ventre)*. [Une] fois [tes] oreilles sifflent *(elles-crient)*.
7   [Une] fois tu vois tout *(choses toutes)* à l'envers *(haut bas)*.
8 – Tu n'as pas été malade *(tu-n'as-pas-été-ivre)* malgré tout *(mais)* ?
9 – Je n'ai pas été malade *(je-n'ai-pas-été-ivre)*, mais je n'ai pas aimé *(je-n'ai-pas-aimé)*, c'est tout. Je ne remonterai *(je-ne-monterai-pas encore)* pas [en] avion. Jamais *(vie)*.

mia moja na ishirini na nne • 124

34 / Somo la thelathini na nne

 Notes

1 L'adjectif **-ingi** revient à deux reprises dans ce titre qui est aussi une maxime. Dans le premier cas, il s'accorde en classe avec **kuishi**, *vivre*. Les verbes à l'infinitif sont en effet considérés comme des noms, un peu comme en français lorsque l'on dit le *savoir-vivre* ou *le toucher*. En swahili la classe des infinitifs est la classe 15. **Kuishi** étant un nom, il peut être déterminé par un adjectif, lequel prend alors le marqueur de classe 15 qui est **ku-**. Ce dernier devient **kw-** quand il précède une voyelle. **Kuishi kwingi** signifie donc littéralement "le vivre beaucoup". Nous reviendrons ultérieurement et en détail sur la classe 15. Dans la seconde partie de la phrase, **-ingi** est en classe 6 (**ma-** + **ingi** > **mengi**). Le nom auquel il se rapporte n'est pas exprimé ; il s'agit de **mambo**, *affaires*, *choses*.

***

Zoezi la kwanza – Tafsiri
❶ Bibi amesafiri? Amekwenda wapi? ❷ Amekwenda Chicago. ❸ Ana bahati. ❹ Amekwenda kwa ndege? ❺ Ndio, lakini yeye mambo ya kisasa yanamshinda.

***

Zoezi la pili – Kamilisha
❶ Bibi est déjà revenue de Kigoma ?
   Bibi . . . . Kigoma?

❷ Elle n'y est pas arrivée. Elle a été malade.
   . . . . homa.

❸ Dans le bateau elle a eu le mal de mer. Alors elle est rentrée par avion.
   Kwenye meli . . . . Kwa hivyo . . . . ndege.

❹ A-t-elle pensé que c'était mieux que le bateau ?
   Je amefikiri ni bora . . . . . . meli?

❺ Oui, mais elle a dit que tu sens ton ventre et tes oreilles.
   Ndio, lakini amesema unahisi . . . . . na . . . .

125 • mia moja na ishirini na tano

Trente-quatrième leçon / 34

2 **Mzima** signifie *entier*, *complet*, *en bonne santé*. Selon les cas, **mtu mzima** désigne une personne âgée ou une personne d'âge mûr.

3 **Kulewa** signifie *être ivre*, mais il s'emploie aussi pour parler du mal de mer, du mal de l'air, ou de toute indisposition due à un moyen de transport.

4 **Lakini** signifie *mais* quand il est en tête d'une proposition. Toutefois, placé ainsi, à la fin de la phrase, son sens est légèrement différent, il signifie *cependant*, *malgré tout*.

5 **Maisha** (cl. 6 sans singulier) signifie *vie* mais aussi *jamais*, ou, si l'on veut se rapprocher du français, on peut le traduire par *jamais de la vie*.

***

Corrigé de l'exercice 1
❶ Grand-mère est partie en voyage ? Où est-elle allée ? ❷ Elle est allée à Chicago. ❸ Elle a de la chance. ❹ Elle y est allée en avion ? ❺ Oui, mais elle, les choses modernes, ça la dépasse.

Corrigé de l'exercice 2
❶ – amesharudi – ❷ Hakufika – Alipata – ❸ – alilewa – amerudi kwa – ❹ – kuliko – ❺ – tumbo – masikio

Somo la thelathini na tano

Marudio – Révisions

1 Le résultatif

Ce n'est pas un temps mais un aspect, c'est-à-dire qu'il donne une information sur la façon dont se déroule l'action du point de vue du locuteur. En l'occurrence **-me-** exprime l'idée que le résultat de l'action se fait toujours sentir au moment où l'on parle. Par exemple :
analala, *il s'endort*
alilala, *il a dormi*, sous-entendu : maintenant il est réveillé
amelala, *il s'est endormi*, sous-entendu : et il dort toujours
Ou encore :
anasafiri, *il part en voyage*, sous-entendu : il est en train de partir ou il va partir prochainement
alisafiri, *il a voyagé, il est parti en voyage* mais il est revenu, et cet événement est sans incidence sur la suite de la conversation,
amesafiri, *il est parti en voyage*, sous entendu : il n'est pas revenu, ou bien cela est important pour la suite de la conversation.
On voit d'après cet exemple que le locuteur a le choix de s'exprimer d'une manière ou d'une autre.
Le résultatif se forme de la manière suivante :

Marqueur de sujet	Temps ou aspect	Marqueur d'objet	Thème verbal	Modalité
affirmatif	-me-		les verbes monosyllabiques conservent le **ku-** de l'infinitif quand ils sont employés sans marqueur d'objet	Voyelle identique à celle de l'infinitif

Les verbes dont le radical est monosyllabique, ainsi que **kwisha**, *finir*, conservent le classificateur **ku-** de l'infinitif lorsqu'ils sont

Trente-cinquième leçon

conjugués au résultatif sans marqueur d'objet. Par exemple :
amekwenda, *il/elle est allé(e)*
tumekwisha, *nous avons fini*
umekula, *tu as mangé*, mais **umeyala**, *tu les as mangés* (par exemple les fruits).

L'emploi de **ka-** à la place de **ame-** est extrêmement courant, surtout à l'oral. Par exemple :
katoka, *il/elle est sorti(e)* ; **kaniambia**, *il/elle m'a dit*

Les verbes dont le radical est monosyllabique (ainsi que ceux qui suivent les mêmes règles) ne conservent pas le préfixe de l'infinitif dans ce cas. Par exemple :
kafa, *il/elle est mort(e)* ; **kanywa**, *il/elle a bu*
kaenda, *il/elle est allé(e)* ; **kala**, *il/elle a mangé*
kaja, *il/elle est venu(e)*

2 Le résultatif renforcé

Il existe une forme renforcée du résultatif qui se reconnaît au marqueur d'aspect **-mesha-** (**-me-** + **sha** du verbe **kwisha**, *finir*). On le traduit généralement par *avoir déjà fait*. Les règles pour les verbes dont le radical est monosyllabique sont identiques à celles qui s'appliquent au résultatif ordinaire sauf avec le verbe **kwenda**, *aller*, qui peut ou non conserver la marque de l'infinitif. Par exemple :
ameshakufa, *il/elle est déjà mort(e)*
mmeshaenda ou **mmeshakwenda**, *vous êtes déjà allés*

Avec la forme en **ka-** correspondant à la troisième personne de classe 1, **ame-**, il existe aussi un résultatif renforcé qui est **kesha-** (**ka-** + **isha**, *finir* > **kesha**). Par exemple :
keshatoka, *il/elle est déjà sorti(e)*
Cette forme n'est pas utilisée avec les monosyllabiques et apparentés sauf avec **kwenda**. Par exemple :
keshaenda, *il est déjà allé*, sans la marque de l'infinitif.

3 L'inaccompli

Il se forme de la façon suivante :

Marqueur de sujet	Temps, ou aspect	Marqueur d'objet	Thème verbal	Modalité
négatif	-ja-		toujours nu	voyelle identique à celle de l'infinitif

Les monosyllabiques ne conservent jamais le classificateur **ku-** de l'infinitif, même lorsqu'ils sont employés sans marqueur d'objet.
L'inaccompli exprime l'idée que l'action décrite par le verbe ne s'est pas produite ou plus exactement ne s'est pas encore produite car cela n'est pas définitif. En cela on le considère dans la plupart des cas comme la forme négative correspondant au résultatif **-me-**. Prenons des exemples :
amevaa, *il/elle s'est habillé(e)* et l'est toujours
hajavaa, *il/elle n'est pas (encore) habillé(e)* mais va bientôt l'être
hakuvaa,*il/elle ne s'est pas habillé(e)* et c'est un fait qui ne changera pas
Ou encore :
hajanywa bia, *il/elle n'a pas encore bu de bière"* (soit il en boira un jour, soit il va la boire, cela dépend du contexte)
hakunywa bia, *il/elle n'a pas bu de bière* (à ce moment-là, et ce fait est définitif).

On peut renforcer l'inaccompli en ajoutant **bado** qui signifie *encore* lorsqu'il est employé avec un verbe à la forme affirmative, ou *pas encore* lorsqu'il est employé à la forme négative. Par exemple :
bado amelala, *il/elle dort encore*
bado hajalala, *il/elle ne dort pas encore*

4 Les classes 5 et 6

• Les classes 5/6 regroupent toutes sortes de noms, dont notamment des noms de fruits (mais pas tous) :
chungwa (ma-), *orange* mais **ndimu (-)**, *citron vert*
embe (ma-), *mangue*

limau (ma-), *citron jaune*
papai (ma-), *papaye*
pera (ma-), *goyave*

• Des noms des parties du corps, mais pas tous, par exemple :

bega (ma-), *épaule* mais **mkono (mi-)**, *bras, main*
jicho (ma-), *œil*   **mguu (mi-)**, *pied, jambe*
paja (ma-), *cuisse*   **mgongo (mi-)**, *dos*

tumbo (ma-), *ventre, estomac*
shavu (ma-), *joue*
sikio (ma-), *oreille*

• On y trouve aussi des noms de fonctions, par exemple :
rubani (ma-), *pilote d'avion*

• Ainsi que des noms désignant les choses les plus variées, par exemple :
tamshi (ma-), *prononciation*
kabati (ma-), *armoire, placard*
somo (ma-), *leçon*
sanduku (ma-), *malle, valise*
zoezi (ma-), *exercice*
daraja (ma-), *pont*
duka (ma-), *magasin*
shirika (ma-), *société*
soko (ma-), *marché*

• En classe 5, on trouve des noms qui n'ont pas de pluriel, comme :
jua, *soleil*

• En classe 6, on trouve des noms de liquides qui n'ont pas de singulier ou des noms qui désignent un ensemble ; dans ce cas, le sens peut être légèrement modifié entre la classe 5 et la classe 6, par exemple :

maji, *eau*
maisha, *vie*
ziwa (ma-), *sein*   **maziwa**, *lait*
nyoya (ma-), *poil, plume* **manyoya**, *pelage, plumage*

- Les classificateurs des noms et des adjectifs sont les suivants :

Devant les polysyllabiques dont l'initiale est une consonne : classe 5 → Ø et classe 6 → **ma-**. Par exemple :
basi zuri, *un bel autobus*
mabasi mazuri, *de beaux autobus*

Devant les polysyllabiques dont l'initiale est une voyelle : classe 5 → **j-** et classe 6 → **ma-** + **i** > **me...** ou **m-** + **a**, **e**. Par exemple :
jambo jingine, *une autre affaire*
mambo mengine, *d'autres affaires*
jino jeupe, *une dent blanche*
meno meupe, *des dents blanches*

Devant les monosyllabiques : classe 5 → **ji-** + C et classe 6 → **ma-** + C. Par exemple :
Noms : **ji-/ma-** + C   Adjectifs : **ji-/ma-** + C
jicho jipya   *un œil neuf*
macho mapya   *des yeux neufs*
jiko/meko   *foyer* (formé de trois pierres).
Il semble que les jeunes disent maintenant **majiko**.

Les accords des classes 5/6 sont donc les suivants :

Cl.	Nom	Adj.	M. de sujet aff.	M. de sujet nég.	M. d'objet	Dém. de proximité	Dém. d'éloignement	Connectif
5	Ø/j(i)-	Ø/j(i)-	li-	hali-	-li-	hili	lile	la
6	m(a)-	m(a)-	ya-	haya-	-ya-	haya	yale	ya

5 Les augmentatifs

Ils se forment à l'aide des classificateurs des classes 5/6 accolés au thème du nom ou de l'adjectif selon les règles des classes 5/6 que nous venons de voir. Par exemple :
buibui (-), *araignée(s)* → **jibuibui/mabuibui**, *grosse(s) araignée(s)*
nyumba (-), *maison(s)* → **jumba/majumba**, *immeuble(s)*

Les augmentatifs expriment l'idée que la chose est soit énorme, soit très laide, soit très effrayante.

Trente-cinquième leçon / 35

Par exemple :
mtu (wa-), *personne(s)* → **jitu/majitu**, *ogre(s)*
mji (mi-), *ville(s)* → **jiji/majiji**, *métropole(s), grande(s) ville(s)*

Ces termes sont surtout employés dans les contes. L'aspect affectif (effrayant par exemple) est renforcé par l'accord du marqueur de sujet qui, dans le cas des êtres vivants, peut alors se faire dans les classes 5/6, alors qu'il se fait habituellement dans les classes 1/2. Sur ce dernier point, reportez-vous aux leçons 18, note 4 et 21, §2.

Mazungumzo ya marudio

1 – Nimechoka. Mgongo unaniuma.
2 – Umeteleka maji?
3 – Bado. Na sijatwanga majani ya muhogo.
4 – Mm! Wewe mvivu kweli!
5 – Tizama! Sikulala usiku. Chandarua kina tundu. Mbu waliingia.
6 – Na hujaenda sokoni kununua ndimu?
7 – Sijaenda. Ni kama ndoto mbaya. Kusema kweli wasiwasi unanishinda.

Traduction

1 Je suis fatiguée. J'ai mal au dos. **2** Tu as puisé de l'eau ? **3** Pas encore. Et je n'ai pas encore pilé les feuilles de manioc. **4** Mm ! Tu es vraiment paresseuse ! **5** Regarde ! Je n'ai pas dormi de la nuit. La moustiquaire a des trous. Les moustiques sont entrés. **6** Et tu n'es pas encore allée au marché acheter des citrons verts ? **7** Je n'y suis pas encore allée. C'est comme un cauchemar. À vrai dire l'inquiétude m'anéantit.

Si le résultatif vous crée encore quelques difficultés, ne vous inquiétez pas, c'est la marque de temps la plus fréquente en swahili et elle revient si souvent que vous vous surprendrez à l'utiliser bientôt sans le moindre problème ; surtout ne cherchez pas à lui faire correspondre un temps du français. Enfin, rassurez-vous en pensant qu'avec le résultatif et les classes 9/10 vous pouvez maintenant presque tout dire en swahili.

Somo la thelathini na sita

Mtoto huyu hana masikio

1 – Mtoto huyu ana balaa [1]!
2 – Kwa nini?
3 – Nilimtuma aende kununua [2] mikate na chumvi ya mawe.
4 – Nimemsubiri masaa [3] mawili.
5 – Hakurudi na chochote [4]?
6 – Hapana. Pesa za chumvi hizo [5] hapo, hakupata.
7 – Basi kafanya nini?
8 – Alinunua mikate. Eti [6] kaisahau [7] mpirani [8].
9 Matata, hana masikio tu.
10 – Ina maana ulikunywa chai tupu?
11 – Hapana. Nimepika uji [9].

Notes

1 **Balaa (-)** est un nom des classes 9/10.

2 **Nilimtuma aende kununua,** *je l'ai envoyé qu'il aille acheter.* Le verbe **kwenda,** *aller,* est ici au subjonctif car l'action d'aller, si on se rapporte au moment d'*envoyer* (**kutuma**), n'est pas encore réalisée. Décomposons l'exemple : **aende** est formé de **a-** (marqueur de sujet cl. 1, 3ᵉ pers. *il*) + Ø (pas de marque de temps) + **-end-** (t. verb. *aller*) **-e** (subjonctif). Comme vous le savez maintenant, le verbe **kwenda** se comporte habituellement comme tous les verbes dont le radical est monosyllabique ; vous remarquez donc que ces verbes ne conservent pas le classificateur **ku-** de l'infinitif lorsqu'ils sont conjugués au subjonctif sans marqueur d'objet.

3 Dans la leçon 16, nous avons rencontré le nom **saa (-),** *heure,* et en leçon 17 vous avez pu constater que ce nom signifie aussi *montre.* **Masaa** (en classe 6 sans singulier en classe 5) est employé pour exprimer la durée, à la différence de l'emploi en classe *N* qui indique un moment précis.

Trente-sixième leçon   36

Cet enfant n'en fait qu'à sa tête
(enfant celui-ci il-n'a-pas oreilles)

1 – Cet enfant [ne fait que des] bêtises *(enfant celui-ci a bêtises)* !
2 – Pourquoi ?
3 – Je l'ai envoyé *(je-l'ai-envoyé qu'il-aille)* acheter [du] pain*(s)* et [du] gros sel *(sel de pierres)*.
4 Je l'ai attendu deux heures *(je-l'ai-attendu heures deux)*.
5 – Il est rentré sans rien *(il-n'est-pas-rentré avec [chose] quelle-qu'elle-soit)* ?
6 – Non. [L']argent du sel [est] *(ceux-ci)* là-bas, il n'[en] a pas trouvé *(il-n'a pas-obtenu)*.
7 – Alors qu'est-ce qu'il a fait *(il-a-fait quoi)* ?
8 – Il a acheté [le] pain *(il-a-acheté pains)*. Il semblerait [qu'il] l'a oublié *(il-les-a-oubliés)* au [terrain de] football *(ballon-au)*.
9 Garnement *(embrouilles)*, il n'en fait qu'à sa tête *(il-n'a-pas oreilles seulement)*.
10 – Cela signifie *(il-a-sens)* [que] tu as pris *(tu-as-bu)* [le] thé sans rien *(vide)*.
11 – Non. J'ai fait *(j'ai-cuisiné)* [de la] bouillie.

Attention ! Ce n'est pas la forme académique. C'est un peu comme les *z'aricots* français : tout le monde le dit, certains l'écrivent et les puristes s'offusquent en l'entendant.

4 -o -ote est un adjectif qui s'accorde en deux endroits. Le fait qu'il soit ici en classe 7 indique que le nom **kitu**, *chose*, est sous-entendu, autrement dit **kitu chochote**, *une chose quelconque* / *une chose quelle qu'elle soit*.

mia moja na thelathini na nne • 134

36 / Somo la thelathini na sita

5 **Hizo** est ce que l'on appelle un démonstratif de rappel (pronom ou adjectif) ou encore un anaphorique, ce qui signifie qu'il est utilisé pour faire référence à une chose dont on a déjà parlé. Il se forme à partir du démonstratif de proximité auquel on retire la dernière voyelle pour la remplacer par un **o** (**hizi** > **hiz** + **o** > **hizo**).

6 **Eti** est un terme qui n'a pas d'équivalent en français. Il est employé pour annoncer que le locuteur se démarque des propos qu'il va énoncer. Il signifie donc que le locuteur n'est pas certain ou pas tout à fait d'accord avec ce qui va suivre. La traduction adoptée ici est donc assez imparfaite.

7 **Kaisahau** se décompose ainsi : **ka-** (marqueur du résultatif cl. 1, 3e pers. *il a*) **-i-** (marqueur d'objet cl. 3 *les*) **-sahau** (b. verb. *oublier*).

***

▶ Zoezi la kwanza – Tafsiri

❶ Mtoto huyu ana balaa! ❷ Kafanya nini? ❸ Nimemwambia aende pwani kununua samaki. Kasahau. ❹ Eti mwalimu amemtuma aende dukani. ❺ Sio mwalimu, mimi nimemwambia aende msikitini.

***

Zoezi la pili – Kamilisha

❶ Où sont les vêtements du mariage ?
. . . . za harusi ziko wapi?

❷ Ceux-là, là-bas, sur le lit.
. . . . hapo, juu ya kitanda.

❸ Et les pagnes où sont-ils ?
Na . . . . . ziko wapi?

❹ Ceux de couleur verte ?
Zile rangi ya . . . . . . ?

❺ Ce sont ceux-ci dans l'armoire.
Ni . . . . hapo kabatini.

Trente-sixième leçon / 36

8 Mpira (mi-) désigne avant tout l'hévéa, d'où son appartenance aux classes 3/4, celles des arbres. Comme le mot caoutchouc en français, il désigne par extension tout ce qui est fabriqué à partir de cette matière ou qui s'en rapproche par l'aspect. Il signifie donc *le pneu*, *le ballon*, *l'élastique* et *le préservatif*. Notez la possibilité de mettre le suffixe locatif **-ni** à des mots qui ne désignent pas un lieu.

9 On peut faire des bouillies avec plusieurs types de céréales : du blé, du riz, du maïs, du mil.

***

Corrigé de l'exercice 1
❶ Cet enfant fait des bêtises ! ❷ Qu'est-ce qu'il a fait ? ❸ Je lui ai dit d'aller à la plage acheter du poisson. Il a oublié. ❹ Il paraît que le maître l'a envoyé au magasin. ❺ Ce n'est pas le maître, c'est moi qui lui ai dit d'aller à la mosquée.

***

Corrigé de l'exercice 2
❶ Nguo – ❷ Hizo – ❸ – kanga – ❹ – kijani ❺ – hizo –

Somo la thelathini na saba

Bajaji au bodaboda?

1 – Saa hizi daladala ni adimu sana.
2 – Twende ¹ mpaka kituo cha bajaji ² mbele.
3 – He ni mbali!
4 – Tumwulize yule bibi mwuza maandazi ³.
5 – Aa! Tusipoteze ⁴ muda. Lazima tupate ⁵ chombo ⁶ haraka.
6 – Habari? Mnakwenda wapi?
7 – Bandarini. Tunataka kupanda boti ya saa moja. Inabidi tufike ⁷ mara moja.
8 – Tufanye ⁸ haraka. Tumechelewa.
9 – Samahani. Bodaboda ⁹ hazina ruhusa ya kwenda bandarini.

Notes

1. **Twende**, *allons*, se décompose de la façon suivante : **tu-** (marqueur de sujet de cl. 2, 1ʳᵉ pers., *nous*) Ø (absence de marqueur de temps ou d'aspect) **-end-** (t. verb. *aller*) **-e** (marque du subjonctif). Le subjonctif, un mode qui sert à indiquer qu'une action n'est pas réalisée mais seulement envisagée, est utilisé pour signifier une injonction.

2. Les **bajajji** (cl. 9/10) sont des mobylettes à trois roues – une devant et deux derrière – et couvertes d'une bâche. La partie arrière est formée d'une banquette qui permet de transporter deux personnes voire trois. À Dar es-Salaam, les **bajaji**, moins chers que les taxis et les taxis-motos, sont un moyen de transport efficace lors des embouteillages mais ils prennent parfois des risques.

3. Les **maandazi** sont des beignets préparés avec de la *farine* (**unga**) de blé, du lait de coco, du sucre et de la cardamome. Ils sont vendus dans tous les troquets. Mais les meilleurs sont ceux proposés par les femmes qui en vendent dans la rue, soit le matin à l'heure du petit-déjeuner, soit le

Trente-septième leçon

Taxi-mobylette ou taxi-moto ?

1 – [À] cette heure-ci [les] taxis collectifs sont très rares *(rares très)*.
2 – Allons jusqu'à [la station de] *bajaji* devant *(plus loin)*.
3 – Oh [c']est loin !
4 – Demandons à [la] *(dame)* vendeuse de beignets.
5 – Ah ! Ne perdons pas [de temps]. Il faut que nous trouvions vite [un] moyen de transport.
6 – Bonjour *(nouvelles)*. Où allez-vous *(vous-allez où)* ?
7 – Au port *(port-au)*. Nous voulons prendre [le] bateau de 7 heures *(nous-voulons monter bateau de heure une)*. Il faut que nous [y] arrivions tout de suite *(fois une)*.
8 – Faisons vite. Nous sommes en retard.
9 – Excusez-moi. [Les] taxis-motos n'ont pas [le] droit [d'] aller au port *(port-au)*.

soir. Le singulier est **andazi**, de la même racine que **andaa**, *préparer*, que nous avons vu à la leçon 11.

4 **Tusipoteze**, *ne perdons pas*, se décompose de la façon suivante : **tu-** (marqueur de sujet de cl. 2, *nous*) Ø (absence de marqueur de temps ou d'aspect) **-potez-** (t. verb. *perdre*) **-e** (marque du subjonctif).

5 Le terme **lazima** (l'accent tonique porte sur la première syllabe), *il faut que*, d'origine arabe, est toujours suivi d'un subjonctif puisqu'une obligation indique que ce qui suit n'est pas réalisé mais seulement envisagé. Le verbe **tupate**, *que nous trouvions*, se décompose de la façon suivante : **tu-** (marqueur de sujet de cl. 2, *nous*) Ø (absence de marqueur de temps ou d'aspect puisque l'action n'est pas effective) **-pat-** (t. verb. *obtenir*) **-e** (marque du subjonctif).

6 Nous avons déjà rencontré le terme **chombo** (**vy-**) à la leçon 15 avec le sens de *ustensile, vaisselle, récipient*. Nous le retrouvons ici avec le sens de *véhicule, moyen de transport*.

7 Le terme **inabidi**, *il faut que*, d'origine arabe, est toujours suivi d'un subjonctif. Le verbe *tufike*, *que nous arrivions*, se décompose de la façon suivante : **tu-** (marqueur de sujet de cl. 2, *nous*) Ø (absence de marqueur de temps ou d'aspect) **-fik-** (t. verb. *arriver*) **-e** (marque du subjonctif).

8 **Tufanye**, *faisons*, se décompose de la façon suivante : **tu-** (marqueur de sujet de cl. 2, *nous*) Ø (absence de marqueur de temps ou d'aspect) **-fany-** (t. verb. *faire*) **-e** (marque du subjonctif).

***

Zoezi la kwanza – Tafsiri

❶ Twende mjini. ❷ Inabidi niende madukani halafu nipite hospitali. ❸ Na mimi nije? ❹ Ndio, ninaomba unisaidie. ❺ Tufanye haraka, basi linataka kuondoka.

***

Zoezi la pili – Kamilisha

❶ Dépêchons-nous. Nous sommes en retard.
. . . . haraka. . . . .

❷ Nous n'avez pas encore terminé.
. . . . ?

❸ Pas encore. Il faut que nous passions chez Bi Maua.
Bado. . . . . / . . . . kwa Bi Maua.

❹ Prenons le bajaji, nous arriverons tout de suite.
. . . . bajaji, tutafika mara moja.

❺ Attends ! Il faut que je prenne de l'argent.
Subiri! . . . . / . . . . nichukue pesa.

9 À Dar es-Salaam, les **bodaboda** (cl. 9/10) sont des taxis-motos. La législation les concernant est assez stricte. Ils vous proposent un casque et ne peuvent pas pendre plus d'un passager. Leur prix se situe entre celui des taxis-voitures individuels et des **bajaji**. Mais le moins cher des moyens de transport reste le **daladala** ou minibus qui dessert des lignes bien déterminées tout comme les bus.

***

Corrigé de l'exercice 1
❶ Allons en ville. ❷ Il faut que j'aille dans les magasins et ensuite que je passe à l'hôpital. ❸ Et moi il faut que je vienne ? ❹ Oui, je voudrais que tu m'aides. ❺ Faisons vite, le bus est sur le point de partir.

***

Corrigé de l'exercice 2
❶ Tufanye – Tumechelewa ❷ Hatujamaliza ❸ – Inabidi/Lazima tupite – ❹ Tuchukue – ❺ – Lazima/Inabidi –

mia moja na arobaini • 140

Somo la thelathini na nane

Baiskeli

1 – **Ma**ma **Ju**ma [1] **bo**ra [2] niku**pa**kie **kwa** bais**ke**li.
2 – La**zi**ma nimchu**ku**e [3] m**to**to, uta**we**za?
3 – **Ndi**o. **Ye**ye ata**kaa** m**be**le.
4 – **Ni**na wasi**wa**si a**si**je [4] kuangu**ka**.
5 – Nitamzu**i**a.
6 – **Ha**ya.
7 – **Pan**da. Ka**ma**ta bai**bui** [5] isi**i**ngie [6] **kwe**nye s**po**ki.
8 – Ta**ya**ri. **Twen**de. [7]

Notes

[1] Il est courant que l'on appelle une femme par le nom de son premier fils. Notez toutefois que la formulation à Zanzibar est un peu différente ; nous y reviendrons ultérieurement.

[2] **Bora** signifie *il vaut mieux que*, *il est préférable de*. Ce terme est toujours suivi du subjonctif puisque l'action qu'il introduit n'est nullement réalisée mais seulement envisagée. **Nikupakie**, *je te transporte*, se décompose ainsi : **ni-** (marqueur de sujet cl. 1, 1ʳᵉ pers. *je*) + Ø + **-ku-** (marqueur d'objet cl. 1, 2ᵉ pers. *te*) **-paki-** (t. verb. *transporter*) **-e** (subjonctif).

[3] **Lazima**, *il faut que*, est toujours suivi du subjonctif puisque l'action qu'il introduit est envisagée et n'est pas encore réalisée. **Nimchukue**, *que je le prenne*, se décompose ainsi : **ni-** (marqueur de sujet cl. 1, 1ʳᵉ pers. *je*) + Ø + **-m-** (marqueur d'objet cl. 1, 3ᵉ pers. *le*) **-chuku-** (b. verb. *prendre*) **-e** (subjonctif).

[4] **Asije**, *qu'il ne vienne*, est un subjonctif négatif. L'emploi du subjonctif n'est pas systématique pour exprimer l'idée de crainte ; comme le subjonctif du français avec lequel il a beaucoup de points communs, il traduit ici la possibilité, l'éventualité qu'il faut éviter, d'où la forme négative. Le subjonctif négatif se construit avec un préfixe marqueur de sujet affirmatif suivi de la négation **-si-**. Nous avons déjà vu cette parti-

Trente-huitième leçon

[La] bicyclette

1 – Mère [de] Juma il vaut mieux [que] je t'emmène *(il-vaut-mieux je-te-transporte)* à *(avec)* bicyclette.
2 – Il faut [que] je *(le)* prenne [l']enfant *(il-faut je-le-prenne enfant)*, tu pourras *(tu-pourras)*?
3 – Oui. Il se tiendra *(il-s'assoira)* devant.
4 – Je crains *(j'ai crainte)* qu'il ne tombe *(il-ne-vienne tomber)*.
5 – Je le retiendrai *(je-l'empêcherai)*.
6 – Bien.
7 – Monte. Tiens [bien ton] voile [afin] qu'il ne se prenne *(il-n'entre)* pas dans [les] rayons.
8 – [Je suis] prête. Allons[-y].

---

cule à la leçon 1 phrase 3, à la leçon 2, note 3, à la leçon 7 §3.2 et 5. Le subjonctif apparaît dans la voyelle de modalité qui est **e**. Décomposons l'exemple : *asije*, *qu'il ne vienne*, est formé de **a-** (marqueur de sujet cl. 1, 3ᵉ pers. *il*) **-si-** (négation) **-j-** (t. verb. *venir*) **-e** (subjonctif).

5 Le **baibui**, traduit ici par *voile*, est l'habit traditionnel des femmes swahilies. C'est un grand cylindre de tissu de nylon noir auquel est cousu, sur la moitié du périmètre supérieur, un pan de tissu de la même couleur. La partie cylindrique entoure le corps tandis que le carré s'attache sur la tête. Ce vêtement se porte pour sortir.

6 **Isiingie**, *qu'il n'entre pas*, est un subjonctif négatif. Il se décompose de la manière suivante : **i-** (marqueur de sujet cl. 9 *il*) **-si-** (négation) **-ingi-** (t. verb. *entrer*) **-e** (subjonctif).

7 **Twende**, *allons*, se décompose ainsi : **tu-** > **tw-** devant voyelle (marqueur de sujet cl. 2, 1ʳᵉ pers. *nous*) + ∅ + **-end-** (t. verb. *aller*) **-e** (subjonctif). Il s'agit d'une injonction, d'un ordre à une autre personne que celles de l'impératif ; c'est la raison pour laquelle le verbe est conjugué au subjonctif.

mia moja na arobaini na mbili

Zoezi la kwanza – Tafsiri

❶ Inabidi uende kuchota maji. ❷ Na lazima upite kwa mama Juma. ❸ Kwa nini? ❹ Anataka umsaidie kazi. ❺ Anataka upike kidogo.

***

Zoezi la pili – Kamilisha

❶ Vaut-il mieux que je commence par faire la lessive ou par cuisiner ?
. . . . kufua au kupika?

❷ Il vaut mieux que tu cuisines. Je crains que les enfants ne puissent pas attendre, ils auront faim.
Bora . . . . wasiwasi watoto . . . . kusubiri, watakuwa na njaa.

❸ Alors il va falloir que j'aille chercher du bois.
Basi itabidi . . . . . . kutafuta kuni.

❹ Alors il faut que tu y ailles maintenant, moi je sortirai après.
Basi lazima . . . . . sasa, mimi nitatoka baadae.

❺ Je vois qu'il faudra aussi que j'aille chercher de l'eau pour faire la lessive.
Ninaona . . . . pia niende kuchota maji kwa ajili ya kufua.

Somo la thelathini na tisa

Gari la kwenda shamba [1]

1 – **Vi**pi, mta**fi**ka **Cha**ke **Cha**ke [2]?
2 – **Ndi**o, in**gi**a.
3 **Bi**bi, nina**om**ba ujon**ge**e **ja**po [3] ki**do**go.

Corrigé de l'exercice 1

❶ Il faut que tu ailles puiser de l'eau. ❷ Et il faut que tu passes chez la maman de Juma. ❸ Pourquoi ? ❹ Elle veut que tu l'aides dans son travail. ❺ Elle veut que tu cuisines un petit peu.

Corrigé de l'exercice 2

❶ Bora nianze – ❷ – upike – Nina – hawataweza – ❸ – niende – ❹ – uende – ❺ – itabidi –

La bicyclette est un moyen de transport très répandu. Il n'est pas rare de voir un homme transporter ainsi toute sa famille. Un ou deux enfants s'agrippent à la barre de devant tandis que la femme se tient sur le porte-bagages, assise en amazone. Même si cette image est plus familière en ville où les bicyclettes grouillent, il arrive aussi que certains fassent ainsi le voyage d'un village à un autre.

Trente-neuvième leçon

[L']autocar de campagne
(voiture de aller champs)

1 – Alors *(comment)*, vous allez *(vous-arriverez)* [à] Chake Chake ?
2 – Oui, entrez *(entre)*.
3 – Madame, pourriez-vous vous pousser *(je-demande tu-te-pousses)* ne serait-ce qu'un petit peu.

mia moja na arobaini na nne • 144

4 – Si**w**ezi. Una**o**na tu**m**eba**n**ana [4].
5 – **Ba**si, nita**kaa ha**pa **ch**ini. Sog**e**za **h**icho [5] **k**ikapu au k**iweke juu**.
6 – Ina**bi**di niki**z**u**i**e kisian**g**u**k**e. [6] **N**dan**i v**i**m**o **v**i**tu vya** kuvun**j**ika.
7 – Nitachu**t**ama **ha**pa.
8 – **A**a! Unan**i**u**m**iza. **Bo**ra ute**r**em**k**e, usu**b**iri [7] **g**ari jing**i**ne.
9 – **La**zima nisa**f**iri [8] **s**asa **kw**a sa**b**abu ninafuku**z**ia mazi**k**o.

Notes

1 En swahili classique, on dit **gari (ma-)** mais en swahili moderne on considère dorénavant que ce nom relève des classes 9/10. Dans l'exemple donné ici on peut considérer qu'il s'agit d'un augmentatif. À Zanzibar, les autocars de la campagne étaient des camions aménagés : recouverts d'un habillage de bois, ils avaient généralement quatre rangées de bancs de bois ainsi qu'une partie à l'arrière où les passagers assis latéralement se faisaient face. On mettait les bagages soit entre eux soit sur l'impériale. De nos jours on utilise des minibus. **Shamba** signifie aussi bien *un champ* que *la campagne*.

2 Chake Chake est le centre administratif de l'île de Pemba. L'archipel de Zanzibar est formé de deux îles principales : la plus grande, Unguja en swahili, que les étrangers appellent Zanzibar et sur laquelle se trouve la capitale, c'est-à-dire la ville de Zanzibar. La seconde, Pemba, est plus petite, mais elle est célèbre pour sa végétation luxuriante et pour la culture des clous de girofle qui fit la fortune du sultanat au XIXᵉ siècle et au début du XXᵉ siècle.

3 **Japo** signifie *ne serait-ce que*.

4 **Tumebanana** signifie à lui tout seul *nous nous serrons les uns contre les autres*. Le verbe est à une forme dérivée que nous étudierons ultérieurement.

5 **Hicho** est l'anaphorique de la classe 7.

Trente-neuvième leçon / 39

4 – Je ne peux pas *(je-ne-peux-pas)*. Vous voyez *(tu-vois)*, nous sommes serrés les uns contre les autres *(nous-sommes-serrés-mutuellement)*.

5 – Alors je vais m'asseoir *(je-m'assiérai)* ici par terre. Déplace ce panier ou bien mettez-le *(mets-le)* [au] dessus.

6 – Il faut que je l'empêche de tomber *(il-faut je l'empêche il-ne-tombe-pas)*. Dedans il y a *(elles-sont)* [des] choses qui cassent *(de cassables)*.

7 – Je vais m'accroupir *(je-m'accroupirai)* ici.

8 – Aïe ! Vous me faites mal *(tu-me-fais-mal)*. Il vaut mieux [que] vous descendiez *(il-vaut-mieux tu-descends)*, [que] vous attendiez *(tu-attendes)* [un] autre autocar *(voiture autre)*.

9 – Il faut [que] je parte *(il-faut je-voyage)* maintenant parce que je me dépêche d'arriver *(je-cours-vers)* [à un] enterrement.

6 Inabidi nikizuie kisianguke, "il faut que je l'empêche qu'il ne tombe". Nous avons là deux subjonctifs qui se suivent. Le premier, celui qui apparaît dans le verbe **nikizuie**, est obligatoire après **inabidi**, *il faut que*. Le verbe se décompose ainsi : **ni-** (marqueur de sujet cl. 1, 1ʳᵉ pers. *je*) + Ø + **-ki-** (marqueur d'objet cl. 7 *le*) **-zui-** (t. verb. *empêcher*) **-e** (subjonctif). **Kisianguke** est un subjonctif négatif. Il est employé après les verbes qui signifient interdire, empêcher, refuser. Cet exemple se décompose ainsi : **ki-** (marqueur de sujet cl. 7 *il*) **-si-** (négation) **-anguk-** (t. verb. *tomber*) **-e** (subjonctif).

7 Après **bora**, *il vaut mieux que*, les deux verbes sont au subjonctif. Le premier, **uteremke**, *que tu descendes*, se décompose ainsi : **u-** (marqueur de sujet cl. 1, 2ᵉ pers. *tu*) + Ø + **-teremk-** (t. verb. *descendre*) **-e** (subjonctif). Le second **usubiri**, *que tu attendes*, est un verbe d'origine arabe, sa voyelle finale à l'infinitif est **-i**. Il la conserve au subjonctif. Cet exemple se décompose de la façon suivante : **u-** (marqueur de sujet cl. 1, 2ᵉ pers. *tu*) + Ø + **-subiri** (t. verb. *attendre*).

8 **Lazima**, *il faut que*, est toujours suivi du subjonctif. Il a le même sens que **inabidi**. **Kusafiri**, *voyager*, est un verbe d'origine arabe dont la

mia moja na arobaini na sita • 146

voyelle finale à l'infinitif est **-i**. Il la conserve au subjonctif. **Nisafiri**, *que je voyage,* se décompose ainsi : **ni-** (marqueur de sujet cl. 1, 1ʳᵉ pers. *je*) + Ø + **-safiri** (t. verb. *voyager*). Il se passe donc le même phénomène qu'au présent négatif. Reportez-vous à la leçon 28, §5. Les verbes d'origine étrangère conservent la voyelle finale qu'ils ont à l'infinitif.

***

Zoezi la kwanza – Tafsiri

❶ Lazima ujongee. ❷ Siwezi, tumebanana sana. ❸ Jaribu japo kidogo. ❹ Siwezi bwana, panda gari jingine. ❺ Lazima niondoke sasa, ninafukuzia harusi.

***

Zoezi la pili – Kamilisha

❶ Retiens le bagage pour qu'il ne tombe pas.
   Zuia mzigo . . . .

❷ Quel bagage ?
   Mzigo . . . ?

❸ Aidez-moi, il va tomber.
   . . . . , ... kuanguka.

40

Somo la arobaini

Mashanuo

1 – M**bo**na unacheche**me**a **nam**na h**i**yo ¹?
2 – Masha**nu**o yameni**to**ga.
3 – **He**bu nio**nye**she. ²
4 – **Ha**pa, **chi**ni **ya** mguu. Ninafi**ki**ri mi**i**ba ³
    imeka**ti**kia **n**da**n**i.

Les décès sont généralement annoncés à la radio et, en pays musulman, l'enterrement a lieu dans les heures qui suivent. C'est pourquoi parents et amis doivent rejoindre très rapidement le lieu de la cérémonie qui se déroule parfois dans des villages assez éloignés. En effet, dans la mesure du possible, les gens ne sont pas enterrés là où ils habitent mais dans le village où ils sont nés.

***

Corrigé de l'exercice 1

❶ Il faut que vous vous poussiez. ❷ Je ne peux pas, nous sommes très serrés. ❸ Essayez, ne serait-ce qu'un petit peu. ❹ Je ne peux pas, monsieur, prenez un autre autocar. ❺ Il faut que je parte maintenant, je me dépêche d'arriver à un mariage.

***

❹ Je ne peux pas, nous sommes très serrés.
   Siwezi, ... sana.

❺ Je crois qu'il vaut mieux que nous prenions un autre autocar.
   Ninafikiri bora . . . . basi . . . .

Corrigé de l'exercice 2

❶ – usianguke ❷ – upi ❸ Unisaidie, unataka – ❹ – tumebanana – ❺ – tupande – jingine

Quarantième leçon

[Les] oursins

1 – Pourquoi [est-ce que] tu boites comme ça *(tu-boites façon celle-ci)* ?

2 – Je me suis fait piquer par les oursins *(oursins ils-m'ont-piqué)*.

3 – Montre-moi *(moi-montre)*.

4 – Ici, sous le *(de)* pied. Je pense [que les] piquants se sont cassés à l'intérieur *(ils-se-sont-cassés dedans)*.

mia moja na arobaini na nane • 148

5 – **Ee**, **kwe**li. Niku**tie** u**to**mvu [4] **wa** [5] mpa**pai**?
6 – **Ndio**, la**ki**ni **ha**ta **hi**vyo [6] sita**we**za kutem**be**a vi**zu**ri.
7   **Ba**ba ata**o**na **na** atanito**le**a ma**ne**no.
8 – **Kwa ni**ni?
9 – Amenika**ta**za nisi**en**de [7] ku**che**za **pwa**ni [8].   ☐

: Notes

1 **Hiyo** est l'anaphorique de classe 9.

2 **Hebu** sert à attirer l'attention. Il est toujours employé avec un impératif. **Nionyeshe** est un impératif précédé du marqueur d'objet. **Nionyeshe**, *montre-moi*, se décompose ainsi : **ni-** (marqueur d'objet. cl. 1, 1ʳᵉ pers. *moi*) **-onyesh-** (t. verb. *montrer*) **-e** (voyelle de l'impératif due à la présence du marqueur d'objet).

3 **Miiba** – ou **miba** – est le pluriel de **mwiba**, *épine, arête, piquant*. Il y a dans ce cas assimilation entre la voyelle du classificateur et celle du thème nominal. Pour les classes 3/4 reportez-vous à la leçon 28, §4.

4 **Utomvu**, *sève, suc*, est un nom de la classe 11. Comme un grand nombre de noms de cette classe il n'a pas de pluriel. Les noms de la classe 11 se reconnaissent au classificateur **u-** + consonne. Vous connaissez déjà **unga**, *farine* ; **uji**, *bouillie* ; **utamaduni**, *culture* ; **usiku**, *nuit*. La plupart des noms de la classe 11 qui ont un pluriel le font en classe 10, par exemple : **ukuta (kuta)**, *mur(s)*, **uso (nyuso)**, *visage(s)*.

5 **Wa** est le connectif de la classe 11. Tous les accords de la classe 11 sont identiques à ceux de la classe 3. Pour simplifier, on peut dire que ces deux classes ne se distinguent que par le classificateur nominal qui est **m(u)-** pour la classe 3 et **u-** pour la classe 11. Pour les accords de la classe 3, reportez-vous à la leçon 28, §4.

***

▶ Zoezi la kwanza – Tafsiri

❶ Baba amemkataza asitoke. ❷ Anataka kwenda wapi?
❸ Anataka kwenda kupiga simu. ❹ Nimchukue msikitini?
❺ Ndio, namna hiyo hatamtolea maneno.

5 – Eh, [c'est] vrai. Je te mets *(je-te-mettes)* [de la] sève de papayer ?
6 – Oui, mais malgré tout *(même ainsi)* je ne pourrai pas bien marcher *(je-ne-pourrai-pas marcher bien)*.
7 Papa va [le] voir et il me grondera *(il-le-verras et il-me-sortira-mots)*.
8 – Pourquoi ?
9 – Il m'a interdit d'aller *(il-m'a-interdit je-n'aille-pas)* jouer à [la] plage *(plage-à)*.

6 **Hivyo** est l'anaphorique de la classe 8. Ici il a le sens de *à la manière de*. Sur les emplois adverbiaux de la classe 8, reportez-vous à la leçon 14, §1.1.

7 Après un verbe qui exprime l'interdiction comme **kukataza**, *refuser à qqn, interdire*, le second verbe se met au subjonctif négatif. **Amenikataza nisiende** signifie littéralement "il m'a interdit que je n'aille pas". Le second verbe se décompose de la façon suivante : **ni-** (marqueur de sujet aff. cl. 1, 1ʳᵉ pers. *je*) **-si-** (négation) **-end-** (b. verb. *aller*) **-e** (subjonctif).

8 **Pwa**, *plage*, *côte*, s'emploie toujours avec le suffixe locatif **-ni**.

***

Corrigé de l'exercice 1
❶ Papa lui a interdit de sortir. ❷ Où est-ce qu'il veut aller ? ❸ Il veut aller téléphoner. ❹ Est-ce que je peux l'emmener à la mosquée ? ❺ Oui, comme cela, il ne le grondera pas.

mia moja na hamsini • 150

Zoezi la pili – Kamilisha

❶ Les oursins m'ont piqué.
  Mashanuo . . . .

❷ Montre-moi.
  . . . . nionyeshe.

❸ Un piquant s'est cassé dans le pied.
  Mwiba . . . . ndani ya mguu.

Somo la arobaini na moja

Kitendawili

1 – **Ni ji**na **la** ki**le**le **cha** Kilimanjaro **na la** gazeti moja **la** Tanzania. **Ni ni**ni?
2 – Sioni.
3 – Zamani tuliupoteza [1].
4 – Sijui hata kidogo.
5 – Sikiliza. Wakati [2] Ureno ilitawala Msumbiji,
6   Uingereza Kenya na Uganda na Ujerumani Tanganyika. [3]
7 – Basi, wakati huo [4] ni ukoloni.
8 – Sawa. Sasa kinyume chake [5] ni nini?
9 – Sifahamu.
10 – **Ni** pamoja **na** umoja [6] **na** amani.
11 – **A**a! **Ni** uhuru. Wafaransa wanasema: uhuru, usawa **na** udugu [7].   ☐

❹ Je te demande de mettre de la sève de papayer.
Ninakuomba . . . . utomvu . . mpapai.

❺ Attends, il faut que j'aille en chercher.
Subiri . . . . niende kutafuta.

Corrigé de l'exercice 2
❶ – yamenitoga ❷ Hebu – ❸ – umekatika – ❹ – utie – wa –
❺ – inabidi –

Quarante et unième leçon

Devinette

1 – [C']est [le] nom du sommet du Kilimandjaro et [celui] d'[un] journal tanzanien *(de Tanzanie)*. Qu'est-ce que c'est *(est quoi)* ?

2 – Je ne vois pas *(je-ne-vois-pas)*.

3 – Autrefois nous l'avons perdue *(nous-l'avons-perdue)*.

4 – Je ne sais absolument pas *(je-ne-vois-pas même un-peu)*.

5 – Écoute. [C'est l']époque [où le] Portugal dominait [le] Mozambique,

6 [la] Grande-Bretagne [le] Kenya et [l']Ouganda et [l']Allemagne [le] Tanganyika.

7 – Eh bien, ce temps là [c']est [la] colonisation.

8 – Bien. Maintenant son contraire *(contraire son)* qu'est-ce que c'est *(est quoi)* ?

9 – Je ne comprends pas *(je-ne-comprends-pas)*.

10 – Ça va avec *(il ensemble avec)* [l']unité et la paix.

11 – Ah ! [C']est [la] liberté ! Les Français disent : liberté, égalité, fraternité.

41 / Somo la arobaini na moja

Notes

1. **-u-** est le marqueur d'objet de classe 11. Il est identique à celui de la classe 3. Décomposons l'exemple : **tuliupoteza**, *nous l'avons perdue*, est formé de **tu-** (marqueur de sujet cl. 2, 1ʳᵉ pers. *nous*) **-li-** (passé affir.) **-u-** (marqueur d'objet de cl. 11 *le*) **-poteza-** (b. verb. *perdre*).

2. En classe 11, lorsque l'initiale du thème nominal est une voyelle, le classificateur a la forme **w-**. Mais cette règle n'est pas systématique. En effet, certains noms prennent aussi **u-** + voyelle. **Wakati** a son pluriel en classe 10 : **nyakati**, *moments*.

3. Un grand nombre de noms de pays appartiennent à la classe 11 mais entraînent des accords dans les classes 9/10, car le nom **nchi (-)**, *pays*, est sous-entendu.

***

Zoezi la kwanza – Tafsiri

❶ Unasoma gazeti gani? ❷ Uhuru ❸ Wanasema je? ❹ Uingereza itatoa pesa kwa ajili ya Tanzania. ❺ Na watalii wengi wamepanda mlima wa Kilimanjaro mwaka huu.

***

Zoezi la pili – Kamilisha

❶ Tu te souviens de l'époque de la colonisation ?
 Unakumbuka wakati . . ukoloni?

❷ Ou bien es-tu venu à l'époque où la Tanzanie avait déjà obtenu l'indépendance ?
 Au umekuja . . . . . . Tanzania imeshapata . . . . . ?

❸ Oui, c'était en *(l'an)* mille neuf cent soixante-quinze.
 Ndiyo, ilikuwa . . . . . elfu moja mia tisa na sabini na tano.

❹ Alors à cette époque même le Kenya, l'Ouganda et Zanzibar étaient indépendants.
 Basi wakati . . . hata Kenya, ... na Zanzibar zimeshapata uhuru.

❺ Mais cette année-là le Mozambique obtint l'indépendance.
 Lakini mwaka . . . Msumbiji . . . . uhuru.

Quarante et unième leçon / 41

4 **Huo** est l'anaphorique de la classe 11. Il est identique à celui de la classe 3.

5 **-ake**, *son*, est le possessif de toutes les classes sauf 1 et 2. Le possessif s'accorde comme le connectif. Il est ici en classe 7, en accord avec **kinyume**, *contraire*.

6 La classe 11 regroupe aussi tous les noms abstraits. À partir du numéral **-moja**, *un*, on construit le nom **umoja**, *unité*.

7 **Usawa**, *égalité*, est construit à partir de **sawa**, *égal*, *bien* ; **udugu**, *fraternité*, a le même thème nominal que **ndugu (-)**, *frère*, *sœur*, *parent*.

***

Corrigé de l'exercice 1
❶ Quel journal lis-tu ? ❷ L'indépendance *(la liberté)* ❸ Que disent-ils ? ❹ La Grande-Bretagne va dégager de l'argent pour la Tanzanie. ❺ Et de nombreux touristes ont fait l'ascension du Kilimandjaro cette année.

***

Corrigé de l'exercice 2
❶ – wa – ❷ – wakati – uhuru ❸ – mwaka – ❹ – huo – Uganda – ❺ – huo – ilipata –

Uhuru signifie à la fois "liberté" et "indépendance". C'est le nom du quotidien en langue swahilie du Parti de la Révolution ou **Chama cha Mapinduzi (CCM)**. La devise de la République Unie de Tanzanie, créée par l'union du Tanganyika et de Zanzibar, est **uhuru, umoja na amani** c'est-à-dire liberté, unité et paix. **Uhuru** est aussi le nom du plus haut des deux pics du Kilimandjaro, celui qui culmine à près

Somo la arobaini na mbili

Marudio – Révisions

1 Le subjonctif affirmatif

Il se forme de la façon suivante :

Marqueur de sujet	Temps ou aspect	Marqueur d'objet	Thème verbal	Modalité
affirmatif	Ø		toujours nu	-e pour les verbes d'origine bantoue, les verbes d'origine étrangère conservent le classificateur de l'infinitif

Par exemple :
tuombe, *que nous demandions*
wale, *qu'ils mangent*
nisubiri, *que j'attende*

Le subjonctif affirmatif est employé :
• Lorsqu'une action est envisagée sans avoir été réalisée et que les deux verbes qui se suivent n'ont pas le même sujet. Par exemple :
amesema nifike asubuhi, *il a dit que j'arrive le matin*
anataka kufika asubuhi, *il veut arriver le matin*

• pour exprimer un ordre poli, un ordre à une autre personne que celles de l'impératif. Par exemple :
unipe pesa, *donne-moi de l'argent*

de 6 000 mètres d'altitude et dont le nom d'origine est Kibo. C'est sur ses neiges éternelles que brilla le 8 décembre 1961 à minuit la flamme de la liberté, en swahili **Mwenge wa Uhuru**. Jusqu'à l'introduction du multipartisme dans les années quatre-vingt-dix, ce flambeau était un symbole important que l'on montrait à travers tout le pays à l'approche des fêtes de l'indépendance.

Quarante-deuxième leçon

twende, *allons-y*
atoke, *qu'il/elle sorte*

• pour exprimer le but, l'intention après un impératif :
jongea nikae, *pousse-toi que je m'asseye*
njoo utizame, *viens regarder*

Il est obligatoire après certaines locutions. Par exemple :
inabidi niende dukani, *il faut que j'aille au magasin*
lazima tupite njia hii, *il faut que nous passions par ce chemin*
bora tuchukue gari, *il vaut mieux que nous prenions la voiture*

2 Le subjonctif négatif

Il se forme de la façon suivante :

Marqueur de sujet	Temps ou aspect	Marqueur d'objet	Thème verbal	Modalité
affirmatif	négation **-si-**		toujours nu	-e pour les verbes d'origine bantoue, les verbes d'origine étrangère conservent le classificateur de l'infinitif

Par exemple :
usiteremke, *ne descends pas*
nisisafiri, *que je ne voyage pas*

mia moja na hamsini na sita • 156

Le subjonctif négatif s'emploie comme le subjonctif affirmatif, lorsqu'une action est envisagée et que deux verbes se suivent, le sujet du second étant différent de celui du premier.
anasema nisitoke sasa, *il dit que je ne sorte pas maintenant*

Il s'emploie également pour exprimer une interdiction, par exemple :
usimwambie, *ne lui dis pas*

et après les verbes **kuzuia**, *empêcher*, **kukataza**, *interdire*, *refuser quelque chose à quelqu'un*, etc., par exemple :
Ninauzuia usianguke, *je l'empêche de tomber* (littéralement "qu'il ne tombe" en parlant d'un bagage **mzigo**, cl. 3)
amenikataza nisiende pwani, *il m'a interdit d'aller à la plage*

3 Les anaphoriques

Les anaphoriques se forment à partir des démonstratifs de proximité. Ils désignent des objets ou des événements dont on a déjà parlé. Aux classes que nous connaissons jusqu'à présent, ils ont les formes suivantes :

	Démonstratifs de proximité	Anaphoriques
Classe 1	**huyu**	**huyo**
Classe 2	**hawa**	**hao**
Classe 2	**huu**	**huo**
Classe 3	**hii**	**hiyo**
Classe 5	**hili**	**hilo**
Classe 6	**haya**	**hayo**
Classe 7	**hiki**	**hicho**
Classe 8	**hivi**	**hivyo**
Classe 9	**hii**	**hiyo**
Classe 10	**hizi**	**hizo**
Classe 11	**huu**	**huo**

Quarante-deuxième leçon / 42

4 La classe 11

Les noms de la classe 11 se reconnaissent au classificateur **u-** + consonne ou **w-** + voyelle, comme dans **uhuru**, *liberté, indépendance*, et dans **wasiwasi**, *inquiétude*. Tous les autres accords sont identiques à ceux de la classe 3. Reportez-vous à la leçon 28, §4. C'est la seule classe où l'adjectif et le nom ont des classificateurs de formes différentes, par exemple : **unga mweupe**, *de la farine blanche*.

La classe 11 regroupe des noms de pays :
Ufaransa, *France*
Uganda, *Ouganda*
Ujerumani, *Allemagne*
Unguja, *île principale de l'archipel de Zanzibar*
Ureno, *Portugal* (de **reino**, *royaume*)
mais pas tous :
Msumbiji, *Mozambique* **Kenya**, *Kenya*
Shelisheli, *Seychelles* **Malagasi**, *Madagascar*

Les noms de pays entraînent des accords dans les classes 9/10, c'est une référence au terme **nchi**, *pays*, par exemple :
Uingereza ilitawala Afrika ya Mashariki.
La Grande-Bretagne a dominé l'Afrique de l'Est.
Elle regroupe aussi des noms de quantités indénombrables, comme :
uji, *bouillie*
unga, *farine*
utomvu, *sève, suc*

• les noms d'unité de certains noms collectifs, comme :
kuni, *bois de chauffe* → **ukuni**, *morceau de bois de chauffe*
nywele, *cheveux, chevelure* → **unywele**, *cheveu*

• des noms abstraits ou de concepts formés à partir de noms ou d'adjectifs, comme :

hakika, *certain*	**uhakika**, *certitude*
-moja, *un*	**umoja**, *unité*
koloni (-), *colonie*	**ukoloni**, *colonisation*

sawa, *égal*	usawa, *égalité*
-refu, *long, haut*	urefu, *longueur, hauteur*
-kubwa, *grand*	ukubwa, *taille, dimension*
-zuri, *beau*	uzuri, *beauté*
-zito, *lourd*	uzito, *poids*
-ingi, *beaucoup*	wingi, *multitude, pluriel (grammaire)*
mtu (wa-), *personne, humain*	utu, *humanité*
mnyama (wa-), *animal(-aux)*	unyama, *sauvagerie*
ndugu (-), *frère (-), sœur (-), parent(s)*	udugu, *fraternité*
mtoto (wa-), *enfant(s)*	utoto, *enfance*
mtalii (wa-), *touriste*	utalii, *tourisme*

Elle comporte aussi des noms aux sens très divers qui, pour la plupart, font leur pluriel en classe 10. Par exemple :
uso/nyuso, *visage(s)*
ukuta/kuta, *mur(s)*
wakati/nyakati, *moment(s)*

La classe 11 du swahili est issue de la réunion de deux classes du bantou commun (bc), la classe 11 et la classe 14 (qui n'existe pas en swahili). Les noms issus de la classe 11 font leur pluriel en classe 10 tandis que ceux de la classe 14, quand ils en ont un, font leur pluriel en classe 6. Ils sont très rares. Nous n'avons vu qu'un seul exemple :
mgonjwa, *malade*
magonjwa, *maladies*
ugonjwa, *maladie*

▶ Mazungumzo ya marudio

1 – Unakwenda wapi?
2 – Mjini.
3 – Haya. Panda.
4 – Nikae wapi?
5 – Ngoja. E we mtoto. Sogea japo kidogo.
6 – Siwezi. Tumebanana.

Quarante-deuxième leçon / 42

 7 – Mama ingia.
 8 – O! Watu wamebanana. Ninaogopa nisije nikaanguka na mtoto.
 9   Bora nisubiri gari nyingine.
10 – Sawa. Lakini usije ukakasirika baadae.
11   Ni gari ya mwisho.
12 – Usinitolee maneno.
13 – Na wewe usituzuie kufanya kazi. Haya twende!
14 – Ngoja! Ninataka kupanda mbele.
15 – Bibi unanichekesha. Nenda ukatizame.
16 – Bora. Lazime nifike mjini leo leo.
17   Ninafukuzia maziko.

Traduction

1 Où allez-vous ? **2** En ville. **3** Bon. Montez. **4** Où est-ce que je m'assoie ? **5** Attendez ! Eh toi le même. Pousses-toi juste un petit peu. **6** Je ne peux pas. Nous sommes serrés les uns contre les autres. **7** Madame montez. **8** Oh ! Les gens sont serrés. Je crains de tomber avec l'enfant. **9** Il vaut mieux que j'attende une autre voiture. **10** D'accord. Mais ne venez pas vous plaindre ensuite. **11** C'est la dernière voiture. **12** Ne m'engueulez pas. **13** Et vous ne nous empêchez pas de travailler. Allez. On y va. **14** Attendez ! Je veux monter devant. **15** Madame vous me faites rire. Allez regarder. **16** Ça vaut mieux. Il faut que j'arrive en ville aujourd'hui même. **17** Je dois vite me rendre à un enterrement.

Vous rendez-vous compte de tout ce que vous pouvez exprimer ? Vous connaissez maintenant 12 classes nominales sur 15 et si les accords ne vous viennent pas automatiquement, écoutez les enregistrements si vous les avez. Ils vous aideront en faire un réflexe naturel. Vous avez sans doute déjà remarqué que les classes sont beaucoup moins difficiles à reconnaître que le masculin et le féminin en français, car les classificateurs sont votre indice. Il vous arrivera peut-être de confondre la classe 5 (Ø, ji) et la classe 9 (N) mais ce n'est pas très grave et petit à petit vous apprendrez à faire la différence.

Somo la arobaini na tatu

Baada ya sala

1 – Viatu **vyan**gu [1] **vi**ko **wa**pi?
2 – **Si hi**vi **ha**pa?
3 – Hapa**na**, **hi**vi **ni vya Na**di.
4 – **A**a, viatu **vya**ke [2] **ni vya** mpi**r**a.
5 – **Na vya**ko [3] **ni vya** ai**na ga**ni?
6 – **Vyan**gu **ni** maku**ba**dhi [4].
7 – **He**bu [5] mti**za**me **yu**le. **Kwa ni**ni anakim**bi**a? **Ba**do ki**do**go [6] aan**gu**ke.
8 – **Ha**lo, njoo. **Hi**vi viatu m**bo**na vi**ku**bwa **m**no?
9 – **Kwe**li! **Ha**ta **mi**mi ninahi**si** vi**zi**to. Una**j**ua si**o**ni vi**zu**ri **na** nimesa**ha**u mi**wa**ni **yan**gu [7].

Notes

1. Vous avez sans doute remarqué que le possessif s'accorde avec l'objet possédé. Décomposons l'exemple : **viatu vyangu** signifie "chaussures miennes", **-angu**, le thème, indique que le possesseur est *je* (1ʳᵉ pers. de cl. 1) ; il peut se traduire par *mon*, *ma*, *mes*, *le mien*, *la mienne*, *les miens*, *les miennes*. Le classificateur de classe 8, **vy-**, fait référence à **viatu**, *chaussures*.

2. **Vyake**, *ses*, se décompose ainsi : **vy-** classificateur de classe 8 en référence à **viatu**, *chaussures* + **ake**, thème du possessif de 3ᵉ personne de classe 1 qui signifie *son*, *sa*, *ses*, *le sien*, *la sienne*, *les siens*, *les siennes*.

3. **Vyako**, *les tiennes*, se décompose ainsi : **vy-** classificateur de classe 8 en référence à **viatu**, *chaussures* + **-ako**, *tes*, thème du possessif de 2ᵉ personne de classe 1 *tu* et qui signifie *ton*, *ta*, *tes*, *le tien*, *la tienne*, *les tiens*, *les tiennes*. Vous remarquerez que le classificateur de l'adjectif permet de savoir à quel nom il est fait référence alors que celui-ci n'est pas exprimé ; il n'y a donc pas de différence entre pronom et adjectif possessif.

Quarante-troisième leçon

Après la prière (*Après de prière*)

1 – Où sont mes chaussures (*chaussures miennes elles-sont où*) ?
2 – Ce ne sont pas celles-ci ici ?
3 – Non, celles-ci sont [celles] de Nadi.
4 – Non, ses chaussures (*chaussures siennes*) sont [en] (*de*) pneu.
5 Et [les] tiennes, comment sont-elles (*sont de sorte quelle*) ?
6 – [Les] miennes sont [des] *makubadhi*.
7 – Eh ! Regarde(*-le*) celui-là. Pourquoi court-il (*il-court*) ? Il a failli tomber (*encore un-peu qu'il tombe*).
8 – Eh ! Viens ! Ces chaussures, pourquoi [sont-elles] trop grandes (*grandes trop*) ?
9 – [C'est] vrai, moi aussi je [les] trouve lourdes (*même moi je sens lourdes*). Tu sais, je ne vois pas bien (*je-ne-vois-pas bien*) et j'ai oublié mes lunettes (*lunettes miennes*).

4 **Makubadhi** sont des sortes de tongs cousues à la main dont la semelle est constituée de plusieurs lamelles de cuir, ce qui rend ces chaussures assez lourdes. La lanière du dessus est ornée de motifs en cuir repoussé. Ces chaussures sont une spécialité des cordonniers de Pemba.

5 **Hebu** est une interjection intraduisible en français qui sert à attirer l'attention. Elle précède toujours un impératif. Nous l'avons déjà rencontrée à la leçon 40, note 2.

6 **Bado kidogo**, *encore un peu*, suivi d'un subjonctif est une autre expression pour dire *faillir*. Elle est employée pour parler d'un événement qui se situe dans un passé immédiat. Cette tournure se rapproche de l'expression française un peu familière *un peu plus, et il tombait*, ou *pour un peu il tombait*.

7 **Yangu**, *mes*, se décompose ainsi : **y-** classificateur de classe 4 en accord avec **miwani**, *lunettes* + **-angu** qui indique que le possesseur est la première personne de classe 1.

mia moja na sitini na mbili

Somo la arobaini na nne

Zoezi la kwanza – Tafsiri
❶ Miwani yangu iko wapi? ❷ Hiyo hapo. ❸ Ata, siyo yangu. Yangu ni myeusi. ❹ Basi miwani hii ya nani? ❺ Sijui, labda ni miwani ya babu.

***

Zoezi la pili – Kamilisha
❶ Tu as pris ton sac ?
Umechukua mfuko . . . . ?

❷ Tu n'as pas oublié ta clé ?
Hukusahau ufunguo . . . . ?

❸ Ah ! Je l'ai oubliée.
Aa! . . . .

❹ Prends ma bicyclette, tu arriveras vite.
Basi chukua baiskeli . . . . . , utafika haraka.

❺ Je n'en ai pas besoin, papa me prendra dans sa voiture.
Sina . . . . , baba atanipakia kwenye gari . . . . .

Somo la arobaini na nne

Mchezo wa watoto

1 – **Twen**de **ze**tu ¹, watatu**fuku**za.
2 – Wa**to**to mna**fan**ya **ni**ni? M**bo**na mna**nong'o**na?
3 – Tumepo**te**za **rin**gi **le**tu ².
4 – **Si hi**lo **ha**po, **nyu**ma **ye**nu ³?
5 – **A**ta! **Hi**li **si le**tu, **ni la** Ma**ka**me. **Le**tu lime**in**gia busta**ni**ni ⁴.

Corrigé de l'exercice 1

❶ Où sont mes lunettes ? ❷ Celles-ci ici. ❸ Non, ce ne sont pas les miennes. Les miennes sont noires. ❹ Alors à qui sont ces lunettes-ci ? ❺ Je ne sais pas, peut-être que ce sont les lunettes de grand-père.

***

Corrigé de l'exercice 2

❶ – wako – ❷ – wako – ❸ – Nimeusahau – ❹ – yangu – ❺ – haja – yake –

Quarante-quatrième leçon

[Un] jeu d'enfants

1 – Allons nous-en, ils vont nous chasser *(ils-nous-chasseront)*.
2 – [Les] enfants qu'est-ce-que vous faites *(vous-faites quoi)* ? Pourquoi chuchotez-vous *(vous-chuchotez)* ?
3 – Nous avons perdu notre roue *(nous-avons-perdu jante nôtre)*.
4 – [Ce] n'est pas celle-là là-bas, derrière *(de-vous)* vous ?
5 – Non ! Celle-ci [ce] n'est pas la nôtre *(de-nous)*, [c']est [celle] de Makame. La nôtre est entrée dans [le] jardin *(elle-est-entrée jardin dans)*.

6 – **Kwa ni**ni hamu**en**di kuli**chuku**a [5]?
7 – Tunamwo**go**pa [6] mwe**nye**we [7] atatuto**le**a u**ka**li.
8 – **Kwa ni**ni?
9 – **E**ti tunaha**ri**bu ma**jim**bi [8] **ya**ke.

Notes

1 **Twende zetu** est une expression idiomatique qui signifie *allons-nous-en*. **Zetu** est le possessif de 1re pers. de cl. 2. Il se traduit par *nôtre, nos, le nôtre, la nôtre, les nôtres*. Le préfixe **z-** correspond au classificateur pronominal de la classe 10. La liste des autres expressions construites de cette façon vous est donnée leçon 49, §1.

2 **Letu** est le possessif *notre* en classe 5, car l'objet possédé est **ringi (ma-)**, *jante*.

3 Tous les possessifs commencent par **-a**. Il s'agit effectivement du connectif **-a**, *de*, que vous connaissez bien et dont vous savez déjà qu'il exprime la possession. Le thème du possessif est une forme pronominale, c'est-à-dire qu'il fait référence à la personne qui possède. Cette décomposition doit vous permettre de comprendre pourquoi en swahili, on n'utilise jamais de pronom personnel autonome (**mimi, wewe, yeye** etc.) immédiatement après un adverbe ou une préposition locative, mais toujours le possessif.

4 **Bustani**, *jardin*, est un mot d'origine persane, mais il est entré depuis si longtemps dans la langue swahilie qu'il n'est plus perçu comme étranger et prend le suffixe locatif **-ni**.

5 Nous avions déjà noté que lorsque deux verbes qui se suivent ont le même sujet, le second se met à l'infinitif. Vous remarquez que le marqueur d'objet s'insère dans le second verbe.

***

Zoezi la kwanza – Tafsiri

❶ Leteni pasipoti[1] zenu. ❷ Ndege yenu inaondoka saa ngapi? ❸ Baada ya nusu saa. ❹ Mizigo yenu iko wapi? – Hii hapa. ❺ Na hili sanduku, lenu?

[1] **pasipoti**, *passeports*

Quarante-quatrième leçon / 44

6 – Pourquoi n'allez-vous pas *(vous-n'allez-pas)* la chercher *(la-prendre)* ?
7 – Nous *(le)* craignons [que le] propriétaire nous gronde *(nous-le-craignons propriétaire il-nous-sortira sévérité)*.
8 – Pourquoi ?
9 – Il paraît que nous abîmons ses taros *(taros de-lui)*.

6 Dans **tunamwogopa**, *nous le craignons*, vous remarquez la présence du marqueur d'objet dans le verbe alors que le complément d'objet est exprimé juste après. C'est en effet la règle lorsque le complément d'objet fait référence à un être animé.

7 **Mwenyewe**, *propriétaire*, est formé à partir de l'adjectif **-enye**, *ayant*, que nous avons vu à la leçon 23.

8 Le *taro*, qui peut également s'orthographier *taraud* et *tarot*, est une plante dont les feuilles ressemblent à celles des arums ou de la rhubarbe. Il est cultivé pour ses tubercules comestibles au goût rappelant celui de la pomme de terre et du cœur d'artichaut.

***

Corrigé de l'exercice 1

❶ Apportez vos passeports. ❷ À quelle heure votre avion part-il ? ❸ Dans une demi-heure. ❹ Où sont vos bagages ? – Ceux-ci ici. ❺ Et cette valise, est-ce la vôtre ?

mia moja na sitini na sita • 166

45 / Somo la arobaini na tano

Zoezi la pili – Kamilisha

❶ Celle-ci est votre roue ?
   Hili ni ringi . . . . ?

❷ Non, ce n'est pas la nôtre.
   Hapana, sio . . . . .

❸ Qu'est-ce que vous cherchez dans mon jardin ?
   Mnatafuta nini kwenye bustani . . . . . ?

Somo la arobaini na tano

Malai [1], malai

1 – **Ba**ba **ni**pe [2] **pe**sa.
2 – Una**ta**ka kunu**nu**a **ni**ni mwa**nan**gu [3]?
3 – Nina**ta**ka kunu**nu**a ma**la**i **ya** ukwa**ju** [4].
4 – **Ya**ko [5] **wa**pi?
5 – **Ku**na [6] **m**tu **ku**le [7], anau**za** malai ma**ta**mu **sa**na.
6 – **Ha**ya shi**ka**. **Na** mwenza**ko** [8] utampa ki**do**go **a**u utaku**la** peke [9] **ya**ko?
7 – Nitam**pa**, la**ki**ni **ye**ye anapen**da** ubu**yu** [10] kuliko ma**la**i.
8 – **Ha**ya. Ha**la**fu nen**de**ni **ze**nu nyum**ba**ni.

Notes

1 Les sorbets, ou plus exactement les glaces à l'eau, sont soit vendus à la criée dans les rues, soit dans des maisons individuelles. Ils se présentent sous forme de petits sachets de plastique remplis de glaçons parfumés au jus de tamarin, à l'orange ou au citron vert.

2 Le verbe kupa, *donner*, a une racine monosyllabique. Nous ne l'avons jamais cité parmi ce type de verbes car il a la particularité de toujours être

❹ Notre ballon.
  Mpira . . . . .

❺ Sortez vite, allez-vous-en.
  Tokeni haraka, nendeni . . . . .

Corrigé de l'exercice 2
❶ – lenu ❷ – letu ❸ – yangu ❹ – wetu ❺ – zenu

Quarante-cinquième leçon

Sorbets, sorbets

1 – Papa, donne-moi [de l']argent.
2 – Qu'est-ce que tu veux acheter, mon enfant *(tu-veux-acheter quoi enfant de-moi)* ?
3 – Je veux acheter [des] sorbets au *(de)* tamarin.
4 – Où y en a-t-il *(ils-sont où)* ?
5 – Il y a quelqu'un *(il-y-a personne)* là-bas [qui] vend de délicieux sorbets *(elle-vend sorbets sucrés très)*.
6 – Allez prends *(saisi.)* Et tu [en] donneras [à] ton compagnon *(compagnon de-toi tu-lui-donneras)* ou tu mangeras tout seul *(tu-mangeras seul de-toi)* ?
7 – Je lui [en] donnerai, mais lui préfère [les] graines de baobab *(je-lui-donnerai mais lui il-aime graines de baobab plus-que sorbets)*.
8 – Bien. Ensuite rentrez à [la] maison *(allez-vous-en maison-à)*.

employé avec le marqueur d'objet qui correspond uniquement au bénéficiaire du don. Il est impossible d'insérer deux marqueurs d'objets dans un verbe et l'on choisit toujours celui qui se rapporte à un être animé.

45 / Somo la arobaini na tano

3 **Mwanangu** est la contraction de **mwana**, *enfant* + **wangu**, *mon*. Ces formes contractées sont peu nombreuses et s'appliquent à des noms de parents ou de personnes proches. Vous en trouverez la liste à la leçon 49, §2. **Mwana** entre dans la construction d'un certain nombre de noms composés. Vous connaissez déjà **mwanamke**, *femme*, et **mwanamme**, *homme*, que nous avions vu leçon 7, §8. Un *citoyen* se dit **mwananchi**, littéralement "enfant du pays".

4 Le tamarinier est un grand arbre qui produit des gousses brunes d'environ dix centimètres de long contenant des graines dures et noires enrobées dans une pâte au goût acide. C'est cette pâte (du tamarin) qu'on utilise en Afrique orientale pour faire des jus de fruits (en mélangeant avec d'autres ingrédients), des sorbets ou pour donner de l'acidité aux sauces. Le tamarin est réputé pour ses propriétés laxatives.

5 Dans la leçon 7, §6, nous avions vu qu'il existe plusieurs locatifs et que **-ko** est un locatif indéterminé. C'est celui de la classe 17 qui ne connaît pas de forme plurielle. Cette classe ne contient aucun nom.

***

▶ Zoezi la kwanza – Tafsiri

❶ Leo uko peke yako? ❷ Ndio, niko peke yangu. ❸ Mwenzako yuko wapi? ❹ Amekwenda mjini. ❺ Na jirani hayupo?

***

Zoezi la pili – Kamilisha

❶ Où sont vos compagnons ?
. . . . wako wapi?

❷ Eux, ils ont déjà fini de travailler.
. . . wameshamaliza kazi.

❸ Par conséquent vous êtes seuls ?
Kwa hiyo muko . . . . ?

❹ Non, il y en a deux à la mosquée, ils reviendront après la prière.
Hapana, wawili . . . . msikitini, ... baada ya sala.

❺ Il n'y a pas beaucoup de travail. Allez vous-en.
. . . . . . kazi nyingi. Nendeni zenu.

6 Dans **kuna**, vous reconnaissez la copule **-na** qui signifie *avec* et que nous avions étudiée dans les premières leçons, précédé du classificateur **ku-** de la classe locative 17.

7 **Kule** est le démonstratif d'éloignement de la classe 17.

8 Attention ! En nous limitant à *ton compagnon*, nous avons mal traduit **mwenzako**, car il s'agit de la contraction de **mwenzi**, *celui/celle qui va* (du verbe **kwenda**, *aller*) + **-ako**, *avec toi*. Dans le texte, il n'est donc pas précisé s'il s'agit d'un garçon ou d'une fille, d'un frère ou d'une sœur. Ce terme s'emploie aussi pour les adultes.

9 *Tout seul* se traduit par le mot **peke** suivi du possessif correspondant à la personne concernée. Vous en trouverez la liste à la leçon 49, §1.

10 Les fruits du *baobab* (**mbuyu**) sont de gros glands de la taille d'un melon d'eau. L'intérieur, qui est creux, se compose de petites graines et d'une chair fibreuse, au goût légèrement acidulé, que les enfants sucent comme des bonbons.

***

Corrigé de l'exercice 1
❶ Aujourd'hui tu es seul ? ❷ Oui, je suis seul. ❸ Où est ton compagnon ? ❹ Il est allé en ville. ❺ Et le voisin n'est pas là ?

***

Corrigé de l'exercice 2
❶ Wenzenu – ❷ Wao – ❸ – peke yenu ❹ – wako – watarudi – ❺ Hakuna –

Somo la arobaini na sita

Barazani [1]

1 – Halo, Mwinyi, mwanamke yule kila siku anapita hapa. Anakwenda wapi?
2 – Anakwenda shule [2] ya Lumumba.
3 – Unajua nyumba yao [3]?
4 – Ndio, Kwa Haji Tumbo [4]. Ile [5] nyumba ya ghorofa...
5 – Ninaiona. Mbele yake [6] ipo nyumba [7] rangi ya buluu kwa weupe, madirisha yake ya vioo.
6 – Hasa. Nyumba yao ni hiyo hiyo. Lakini kwa nini unaniuliza hivyo?
7 – Ninataka kumposa. Au ana mchumba? [8]
8 – Sijui. Jaribu kwenda kwao [9].

Notes

1 **Baraza** désigne soit un banc de pierre ou de ciment soit une sorte d'auvent situé sur la façade des maisons. Les gens s'y installent généralement en fin d'après-midi pour discuter et blaguer. C'est le moment où les femmes font de la corde, de la vannerie ou encore brodent les petits chapeaux que portent tous les hommes de Zanzibar. Par extension **baraza** désigne de nos jours *le parlement*.

2 Notez que le terme **shule** (-), *école*, n'est pas accompagné du locatif **-ni** car il est ici intégré à un nom propre.

3 Pourquoi *leur maison*, **nyumba yao**, et non *sa maison* ? Parce qu'on ne vit jamais seul, surtout quand on est une femme.

4 **Kwa Haji Tumbo** est le nom d'un quartier de la ville de Zanzibar qui signifie *Chez Haji Tumbo*. **Kwa** dans le sens de *chez* est formé du classificateur de classe 17 **ku-** suivi du connectif **-a**. Cette classe est employée pour parler d'un lieu imprécis, indéterminé, donc souvent éloigné.

Quarante-sixième leçon

Sur le banc de ciment *(banc-de-ciment-sur)*

1 – Eh ! Mwinyi, cette femme-là *(femme celle-là)* passe chaque jour *(chaque jour elle-passe)* ici. Où va-t-elle *(elle-va où)* ?

2 – Elle va au lycée *(elle-va école de)* Lumumba.

3 – Tu sais où elle habite *(tu-connais maison leur)* ?

4 – Oui, Chez Haji Tumbo. La maison à *(de)* étages...

5 – Je *(la)* vois *(je-la-vois)*. Devant *(de)* elle il y a *(il-y-a)* [une] maison [de] couleur *(de)* bleue avec [du] blanc, ses fenêtres *(fenêtres-de-elle elles-ont)* [des] *(de)* vitres.

6 – Voilà. Leur maison [c']est celle-là même *(maison de-eux celle-ci celle-ci)*. Mais pourquoi m'interroges-tu *(tu-m'interroges)* ainsi ?

7 – Je veux faire [ma] demande en mariage *(je-veux la-demander-en-mariage)*. Ou [bien] elle a *(elle-a)* [un] fiancé ?

8 – Je ne sais pas *(je-ne-sais-pas)*. Essaye d'aller chez eux.

---

5 Vous remarquez qu'ici le démonstratif **ile** est placé avant le nom et qu'il est traduit par l'article défini *la* parce qu'il indique la reprise d'un terme déjà mentionné.

6 Dans les expressions **mbele yake**, *devant elle*, et **madirisha yake**, *ses fenêtres* (plus loin dans la phrase), le possesseur est la maison. En effet, il n'existe de possessifs que pour les classes 1 et 2, c'est-à-dire celles des êtres animés ; dans tous les autres cas, le possessif est **-ake**.

7 **ipo** est formé du marqueur de sujet de classe 9 **-i** en référence à **nyumba**, *maison*, suivi du locatif **-po**, que nous avons rencontré au tout début (reportez-vous à la leçon 7, §6). Ce locatif, qui est celui de la classe 16, désigne un lieu précis.

8 À Zanzibar, lorsqu'un jeune homme décide de se marier, il doit envoyer un émissaire, soit un parent, soit un ami, auprès des parents de la jeune fille afin de faire connaître son intention. Le messager se rend dans toutes les branches de la famille de la fiancée, c'est-à-dire chez les oncles et tantes aussi bien du côté maternel que du côté paternel. Lorsque tous les parents sont d'accord, on négocie le prix de la fiancée, c'est-à-dire le montant de la somme que le jeune homme devra verser à la famille de la jeune fille.

9 **Kwao**, *chez eux*, est formé du classificateur **ku-** de la classe locative 17, suivi du possessif de 3ᵉ pers. de classe 2 *leur*. À Zanzibar, **kwao** désigne le lieu où est installé le lignage d'une personne, alors que **kwake** désigne son domicile. (Rappelons que le lignage est l'ensemble des descendants d'un même ancêtre.) Généralement le couple s'installe dans le lignage du mari ; la différence entre **kwake** et **kwao** est donc plus nette pour une femme. Nous aurons l'occasion de reparler ultérieurement et en détail des liens de parenté et des comportements qu'ils impliquent.

***

Zoezi la kwanza – Tafsiri

❶ Kwenu ni wapi? ❷ Kwetu Kikwajuni, karibu na msikiti.
❸ Sijui msikiti uko wapi. ❹ Unaijua ile nyumba ya ghorofa?
❺ Basi mbele yake, ipo nyumba ndogo, mlango wake wa nakshi. Basi, ni nyumba hiyo.

***

Zoezi la pili – Kamilisha

❶ Tu es allé chez eux ?
Ulikwenda . . . . ?

❷ Oui, c'est près de chez nous.
Ndio, ni karibu na . . . . . .

❸ Où c'est, chez vous ?
. . . . . ni wapi?

❹ Chez Haji Tumbo.
. . . Haji Tumbo.

❺ Tu connais le magasin de bicyclettes ? Eh bien, devant lui.
Unajua duka . . baisikeli? Basi, ...

Quarante-sixième leçon / 46

***

Corrigé de l'exercice 1
❶ C'est où, chez vous ? ❷ Chez nous c'est à Kikwajuni, près de la mosquée. ❸ Je ne sais pas où se trouve la mosquée. ❹ Tu connais la maison à étages ? ❺ Eh bien devant elle, il y a une petite maison, sa porte est sculptée. Eh bien, c'est cette maison-là.

***

Corrigé de l'exercice 2
❶ – kwao ❷ – kwetu ❸ Kwenu – ❹ Kwa – ❺ – la – mbele yake

Somo la arobaini na saba

Kwenda taarabuni

1 – **Ba**do huja**vaa**! Tutache**le**wa. **Wa**tu wen**gi**ne wameshain**gi**a.
2 – Ngo**j**a. Nina**ta**ka kupi**g**a **pa**si [1] **kan**zu **yan**gu nye**kun**du [2].
3 – U**pe**si. [3] Una**j**ua pa**ha**li [4] pe**nye**we [5] pa**do**go. Tuta**ko**sa na**fa**si.
4 – **Ba**si, nisai**di**e kufu**ki**za mtan**di**o. **Ja**za che**te**zo. [6]
5 – Sa**fa**ri nyin**gi**ne nita**ku**ja ma**sa**a ma**wi**li **ka**bla.
6 – Usilala**mi**ke. Ta**ya**ri.
7 – **Ka**bla [7] hatujaon**do**ka, ha**ki**ki**sha huku**sa**hau **ki**tu.
8 – **Lo**! Nili**ta**ka kusa**ha**u **pe**sa **za** ku**tun**za [8]!

Notes

[1] Dans la leçon 17, nous avions vu **kupiga simu**, *téléphoner* ; voici **kupiga pasi**, *repasser*. Il existe de nombreuses expressions avec ce verbe qui, isolé, signifie uniquement *frapper*, par exemple : **kupiga picha**, *photographier*.

[2] Vous constatez que l'ordre des déterminants du nom est le suivant : 1) possessif, 2) qualificatif.

[3] **-epesi** est un adjectif qui signifie *léger*, **upesi** (cl. 11) signifie *vite*. Il existe quelques cas comme celui-ci où la classe 11 a un emploi adverbial. Ils sont très rares. Mais il y a une irrégularité car le premier *e* a disparu.

[4] Depuis les toutes premières leçons, vous connaissez la classe 16, celle qui indique un endroit précis et qui ne contient qu'un seul nom : **mahali** ou **pahali**, *lieu*, *endroit*. Le classificateur de l'adjectif en classe 16 est **pa-**, par exemple : **mahali/pahali padogo**, *un endroit petit*.

[5] **penyewe** est formé de **p(a)-** (classificateur cl. 16) + **-enyewe**, *lui-même*, qui est formé à partir de **-enye**, *ayant*, suivi du possessif contracté de

Quarante-septième leçon

Aller au *tarab* (aller tarab-au)

1 — Tu n'es pas encore habillée (*encore tu-ne-t'es-pas-encore-habillée*) ! Nous allons être en retard (*nous-tarderons*). Certaines personnes (*personnes autres*) sont déjà entrées (*elles-sont-déjà-entrées*).
2 — Attends ! Je veux repasser ma robe rouge (*je-veux passer-fer robe de-moi rouge*).
3 — Vite. Tu sais [que l']endroit [en] lui-même [est] petit. Nous n'aurons pas (*nous-manquerons*) [de] place.
4 — Eh bien, aide-moi [à] parfumer (*enfumer*) [le] voile de tête. Remplis [le] brûle-parfum.
5 — [Une] autre fois (*fois autre*) je viendrai deux heures (*je-viendrai heures deux*) avant.
6 — Ne te lamente pas (*ne-te-lamente-pas*). [Je suis] prête.
7 — Avant [que] nous ne soyons parties (*avant nous-ne-sommes-pas-encore-parties*), vérifie [que] tu n'as rien oublié (*tu-n'as-pas-oublié chose*).
8 — Oh ! J'ai failli (*j'ai-voulu*) oublier [l']argent pour la récompense (*de récompenser*).

3ᵉ pers. de classe 1 **we**. Leçon 44, note 7, nous avions vu le nom **mwenyewe (w-)**, *propriétaire*.

6 Pour se rendre au spectacle, les femmes swahilies se parfument de différentes manières. Elles mettent du parfum, s'ornent les cheveux de jasmin et encensent leurs vêtements. Pour procéder à cette opération, elles posent leur linge sur une sorte de tabouret qui sert d'armature et glissent dessous un brûle-parfum contenant des braises et l'encens. Pour les plus coquettes, le vêtement se compose d'une robe et d'un grand voile de tête (**mtandio**) en tissu très léger ou transparent orné des mêmes motifs que la robe. Ce voile laisse voir les plus belles coiffures ou les plus jolis bijoux.

7 Notez que le verbe qui suit **kabla**, *avant*, est le plus souvent à l'inaccompli. C'est logique puisque l'action à laquelle il est fait référence (**kuhakikisha**, *vérifier*) précède l'action qui sert de repère (**kuondoka**, *partir*).

8 Vous constatez qu'un infinitif peut être employé comme complément du nom puisque la classe 15 est une classe nominale.

***

Zoezi la kwanza – Tafsiri

❶ Pana watu wengi hapa! ❷ Labda pana harusi. Lakini pahali padogo sana. ❸ Ndio, unajua watu wengine wamefika masaa matatu kabla haijaanza. ❹ Ninataka kwenda. ❺ Aa! Namna hiyo? Hukujifukiza!

***

Zoezi la pili – Kamilisha

❶ Où allons-nous ? Ici, c'est rempli de voitures.
   Tunakwenda wapi? . . . . pamejaa gari.

❷ Passons à gauche.
   Tupite mkono wa . . . .

❸ Ce chemin-là ne mène nulle part (n'importe où).
   Njia ile haifiki . . . .

❹ Alors, allons là-bas. Derrière la gare.
   Basi, twende . . . . . Nyuma ya . . . .

❺ Oui, je suis certain qu'il y a de la place.
   Ndio, nina hakika . . . . nafasi.

Quarante-septième leçon / 47

Corrigé de l'exercice 1
❶ Il y a beaucoup de monde ici. ❷ Peut-être qu'il y a un mariage. Mais c'est un endroit très petit. ❸ Oui, tu sais certaines personnes sont arrivées trois heures avant qu'il ne commence. ❹ Je veux y aller. ❺ Oh ! Comme cela ? Tu ne t'es pas parfumée !

***

Corrigé de l'exercice 2
❶ – Hapa – ❷ – kushoto ❸ – popote ❹ – kule – stesheni ❺ – kuna –

*Le **tarab** est un concert de musique, d'origine arabe, introduite au XIXᵉ siècle par le sultan de Zanzibar qui fit venir à sa cour une troupe de musiciens égyptiens. De nos jours l'orchestre est composé d'un harmonium, de violons de violons et d'accordéons, d'un luth, d'une cithare et d'une flûte, de gombos et de tambourins. Le chanteur se tient sur le devant de la scène et le chœur reprend le refrain derrière lui. Les textes sont très poétiques et même elliptiques. Ils font le plus souvent allusion à des événements de la vie locale.*
Le public est composé en majorité de femmes. C'est l'occasion pour elles de rivaliser en toilettes, et les plus assidues refusent de s'y rendre deux fois avec la même robe. Lorsqu'une auditrice apprécie un chant ou une manière de jouer, elle se lève et s'avance, en dansant, vers le chanteur ou le musicien qu'elle veut honorer et lui donne un billet pour le récompenser. Si la manière de le lui tendre est tout un art, savoir être généreuse donne aussi du prestige.

mia moja na sabini na nane • 178

Somo la arobaini na nane

Sinema

1 – **Twe**nde si**ne**ma [1]. **Ku**na filamu **ya** ki**hin**di [2] n**zu**ri **sa**na.
2 – **Aa**! **Mi**mi, ina**bi**di ni**ru**di nyum**ba**ni **kwe**tu [3].
3 – **Ba**si, **si**si tuna**kwen**da. Tutao**na**na [4] **ke**sho. (…)
4 – *Baada ya muda mfupi*
5 – **M**na **gi**za [5] **hu**mu [6].
6 – **Ngo**ja ki**do**go, tuta**zo**ea. Ha**la**fu tutata**fu**ta pa**ha**li pa [7] ku**ka**a.
7 – **Sa**sa nina**o**na, la**ki**ni **mo**te [8] mme**jaa** [9]. Tuta**ka**a **wa**pi?
8 – **Twe**nde **ku**le.
9 – **Ye**su **wa**ngu! **Ni ma**ra **ya kwan**za ninampa**ka**ta mwana**mme**!
10 – Sama**ha**ni **si**sta, sikuku**o**na.

Notes

1 Vous remarquez que le mot **sinema** ne prend pas le suffixe locatif **-ni**. C'est le cas de quelques termes d'origine étrangère comme **baa**, *bar* ; **stesheni**, *gare* ; **posta**, *poste* ; **benki**, *banque* ; **jela**, *prison*. À Zanzibar on n'admet pas non plus le suffixe **-ni** après **maabara**, *laboratoire* ; **maktaba**, *bibliothèque* ; **skuli**, *école* ; **markiti**, *marché*, alors qu'en swahili standard on dit **shuleni**, *à l'école*, et **sokoni**, *au marché* (de l'arabe ***souq***).

2 Sans doute avez-vous été surpris par la construction **-a** (connectif) + **kihindi** (adj. en cl. 8). En fait, le swahili peut, à l'aide de cette construction, créer de multiples façons de qualifier. Les adjectifs numéraux sont formés de manière identique. Reportez-vous à la leçon 14, §1.2.

3 Lorsque l'on ajoute le suffixe locatif **-ni** à un nom, les déterminants qui s'y rapportent s'accordent dans une des classes locatives. Dans l'expression **nyumbani kwetu**, *à notre maison*, **kwetu** se décompose ainsi : **kw-**

Quarante-huitième leçon

[Au] cinéma

1 – Allons [au] cinéma. Il y a [un] très bon film indien *(film de indien beau très)*.
2 – Oh ! Moi, il faut [que] je rentre à [la] maison *(il-faut je-rentre maison-à chez nous)*.
3 – Eh bien, nous nous [y] allons *(nous-allons)*. À demain *(nous-nous-verrons-mutuellement demain)*. (…)
4 *Un peu plus tard* *(après de moment court)*
5 – Il fait sombre là-dedans *(il-y-a obscurité ici dedans)*.
6 – Attends un peu, nous allons nous habituer *(un-peu nous-nous-habituerons)*. Ensuite nous chercherons *(nous-chercherons)* [un] endroit où *(de)* [nous] asseoir.
7 – Maintenant je vois, mais c'est plein partout *(je-vois mais partout-dedans il-est-rempli)*. Où allons-nous nous asseoir *(nous-nous-assiérons où)* ?
8 – Allons là-bas.
9 – Mon [doux] Jésus *(Jésus de-moi)* ! C'est la première fois *(c'est fois de première)* [que] je prends [un] homme sur [mes] genoux *(je-prends-sur-les-genoux homme)* !
10 – Excusez-moi [ma] sœur *(pardon sœur)*, je ne vous avais pas vue *(je-ne-t'avais-pas-vue)*.

---

classificateur de la classe locative 17 + **-etu**, thème du possessif de 2e pers. de classe 2 *notre*.

4 **Tutaonana**, *nous nous verrons*, est le verbe **-ona**, *voir*, à une forme dérivée que nous étudierons ultérieurement.

5 Dans **mna giza**, littéralement "il y a obscurité dedans", vous reconnaissez la copule **-na**, *avec* (voir leçon 45, note 6). Le marqueur de sujet **m-** est celui de la classe locative 18 (**mu-** en bantou commun) qui ne comprend aucun nom et qui sert à désigner un espace intérieur.

mia moja na themanini • 180

6 **Humu**, "ici dedans", est le démonstratif de proximité de classe 18.

7 **pa** est le connectif de la classe 16.

8 **Mote** est l'adjectif **-ote**, *tous*, en classe 18. Le classificateur de l'adjectif en classe 18 est **m-** + consonne ou **mw-** + voyelle. Pour l'adjectif **-ote**,

***

Zoezi la kwanza – Tafsiri

❶ Leo kuna umeme? ❷ Ndio, kwa nini? ❸ Kwenye benki yetu hakuna. ❹ Kwa hivyo mnakaa tu au mnafanya vipi? ❺ Wengine wamerudi kwao, wengine wamejaribu kufanya kazi.

***

Zoezi la pili – Kamilisha

❶ Tes compagnons ne sont pas là ?
 . . . . hawapo?

❷ Oui, ils ne sont pas là, ils sont allés à la poste.
 Ndio, ... , wamekwenda . . . . . .

❸ Alors tu es seul ?
 Kwa hivyo uko . . . . ?

❹ Oui, j'attends mon enfant.
 Ndio, ninamgoja . . . .

❺ Il est entré dans le magasin. Il y a dedans beaucoup de monde.
 Ameingia dukani. . . . watu wengi.

Somo la arobaini na tisa

Marudio – Révisions

1 Les possessifs

En swahili, il n'y a pas de différence entre les pronoms et les adjectifs possessifs qui s'accordent avec l'objet possédé alors que le thème fait référence au possesseur. Par exemple :

reportez-vous au tableau des adjectifs ayant des accords particuliers, dans l'appendice grammatical, 2ᵉ paragraphe.

9 **Mmejaa**, *c'est rempli*, se décompose en **m-** marqueur de sujet cl. 18 + **-me-** (résultatif) + **-ja** (t. verb. *être rempli*) **-a** (modalité neutre).

***

Corrigé de l'exercice 1
❶ Aujourd'hui, il y a de l'électricité ? ❷ Oui, pourquoi ? ❸ Dans notre banque il n'y en a pas. ❹ Alors vous ne faites rien *(restés seulement)* ou bien comment faites-vous ? ❺ Certains sont rentrés chez eux, d'autres ont essayé de travailler.

Corrigé de l'exercice 2
❶ Wenzako – ❷ – hawapo – posta ❸ – peke yako ❹ – mwanangu ❺ Mna –

Quarante-neuvième leçon

gari yetu (cl. 9), *notre voiture*
migomba yake (cl. 4), *ses bananiers*

Il n'y a donc de possessifs que dans les classes 1 et 2 qui sont celles des êtres animés. Leur liste est la suivante :
-angu, *mon, ma, mes*
-ako, *ton, ta, tes*

-ake, *son, sa, ses*
-etu, *notre, nos*
-enu, *votre, vos*
-ao, *leur, leurs*

Aux autres classes, le possessif est **-ake**. Par exemple :
mlango wake, *sa porte*, en parlant de la voiture, de la maison ou d'autre chose.

Les possessifs servent à construire les expressions idiomatiques suivantes :
ninakwenda zangu, *je m'en vais*
nenda zako, *va-t'en*
amekwenda zake, *il s'en est allé*
twende zetu, *allons-nous-en*
nendeni zenu, *allez-vous-en*
wamekwenda zao, *ils s'en sont allés*
niko peke yangu, *je suis seul(e)*
mko peke yenu, *vous êtes seul(e)s*
kiti peke yake, *une chaise toute seule*, etc.

Un adverbe ou une préposition locative est toujours suivi d'un possessif et non d'un pronom personnel isolé. Par exemple :
mbele yangu, *devant moi*
nyuma yako, *derrière toi*
sauf **karibu na mimi**, *près de moi*, ou **mbali na sisi**, *loin de nous*, qui sont les seules exceptions. Cette règle s'explique par le fait que le possessif est formé du connectif **-a** qui exprime la possession, et d'un thème ayant le sens d'un pronom personnel.

2 Les possessifs contractés

Il existe des possessifs contractés qui s'appliquent à des noms de parents ou de personnes proches. Les plus courants sont les suivants :
mwanangu, *mon enfant* → **wanangu**, *mes enfants*
mwanao, *ton enfant* → **wanao**, *tes enfants*
mwanawe, *son enfant* → **wanawe**, *ses enfants*
mwenetu, *notre enfant* → **wenetu**, *nos enfants*

mwenenu, *votre enfant* → **wenenu**, *vos enfants*
mkeo, *ta femme* → **mkewe**, *sa femme*
mumeo, *ton mari* → **mumewe**, *son mari*
mkwewe, *son beau-père/sa belle-mère*
mwenzangu, *mon compagnon* → **wenzangu**, *mes compagnons*
mwenzako, *ton compagnon* → **wenzako**, *tes compagnons*
mwenzake, *son compagnon* → **wenzake**, *ses compagnons*
mwenzetu, *notre compagnon* → **wenzetu**, *nos compagnons*
mwenzenu, *votre compagnon* → **wenzenu**, *vos compagnons*
mwenzao, *leur compagnon* → **wenzao**, *leurs compagnons*
Sur la même racine, **mke mwenza** désigne la *co-épouse* d'une femme.

3 Les classes locatives 16, 17 et 18

Il existe trois classes locatives parmi lesquelles seule la 16 contient un nom : **mahali** ou **pahali**, *lieu, endroit*. Cette classe désigne un lieu précis, la classe 17, un lieu imprécis et la classe 18, l'intérieur d'un espace fermé. Leurs accords sont les suivants :

	Nom	Adj.	M. de sujet aff.	M. d'objet	Dém. de proximité	Ana-phorique	Dém. d'éloi-gnement	Connec-tif
Cl. 16	pa-	pa-	pa-	-pa-	hapa	hapo	pale	pa
Cl. 17	/	ku-/kw-	ku-	-ku-	huku	huko	kule	kwa
Cl. 18	/	mu-/mw-	m-	-mu-	humu	humo	mle	mwa

Lorsque l'on ajoute à un nom le suffixe locatif **-ni**, tous les mots qui s'y rapportent s'accordent dans une des trois classes locatives. Par exemple :
chumbani muzuri (cl. 18), *dans la pièce c'est joli*
nyumbani peupe (cl. 16), *dans la maison c'est blanc*
mle ofisini hamna umeme? (cl. 18), *dans le bureau il n'y a pas d'électricité ?*
sokoni hakuna unga (cl. 17), *au marché il n'y a pas de farine*
Attention ! Il est impossible d'ajouter le suffixe locatif **-ni** à un nom propre et à certains noms d'origine étrangère. Les plus courants vous ont été signalés à la leçon 48, note 1.

4 Les possessifs des classes locatives

Lorsque les possessifs sont accordés dans les classes locatives et employés en isolation, ils ont un sens particulier.
Lorsque le thème fait référence aux trois personnes du singulier, le possessif désigne alors la demeure d'une personne. Par exemple :
pangu, kwangu, mwangu, *chez moi*, sous-entendu : là où je vis
pako, kwako, mwako, *chez toi*
pake, kwake, mwake, *chez lui*

Lorsque le thème fait référence aux trois personnes du pluriel, le possessif désigne le lieu où réside le lignage d'une personne. Par exemple :
petu, kwetu, mwetu, *chez nous*, c'est-à-dire là où réside mon lignage
penu, kwenu, mwenu, *chez vous*
pao, kwao, mwao, *chez eux*
Dans ces cas la classe 17 est de loin la plus courante.

5 La classe 15

Récapitulons tout ce que vous savez de la classe 15, c'est-à-dire celle des infinitifs. Les mots qui en font partie ont toutes les caractéristiques à la fois du nom et du verbe. Les accords de cette classe sont les suivants :

Nom	Adj.	M. de sujet aff.	M. d'objet	Dém. de proximité	Ana-phorique	Dém. d'éloi-gnement	Connec-tif
ku-/kw-	ku-/kw-	ku-/kw-	-ku-	huku	huko	kule	kwa

Voici quelques exemples d'emploi que nous avons déjà rencontrés :
Kuishi kwingi kuona mengi, *vivre beaucoup c'est voir beaucoup (de choses)*
Il est possible d'employer le nom de la classe 15 comme complément du nom. Par exemple :
pesa za kutunza, *de l'argent pour récompenser*
pahali pa kukaa, *un endroit pour s'asseoir*

Par ailleurs, comme nous l'avions vu leçon 28, §6, les mots de la classe 15 ont aussi les caractéristiques du verbe, car ils se "modulent" comme celui-ci.

• On peut y insérer un marqueur d'objet. Par exemple :
amekwenda kulichukua, *il est allé la chercher*, sous-entendu la jante.

• Il existe un infinitif négatif qui se reconnaît au marqueur de négation **-to-**. Par exemple :
kutoenda, *ne pas aller*
kutopita, *ne pas passer*

6 L'ordre des déterminants d'un nom

L'ordre des termes, l'intonation et la pause peuvent modifier le sens d'un énoncé.

• L'ordre des déterminants d'un nom est le suivant :
nom + qualificatif :
nyumba nyeupe, *une maison blanche*

nom + démonstratif + qualificatif :
nyumba hii nyeupe, *cette maison blanche*

nom + possessif + qualificatif :
nyumba yangu nyeupe, *ma maison blanche*

nom + groupe complément du nom + qualificatif :
pahali pa kukaa padogo, *un petit endroit où s'asseoir*
filamu ya kihindi nzuri sana, *un très bon film indien*

• Le démonstratif d'éloignement n'a pas le même sens selon qu'il est placé avant ou après le nom qu'il détermine, par exemple :
Mwanamke yule anapita kila siku, *Cette femme-là passe chaque jour.*
Yule mwanamke anapita kila siku, *La femme passe chaque jour.*

• Lorsque la copule **ni** n'est pas exprimée, l'intonation et la pause ne sont pas situées au même endroit selon que l'énoncé est complet ou incomplet, par exemple :
Gari yangu, ndogo, *Ma voiture [est] petite.*

Gari yangu ndogo..., *ma petite voiture...*
Ile gari yangu ndogo..., *ma petite voiture...*, sous-entendu : j'en ai d'autres qui sont différentes.

• Il est possible de juxtaposer deux qualificatifs, par exemple :
pahali penyewe padogo, *l'endroit lui-même [est] petit*
mais au-delà il faut s'exprimer autrement.

▶ Mazungumzo ya marudio

1 – Twende sinema!
2 – Sina muda mwingi.
3 Inabidi nirudi nyumbani kwetu kabla saa kumi na moja.
4 – Utawahi. Twende.
5 – Unataka kuona filamu gani?
6 – "Pahali padogo penye raha."

***

Félicitations ! Vous avez parcouru la moitié du chemin et même plus car il y a beaucoup de choses que vous avez assimilées sans vous en rendre compte. Vous savez reconnaître toutes les classes, et même si les accords ne viennent pas encore aisément, ce sont des automatismes que vous allez acquérir en écoutant les enregistrements et en continuant à travailler régulièrement. C'est beaucoup moins difficile qu'il n'y paraît à première vue. Vous savez aussi décomposer un verbe et vous connaissez toutes les conjugaisons qui permettent de construire une phrase simple ou une proposition principale. Vous avez appris environ 750 mots, et comme le swahili, grâce aux dérivations, est une langue d'une grande souplesse, vous allez maintenant augmenter votre vocabulaire de façon exponentielle.

7 – Ni filamu ya aina gani?
8 – Filamu ya kihindi.
9 – Ngoja kidogo.
10 Nilitaka kusahau miwani yangu. Iko wapi?
11 – Mezani, nyuma yako.
12 – Aa! Bado kidogo ianguke.
13 – Haya. Tayari?
14 – Tayari. Lakini safari nyingine niambie mapema.

Traduction

1 Allons au cinéma ! **2** Je n'ai pas beaucoup de temps. **3** Il faut que je rentre à la maison avant cinq heures. **4** Tu auras le temps. Allons-y. **5** Quel film veux-tu voir ? **6** *Un petit coin de bonheur.* **7** C'est un film de quel genre ? **8** Un film indien. **9** Attends un instant. **10** J'ai failli oublier mes lunettes. Où sont-elles ? **11** Sur la table, derrière toi. **12** Oh ! Elles ont failli tomber. **13** Bon tu es prêt(e) ? **14** Je suis prêt(e). Mais une autre fois dis-le-moi assez tôt.

***

Vous voici à la veille d'être récompensé de vos efforts : demain, vous attaquez la "deuxième vague ou phase d'activation". Comment ? En apprenant à créer vos propres phrases. Jusqu'à présent vous avez lu, écouté, compris et répété, puis vous avez testé vos acquis au quotidien par de petits exercices. Vous allez maintenant améliorer vos connaissances en reprenant chaque jour, en plus de votre leçon quotidienne, une leçon à partir du début (la leçon 1 avec la leçon 50, la leçon 2 avec la leçon 51, etc.). Vous traduirez le dialogue de la leçon et l'exercice 1 du français vers le swahili, en prenant soin de cacher le texte en swahili au préalable, à haute voix si possible. Vous allez être surpris des énormes progrès que vous avez faits sans vous en apercevoir. Ces quelques petites minutes supplémentaires par jour vont vous permettre de faire de grands bonds en avant, vers une vraie connaissance de la langue parlée.
Prêt pour la phase d'activation ?
Alors à demain !

50 / Somo la hamsini

À partir de cette leçon, nous vous considérons comme beaucoup plus autonome et nous allons enlever quelques "béquilles", dont celle qui consiste à vous donner un mot à mot systématique des phrases du dia-

Somo la hamsini

Kituo cha basi

1 – **Ba**si lina**pi**ta **sa**a nga**pi**?
2 – Inategemea.[1] **Sa**a **hi**zi **kwa** kawaida huchelewa [2].
3 – **He**! **Ni**na miadi **mj**ini **na** inabidi ni**fi**ke mapema.
4 – Sijui **ka**ma tuta**pa**ta, liki**fi**ka [3] **ha**pa **li**na **wa**tu **we**ngi.
5 – **I**na maana hujaa **sa**na?
6 – **N**dio, **sa**na. **Wa**tu husuku**ma**na [4].
7 – A**la**a!
8 – **Ja**na, pali**ku**wa **na** [5] **wa**tu **te**le. Ali**ku**ja m**mo**ja mari**da**di **sa**na.
9   Haku**pa**ta na**fa**si, aka**ta**ka [6] kuning'i**ni**a, akaangu**ka**.
10 – Alijiu**mi**za?
11 – **A**ta. La**ki**ni alianguka **ha**po **pe**nye ma**to**pe.
12   Sijui **kwa ni**ni, wa**ka**ti **wa** ma**si**ka [7], mnavaa **su**ti **na ta**i, ha**la**fu mna**pan**da ma**ba**si!

Notes

1 Dans le verbe **inategemea**, *ça dépend*, vous remarquez que le marqueur de sujet est en classe 9. Celle-ci est employée pour les tournures impersonnelles.

2 **Huchelewa** signifie littéralement "c'est son habitude d'être en retard" ; de même **kwa kawaida** signifie *d'habitude* ("avec habitude"). Le préfixe marqueur d'aspect **hu-** indique l'habitude, il est employé à toutes

logue. Nous ne donnerons désormais entre parenthèses que les formulations réellement différentes du français, et entre crochets, les formes grammaticales que vous n'avez pas encore abordées.

Cinquantième leçon

L'arrêt d'autobus

1 – À quelle heure passe l'autobus *(autobus il-passe heure quelle)* ?
2 – Ça dépend. D'habitude à cette heure-ci *(ça-dépend heures celles-ci d'habitude)*, il est en retard.
3 – Ah ! J'ai un rendez-vous en ville *(ville-en)* et il faut *(il-faut)* [que] j'arrive tôt.
4 – Je ne sais pas si nous l'aurons *(je-ne-sais-pas si nous-l'aurons)*, quand il arrive ici il est plein *(lorsqu'il-arrive ici il-a gens beaucoup)*.
5 – Cela signifie [qu']il est bondé *(il-a sens d'habitude il-est-habituellement rempli beaucoup)* ?
6 – Oui, vraiment *(beaucoup)*. Et [les] gens se bousculent *(ils-se-bousculent-habituellement)*.
7 – Ah bon !
8 – Hier il y avait un monde fou *(lieu-était avec gens grand-nombre)*. Un [bonhomme] est arrivé, très élégant *(un il-est-arrivé élégant très)*.
9   Il n'a pas trouvé *(il-n'a-pas-obtenu)* [de] place, il a voulu *(et-il-a-voulu)* s'accrocher [dehors], et il est tombé *(et-il-est-tombé)*.
10 – Il s'est fait mal ?
11 – Non. Mais il est tombé *(il-est-tombé)* là dans [la] boue.
12   Je ne sais pas pourquoi, pendant *(je-ne-sais-pas pourquoi moment de)* [la] saison des pluies, vous mettez *(vous-revêtez)* [des] costumes et [des] cravates, et après vous prenez *(et-après vous-montez)* l'autobus !

mia moja na tisini

les personnes et à toutes les classes. L'utilisation des deux formes en même temps n'est pas obligatoire.

3 La marque de temps **-ki-** signifie *au moment où* ; c'est la raison pour laquelle on l'appelle le concomitant, c'est-à-dire qu'il indique un rapport de simultanéité entre deux faits. Décomposons l'exemple : **likifika**, *au moment où il arrive* (mais attention, en swahili ce n'est pas une forme relative !) est formé de **li-** (marqueur de sujet cl. 5, *il*) **-ki-** (concomitant) **-fik-** (t. verb. *arriver*) **-a** (modalité neutre).

4 Le verbe **kusukumana** littéralement "se poussent les uns les autres", est une forme dérivée du verbe **kusukuma**, *pousser*. Nous verrons ultérieurement les dérivations.

***

Zoezi la kwanza – Tafsiri

❶ Kila siku watoto hula chakula[1] cha mchana hapa? ❷ Inategemea, siku nyingine hawali. ❸ Kwa nini? ❹ Hawana muda na mabasi hujaa sana. ❺ Sisi, mtoto wetu hula nyumbani na hupanda basi la shule.

[1] **chakula**, *repas*, litt. "à manger"

***

Zoezi la pili – Kamilisha

❶ Au travail, mon collègue avait des problèmes et il a fallu que je l'aide.
Kazini, ... alikuwa na matatizo . . . . nimsaidie.

❷ Tu es rentré à pied ?
Umerudi . . . miguu?

❸ Non, par l'autobus mais il était bondé.
Hapana, . . . basi, lakini . . . .

❹ Pourquoi ton costume et ta cravate sont-ils sales comme ça ?
Kwa nini suti . . . . na tai . . . . ni chafu namna hiyo?

❺ J'ai voulu m'accrocher à l'autobus mais (et) je suis tombé dans la boue.
Nilitaka . . . . lakini . . . . kwenye matope.

Cinquantième leçon / 50

5 Dans la tournure **palikuwa na**, vous reconnaissez le verbe *être* suivi de la copule **na**, *avec*, employés pour dire avoir. Le marqueur de sujet **pa-**, *il y a*, est ici celui de la classe locative 16.

6 Le marqueur d'aspect **-ka-** est un consécutif, c'est-à-dire qu'il ne peut être employé que lorsque deux actions sont décrites et que la seconde est consécutive à la première. On l'appelle aussi le narratif car cette forme est surtout employée dans les récits. Attention, il ne faut pas la confondre avec le résultatif en **ka-** que nous avons vu leçon 35, §2. Décomposons les deux exemples de la phrase 8 : **akataka**, *et il a voulu* (plus loin dans la phrase), est formé de **a-** (marqueur de sujet cl. 1, 3e pers. *il*) **-ka-** (consécutif, ici traduit par *et* + passé composé) **-tak-** (t. verb. *vouloir*) **-a** (modalité neutre) ; **akaanguka**, *et il est tombé*, est formé de **a-** marqueur de sujet cl. 1, 3e pers. *il*) **-ka-** (consécutif traduit ici par *et* + passé composé) **-anguk-** (t. verb. *tomber*) **-a** (modalité neutre).

7 **Masika** signifie *la saison des pluies* ; elle se situe entre la mi-mars et début juin.

***

Corrigé de l'exercice 1
❶ Les enfants mangent tous les jours à midi ici ? ❷ Ça dépend, certains jours ils ne mangent pas. ❸ Pourquoi ? ❹ Ils n'ont pas le temps et les autobus sont bondés. ❺ Nous, notre enfant mange toujours à la maison et il prend le bus de l'école.

***

Corrigé de l'exercice 2
❶ – mwenzangu – ikabidi – ❷ – kwa – ❸ – kwa – lilijaa sana ❹ – yako – yako – ❺ – kuning'inia – nikaanguka –

*Reportez-vous à la fin de la leçon 49 pour consulter le mode d'emploi de la "Deuxième vague" et commencer la **phase d'activation**.*

Deuxième vague : 1re leçon

Somo la hamsini na moja

Maskani [1]

1 – Ha**b**a**r**i **z**enu?
2 – **Nz**u**r**i. [2]
3 – **He** mto**t**o **we**! **To**ka **l**i**n**i uka**j**ua ku**ch**e**z**a **ba**o?
4 – Wau**l**i**z**e wen**z**ako, uta**j**ua.
5 – **Ba**si, uki**sh**a [3] tu**tach**e**z**a **wo**te [4].
6 – Shau**r**i **y**ako! **Ka**ma una**t**a**f**uta ki**p**i**g**o, uta**k**i**p**a**t**a.
7 – Uki**n**i**f**un**g**a [5] ma**t**atu, ni**t**akununu**l**ia [6] **so**da.
8 – Mwu**l**i**z**e **Ko**mbo. **J**ana ali**t**oa ma**n**e**n**o ka**m**a [7] **we**we. Aka**e**n**d**a [8] **z**ake **k**i**m**ya **k**i**m**ya. □

Notes

À partir de cette leçon, vous trouverez dans les notes un nouveau signe : ∆. Ne lui attribuez aucune valeur linguistique ; nous l'avons simplement choisi – tout à fait arbitrairement – pour remplacer "se décompose de la façon suivante" ou "décomposons l'exemple".

1 **Maskani**, littéralement "l'endroit où une personne a l'habitude de se tenir", est un lieu de convivialité uniquement fréquenté par les hommes, qui s'y retrouvent généralement en fin d'après-midi pour jouer aux cartes ou au *bao*. L'ambiance y est gaie et propice aux plaisanteries ou aux débats politiques. Les **maskani** sont des tonnelles. Avec le développement du multipartisme, sont apparus, à Zanzibar, des **maskani** à caractère politique. Les partis ont construit, dans tous les quartiers populaires, des **maskani** qui portent le nom de politiciens célèbres ou des personnes qui les ont fondés. Leur appartenance est indiquée par le drapeau qui flotte à l'entrée.

2 Les hommes musulmans ont aussi l'habitude de saluer une assemblée par des salutations arabes : **as salam alaikum**, *la paix sur vous*, à laquelle on répond **alaikum salam**, *sur vous la paix*.

3 **Ukisha** littéralement "quand tu finiras", ∆ **u-** (marqueur de sujet cl. 1, 2ᵉ pers. *tu*) **-ki-** (concomitant, voir leçon 50, note 3) **-ish-** (t. verb. *finir*) **-a** (moda-

Cinquante et unième leçon

[Au] *maskani*

1 – Comment allez-vous *(nouvelles de-vous)* ?
2 – Bien.
3 – Eh toi, le môme *(eh enfant toi)* ! Depuis quand sais-tu jouer [au] *bao* ?
4 – Demande à tes potes *(leur-demande compagnons-de-toi)*, tu sauras *(tu-sauras)*.
5 – Eh bien, lorsque tu auras fini *(lorsque-tu-finis)*, nous jouerons ensemble *(nous-jouerons tous)*.
6 – C'est ton affaire *(point-de-vue le-tien)* ! Si tu cherches une raclée *(si-tu-cherches petit-coup)*, tu vas l'avoir *(tu-l'auras)*.
7 – Si tu me bats *(si-tu-me-fermes)* [en] trois [manches], je te payerai *(je-t'achèterai)* [un] soda.
8 – Demande à *(lui-demande)* Kombo. Hier il a dit la même chose que toi *(il-a-sorti paroles comme toi)*. Et il est parti sans un mot *(il-s'en-est-allé silence silence)*.

lité neutre). Vous remarquez que les verbes dont le radical est monosyllabique ne conservent jamais le classificateur **ku-** de l'infinitif, même en l'absence du marqueur d'objet, lorsqu'ils sont conjugués au concomitant.

4 L'emploi de **wote** (3ᵉ pers., cl. 2), *tous*, signifie que le locuteur exclut les autres personnes qui assistent à la scène, **sote** (1ʳᵉ pers. cl. 2), *nous tous*, les aurait inclus.

5 Vous êtes sans doute surpris par cette traduction. En effet, le marqueur d'aspect **-ki-** sert aussi à exprimer une condition qui a toutes les chances de se réaliser.

6 Vous connaissez déjà le verbe **kununua**, *acheter*, que nous avons vu à la leçon 10. **Kununulia** signifie *acheter quelque chose à quelqu'un* ; il s'agit d'une forme dérivée que nous verrons en détail ultérieurement.

51 / Somo la hamsini na moja

7 Vous remarquez que **kama** a deux sens. Dans la phrase 6, nous l'avons traduit par *si* et, dans la phrase 8, il signifie *comme*.

8 D'après **akaenda**, *et il est allé*, vous déduisez que les verbes dont le radical est monosyllabique, ainsi que ceux qui suivent les mêmes règles, ne conservent pas le classificateur **ku-** de l'infinitif lorsqu'ils sont conjugués avec le consécutif **-ka-** sans marqueur d'objet.

***

Zoezi la kwanza – Tafsiri
❶ Tukisha tutakuja, tutakukuta? ❷ Ndio, mkija mapema.
❸ Na kama tutachelewa, tutakukuta wapi? ❹ Njoni maskani.
❺ Haya, basi tutaonana baadae.

***

Zoezi la pili – Kamilisha

❶ Quand tu auras fini, est-ce que nous jouerons ensemble ?
 . . . . . . tutacheza wote?

❷ Si je finis tôt, parce que j'ai peur que papa se fâche.
 . . . . mapema, kwa sababu ninaogopa baba atakasirika.

❸ Il a dit que le *maskani*, ce n'est pas un bon endroit pour un enfant.
 Alisema maskani si pahali . . . . . . kwa mtoto.

❹ C'est ton affaire, tu n'auras pas de soda.
 . . . . , hutapata soda.

❺ Ça veut dire que si je te bats, tu me payeras un soda ?
 Ina maana . . . . , utaninunulia soda?

Corrigé de l'exercice 2
❶ Ukisha – ❷ Nikimaliza – ❸ – pazuri – ❹ Shauri yako – ❺ – nikikufunga –

195 • **mia moja na tisini na tano**

Cinquante et unième leçon / 51

Corrigé de l'exercice 1
❶ Quand nous aurons terminé, nous viendrons ; est-ce que nous te trouverons ? ❷ Oui, si vous venez tôt. ❸ Et si nous sommes en retard, où est-ce que nous te trouverons ? ❹ Venez au *maskani*. ❺ D'accord ; bon, nous nous verrons plus tard.

***

Le premier sens de **bao** *est bois, planche. Le jeu qui porte ce nom est répandu à travers tout le continent africain. Il est plus connu en France sous le nom d'***awele***.*
Dans son principe, c'est un jeu de stratégie et de probabilités qui se déroule en trois manches. Les règles sont aussi complexes que celles des échecs et les variantes sont très nombreuses.
Le jeu est formé d'une planche évidée en quatre rangées de huit trous chacune. Chacun des deux camps comporte deux rangées comme dans le schéma ci-dessous :

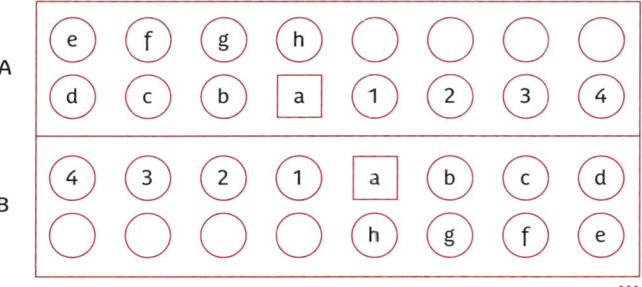

›››

*Chaque joueur dispose de 32 billes. Sur la côte swahilie, on utilise les noyaux d'un épineux (**coesalpinia bonducella**) qui pousse sur les bords de plage et que l'on appelle **kete**.*
*Les joueurs se répartissent les billes de la façon suivante : chacun dépose 6 billes dans la grande case (a) (**nyumba kuu**) de la rangée de devant et 2 dans chacune des trois cases rondes situées à droite (b, c, d). Sur la rangée de derrière, il dépose 5 billes dans les quatre cases de droite (e, f, g, h). Puis chaque joueur constitue sa réserve : il prend dans sa main toutes les billes du fond (e, f, g, h) ainsi que les 2 de la case de droite de la ligne de devant (d).*
Le premier joueur prend une bille dans sa réserve, la dépose dans une des deux cases à droite de la case carrée (c'est-à-dire dans b ou c) et il se dirige, au choix, vers la droite ou vers la gauche en dépo-

Somo la hamsini na mbili

Mzungu [1], piga picha

1 – Mzungu, piga picha [2], mzungu, mzungu, piga picha.
2 – He! Kuna watoto wengi! Kwa nini wanapiga kelele?
3 – Kwa sababu yako.
4 – Tufanye nini ili wanyamaze? Nijifiche?
5 – Aa, hamna la kufanya [3]. Tupite tu, tukiwaambia [4] kitu watazidi.
6 – Lakini sio kitu kizuri. Kwetu wangefanya hivyo, tungewakataza. [5]
7 – Unataka nikawafukuze? [6]
8 – Hapana, ninaona haya.

sant une bille dans chaque case. Pour pouvoir s'emparer des billes de l'adversaire, il doit s'arrêter dans l'une de ses propres cases où il n'y a qu'une bille ; il peut alors "manger" les billes situées dans la case de son adversaire située en face. Par exemple si A arrive dans sa case 2, il s'empare des billes qui sont dans la case b du joueur B.
Le but du jeu est de s'emparer de toutes les billes de la ligne frontale de l'adversaire ou de le mettre dans une situation où ses billes seront si espacées qu'il ne pourra plus jouer.
Dès qu'une bille est isolée, l'adversaire doit démarrer dans la case qui lui fait face et s'en emparer.

Deuxième vague : 2ᵉ leçon

Cinquante-deuxième leçon

Blanc, prends [une] photo

1 – Blanc, prends une photo, Blanc, Blanc, prends [une] photo.
2 – Oh ! Il y a beaucoup d'enfants *(lieu-a enfants nombreux)* ! Pourquoi crient-ils *(ils-font-bruit)* ?
3 – À cause de toi *(pour cause de-toi)*.
4 – Qu'est-ce que nous pouvons faire *(que-nous-fassions quoi)* pour [qu']ils se taisent *(ils-se-taisent)* ? [Faut-il que] je me cache *(je-me-cache)* ?
5 – Non, il n'y a rien à faire *(lieu-n'a-pas de faire)*. Passons, c'est tout *(que-nous-passions seulement)*, si nous leur disons *(si-nous-leur-disons)* [quelque] chose, ils redoubleront [de cris] *(ils-augmenteront)*.
6 – Mais ce n'est pas bien *(n'est-pas chose belle)*. Chez nous s'ils faisaient *(ils-feraient)* ainsi, nous leur interdirions *(nous-leur-interdirions)*.
7 – Tu veux [que] je les chasse *(tu-veux je-les-chasse)* ?
8 – Non, j'ai *(je-vois)* honte.

mia moja na tisini na nane • 198

Notes

1. Il vous arrivera immanquablement de vous trouver dans cette situation où une ribambelle d'enfants seront sur vos talons à vous demander une photo ou à essayer de vous toucher. **Mzungu (wa-)** signifie *Blanc* mais pour beaucoup de gens il est synonyme d'*Anglais*.

2. Voici deux nouvelles expressions avec le verbe **kupiga** ; **kupiga picha** signifie *photographier* et **kupiga kelele**, *crier* (phrase 2).

3. Dans **hamna la kufanya**, *il n'y a rien à faire*, le connectif **la** fait référence à **jambo**, *chose*, qui est ici sous-entendu.

4. Le verbe **kuambia**, *dire*, est ici conjugué avec le marqueur du concomitant **-ki-**, traduit ici par *si* ; mais il n'y a dans ce cas aucune éventualité : on est certain que la condition sera remplie.

5. Le conditionnel affirmatif se reconnaît au marqueur de modalité **-nge-**. Vous remarquez qu'il est présent dans la principale et dans la subor-

***

Zoezi la kwanza – Tafsiri
❶ Karibu mgeni wetu, karibu ukae kitini. ❷ Mwinyi, nenda ukanunue soda. ❸ Nipe pesa. – Shika. ❹ Ninunue soda tu? ❺ Ndio, lakini ukirudi usicheze njiani.

***

Zoezi la pili – Kamilisha
❶ Si je gagnais de l'argent, je construirais une maison.
Kama . . . . pesa, ... nyumba.

❷ Moi je voyagerais.
Mimi . . . .

❸ Dans quel pays voyagerais-tu ?
. . . . nchi gani?

❹ Le premier pays [serait le] Zimbabwe.
. . . . ya . . . . . . Zimbabwe.

❺ Eh bien, nous irons ensemble.
Basi, tutakwenda . . . . .

donnée. Décomposons ces deux exemples : **wangefanya**, *ils feraient*, est formé de **wa-** (marqueur de sujet cl. 2, 3ᵉ pers. *ils*) **-nge-** (conditionnel) **-fany-** (t. verb. *faire*) **-a** (modalité neutre) ; et **tungewakataza**, *nous leur interdirions*, Δ **tu-** (marqueur de sujet cl. 2, 1ʳᵉ pers., *nous*) **-nge-** (conditionnel) **-wa-** (marqueur d'objet cl. 2, 3ᵉ pers. *leur*) **-kataz-** (t. verb. *interdire*) **-a** (modalité neutre).

6 Le verbe **nikawafukuze** signifie littéralement "et que j'aille les chasser". La conjugaison, formée par la marque de temps **-ka-** (3ᵉ colonne du module verbal) et de la voyelle **-e** (dernière colonne du module verbal), s'emploie comme consécutif à un ordre ou à un souhait. Δ **ni-** (marqueur de sujet cl. 1, 1ʳᵉ pers. *je*) **-ka-** (consécutif à un ordre) **-wa-** (marqueur d'objet cl. 2, 3ᵉ pers. *eux*) **-fukuz-** (t. verb. *chasser*) **-e** (consécutif à un ordre).

***

Corrigé de l'exercice 1
❶ Bienvenue, notre hôte, entrez vous asseoir sur une chaise. ❷ Mwinyi, va acheter des sodas. ❸ Donne-moi de l'argent. – Prends. ❹ Je n'achète que des sodas ? ❺ Oui, mais au retour, ne joue pas en route.

Corrigé de l'exercice 2
❶ – ningepata – ningejenga – ❷ – ningesafiri ❸ Ungesafiri – ❹ Nchi – kwanza – ❺ – sote

Deuxième vague : 3ᵉ leçon

Somo la hamsini na tatu

Kwa daktari wa meno

1 – **J**ino linaniuma. **J**ana [1] **ku**cha nzima sikupata usingizi.
2 – **S**iku nyingine ukiumwa [2], tia tumbaku au karafuu [3], utalala bila ya wasiwasi.
3 – **A**a, sisubiri mara ya pili. Humjui daktari wa meno?
4 – Simjui. Isipokuwa ninajua Muhimbili [4] wamefungua [5] hospitali ya meno. (...)
5 – *Baada ya muda*
6 – "TUNA**NG'O**A **ME**NO"
Ko ko ko...
7 – Ninaumwa na [6] jino hili, hapa juu, upande wa kushoto.
8 – **K**aa kitako. Fungua mdomo. Tena, usitoe ulimi nje... Tayari, jino lako hili.
9 – **A**a! Umeling'oa? Sikutaka ling'olewe [7]. Utalilipa. **K**ama ningejua, nisingekuja [8].
10 – Lakini nje imeandikwa [9] kwamba tunang'oa meno. Ina maana hukusoma?

Notes

1 Vous vous souvenez qu'en swahili le jour commence à 6 heures du matin. La nuit qui vient de s'écouler est donc la veille, d'où l'emploi de **jana** qui signifie *hier*.

2 Dans la première phrase nous avons vu le verbe **kuuma**, *faire souffrir* ; ici nous avons le verbe **kuumwa**, *souffrir*, *avoir mal*, ou plus exactement "subir la souffrance" car le **w** est la marque du passif. Vous connaissez déjà des verbes au passif, par exemple **kuchelewa**, *être en retard*, et

Cinquante-troisième leçon

Chez le dentiste
(chez médecin de dents)

1 – J'ai mal à une dent *(dent elle-me-fait-mal)*. Je n'ai pas dormi de la nuit *(hier nuit toute je-n'ai-pas-trouvé sommeil)*.

2 – Un autre jour *(jour autre)* si tu souffres *(si-tu-souffres)*, mets [du] tabac ou [un] clou de girofle *(clou-de-girofle)*, tu dormiras sans problème *(tu-dormiras sans de souci)*.

3 – Non, je n'attends pas une deuxième fois *(je-n'attends-pas fois de deux)*. Tu ne *(tu-ne-le-connais-pas)* connais pas [un] dentiste *(médecin de dents)* ?

4 – Je n'en *(le)* connais pas *(je-ne-le-connais-pas)*. Mais *(sauf que)* je sais *(je-sais)* [qu'à] Muhimbili ils ont ouvert un service dentaire *(ils-ont-ouvert hôpital de dents)*.

5 *Un moment après (après de moment)*

6 – "NOUS ARRACHONS LES DENTS"
Toc toc toc...

7 – J'ai mal à cette dent *(je-souffre par dent celle-ci)*, ici [en] haut, [sur le] côté *(de)* gauche.

8 – Asseyez-vous *(assieds-toi façon-derrière)*. Ouvrez *(ouvre)* [la] bouche. Surtout *(encore)* ne sortez pas [la] langue *(ne-sors-pas langue dehors)*... C'est fait *(prêt)*, voici votre dent *(dent de-toi celle-ci)*.

9 – Oh ! Vous l'avez *(tu-l'as-arrachée)* arrachée ? Je ne voulais pas [qu']on l'arrache *(je-ne-voulais-pas elle-soit-arrachée)*. Vous me le payerez *(tu-la-payeras)*. Si j'avais su *(j'aurais-su)*, je ne serais pas venu *(je-ne-serais-pas-venu)*.

10 – Mais [à l']extérieur il est écrit *(il-est-écrit)* que nous arrachons *(nous-arrachons)* [les] dents. Cela signifie *(il-a sens)* [que] vous n'avez *(tu-n'as-pas-lu)* pas lu ?

mia mbili na mbili

kuitwa, *s'appeler*, que nous avons vus à la leçon 6, ainsi que **kulewa**, *être ivre, être malade dans un moyen de transport*, que nous avons rencontré à la leçon 34.

3 L'archipel de Zanzibar est célèbre pour la culture du giroflier, qui a en grande partie contribué à sa prospérité, depuis le milieu du XIXe siècle jusque dans les années 1970.

4 Muhimbili est le plus grand hôpital public de Dar es-Salaam.

5 Vous connaissez déjà le verbe **kufunga**, *fermer*, que nous avons vu leçon 18 ; le verbe **kufungua** signifie *ouvrir*. L'insertion d'un **u**, avant la voyelle de modalité, permet de former le réversif qui est une extension, tout comme le passif. Vous pouvez en déduire que les dérivés sont formés en ajoutant un élément dans la colonne du module verbal située juste avant la voyelle finale. Mais ne vous inquiétez pas, nous en reparlerons un peu plus loin.

***

Zoezi la kwanza – Tafsiri

❶ Ninaumwa na tumbo. ❷ Kama ningejua nisingekula embe. ❸ Na mimi nisingekunywa maji mengi. ❹ Bora tusingekuja hapa. ❺ Ndio, kama tungekaa nyumbani, tusingepata taabu.

***

Zoezi la pili – Kamilisha

❶ Pourquoi pleures-tu ?
Kwa nini . . . . . . ?

❷ J'ai mal.
. . . .

❸ Où as-tu mal ?
. . . . na nini?

❹ Tu n'as pas de fièvre ?
Huna . . . . ?

❺ Non, j'ai beaucoup travaillé.
Hapana, ... nyingi.

Cinquante-troisième leçon / 53

6 Vous constatez que le complément d'agent est introduit par **na**.

7 **Ling'olewe**, *soit arrachée*, Δ **li-** (marqueur de sujet cl. 5 *elle*) Ø (pas de marque de temps) **-ng'o-** (t. verb. *crracher*) **-lew-** (passif) **-e** (subjonctif). Pourquoi cette marque du passif ? Parce que le verbe **ng'oa** se termine par deux voyelles. Afin de bien entendre la différence avec la forme active, on insère un **-l-** et ensuite, étant donné que la dernière voyelle du thème est **-o**, on ajoute un **-e**.

8 Décomposons **nisingekuja**, *je ne serais pas venu*. Il est formé de **ni-** (marqueur de sujet cl.1, 1re pers. affirm., *je*) **-si-** (négation) **-nge-** (conditionnel) **-ku-** (classificateur de l'infinitif) **-j-** (t. verb. *venir*) **-a** (voyelle du conditionnel). Vous en déduisez que le conditionnel négatif, tout comme le subjonctif négatif, ne se reconnaît pas aux marqueurs de sujet (dans les deux cas on emploie des pronoms affirmatifs) mais à la copule **si** insérée dans la marque de temps ou d'aspect. D'autre part, les verbes dont le radical est monosyllabique conservent la marque de l'infinitif lorsqu'ils sont conjugués au conditionnel négatif sans marqueur d'objet.

9 **Imeandikwa**, *il est écrit*, Δ **i-** (marqueur de sujet cl. 9 *il*) **-me-** (résultatif) **-andik-** (t. verb. *écrire*) **-w-** (passif) **-a** (modalité neutre).

***

Corrigé de l'exercice 1
❶ J'ai mal au ventre. ❷ Si j'avais su, je n'aurais pas mangé de mangue. ❸ Et moi je n'aurais pas bu tant *(becucoup)* d'eau. ❹ Il aurait mieux valu que nous ne venions pas ici. ❺ Oui, si nous étions restés à la maison, nous n'aurions pas eu de problème.

***

Corrigé de l'exercice 2
❶ – unalia ❷ Ninaumwa ❸ Unaumwa – ❹ – homa ❺ – nimefanya kazi –

Deuxième vague : 4e leçon

Somo la hamsini na nne

Ghadhabu

1 – **E**e, **Kom**bo, n**j**oo **ha**pa. Ki**to**weo [1] ki**me**li**wa** [2] **na na**ni?
2 – Si**ju**i, ni**li**to**ka**.
3 – Nimesi**ki**a ume**ru**di ma**pe**ma **le**o. Hu**ku**la **ki**tu?
4 – **A**a. **Lab**da ameku**la pa**ka.
5 – Siki**li**za. Si**pen**di kudanga**ny**wa, uki**ta**ka kusame**he**wa [3] **ba**si **se**ma ukwe**li**.
6 – Nime**mwo**na **pa**ka ana**ru**ka [4] **pa**le diri**sha**ni.
7 – **Je** [5], **hi**yo sufu**ri**a ilifu**ni**kwa **na na**ni, **pa**ka?
8 – Sama**ha**ni **ma**ma, nili**hi**si n**ja**a.

Notes

1. **Kitoweo**, que nous avons traduit par *sauce*, n'a pas de traduction réelle en français ; ce terme signifie *accompagnement qui aide à manger*. Un repas ordinaire est constitué d'un plat de tubercules (manioc, taros, ignames, etc.), de gruau (une sorte de polenta appelée **ugali**), de galettes (**chapati**) de riz ou de *bananes* (**ndizi**), accompagné de légumes, de viande ou de poisson, le plus souvent en sauce.

2. **Kimeliwa**, *a été mangée*, Δ **ki-** (marqueur de sujet cl. 7, *elle*) **-me-** (résultatif) **-l-** (t. verb. *manger*) **-iw-** (passif) **-a** (modalité neutre).

3. **Kusamehewa** est l'infinitif passif du verbe d'origine arabe **kusamehe**, *pardonner*. Δ **ku-** (marqueur de sujet cl. 15) Ø (pas de marque de temps ou d'aspect) **-samehe-** (t. verb. *pardonner* avec le classificateur de l'infinitif) **-w-** (passif) **-a** (modalité neutre). Le **a** final à l'infinitif est une caractéristique des verbes d'origine bantoue et de tous les verbes avec une extension.

4. Le marqueur d'aspect **-na-** est un présent progressif, c'est-à-dire qu'il exprime l'idée que l'action est en cours de déroulement. Lorsque l'évé-

Cinquante-quatrième leçon

[La] colère

1 – Eh, Kombo, viens ici. Qui a mangé [la] sauce *(sauce elle- été-mangée par qui)* ?
2 – Je ne sais pas, je suis sorti. *(je-ne-sais-pas, je-suis-sorti)*.
3 – J'ai entendu *(j'ai-entendu)* [dire que] tu es rentré *(tu-es-rentré)* tôt aujourd'hui. N'as-tu rien mangé *(tu-n'as-pas-mangé chose)* ?
4 – Non. C'est peut-être [le] chat *(peut-être il-a mangé chat)*.
5 – Écoute. Je n'aime pas qu'on se moque de moi *(je-n'aime-pas être-berné)*, si tu veux [que] l'on te pardonne *(si-tu-veux être-pardonné)*, alors dis [la] vérité.
6 – J'ai vu *(je l'ai vu)* [le] chat *(en train de)* sauter là-bas sur [la] fenêtre.
7 – Qui a remis [le] couvercle] sur [la] casserole *(cette casserole-ci elle-a-été-couverte par qui)*, [le] chat ?
8 – Pardon maman, j'avais *(je sentis)* faim.

GHADHABU

nement est passé, exprimé ici par le résultatif employé dans le premier verbe, **-na-** n'exprime plus le présent mais signifie *être en train de*.
5 **Je** est un interrogatif général qui se place, soit en début, soit en fin de phrase, et n'a pas d'équivalent réel en français.

mia mbili na sita • 206

Zoezi la kwanza – Tafsiri

❶ Kwa nini umechelewa? ❷ Nimekosa basi, ikabidi nije kwa miguu. ❸ Hukusaidiwa njiani? ❹ Nimesaidiwa lakini tulipata ajali. ❺ Halafu tulipelekwa hospitali.

***

Zoezi la pili – Kamilisha

❶ Nous nous sommes fait gronder !
. . . . maneno!

❷ Par qui ?
. . nani?

❸ Par le maître d'école, il paraît que nous étions en retard.
Na mwalimu, eti . . . .

❹ Qu'est-ce qu'on vous a fait ?
. . . . nini?

Somo la hamsini na tano

Wezi [1]

1 – **Ja**na tumeshambuli**wa** [2] **na we**zi nyum**ba**ni.
2 – Mmenyan**g'a**nywa [3] **vi**tu?
3 – **Ndi**o, **pe**sa **na** re**di**o. **Na** baadhi **ya vi**tu vimehari**bi**wa [4].
4 – Wamein**gia vi**pi?
5 – Wame**vun**ja di**ri**sha **la** ukum**bi**ni. Ukipa**o**na, pamechafu**li**wa chafu**li**wa [5].
6 – Wameka**ma**twa?

Corrigé de l'exercice 1
❶ Pourquoi es-tu en retard ? ❷ J'ai raté le bus, il a fallu que je vienne à pied. ❸ On ne t'a pas aidé en chemin ? ❹ On m'a aidé, mais nous avons eu un accident. ❺ Ensuite nous avons été emmenés à l'hôpital.

***

❺ On nous a pardonné.

. . . .

Corrigé de l'exercice 2
❶ Tumetolewa – ❷ Na – ❸ – tulichelewa ❹ Mlifanywa – ❺ Tulisamehewa

Deuxième vague : 5ᵉ leçon

Cinquante-cinquième leçon

[Les] voleurs

1 – Hier nous avons été attaqués *(nous-avons-été-attaqués)* par [des] voleurs à [la] maison *(maison-à)*.
2 – On vous a dérobé [des] choses *(vous-avez-été-dérobés chose)* ?
3 – Oui, [de l']argent et [la] radio. Et *(certaines)* [des] choses ont été détériorées *(elles-ont-été-détériorées)*.
4 – Comment sont-ils entrés *(ils-sont-entrés comment)* ?
5 – Ils ont cassé *(ils-ont-cassé)* [la] fenêtre du salon. Si tu voyais *(si-tu-vois-lieu)*, c'est sens dessus dessous *(lieu-est-sali sali)*.
6 – Ils ont été arrêtés *(ils-ont-été-attrapés)* ?

7 – Tumepiga kelele, wakatokea watu wakawapiga magongo na mawe.
8 – Wameuliwa? [6]
9 – Mmoja amekufa, mwenzake amejeruhiwa [7].
10 Polisi walimpeleka hospitali, lakini watu walirusha mawe, hawataki wezi watibiwe [8].
11 – Ningependa kumwona. Atahukumiwa [9] lini? ☐

Notes

[1] Le singulier de **wezi** est **mwizi**. Tout comme en français, par exemple dans *lait*, lorsque *a* (du classificateur nominal **wa-** de la classe 2) et *i* (du thème nominal **-izi**) se rencontrent, on prononce *[é]* (**wa** + **izi** > **wezi**). Ce nom est formé à partir du verbe **kuiba**, *voler*.

[2] **Tumeshambuliwa** est le passif de **kushambulia**, *attaquer*, *agresser*. Dans cet exemple vous remarquez que le thème verbal se termine par **i** + **a**.

[3] Il ne faut pas confondre **kudanganya**, *berner*, *tromper*, et **kunyang'anya**, *ravir*, *dérober*. Vous remarquez que le passif sert à traduire le *on* du français.

[4] **Vimeharibiwa** est le passif du verbe d'origine arabe **kuharibu**, *détériorer*, *abîmer*.

[5] **Chafuliwa** est le passif du verbe **kuchafua**, *salir*. Dans cet exemple, le thème verbal se termine par **u** + **a**. Le passif se forme en intercalant **li** afin qu'il n'y ait pas de confusion avec la forme active.

[6] Le verbe **kuua**, *tuer*, a deux formes passives. L'une est régulière : **kuuliwa**, et l'autre irrégulière : **kuuawa**.

***

Zoezi la kwanza – Tafsiri

❶ Unaitwa nani? – Ninaitwa Mosi. **❷** Umezaliwa wapi? – Mombasa. **❸** Umetumwa na nani? – Na daktari. **❹** Unaumwa na nini? – Na macho. **❺** Umeshapewa dawa? – Bado.

Cinquante-cinquième leçon / 55

7 – Nous avons crié *(nous-avons-fait cris)*, [des] gens ont surgi *(ils-ont-surgi gens)* et ils les ont frappés *(ils-les-ont-frappés)* [avec des] gourdins et [des] pierres.

8 – Ils ont été tués *(ils-les-ont-tués)* ?

9 – L'un est mort *(il-est-mort)*, son acolyte a été blessé *(il-a-été blessé)*.

10 [Les] policiers l'ont emmené *(ils-l'ont-emmené)* [à l'] hôpital, mais [les] gens ont lancé *(ils-ont-lancé)* [des] pierres, ils ne veulent pas *(ils-ne-veulent-pas)* [que les] voleurs soient soignés *(ils-soient soignés)*.

11 – J'aimerais le voir *(j'aimerais le-voir)*. Quand sera-t-il jugé *(il-sera-jugé quand)* ?

7 Kujeruhiwa est le passif du verbe d'origine arabe **kujeruhi**, *blesser*.

8 Kutibiwa est le passif du verbe d'origine arabe **kutibu**, *soigner*.

9 Kuhukumiwa est le passif du verbe d'origine arabe **kuhukumu**, *juger*. Vous constatez que les verbes d'origine arabe dont le thème se termine par **i** ou **u**, ont un passif en **-iwa**.

Corrigé de l'exercice 1
❶ Comment vous appelez-vous ? – Je m'appelle Mosi. ❷ Où êtes-vous née ? – À Mombasa. ❸ Par qui avez-vous été envoyée ? – Par le médecin. ❹ De quoi souffrez-vous ? – Des yeux. ❺ On vous a déjà donné des médicaments ? – Pas encore.

Zoezi la pili – Kamilisha

❶ Est-ce qu'hier on vous a conduits au poste de police ?
   .. jana . . . . kituo cha polisi?

❷ Non, on nous a relâchés *(pardonnés)*.
   Aa, ...

❸ Et les choses, on vous les a prises ?
   Na vile vitu . . . . ?

❹ On nous a dit de les donner au propriétaire.
   . . . . tumpe mwenyewe.

❺ Moi, on m'a dit que si je recommence, je serai conduit à la police.
   Mimi, ... nikifanya tena . . . . polisi.

Somo la hamsini na sita

Marudio – Révisions

1 L'habituel

(leçon 50, note 2)
Il s'agit d'une conjugaison qui se reconnaît au marqueur d'aspect **hu-** employé à toutes les personnes et à toutes les classes et qui sert à exprimer soit une action qui se répète de façon routinière soit une idée générale. Par exemple :
watoto huenda shuleni, *les enfants vont à l'école*
mabata hupenda maji, *les canards aiment l'eau*

2 Le concomitant

(leçon 50, note 3)
Il se forme de la manière suivante :

Marqueur de sujet	Temps, ou aspect	Marqueur d'objet	Thème verbal	Modalité
affirmatif	-ki-		toujours nu	identique à celle de l'infinitif

Corrigé de l'exercice 2
❶ Je – mlipelekwa – ❷ – tumesamehewa ❸ – mmenyang'anywa ❹ Tumeambiwa – ❺ – nimeambiwa – nitapelekwa –

Lorsque des cambrioleurs sont pris en flagrant délit, la population n'a généralement aucune pitié pour eux et se fait justice elle-même. Aux cris de **Mwizi mwizi!***, c'est-à-dire* Au voleur, au voleur !*, quelle que soit l'heure du jour ou de la nuit, tout le monde sort de chez soi et se lance à la poursuite du délinquant qui est lynché, à moins que la police n'intervienne à temps et ne le mette à l'abri en prison.*

Deuxième vague : 6ᵉ leçon

Cinquante-sixième leçon

Les verbes dont le radical est monosyllabique ne conservent jamais le classificateur **ku-** de l'infinitif, même lorsqu'ils sont employés sans marqueur d'objet. Par exemple :
Ukija tutakwenda sinema, *Si tu viens nous irons au cinéma*.

Le concomitant est employé lorsque deux actions se produisent au même moment. Par exemple :
Niliwaona wezi wakitoka nyumbani, *J'ai vu les voleurs alors qu'ils sortaient de la maison*.

Le marqueur d'aspect **-ki-** sert aussi à exprimer une condition qui a toutes les chances de se réaliser. Par exemple :
Nitafurahi nikimkuta, *Je serai content si je le rencontre* ou *Je serai content quand je le rencontrerai*.
Notez que le temps de l'action est donné uniquement dans la proposition principale.

3 Le consécutif

(leçon 50, note 6)
Il se forme de la manière suivante :

Marqueur de sujet	Temps, ou aspect	Marqueur d'objet	Thème verbal	Modalité
affirmatif	-ka-		toujours nu	identique à celle de l'infinitif

Les verbes dont le radical est monosyllabique ne conservent jamais le classificateur **ku-** de l'infinitif, même lorsqu'ils sont employés sans marqueur d'objet. Par exemple :
Alifika, tukala, tukatoka, *Il arriva, nous mangeâmes et nous sortîmes.*

Cette conjugaison étant très souvent employée dans les récits, on l'appelle aussi le narratif (leçon 50, note 6). Le temps est donné dans la proposition principale et le consécutif est employé pour exprimer l'idée que la dernière action décrite découle de la précédente. Par exemple :
Alitaka kuning'inia, akaanguka, akajiumiza, *Il a voulu s'accrocher, il est tombé et s'est fait mal.*

4 Le consécutif à un ordre

(leçon 52, note 6)
Il est formé de la façon suivante :

Marqueur de sujet	Temps ou aspect	Marqueur d'objet	Thème verbal	Modalité
affirmatif	-ka-		toujours nu	-e pour les verbes qui se terminent par a à l'infinitif, voyelle de l'infinitif pour les autres

Les verbes dont le radical est monosyllabique ne conservent pas le classificateur **ku-** de l'infinitif, même lorsqu'ils sont employés sans marqueur d'objet. Par exemple :
Nenda ukale upesi, *Va vite manger.*

Les verbes d'origine arabe conservent la voyelle qu'ils ont à l'infinitif. Par exemple :
Nenda ukamshukuru kwa zawadi yake, *Va le remercier pour son cadeau.*

Mais :
Nenda ukamwambie kwamba ninamsubiri, *Va lui dire que je l'attends.*

5 Le conditionnel affirmatif

(leçon 52, note 5)
On le forme de la manière suivante :

Marqueur de sujet	Temps, aspect, mode	Marqueur d'objet	Thème verbal	Modalité
affirmatif	-nge-		les verbes monosyllabiques conservent le **ku-** de l'infinitif lorsqu'ils sont employés sans marqueur d'objet	voyelle identique à celle de l'infinitif

Les deux verbes, celui de la proposition principale et celui de la proposition subordonnée, sont conjugués au conditionnel. Par exemple :
Kama ningekuwa mrefu, ningecheza mpira, *Si j'étais grand, je jouerais au ballon.*
Notez que le sens est très différent si l'on emploie le concomitant. Par exemple :
Akija tutakwenda pwani, *S'il vient/quand il viendra, nous irons à la plage.*
Kama angekuja, tungekwenda pwani, *S'il venait, nous irions à la plage* ou même, en swahili moderne *S'il était venu, nous serions allés à la plage.*

6 Le conditionnel négatif

(leçon 53, note 8)
Ce dernier se forme de la façon suivante :

Marqueur de sujet	Temps, aspect, mode	Marqueur d'objet	Thème verbal	Modalité
affirmatif	-singe-		les verbes monosyllabiques conservent le classificateur **ku-** de l'infinitif lorsqu'ils sont employés sans marqueur d'objet	voyelle identique à celle de l'infinitif

Les deux verbes, celui de la principale et celui de la subordonnée se mettent au conditionnel. Par exemple :
Hata kama ningekuja nisingemwona, *Même si j'étais venu, je ne l'aurais pas vu.*
Kama nisingekuambia, usingejua, *Si je ne te l'avais pas dit, tu ne l'aurais pas su.*
Kama nisingekuja, nisingemkuta, *Si je n'étais pas venu, je ne l'aurais pas rencontré.*

7 Les différents éléments du module verbal

Vous savez maintenant que le module verbal compte une colonne de plus, celle des extensions. Il se décompose de la manière suivante (*Nota* : il n'y a pas d'erreur dans la numérotation du tableau, nous verrons ultérieurement ce qui se passe dans la troisième colonne) :

1	2	4	5	6	7
Marqueurs de sujet	Temps, aspect, mode	Marqueurs d'objet	Radical verbal	Extension	Modalité

8 Le dissociatif

(leçon 53, note 5)
Plus généralement connu dans les grammaires traditionnelles sous le nom de réversif, le dissociatif est une extension verbale qui se forme en insérant **-u-** dans la sixième colonne du module verbal, autrement-dit après le radical verbal (on peut combiner jusqu'à quatre extension), pour former un autre verbe dont le sens indique un bourgeonnement, un détachement, une dispersion, une ouverture, une fluidification. Par exemple :
kutata, *emmêler* → **kutatua**, *démêler*
kufunga, *fermer* → **kufungua**, *ouvrir*
kutega, *piéger* → **kutegua**, *enlever un piège*
kuziba, *boucher* → **kuzibua**, *déboucher*

Les verbes dont la dernière syllabe est formée avec **o**, ont un dissociatif formé avec **o**. Ex. :
kuroga, *ensorceler* → **kurogoa**, *désenvoûter*

9 Le passif

(leçons 54 et 55)
Il s'agit d'une extension verbale qui se reconnaît à la présence du **-w-** inséré dans la sixième colonne, mais sa formation dépend de la façon dont le thème verbal est constitué.

• Si le thème verbal se termine par CV (= consonne voyelle), le passif est formé en insérant **-w-** dans la sixième colonne. C'est le cas de la majorité des verbes. Par exemple :
kuvunja, *casser* → **kuvunjwa**, *être cassé*
kujenga, *construire* → **kujengwa**, *être construit*
kupenda, *aimer* → **kupendwa**, *être aimé*

• Si le thème verbal se termine par VV (= voyelle voyelle), le passif est formé de façon différente selon la dernière voyelle du thème.

• Si celle-ci est **i**, le passif se fait en **-iw-**. Par exemple :
kuambia, *dire* → **kuambiwa**, *être dit*
kusimulia, *raconter* → **kusimuliwa**, *être raconté*
kusaidia, *aider* → **kusaidiwa**, *être aidé*

• Si celle-ci est **e**, le passif se fait en **-ew**. Par exemple :
kupokea, *accueillir* → **kupokewa**, *être accueilli*

• Si la dernière voyelle du thème verbal est **a** ou **u**, celui-ci se fait en **-liwa**. Par exemple :
kuzaa, *mettre au monde* → **kuzaliwa**, *être mis au monde, naître*
kuandaa, *préparer* → **kuandaliwa**, *être préparé*
kununua, *acheter* → **kununuliwa**, *être acheté*
kuchukua, *prendre* → **kuchukuliwa**, *être pris*
kufua, *faire la lessive* → **kufuliwa**, *être lavé*

• Si la dernière voyelle du thème verbal est **o**, le passif se fait en **-lewa**. Par exemple :
kung'oa, *arracher* → **kung'olewa**, *être arraché*
kutoa, *ôter* → **kutolewa**, *être ôté*

• Lorsqu'à l'infinitif le verbe ne se termine pas par **-a**, ce qui est le cas des verbes d'origine étrangère, le passif se forme en :

-iwa si la voyelle du thème verbal est **-i** ou **-u**. Par exemple :
kuhitaji, *avoir besoin* → **kuhitajiwa**, *être nécessaire*
kurudi, *revenir* → **kurudiwa**, *être ramené, rapporté*
kujaribu, *essayer* → **kujaribiwa**, *être essayé*
kutibu, *soigner* → **kutibiwa**, *être soigné*
-ewa si la dernière voyelle du thème verbal est **e**. Par exemple :
kusamehe, *pardonner* → **kusamehewa**, *être pardonné*

• En résumé, on a donc les correspondances suivantes :

Dernière voyelle du thème verbal :	Infinitif :
i + a > -iwa	-i > -iwa
e + a > -ewa	-e > -ewa
a + a > -aliwa	
u + a > -uliwa	-u > -iwa
o + a > -olewa	

Le complément d'agent est introduit par **na**. Par exemple :
Amefukuzwa na mwalimu, *Il a été chassé par le maître d'école.*

▶ Mazungumzo ya marudio

1 – Ukienda Mnazi Mmoja utaona watu wengi!
2 – Kuna nini?
3 – Kuna mpira.
4 – Twende. Tupite njia ya kulia.
5 – Pamefungwa. Tupite njia ya kushoto.
6 – Mm! Kuna askari wengi!
7 – Ndio wana wasiwasi watu wengine wasije kufanya balaa.
8 – Balaa gani?
9 – Kuna wezi. Kwa mfano juzi niliibiwa simu yangu ya mkononi.
10 – Ukafanyaje?

Cinquante-sixième leçon / 56

11 – Nikawatolea maneno.
12 – EE?
13 – Wakashambuliwa na watu.
14 Kama askari wasingefika mara moja, wangekufa hapo hapo.
15 Walipigwa vibaya?
16 – Ndio. Wakimwona mwezi watu humpiga mpaka afe.

Traduction

1 Si tu vas à Mnazi Mmoja tu verras beaucoup de monde ! **2** Qu'est-ce qu'il y a ? **3** Il y a un match. **4** Allons-y. Prenons le chemin à droite. **5** C'est barré. Prenons le chemin à gauche. **6** Eh ! Il y a beaucoup de policiers ! **7** Oui, ils craignent que certaines personnes ne fassent des bêtises. **8** Quelles bêtises ? **9** Il y a des voleurs. Par exemple avant-hier on m'a volé mon téléphone portable. **10** Et qu'est-ce que tu as fait ? **11** Je leur ai crié dessus. **12** Ah ah ? **13** Ils ont été agressés par la foule. **14** Si la police n'était pas arrivée aussitôt ils seraient morts sur place. **15** Ils ont été tabassés ? **16** Oui. Lorsqu'ils voient un voleur les gens le tabassent à mort.

Félicitations ! Vous connaissez maintenant toutes les conjugaisons du swahili moderne et vous pouvez commencer à élaborer des phrases complexes. Ne cherchez pas à retenir par cœur les règles d'accords vocaliques. L'habitude aidant, vous les retiendrez de manière intuitive et vous sentirez vous-même lorsque cela ne "sonne" pas bien. Avec la régularité qui est celle du swahili, ces règles reviennent dans la formation de toutes les extensions ; nous les répéterons donc souvent. En attendant, n'oubliez pas de revenir aux premières leçons, même si cela vous semble superflu, et gardez à l'esprit que la régularité est la clé de votre réussite.

Deuxième vague : 7e leçon

Somo la hamsini na saba

Kidumbaki

1 – **H**a**l**o! **Nj**o**o**, una**mj**u**a yu**le ana**yec**he**z**a ¹?
2 – **Yu**pi? Si**mw**o**n**i.
3 – Chu**ngul**ia **h**apa: **yu**le ali**y**e**p**an**d**a **j**u**u y**a **k**iti, aliye**v**aa **k**an**g**a ina**y**oan**gu**ka ²!
4 – **A**a! Nina**mw**o**n**a. Una**mj**u**a yu**le aliyeo**l**e**w**a? ³
5 – **Sa**na.
6 – **B**asi, **yu**le **n**i **m**lezi ⁴ **w**a **b**i **h**aru**s**i. Uki**mw**ona aki**c**he**z**a ⁵ **m**dun**d**iko, huondo**k**i.
7 – La**k**ini nimesi**k**ia **m**dun**d**iko **u**po **l**eo.
8 – **Nd**io, niliwa**o**na wapigaji.

Notes

¹ *Danser* se dit **kucheza ngoma**, littéralement "jouer [du] tam-tam" alors que *jouer* de la musique se dit **kupiga ngoma**, littéralement "battre [le] tam-tam". Le pronom relatif est un infixe qui s'insère dans la troisième colonne du module verbal, entre la marque de temps ou d'aspect et le marqueur d'objet. Vous remarquez que le pronom relatif de 3ᵉ pers. de classe 1 ressemble au pronom personnel autonome **yeye**, *il/elle*.

² Comme vous le constatez, le pronom relatif s'emploie au présent avec la marque de temps **-na-** (dans la phrase 1), et au passé avec la marque de temps **-li-** dans la phrase 3. **inayoanguka**, *qui tombe*, Δ **i-** (marqueur de sujet cl. 9 *il*) **-na-** (progressif) **-yo-** (pr. rel. cl. 9 *qui*) **-anguka** (b. verb. *tomber*). Vous remarquez que le pronom relatif n'est que la dernière syllabe du pronom de rappel qui est **hiyo** en classe 9.

³ Le verbe **kuoa**, *épouser*, s'emploie à la forme active pour parler d'un homme et à la forme passive pour parler d'une femme. Le passif de ce verbe se forme de la même façon que ceux des verbes **kung'oa**, *arracher*, et **kutoa**, *ôter*, qui ont aussi un thème qui se termine en **o**. Reportez-vous à la leçon 53.

Cinquante-septième leçon

Kidumbaki

1 – Eh ! Viens, tu *(tu-la-connais)* connais celle qui danse *(celle-qui-est-en-train-de-jouer)* ?
2 – Laquelle ? Je ne la vois pas *(je-ne-la-vois-pas)*.
3 – Regarde *(observe)* ici : celle qui est montée *(elle-qui-est-montée)* sur *(de)* [la] chaise, celle qui porte *(elle-qui-a-revêtu)* [un] pagne qui tombe *(il-qui-est-en-train-de-tomber)* !
4 – Ah ! Je la vois. Tu *(tu-la-connais)* connais celle qui se marie *(elle-qui-a-été-épousée)* ?
5 – Très bien *(beaucoup)*.
6 – Eh bien, celle-là c'est [la] mère adoptive de la mariée. Si tu la vois danser *(si-tu-la-vois alors-qu'elle-joue)* [le] *mdundiko*, tu ne pars plus *(tu-ne-pars-plus)*.
7 – Mais j'ai entendu [dire qu']il y a [un] *mdundiko* aujourd'hui.
8 – Oui, j'ai vu *(je-les-ai-vus)* [les] musiciens *(batteurs)*.

4 *Mère adoptive* n'est pas une traduction tout à fait juste de **mlezi** qui signifie littéralement "celui/celle qui a élevé". Il est en effet extrêmement courant qu'un enfant, une fois sevré, soit confié à une famille amie ou parente qui se charge de l'élever jusqu'à ce qu'il fonde lui-même un foyer. L'enfant n'est pas abandonné, il continue de voir ses parents et ses frères et sœurs. Si sa famille d'accueil se dissout (divorce, décès), ou si l'enfant pose des difficultés, il retourne dans sa famille d'origine. Cette coutume ne donne lieu à aucune déclaration officielle auprès des autorités. Elle permet aux personnes âgées et aux couples stériles d'avoir le plaisir d'élever des enfants.

5 Dans **ukimwona akicheza**, vous avez côte à côte les deux sens possibles du marqueur d'aspect **ki-**. Dans le premier verbe, il s'agit d'une éventualité tandis que dans le second, c'est un concomitant.

mia mbili na ishrini • 220

Zoezi la kwanza – Tafsiri

❶ Nani aliyepanda juu ya kiti? ❷ Yule aliyevaa kanzu nyekundu. ❸ Aa yule aliyevaa kanga inayoanguka. ❹ A! Huyo anayecheza vizuri? ❺ Ni mdogo wangu.

***

Zoezi la pili – Kamilisha

❶ Qui est-ce qui se marie ? – Le fils de mon professeur.
Nani . . . . ? – Mtoto wa . . . . wangu.

❷ Celui qui a été attaqué par les voleurs ?
Yule . . . . na wezi?

❸ Non, celui qui travaille à la banque.
Hapana, yule . . . . kazi benki.

❹ Qui est-ce qui est épousée ?
Nani . . . . ?

❺ La fille du voisin.
Mtoto wa . . . .

***

Dumbaki ou **kidumbaki** *est une danse populaire des quartiers de Zanzibar. On l'appelle aussi* **kitarabu** *car c'est le* **taarab** *du peuple et il se pratique surtout lors des mariages, dans les rues de la ville. Les musiciens sont au nombre de sept ou huit : deux ou trois violons, deux joueurs de petits tam-tam, et les autres qui frappent des bâtons. Ils sont assis au centre tandis que les danseurs, essentiellement des femmes, forment un cercle autour d'eux. Elles dansent sur place et les spectateurs s'agglutinent tout autour. Il existe un répertoire de chants destinés à cette occasion mais les improvisations sont aussi très courantes.*
Si un morceau plaît à une femme, celle-ci grimpe sur une chaise, un pagne enroulé autour des hanches, et se met à danser.

Cinquante-septième leçon / 57

Corrigé de l'exercice 1
❶ Qui est monté sur la chaise ? ❷ Celle qui a revêtu une robe rouge. ❸ Non celle qui porte un pagne qui est en train de tomber. ❹ Ah ! Celle qui danse bien ? ❺ C'est ma petite sœur.

***

Corrigé de l'exercice 2
❶ – anayeoa – mwalimu – ❷ – aliyeshambuliwa – ❸ – anayefanya – ❹ – anayeolewa ❺ – jirani

***

Mdundiko est une danse – on dit aussi **ngoma** – originaire du pays zaramo, c'est-à-dire de la région de Dar es-Salaam. De nos jours elle s'est répandue sur toute la côte swahilie et dans les îles. Il s'agit en fait d'un défilé dansant qui a lieu pour toutes sortes d'occasions : mariages, fêtes politiques, etc., et même spontanément lorsque les musiciens, par exemple, décident de s'entraîner. Les instruments du **Mdundiko** sont tous des percussions : un gros tambour de fanfare, des maracas, différents tam-tam. Les danseuses évoluent devant et derrière les musiciens.

Deuxième vague : 8ᵉ leçon

Somo la hamsini na nane

Duka la vitabu

1 – Karibu. Nikusaidie nini?
2 – Ninatafuta kitabu kinachoitwa [1]: "Aliyeonja Pepo". [2]
3 – Tumekiagiza mwezi uliopita [3], lakini bahati mbaya, hatujakipata mpaka sasa.
4 – Lini utakipata?
5 – Jaribu kupita kesho kutwa.
6 – Na "Usiku utakapokwisha [4]", unacho?
7 – Hicho ninacho [5], kile pale.
8 – Kiasi gani?... Aa! Basi, nimesahau pochi nyumbani.
9 – Chukua, utaleta pesa japo [6] kesho.

Notes

1 **Kinachoitwa**, *qui est appelé*, Δ **ki-** (marqueur de sujet cl. 7, *il*) **-na-** (progressif) **-cho-** (pr. rel. cl. 7, *qui*) **-it-** (t. verb. *appeler*) **-w-** (passif) **-a** (modalité neutre).

2 **Aliyeonja Pepo** est un livre de Farouk Topan. **Aliyeonja**, *celui qui a goûté*, Δ **a-** (marqueur de sujet cl. 1, 1re pers., *il*) **-li-** (passé) **-ye-** (pr. rel. cl. 1, 3e pers. *qui*) **-onj-** (t. verb. *goûter*) **-a** (modalité neutre).

3 **Uliopita**, *qui est passé*, Δ **u-** (marqueur de sujet cl. 3 *il*) **-li-** (passé) **-o-** (pr. rel. cl. 3 *qui*) **-pit-** (t. verb. *passer*) **-a** (modalité neutre).

4 **Utakapokwisha**, *quand elle finira*, Δ **u-** (marqueur de sujet cl. 3 *elle*) **-taka-** (futur relatif) **-po-** (pr. rel. cl. 16 *quand*) **-kwish-** (t. verb. *finir*) **-a** (modalité neutre). Cette forme suggère plusieurs remarques. Tout d'abord, lorsqu'on insère un pronom relatif au futur, la marque de temps n'est plus **-ta-** (futur simple) mais **-taka-** (du verbe **kutaka**, *vouloir*, qui à est l'origine de cette marque de temps). Vous remarquez ensuite que le verbe **kwisha**, *finir*, qui fait partie des verbes monosyllabiques, conserve la marque **ku-** de l'infinitif quand il est employé sans marqueur d'objet. Enfin, vous avez ici le relatif **-po-** qui, ici, relève d'une autre classe (cl. 16)

Cinquante-huitième leçon

La librairie
(magasin de livres)

1 – Bienvenue. Puis-je vous être utile *(que-je-t'aide-en-quoi)* ?
2 – Je cherche [un] livre qui s'appelle *(je-cherche livre qui-est-appelé)* **Celui qui a goûté [au] Paradis**.
3 – Nous l'avons commandé le mois dernier *(nous-l'avons-commandé mois il-qui-est passé)*, mais malheureusement *(chance mauvaise)*, jusqu'à présent nous ne l'avons pas encore reçu *(nous-ne-l'avons-pas-encore-reçu)*.
4 – Quand l'aurez-vous *(tu-l'obtiendras)* ?
5 – Essayez *(essaye)* [de] repasser *(passer)* après-demain.
6 – Et *Lorsque la Nuit finira (nuit elle-lorsque-finira)*, vous l'avez *(tu-avec-lui)* ?
7 – Celui-là je l'ai *(je-avec-lui)*, c'est celui-là là-bas.
8 – C'est combien *(quantité quelle)* ? ... Oh ! Tant pis, j'ai oublié [mon] porte-monnaie à [la] maison *(j'ai-oublié bourse maison-à)*.
9 – Prenez *(prends)*, vous m'apporterez *(tu-apporteras)* [l']argent, même si ce n'est que demain.

---

que le marqueur de sujet (cl. 9). C'est normal puisque cette fois-ci le relatif ne renvoie au sujet grammatical de l'énoncé. Ce relatif en classe 16, (classe locative), a ici un sens temporel : *quand*. **Usiku utakapokwisha** est un livre de Mbunda Msokile.

5 Les deux tournures **unacho**, *tu l'as* (phrase 6), et **ninacho**, *je l'ai*, sont construites de la même façon. Par exemple **ni-** (marqueur de sujet cl. 1, 1ʳᵉ pers. *je*) **-na-** *(avec)* **-cho** (2ᵉ syllabe du pronom de rappel de cl. 8 *celui-ci*).

6 **Japo** est une forme figée du verbe **kuja**, *venir*, suivi du suffixe locatif de classe 16 **-po** et qui signifie ici *même si ce n'est que, ne serait-ce que*. Nous l'avons déjà rencontré à la leçon 39, note 3.

Zoezi la kwanza – Tafsiri

❶ Basi lipi linalokwenda Kilimanjaro? ❷ Basi la Kilimanjaro lile kule. ❸ Lile linalo mizigo mingi. ❹ Lakini mabasi yote yana mizigo mingi. ❺ Mfuate yule anayebeba sanduku, analipeleka kwenye basi linalokwenda Kilimanjaro.

***

Zoezi la pili – Kamilisha

❶ Quand tu partiras, viens ici.
. . . . , njoo hapa.

❷ Pourquoi ?
. . . . ?

❸ Il y a des enfants qui veulent voyager avec toi.
. . . . watoto . . . . kusafiri na wewe.

❹ Combien ?
. . . . ?

Somo la hamsini na tisa

Sanaa ya kimakua

1 – Tizama, nimenunua posti kadi nzuri sana.
2 – Hebu nione. A! Ni Tingatinga.
3 – Ndio, ninazozipenda [1] sana ni hizi.
4 – Mimi ninayoipenda [2] ni hii. Tizama alivyomchora [3] kobe.
5 – E! Ana makucha [4] kama chui!
6 – Kuliko chui, kama zimwi.

Corrigé de l'exercice 1

❶ Quel est l'autocar qui va au Kilimandjaro ? ❷ L'autocar du Kilimandjaro c'est celui-là là-bas. ❸ Celui qui a beaucoup de bagages. ❹ Mais tous les autocars ont beaucoup de bagages. ❺ Suis celui qui porte une valise, il l'apporte à l'autocar qui va au Kilimandjaro.

***

❺ Dix-huit.
. . . . na . . . . .

Corrigé de l'exercice 2

❶ Utakapoondoka – ❷ Kwa nini ❸ Kuna – wanaotaka – ❹ Wangapi ❺ Kumi – nane

Deuxième vague : 9ᵉ leçon

Cinquante-neuvième leçon

L'art makua

1 – Regarde, j'ai acheté [de] très belles cartes postales (*j'ai-acheté cartes postales belles très*).
2 – Fais-moi voir. Ah ! Ce sont [des] Tingatinga.
3 – Oui, celles que j'aime (*celles que-je-les-aime*) vraiment, [ce] sont celles-ci.
4 – Moi, celle que j'aime (*celle que-je-l'aime*), [c']est celle-ci. Regarde comment il a dessiné [la] tortue (*comme-il-l'a-dessinée tortue*).
5 – Oh ! Elle a des griffes comme [un] léopard.
6 – Plus [grosses] que [celles d'un] léopard, comme [celles d'un] ogre.

59 / Somo la hamsini na tisa

7 – Lakini hizi mbili ninazozipenda, zina maana kweli kweli.
8 Zinaonyesha maisha ya vijijini.
9 – Kwa mfano?
10 – Hii iliyo na [5] watu wanaocheza ngoma, basi inanikumbusha wakati nilipokwenda [6] Tunduru.
11 Walikuwa hivi hivi, utafikiri kawabandika!

Notes

1 **Ninazozipenda**, *celles que j'aime*, Δ **ni-** (marqueur de sujet cl. 1, 1re pers., *je*) **-na-** (présent) **-zo-** (pr. rel. cl. 10 *que*) **-zi-** (marqueur d'objet cl. 10 *elles*) **-pend-** (t. verb. *aimer*) **-a** (modalité neutre). Lorsque le pronom relatif reprend l'objet grammatical, il est toujours suivi du marqueur d'objet de la même classe car celui-ci est déterminé par la construction relative.

2 **Ninayoipenda**, *celle que j'aime*, Δ **ni-** (marqueur de sujet cl. 1, 1re pers. *je*) **-na-** (présent) **-yo-** (pr. rel. cl. 9 *que*) **-i-** (marqueur d'objet cl. 9 *elle*) **-pend-** (t. verb. *aimer*) **-a** (modalité neutre).

3 Il s'agit d'un tableau de Mruta. **Alivyomchora**, *comme il l'a dessinée*, Δ **a-** (marqueur de sujet cl. 1, 3e pers. *il*) **-li-** (passé) **-vyo-** (pr. rel. cl. 8 *comme*) **-m-** (marqueur d'objet cl. 1, 3e pers. *elle*) **-chor-** (t. verb. *dessiner*) **-a** (modalité neutre). Vous saviez déjà que la classe 8 permet d'exprimer la manière ; en voici un nouvel exemple.

4 **Makucha** est une forme augmentative, la forme simple est **kucha** (-) qui signifie *ongle* et *griffe*.

5 Comme toujours, *avoir* s'exprime à l'aide d'une locution qui signifie "être avec". À la forme relative, *être*, s'il n'est pas conjugué (comme dans

***

Zoezi la kwanza – Tafsiri

❶ Mtizame mwanamke yule anavyocheza ngoma. ❷ Anacheza vizuri sana, lakini sikiliza wapigaji wanavyopiga ngoma. ❸ Aa! Wanajua kweli kweli. ❹ Juzi, nilipokwenda Dar es-Salaam, niliona mdundiko Kariakoo. ❺ Ungewaona wanawake wanavyocheza, usingeondoka.

Cinquante-neuvième leçon / 59

7 – Mais mes deux préférées *(celles-là deux que-je-les-aime)* sont réalistes *(elles-ont sens vrai vrai).*
8 [Elles] montrent [la] vie rurale *(des villages).*
9 – Par exemple ?
10 – Celle-ci qui a *(elle-qui-a)* [des] gens qui dansent *(qui-ils jouent tam-tam)*, eh bien elle me rappelle [l']époque où je suis allé [à] Tunduru.
11 Ils étaient exactement comme ça *(ainsi ainsi)*, on dirait *(tu-penseras)* [qu']il les a collés !

le cas de **ni** et de **si**, s'exprime par une copule. Dans ce cas il s'agit de la copule **-li-** qu'il ne faut pas confondre avec le marqueur du passé affirmatif. **Iliyo na**, *qui a* (litt. "elle-qui-est avec"), Δ **i-** (marqueur de sujet cl. 9 *elle*) **-li-** (*être* forme relative) **-yo** (pr. rel. cl. 9, *le*) **na-** (*avec*).

6 Nilipokwenda, *lorsque, l'époque où je suis allé*, Δ **ni-** (marqueur de sujet cl.1, 1ʳᵉ pers. *je*) **-li-** (*passé*) **-po-** (pr. rel. cl. 16 *où*) **-kwend-** (t. verb. *aller*) **-a** (modalité neutre). Notez que, comme en français, le relatif locatif tient lieu de relatif temporel *l'époque où*, disons qu'il s'agit d'un espace dans le temps. Notez aussi que le verbe **kwenda**, *aller*, conserve le préfixe de l'infinitif lorsqu'il est employé sans marqueur d'objet.

Corrigé de l'exercice 1
❶ Regarde cette femme-là, comme elle danse. ❷ Elle danse très bien, mais écoute les batteurs comme ils jouent. ❸ Oh ! Ils savent vraiment bien jouer. ❹ Avant-hier, lorsque je suis allé à Dar es-Salaam, j'ai vu un *mdundiko* à Kariakoo. ❺ Si tu avais vu comment les femmes dansaient, tu ne serais plus parti.

Zoezi la pili – Kamilisha

❶ Hier quand tu es venu, tout le monde t'a regardé.
Jana . . . . watu wote walikutizama.

❷ Tu sais pourquoi ?
. . . . . . kwa nini?

❸ Ils ont trouvé étonnantes les cartes postales que tu nous a montrées.
Waliona ajabu posti kadi . . . .

❹ Ils ont aimé la façon dont la tortue était dessinée.
Walipenda kobe . . . .

❺ Moi, celles que je préfère sont celles qui ont des gens qui dansent.
Mimi . . . . ni zile . . . . . . watu
. . . . ngoma.

Les Makua sont un peuple établi à l'est du lac Nyassa, de part et d'autre du fleuve Ruvuma qui marque la frontière entre le Mozambique et la Tanzanie.
Quant à Eduardo Tingatinga (1937-1972), il est le fondateur d'une école de peinture de style naïf aujourd'hui connue dans le monde entier. Il est né dans la région de Tunduru, dans une famille Makua de paysans pauvres. Il est arrivé à Dar es-Salaam en 1955 où il a travaillé comme domestique chez des fonctionnaires européens

Somo la sitini

Saba saba

1 – **Twe**nde **kwe**nye mao**nye**sho **ya sa**ba sa**ba** [1].
2 – **Si**na **ha**mu.
3 – Ku**zu**ri **sa**na, **mwa**ka **ja**na Sing**i**da tuliwa**hi** [2] ku**o**na **vi**tu vinavyo**u**zwa [3] **n**chi za **n**je.
4 – **Vi**tu **ga**ni?

Corrigé de l'exercice 2
❶ – ulipokuja – ❷ Unajua – ❸ – ulizozituonyesha – ❹ – alivyochorwa –
❺ – ninazozipenda – zinazo – wanaocheza –

jusqu'en 1961, date de l'indépendance. Puis il s'est retrouvé au chômage. C'est alors qu'il a remarqué que les peintures en provenance du Congo étaient très appréciées et qu'il lui est venu l'idée de peindre avec de la laque sur des plaques d'isorel de 60 x 60 cm. La peinture au carré était née. Ses thèmes favoris, et aussi les plus appréciés par ses clients qui lui achetaient à la sortie des magasins, étaient des scènes de village, des animaux et des plantes. Il s'est inspiré de la tradition picturale de son pays où l'on peint les murs des maisons en utilisant des couleurs d'origine végétale et minérale. Le succès aidant, son entourage s'est joint à lui dans son atelier : son cousin January Linda (1947), son frère Simon G. Mpata (1940-1983), son neveu Kasper Henri Tedo (1949-1980), ainsi que d'autres comme Adeusi Mmatambwe (1947-1983) et Omari Alcoye Amonde (± 1940). Eduardo Tingatinga est mort en 1972 dans l'accident d'une voiture prise en chasse par la police de Dar es-Salaam. Les peintures dites "tingatinga" sont régulièrement exposées dans les pays européens.

Deuxième vague : 10ᵉ leçon

Soixantième leçon

Le sept juillet *(sept sept)*

1 – Allons à [l'] exposition du sept juillet *(sept sept)*.
2 – Je n'ai pas *(je-n'ai-pas)* envie.
3 – C'est très beau *(lieu beau très)*, l'année dernière *(hier)* [à] Singida nous avons eu l'occasion de voir ce que l'on exporte *(nous-avons-eu-l'occasion voir choses elles-qui-sont-vendues pays de extérieur)*.
4 – Quoi *(choses quelles)* ?

60 / Somo la sitini

 5 – Kahawa na chai kutoka Moshi, korosho kutoka mkoa wa pwani, na pamba inayolimwa [4] Mwanza.
 6 – Kuna mazao tu?
 7 – Hapana. Kuna madini ya aina mbalimbali yanayopatikana [5] Tanzania: almasi, mawe mazuri na dhahabu.
 8 – Na vitu vinavyofanywa [6] hapa?
 9 – Vipo, kama mazulia ya mkonge, mikeka na vitu vya sanaa.
 10   Hata sigara na soda zinazotengenezwa [7] hapa zipo. Unaweza kuonja soda.
 11 – Kama kuna soda twende, nina hamu nayo [8] sana. □

Notes

1 Le 7 juillet ou **saba saba** est une fête nationale en Tanzanie où sont présentées les principales productions du pays.

2 Le verbe **kuwahi** n'a pas tout à fait le même sens selon le temps auquel il est employé. Au passé, comme ici, il signifie *avoir eu l'occasion de faire quelque chose*, au futur il prend le sens de *avoir le temps de*. Par exemple : **sitawahi kufika**, *je n'aurai pas le temps d'arriver*, autrement dit "je serai en retard" ou même plus simplement **sitawahi**, *je n'aurai pas le temps*.

3 **Vinavyouzwa**, *qui sont vendues*, Δ **vi-** (marqueur de sujet cl. 8 *elles*) **-na-** (présent) **-vyo-** (pr. rel. cl. 8 *qui*) **-uz-** (t. verb. *vendre*) **-w-** (passif) **-a** (modalité neutre).

4 **Inayolimwa**, *qui est cultivé*, Δ **i-** (marqueur de sujet cl. 9 *il*) **-na-** (présent) **-yo-** (pr. rel. cl. 9 *qui*) **-lim-** (t. verb. *cultiver*) **-w-** (passif) **-a** (modalité neutre).

***

Zoezi la kwanza – Tafsiri

❶ Ni vitu gani vinavyouzwa hapa? ❷ Vitu mbalimbali, kama mazao ya nchini. ❸ Mazao gani? ❹ Pamba inayolimwa mkoa wa Mwanza. ❺ Na vitu vinavyotengenezwa kwenye nchi za nje kama kahawa inayotoka Uganda na chai kutoka Kenya.

Soixantième leçon / 60

5 – [Du] café et [du] thé *(provenant)* de Moshi, [des] noix de cajou *(provenant)* de [la] région de [la] côte et [du coton] *(qui-est-cultivé)* cultivé [à] Mwanza.

6 – Il n'y a que [des] produits agricoles *(il-y-a récoltes seulement)* ?

7 – Non. Il y a [des] minéraux de toutes sortes *(sortes différentes)* que l'on trouve [en] Tanzanie : [du] diamant, [des] pierres précieuses *(pierres belles)* et [de] l'or.

8 – Et [les] choses qui sont fabriquées *(elles-qui-sont-faites)* ici ?

9 – Il y en a, comme [des] tapis de sisal, [des] nattes et [de] l'artisanat *(choses d'art)*.

10 Il y a même [des] cigarettes et [des] sodas fabriqués ici *(même cigarettes et sodas ils-qui-sont-fabriqués ici ils-y-sont)*. Tu peux goûter [aux] sodas.

11 – S'il y a [des] sodas, allons-y, j'en ai très envie *(j'ai-envie avec-eux très)*.

---

5 Yanayopatikana, *que l'on trouve*, Δ **ya-** (marqueur de sujet cl. 6 *elles*) **-na-** (présent) **-yo-** (pr. rel. cl. 6 *qui*) **-patikan-** (t. verb. *être trouvable*) **-a** (modalité neutre). Il s'agit d'une extension du verbe **kupata**, *obtenir*, que nous étudierons ultérieurement.

6 Vinavyofanywa, *qui sont faites*, Δ **vi-** (marqueur de sujet cl. 8 *elles*) **-na-** (présent) **-vyo-** (pr. rel. cl. 8 *qui*) **-fany-** (t. verb. *faire*) **-w-** (passif) **-a** (modalité neutre).

7 Zinazotengenezwa, *que l'on fabrique*, Δ **zi-** (marqueur de sujet cl. 10 *elles*) **-na-** (présent) **-zo-** (pr. rel. cl. 10 *qui*) **-tengenez-** (t. verb. *fabriquer*) **-w-** (passif) **-a** (modalité neutre).

8 Nayo Δ **na-**, *avec* + **-yo** (suffixe de l'anaphorique cl. 9 *lui*).

***

Corrigé de l'exercice 1

❶ Quelles sont les choses qui sont vendues ici ? ❷ Beaucoup de choses, comme des productions du pays. ❸ Quelles productions ? ❹ Du coton qui est cultivé dans la région de Mwanza. ❺ Et des choses fabriquées dans les pays étrangers comme du café qui provient d'Ouganda et du thé du Kenya.

Zoezi la pili – Kamilisha

❶ Maman a commandé beaucoup de choses.
   Mama . . . . vitu vingi.

❷ Quelles choses ?
   Vitu . . . . ?

❸ Des choses qui proviennent de différents endroits.
   Vitu . . . . mahali mbalimbali.

❹ Mais est-ce que ce sont des choses que l'on peut se procurer *(qui sont trouvables)* ?
   Lakini ni vitu . . . . ?

Somo la sitini na moja

Kwa sonara

1 – **Le**o nime**pi**ta **kwa** so**na**ra.
2 – Umenu**nu**a **ki**tu?
3 – **Ba**do, ninababa**i**ka. **Ki**tu nilichoki**pen**da [1] **sa**na ki**da**ni **cha** dha**ha**bu.
4 – **Ki**ko **vi**pi?
5 – **Ni ki**le nilichokuonyesha [2] **si**ku **i**le tulipo**pi**ta [3].
6 – **Gha**li! Si**ju**i **ka**ma mchumba **wa**ko ataku**ba**li.
7 – **Ba**si cho**cho**te atakacho**ni**pa [4] nitafu**ra**hi.
8 – Usha**u**ri **wan**gu, **bo**ra ucha**gu**e he**re**ni tulizozi**o**na [5] **kwe**nye **du**ka **la pi**li.

❺ Oui, ce sont des choses qui sont vendues même dans les marchés.
Ndio, ni vitu . . . . hata masokoni.

Corrigé de l'exercice 2
❶ – ameagiza – ❷ – gani ❸ – vinavyotoka – ❹ – vinavyopatikana
❺ – vinavyouzwa –

Deuxième vague : 11ᵉ leçon

Soixante et unième leçon

Chez [le] bijoutier

1 – Aujourd'hui je suis passée *(je-suis-passée)* chez [le] bijoutier.
2 – Tu as acheté *(tu-as-acheté)* [quelque] chose ?
3 – Pas encore, j'hésite. [La] chose que j'ai préférée *(elle-que-je-l'aimée beaucoup)* [c'est le] collier en or.
4 – Comment est-il *(il-est comment)* ?
5 – [C']est celui que je t'ai montré [le] jour *(est celui que-je-te-l'ai-fait-voir jour celui-là)* où nous sommes passées.
6 – [Il est] cher ! Je ne sais pas si ton fiancé acceptera *(je ne sais pas si fiancé de-toi il-acceptera)*.
7 – Eh bien tout *(chose quelle-qu'elle-soit)* ce qu'il me donnera me fera plaisir *(que-il-me-la-donneras je-serai-contente)*.
8 – Un conseil *(conseil de-moi)*, il vaut mieux que tu choisisses [les] boucles d'oreilles que nous avons vues dans [le] deuxième magasin *(que-tu-choisisses boucles-d'oreilles lesquelles-nous-les-avons-vues dans magasin de deux)*.

61 / Somo la sitini na moja

9 – **Kwe**li, **ni** be**i** na**f**uu. M**chum**ba **wan**gu ata**o**na si**f**uji **pe**sa.

Notes

1 **Nilichokipenda**, *que j'ai aimée*, Δ **ni-** (marqueur de sujet cl. 1, 1ʳᵉ pers. *je*) **-li-** (passé) **-cho-** (pr. rel. cl. 7, *que*) **-ki-** (marqueur d'objet cl. 7) **-pend-** (t. verb. *aimer*) **-a** (modalité neutre).

2 **Nilichokuonyesha**, *que je t'ai montré*, Δ **ni-** (marqueur de sujet cl. 1, 1ʳᵉ pers. *je*) **-li-** (passé) **-cho-** (pr. rel. cl. 7 *que*) **-ku-** (marqueur objet cl. 1, 2ᵉ pers. *te*) **-onyesh-** (t. verb. *montrer*) **-a** (modalité neutre).

***

Zoezi la kwanza – Tafsiri

❶ Nikupe pesa au nikuletee zawadi? ❷ Chochote utakachonipa ni sawa. ❸ Basi, ninakupa pesa. ❹ Ahsante. Nitanunua kile kidani nilichokuonyesha. ❺ Hata mimi ninakipenda.

***

Zoezi la pili – Kamilisha

❶ Où sont les pagnes que tu as achetés ?
   Hizo kanga . . . . ziko wapi?

❷ À la maison. Je les ai déposés lorsque nous y sommes passés.
   Nyumbani. Niliziweka . . . .

❸ J'ai envie de les voir, ils sont de quelle couleur ?
   Nina hamu ya . . . . , zina rangi gani?

❹ Noirs avec du rouge, ce sont ceux que nous avions vus, tu les as déjà oubliés ?
   Nyeusi kwa wekundu, ni zile . . . . ,
   umeshazisahau?

❺ Ah ! Ça y est, je les connais, ils sont très beaux.
   Aaa! Tayari . . . . , ni nzuri sana.

Soixante et unième leçon / 61

9 – [C'est] vrai, [c']est meilleur marché *(est prix convenable)*. Mon fiancé verra *(fiancé de-moi il-verra)* [que] je ne jette pas *(je n'emploie pas mal)* [l'] argent [par les fenêtres].

3 **Tulipopita**, *où nous sommes passées*, Δ **tu-** (marqueur de sujet cl. 2, 1ʳᵉ pers. *nous*) **-li-** (passé) **-po-** (pr. rel. cl. 16 *où*) **-pit-** (t. verb. *passer*) **-a** (modalité neutre).

4 **Atakachonipa**, *qu'il me donnera*, Δ **a-** (marqueur de sujet cl. 1, 3ᵉ pers., *il*) **-taka-** (futur relatif) **-cho-** (pr. rel. cl. 7 *que*) **-ni-** (marqueur d'objet cl. 1, 1ʳᵉ pers. *me*) **-p-** (rad. verb. *donne:*) **-a** (modalité neutre).

5 **Tulizoziona**, *que nous avons vues*, Δ **tu-** (marqueur de sujet cl. 2, 1ʳᵉ pers. *nous*) **-li-** (passé) **-zo-** (pr. rel. cl. 10 *que*) **-zi-** (marqueur d'objet cl. 10) **-on-** (t. verb. *voir*) **-a** (modalité neutre). Vous constatez que le marqueur d'objet est inséré lorsque le pronom relatif renvoie à l'objet grammatical.

***

Corrigé de l'exercice 1
❶ Est-ce que je donne de l'argent ou bien je t'apporte un cadeau ? ❷ Tout ce que tu me donneras, c'est bien. ❸ Alors, je te donne de l'argent. ❹ Merci. J'achèterai le collier que je t'ai montré. ❺ Moi aussi je l'aime.

***

Corrigé de l'exercice 2
❶ – ulizinunua – ❷ – tulipopita ❸ – kuziona – ❹ – tulizoziona – ❺ – ninazijua –

Deuxième vague : 12ᵉ leçon

mia mbili na thelathini na sita

Somo la sitini na mbili

Kwenye kichochoro [1]

1 – Njoo nikueleze matatizo niliyoyapata [2].
2 – Kuna nini tena? Mbona unapumua sana?
3 – Nilipita kwa mpenzi wangu, sikumkuta...
4 – Aa! Hayo sio matatizo. Hebu nielezee yaliyokufika [3].
5 – Huwa [4] ninakwenda kwa baiskeli.
6 Kama hayupo barazani, ninajidai kuitengeneza kichochoroni kwao...
7 – Leo hukuweza?
8 – Nilifanya kama kawaida, akaja mlezi wake, akaniambia:
9 "Kila siku ukifika hapa baiskeli hii inaharibika. Shika spana, uitengeneze."
10 Unajua, mzee mwenyewe ni fundi. Ndiyo [5] maana alijua haina matatizo.
11 – Ulifanya nini?
12 – Nilikimbia na baiskeli kaichukua. Watu wote barazani walinizomea.

Soixante-deuxième leçon

Dans [une] ruelle

1 – Viens que je t'explique [les] problèmes que j'ai eus *(que-je-t'explique problèmes lesquels-je-les-ai-eus)*.
2 – Qu'est-ce qu'il y a encore *(il-y-a quoi encore)* ? Pourquoi es-tu si essoufflé *(tu-respires beaucoup)* ?
3 – Je suis passé chez ma petite amie *(je-suis-passé chez amante de-moi)*, je ne l'ai pas trouvée *(je-ne-l'ai-pas-rencontrée)*...
4 – Ah ! Ça ce n'est pas [un] problème *(celles-ci ne-son- pas problèmes)*. Raconte-moi ce qui t'est arrivé *(explique-moi affaires lesquelles-te-sont-arrivées)*.
5 – D'habitude j'y vais *(j'y-vais)* en bicyclette.
6 Si elle n'est pas sur [la] baraza *(si-elle-n'est-pas banc-de-pierre-sur)*, je fais semblant *(je-me-prétends)* [de la] réparer dans leur ruelle *(ruelle-dans de-eux)*...
7 – Aujourd'hui tu n'as pas pu *(tu-n'as-pas-pu)* ?
8 – J'ai fait *(j'ai-fait)* comme [d']habitude, son "père adoptif" est arrivé et m'a dit *(il-est-alors-venu celui-qui-élève de-elle et-il-a-dit)* :
9 "Chaque jour, dès que tu arrives *(alors-que-tu-arrives)* ici, cette bicyclette *(bicyclette celle-ci)* se déglingue. Prends ces outils *(prends outils ceux-ci)* et répare-la *(que-tu-la répares)*."
10 Tu sais, ce monsieur *(tu-sais vieux lui-même)* est mécanicien *(artisan)*. [C']est pour ça *(c'est-pour-cela)* [qu']il savait [qu']elle n'avait rien *(elle-n'a-pas problème)*.
11 – Qu'est-ce que tu as fait *(tu-as-fait quoi)* ?
12 – Je me suis enfui *(j'ai-couru)* et [la] bicyclette, il l'a prise *(il-l'a-prise)*. Tous [les] gens sur [la] baraza se sont moqués de moi *(gens tous banc-de-pierre-sur ils-moi-se-sont-moqués)*.

mia mbili na thelathini na nane •

Notes

1 Les villes de la côte swahilie se caractérisent par un enchevêtrement de ruelles si étroites que seules les bicyclettes peuvent y passer. Les villes les plus célèbres pour leur architecture sont Lamu, le vieux Mombasa, Tanga et Zanzibar.

2 **Niliyoyapata**, *que j'ai eus*, Δ **ni-** (marqueur de sujet cl. 1, 1ʳᵉ pers. *je*) **-li-** (passé) **-yo-** (pr. rel. cl. 6, *que*) **-ya-** (marqueur d'objet cl. 6) **-pat-** (t. verb. *obtenir*) **-a** (modalité neutre).

***

Zoezi la kwanza – Tafsiri

❶ Kila siku Juma huwa anaiba samaki kwao, halafu husema ni paka. ❷ Leo utashaangaa wazazi wake walivyokasirika. ❸ Walifanya nini? ❹ Walimwambia awale wote, na kama hatawamaliza, atapelekwa polisi. ❺ Ninashangaa unavyoamini mambo hayo ya kitoto.

***

Zoezi la pili – Kamilisha

❶ Il faut que tu ailles chercher des citrons.
 . . . . uende kutafuta malimau.

❷ Combien dois-je t'en apporter ?
 . . . . mangapi?

❸ Cinq ou six.
 . . . . . . au sita.

❹ Ceux que j'ai eus sont ces deux-là seulement.
 . . . . haya mawili tu.

❺ Ils ne suffisent pas, d'habitude j'en utilise cinq.
 Hayatoshi, ... ninatumia matano.

Soixante-deuxième leçon / 62

3 **Yaliyokufika**, *qui te sont arrivées*, sous-entendu : **mambo**, *choses*, Δ **ya-** (marqueur de sujet cl. 6, *elles*) **-li-** (passé) **-yo-** (pr. rel. cl. 6, *qui*) **-ku-** (marqueur d'objet. cl. 1, 2ᵉ pers. *te*) **-fik-** (t. verb. *arriver*) **-a** (modalité neutre).

4 **Huwa**, *d'habitude*, est le verbe **kuwa**, *être*, à l'habituel.

5 **Ndiyo** que jusqu'à présent nous avons traduit par *oui*, signifie en réalité *c'est cela*. Il est formé de **ndi** – suivi du pronom de rappel en classe 9 **-yo**.

***

Corrigé de l'exercice 1
❶ Tous les jours Juma a l'habitude de voler du poisson chez lui, et puis il prétend à chaque fois que c'est le chat. ❷ Tu seras surpris de la façon dont ses parents se sont fâchés aujourd'hui. ❸ Qu'est-ce qu'ils ont fait ? ❹ Ils lui ont dit de les manger tous, et s'il ne les terminait pas, il serait conduit à la police. ❺ Je suis surpris de la façon dont tu crois à ces enfantillages.

***

Corrigé de l'exercice 2
❶ Inabidi – ❷ Nikuletee – ❸ Matano – ❹ Niliyoyapata – ❺ – huwa –

Deuxième vague : 13ᵉ leçon

Somo la sitini na tatu

Marudio – Révisions

Au cours des six dernières leçons nous avons abordé une forme que nous avions soigneusement évitée jusqu'alors en raison de sa complexité : la forme relative. En voici un aperçu récapitulatif.

1 Les constructions relatives

Il existe plusieurs façons de former des relatives. Au présent (**-na-**), au passé (**-li-**) et au futur (**-ta-**), on insère un relatif après la marque de temps. Au futur la marque de temps devient **-taka-**. Le module verbal se décompose selon ce tableau :

	1	2	3	4	5	6
	Marqueur de sujet	Temps ou aspect	Pr. relatif	Marqueur d'objet	Thème verbal	Modalité
Présent aff.	aff.	**-na-**	+		les verbes monosyllabiques conservent le marqueur **ku-** de l'infinitif lorsqu'ils sont employés sans infixe objet	**-a**
Passé aff.	aff.	**-li-**	+			**-a**
Futur aff.	aff.	**-taka-**	+			**-a**

Le pronom relatif est identique à la seconde syllabe de l'anaphorique, sauf pour la classe 1. Il prend donc les formes suivantes :

Classes	Pronom de rappel	Pronom relatif
1	**huyo**	**-ye-**
2	**hao**	**-o-**
3	**huo**	**-o-**
4	**hiyo**	**-yo-**
5	**hilo**	**-lo-**
6	**hayo**	**-yo-**

Soixante-troisième leçon

7	hicho	-cho-
8	hivyo	-vyo-
9	hiyo	-yo-
10	hizo	-zo-
11	huo	-o-
15	huko	-ko-
16	hapo	-po-
17	huko	-ko-
18	humo	-mo-

Lorsque l'antécédent du pronom relatif occupe la fonction de sujet grammatical, il appartient à la même classe que le marqueur de sujet puisque les deux renvoient à l'antécédent. Par exemple :
mwanamke **a**li**ye**olewa (cl. 1), *la femme qui s'est mariée*
mwezi **u**li**o**pita (cl. 3), *le mois dernier* (litt. "qui est passé")
madini **ya**na**yo**patikana (cl. 6), *les minerais que l'on trouve* (litt. "qui sont trouvables")
kitabu **ki**na**cho**itwa (cl. 7), *le livre qui s'appelle*
vitu **vi**na**vyo**uzwa (cl. 8), *les choses qui sont vendues*
kanga ina**yo**anguka (cl. 9), *le pagne qui tombe*
soda zina**zo**tengenezwa (cl. 10), *les sodas qui sont fabriqués*

Lorsque l'antécédent occupe la fonction d'objet grammatical, le pronom relatif et le marqueur d'objet s'accordent dans la classe de l'antécédent. Par exemple :
kitu nina**cho**ki**penda (cl. 7), *la chose que j'aime*
matatizo nili**yo**ya**pata (cl. 6), *les problèmes que j'ai eus*
picha ninayo**i**penda (cl. 9), *la photo que j'aime*
herini tuli**zo**z**iona (cl. 10), *les boucles d'oreilles que nous avons vues*

Lorsqu'il y a deux objets, l'un faisant référence à une chose et l'autre à un être animé (généralement le destinataire de la chose transmise), dans ce cas le relatif fait référence à l'antécédent (qu'il occupe la fonction de sujet ou celle d'objet grammatical peu importe) tandis que le marqueur d'objet renvoie au destinataire.

mia mbili na arobaini na mbili • 242

Par exemple :
mambo **ya**li**yoku**fika (antécédent cl. 6, marqueur de sujet cl. 6, marqueur d'objet cl. 1, 2ᵉ pers.), *les choses qui te sont arrivées*
chocho**t**e **a**taka**cho**ni**pa** (antécédent cl. 7, marqueur de sujet cl. 1, pr. rel. cl. 7, marqueur d'objet cl.1, 1ʳᵉ pers.), *tout ce qu'il me donnera*
kidani **ni**li**cho**ku**o**nyesha (antécédent cl. 7, marqueur de sujet cl. 1 1ʳᵉ pers., pr. rel. cl. 7, marqueur d'objet cl. 1, 2ᵉ pers.), *le collier que je t'ai montré.*

1.1 Le relatif temporel

Le relatif de classe 16 **-po-** sert à exprimer un point de repère dans le temps lorsqu'il est employé sans antécédent. Il se traduit alors par *où*, *lorsque*. Par exemple :
siku tulipopita, *le jour où nous sommes passés*
nilipokwenda Tunduru, *lorsque je suis allé à Tunduru*
usiku utakapokwisha, *lorsque la nuit se finira*

1.2 Le relatif de manière

Le relatif de classe 8 **-vyo-** permet d'exprimer la manière quelle que soit la classe de laquelle relève l'antécédent. Il s'agit d'un accord sémantique (nous avons déjà vu que les classes 7 et 8 ont la particularité d'exprimer aussi la manière). Par exemple :
tizama alivyomchora kobe, *regarde comment il a dessiné la tortue*
ninapenda jinsi unavyopika samaki, *j'aime la façon* (cl. 9) *dont* (pr. rel. cl. 8) *tu cuisines le poisson*
sijui namna utakavyofanya, *je ne sais pas de quelle façon* (cl. 9) *tu feras* (pr. rel. cl. 8).

2 "En avoir"

On le traduit par **na** suivi de la seconde syllabe du pronom de rappel. Ce suffixe a la même forme que le relatif mais il n'en a pas le sens. Par exemple :
(en parlant d'un livre) **unacho?**, *est-ce que tu l'as ?* (litt. "tu avec lui")
(en parlant d'un soda) **nina hamu nayo**, *j'en ai envie* (litt. "j'ai envie avec lui")
Il est en effet impossible d'employer **na** sans ce pronom de rappel. Vous entendrez fréquemment le dialogue suivant :

Unazo pesa? ou bien **Pesa unazo?**	**Ninazo.**
Est-ce que tu as de l'argent ?	*J'en ai.*

Soixante-troisième leçon / 63

Mazungumzo ya marudio

1 – Karibu! Karibu! Nikusaidie nini?
2 – Ningependa kuona hereni hizi.
3 – Ni kwa msichana?
4 – Ni kwa mchumba wangu.
5 – Kuna kitu anachokipenda zaidi? Kwa mfano almasi au tanzanite?
6 – Anachokipenda ni tanzanite. Lakini ni ghali.
7 – Tizama hizo. Ni mawe madogo. Huwa tunauza vizuri.
8 – Ndio. Hizi ni nzuri. Ni kiasi gani?
9 – A kwa mchumba bei si tatizo. Nitakufanyia bei.
10 – Ahsante. Kiasi gani?
11 – Huwa tunauza dala mia nne na hamsini. Nitakufanyia kwa mia nne na thelathini
12 – Sina kiasi hicho.
13 – Una kiasi gani?
14 – Mia nne.
15 – Tizama kidani chake hapa.
16 Ukichukua hereni pamoja na kidani, hereni utapata kwa bei niliyosema.
17 – Aa! Kama unavyoniona siwezi. Kidani nitanunua mwaka ujao kwa ajili ya harusi.
18 – Haya lete dala mia nne.

Traduction

1 Bienvenue ! Bienvenue ! En quoi puis-je vous être utile ? **2** Je voudrais voir ces boucles d'oreilles. **3** C'est pour une jeune femme ? **4** C'est pour ma fiancée. **5** Y a-t-il quelque chose qu'elle préfère ? Par exemple du diamant ou de la tanzanite ? **6** Ce qu'elle préfère c'est la tanzanite mais c'est cher. **7** Regardez celles-ci. Ce sont des petites pierres. D'habitude nous les vendons bien. **8** Oui. Celles-ci sont belles. C'est combien ? **9** Aaah pour une fiancée le prix n'est pas un problème. Je vous ferai un prix. **10** Merci. C'est combien ? **11** D'habitude nous les vendons pour 450 dollars.

Je vous les ferai à 430. **12** Je n'ai pas cette somme *(quantité)*. **13** Combien avez-vous ? **14** Quatre cents. **15** Regardez le collier qui va avec. **16** Si vous prenez les boucles d'oreilles avec le collier je vous fais les boucles au prix que j'ai dit. **17** Ah ! Mais tel que vous me voyez je ne peux pas. Le collier je l'achèterai l'année prochaine pour le mariage. **18** Allez ! Donnez-moi 400 dollars.

Bravo ! Vous voici presque au bout de vos peines. Vous connaissez maintenant toutes les colonnes du module verbal. Chaque ligne du module verbal, par exemple le présent affirmatif, le présent négatif, le futur relatif, etc., s'appelle un tiroir verbal *qui est composé des seuls éléments compatibles entre eux. Vous*

Somo la sitini na nne

À partir de maintenant, nous ne ferons plus figurer le mot-à-mot complet systématiquement car vous commencez à suffisamment bien maîtriser la langue pour vous en passer. De même, les crochets n'apparaîtront plus qu'en cas de nécessité.

Kunguru ¹

1 – He! **Ku**mbe, kun**gu**ru wa**ka**li **sa**na!
2 – Wamekudo**no**a?
3 – Ha**wa**kuwahi. Una**ju**a, **wa**le **m**bwa wanao**ka**a **pa**le jaani, nili**ta**ka ku**wa**pa **nya**ma am**ba**yo imehari**bi**ka ².
4 – **Kwa hi**yo?
5 – Nilipo**to**ka ³ **n**je **tu**, kunguru waliponi**o**na nime**be**ba cha**ku**la, waka**a**nza **ku**ja **te**le, wana**ta**ka kuniva**mi**a.
6 – Uka**fa**nya **ni**ni?
7 – Nilio**go**pa, **ki**la **ki**tu nilicho**ku**wa **na**cho ⁴ nikaki**tu**pa, m**pa**ka sa**ha**ni.

les connaissez presque tous. Nous allons maintenant compléter les colonnes 3, celle des pronoms relatifs, et 6, celle des extensions. Vous avez donc maintenant acquis tous les principes de la grammaire swahilie, il ne vous reste qu'à les mettre en pratique par l'écoute et la parole. N'hésitez pas à lire et relire vos textes à voix haute, et mieux encore, à passer et repasser vos enregistrements. C'est de cette pratique quotidienne que vous viendra l'aisance et vous pourrez bientôt envisager de partager la bonne humeur et les plaisanteries des habitants de la côte swahilie.

Deuxième vague : 14e leçon

Soixante-quatrième leçon

Les corbeaux

1 – Oh ! Ça alors, [qu'est-ce que les] corbeaux [sont] méchants *(très)* !
2 – Ils t'ont donné des coups de bec *(becqueté)* ?
3 – Ils n'ont pas eu le temps. Tu sais, les chiens qui [sont toujours] *(restent)* sur le tas d'ordures *(là-bas tas-d'ordures-sur)*, j'ai voulu leur donner la viande qui est abîmée.
4 – Et alors ?
5 – Dès que je suis sortie *(dès-que-je-suis-sortie dehors)*, lorsqu'ils m'ont vue transporter de la nourriture, [les] corbeaux ont commencé à venir en nombre *(corbeaux lorsqu'ils-m'ont-vue je-portais nourriture, ils-ont-commencé venir nombreux)*, ils cherchaient à m'assaillir *(ils-veulent me-fondre-dessus)*.
6 – Et [qu'est-ce que] tu as fait ?
7 – J'ai eu peur, j'ai jeté tout ce que j'avais *(j'ai-eu-peur chose toute que-j'étais avec-elle je-l'ai-jetée)*, même *(jusqu'à)* l'assiette.

8 – **He**! Kunguru! **Wa**na a**ki**li, wana**ju**a **hu**yu mwana**mke**, **hu**yu mwana**mme**.

9 **Ha**ta [5] wakiwa**o**na wa**to**to wana**ku**la **n**je [6], **ba**si wanawashambu**li**a.

Notes

1. Une espèce de corbeaux, introduits en Afrique orientale à l'époque du sultanat a proliféré dans les villes et autour des tas d'ordures. Là où ces animaux, qui ont une remarquable organisation, se sont développés en nombre, les autres espèces d'oiseaux ont disparu car ils s'attaquent aux œufs et aux oisillons. Ils chassent en groupe, trouvent des stratagèmes pour divertir l'attention de leurs proies, et n'hésitent pas à s'attaquer au casse-croûte des personnes sans défense.

2. Lorsqu'un verbe est conjugué au résultatif, il est impossible d'insérer un pronom relatif dans le module verbal. Dans ce cas, on emploie le thème **amba-** auquel on suffixe le relatif. Par exemple **ambayo imeharibika** Δ **amba** + **yo** (rel. cl. 9 *qui*) **i-** (marqueur de sujet cl. 9 *elle*) **-me-** (résultatif) **-haribik-** (t. verb. *être abîmé*) **-a** (modalité neutre).

3. **Nilipotoka**, *quand je suis sortie*, Δ **ni-** (marqueur de sujet cl. 1 *je*) **-li-** (passé) **-po-** (pr. rel. cl. 16, *quand*) **-tok-** (t. verb. *sortir*) **-a** (modalité neutre). Le pronom relatif de classe 16 sert à former des relatives temporelles.

4. Vous savez depuis longtemps qu'il n'y a pas de verbe *avoir* en swahili et que cette notion s'exprime par "être avec" ; vous savez aussi que **na**

***

Zoezi la kwanza – Tafsiri

❶ Mbona unakimbia? ❷ Ninaogopa mbwa, nimetupa kila kitu nilichokuwa nacho. ❸ Lakini mbwa wale hawawashambulii watu. ❹ Nimeogopa sana. Aa! Mpaka ile pete ambayo nimepewa na mchumba wangu, basi imenitoka. ❺ Kumbe! Uliogopa sana!

Soixante-quatrième leçon / 64

8 – Oh ! Les corbeaux ! Ils sont intelligents *(ont intelligence)*, ils savent si c'est une femme *(celle-ci femme)* ou si c'est un homme *(celui-ci homme)*.
9 Au point que lorsqu'ils voient des enfants en train de manger dehors, eh bien ils les attaquent.

doit toujours être suivi d'un complément qui peut se présenter sous la forme d'un nom ou d'un pronom. **Nilikuwa nacho**, *que j'avais*, Δ **ni-** (marqueur de sujet cl. 1, 1ʳᵉ pers. *je*) **-li-** (passé) **-kuw-** (t. verb. *être*) **-a** (modalité neutre) + **na-** (*avec*) **-cho** (2ᵉ syllabe de l'anaphorique).

5 **Hata** signifie *jusqu'à ce que*, *au point que*.

6 Dans la phrase 5, nous avons traduit **wanataka kunivamia** par *voulant m'assaillir*, et dans la phrase 9, nous traduisons **watoto wanakula nje** par *des enfants en train de manger dehors*. En swahili, le présent est ce que l'on appelle un présent progressif, c'est-à-dire qu'il traduit l'idée de "être en train de faire quelque chose".

***

Corrigé de l'exercice 1

❶ Pourquoi est-ce que tu cours ? ❷ J'ai peur des chiens, j'ai jeté tout ce que j'avais. ❸ Mais ces chiens n'attaquent pas les gens. ❹ J'ai eu très peur. Oh ! J'ai même perdu la bague que m'avait donnée mon fiancé. ❺ Eh bien ! Tu as eu peur !

Zoezi la pili – Kamilisha

❶ Dans l'assiette il y a de la viande qui est abîmée.
 Kwenye . . . . . . mna nyama . . . . . . imeharibika.

❷ Eh bien, va la donner aux corbeaux !
 Basi . . . . . . kunguru!

❸ Oh, je crains qu'ils ne m'attaquent.
 Aa, ninaogopa . . . .

❹ Alors qu'est-ce que tu vas faire ?
 Kwa hiyo . . . . nini?

❺ Je la donnerai aux chats ce soir, à un moment où les corbeaux sont déjà couchés.
 . . . . paka usiku, wakati . . . . . kunguru wameshalala.

Somo la sitini na tano

Kuhama

1 – **Vi**pi? Mna**ta**ka msaa**d**a?
2 – Ha**pa**na. **Tu**na mata**ti**zo **y**a ma**fu**ta **tu**, **na** tumem**tu**ma **m**to**to m**ji**ni akanu**nu**e.
3 – **A**u nikutafuti**e**ni ga**ri** [1] **y**a **pu**nda?
4 – Tunakoha**mia** [2] **ni m**ba**li, sham**ba.
5 – **Si**o **ki**tu. Ninam**ju**a **m**tu am**ba**ye [3] ha**ka**i **m**bali, **ka**zi **ya**ke ku**be**ba mi**zi**go, ana**we**za **kwen**da.
6 – **He**! Hufa**ha**mu kiswa**hi**li? Tunako**kwen**da [4] **ni m**ba**li m**no.

Corrigé de l'exercice 2
❶ – sahani – ambayo – ❷ – kawape – ❸ – watanishambulia
❹ – utafanya – ❺ Nitawapa – ambao –

Deuxième vague : 15ᵉ leçon

Soixante-cinquième leçon

Déménagement *(déménager)*

1 – Alors *(comment)* ? Voulez-vous de l'aide ?
2 – Non. Nous avons uniquement un problème d'essence *(problème d'huile seulement)*, et nous *(l')*avons envoyé un enfant en ville en acheter *(enfant ville-en qu'il-aille-acheter)*.
3 – Ou bien dois-je aller vous chercher une charrette *(voiture)* à âne ?
4 – Là où nous emménageons c'est loin, c'est à la campagne.
5 – Ce n'est pas *(chose)* grave. Je *(le)* connais quelqu'un qui n'habite pas loin, son travail c'est de transporter des charges, il peut [y] aller.
6 – Oh ! Vous ne comprenez pas *(tu-ne-comprends-pas)* le swahili ? Là où nous allons c'est trop loin.

65 / Somo la sitini na tano

7 Ma**fu**ta yaki**fi**ka, tu**en**de wa**tu**pu? **Vi**tu **vyo**te **hi**vi vitaingia?

8 – La**ki**ni **a**na **pun**da am**ba**ye [5] ange**we**za kulinga**ni**shwa **na tem**bo **kwa** nguvu.

9 – **He**bu pote**le**a **mba**li [6]. Hufa**ha**mu **ki**tu?

10 Nimeshakuam**bi**a, si**jui ma**ra nga**pi**, nimem**tu**ma **mto**to akatununu**lie** ma**fu**ta. [7] ☐

Notes

1 Dans l'énoncé **nikutafutieni gari**, *que j'aille vous chercher une charrette*, le verbe **kutafuta**, *chercher*, est à l'applicatif. Il s'agit d'une extension qui introduit l'idée que l'on fait une action en relation avec un élément tiers, en l'occurrence sont mis en relation la source du procès, représentée par la marqueur de sujet **ni-**, *je*, le but du procès qui n'est pas indiqué dans le verbe (marquage ø) mais représenté par le terme **gari**, *voiture*, placé immédiatement après le module verbal, et le bénéficiaire, représenté par le marqueur d'objet de 2ᵉ personne de cl. 2 **-ku-** ... **-ni**, *vous*.

L'applicatif se reconnaît à la voyelle **i** que l'on introduit dans la colonne 6 du module verbal, entre le thème verbal et la voyelle de modalité **a** des verbes d'origine bantoue. Ce **i** est en harmonie avec la dernière voyelle du thème qui peut être **a**, **u** ou **i**. **Nikutafutieni** Δ **ni-** (marqueur de sujet cl. 1, 1ʳᵉ pers. *je*) **-ku-** (marqueur d'objet cl. 2, 2ᵉ pers., 1ᵉʳ élément, *vous*) **-tafut-** (t. verb. *chercher*) **-i-** (applicatif) **-e-** (subjonctif) **-ni** (marqueur d'objet, cl. 2, 2ᵉ pers., 2ᵉ élément *vous*). Pour les marqueurs d'objets, reportez-vous à la leçon 14, §2.

2 **Kuhama**, *déménager*, est la forme simple, **kuhamia**, *emménager*, est la forme applicative. Une des valeurs de cette extension consiste à introduire l'idée de point d'aboutissement du procès, ce qui, après un verbe de mouvement donne une valeur directionnelle : *venir vers*, *se rapprocher de*. **Kuhama** signifie aussi *émigrer* et **kuhamia**, *immigrer*. **Tunakohamia**, *là où nous emménageons*, Δ **tu-** (marqueur de sujet cl. 2, 1ʳᵉ pers. *nous*) **-na-** (présent) **-ko-** (pr. rel. 17, *où*) **-hami-** (t. verb. *emménager*) **-a** (modalité neutre). Comme **mahali**, ou **mahala**, ou **pahali** ou

Soixante-cinquième leçon / 65

7 Quand l'essence va arriver, faudra-t-il que nous partions à vide *(que-allions vides)* ? Est-ce que toutes ces choses entreront ?
8 – Mais il a un âne aussi fort qu'un éléphant *(qui-pourrait être-comparé avec éléphant pour force)*.
9 – Laissez tomber *(perds loin)*. Vous ne comprenez rien *(tu-ne-comprends chose)* ?
10 Je vous ai déjà dit *(je-t'ai-déjà-dit)*, je ne sais combien de fois [que] j'ai *(je-l'ai)* envoyé un enfant nous acheter de l'essence.

---

pahala, est le seul nom appartenant à une classe locative, il n'est pas nécessaire de l'exprimer.

3 Au présent négatif, il est impossible d'insérer un pronom relatif, on emploie donc **amba-** suivi du relatif adéquat.

4 **Tunakokwenda**, *là où nous allons*, Δ **tu-** (marqueur de sujet cl. 2, 1re pers. *nous*) **-na-** (présent) **-ko-** (pr. rel. cl. 17, *où*) **-kwend-** (t. verb. *aller*) **-a** (modalité neutre). Il s'agit, ici aussi, d'une relative locative où l'antécédent n'est pas exprimé.

5 Il est impossible d'insérer un pronom relatif au conditionnel ; on emploie donc **amba-** suivi du relatif qui convient.

6 **Potelea mbali** étant une expression très injurieuse, la traduction proposée ici est assez édulcorée. Il s'agit de l'applicatif du verbe **kupotea**, *perdre*, qui est lui-même à une forme applicative, bien qu'il n'y ait pas de forme simple **kupota**. Ce double applicatif se marque en insérant **-le-** entre la base et la voyelle de modalité. Cet applicatif se forme avec la voyelle **e** parce que la dernière voyelle du thème est **e**.

7 Dans **akatununulie**, *qu'il nous achète*, l'applicatif indique l'idée que l'action se fait au profit de celui qui est représenté par le marqueur d'objet **tu**, *nous*. Δ **a-** (marqueur de sujet cl. 1, 3e pers. *il*) **-ka-** (consécutif à un ordre) **-tu-** (marqueur d'objet, cl. 2, 1re pers. *nous*) **-nunu-** (t. verb. *acheter*) **-li-** (applicatif) **-e** (consécutif à un ordre).

Zoezi la kwanza – Tafsiri
❶ Bora mtusubiri, tunakokwenda ni mbali. ❷ Mkija tena mtatuletea zawadi? ❸ Ndiyo. Lakini mngependa tukununulieni zawadi gani? ❹ Yoyote mtakayoipata. ❺ Basi tutakuleteeni halua.

***

Zoezi la pili – Kamilisha

❶ Nous attendons la charrette à âne.
   Hapana, tunasubiri gari ya . . . .

❷ Mais toutes ces choses-ci n'entreront pas dans la charrette à âne.
   Lakini vitu vyote hivi, ... kwenye gari ya punda.

❸ Nous le savons. Les autres, nous les apporterons demain.
   Tunajua. Vingine . . . . kesho.

❹ Ou bien est-ce que je vais vous chercher une camionnette ?
   Au . . . . gari ya mizigo?

Somo la sitini na sita

Kiu

1 – **Ka**ta [1] **i**ko **wa**pi?
2 – **Ka**ta **i**pi? **Ya** ku**be**bea **mi**zigo? [2]
3 – Ha**pa**na! **Ka**ta **ya** kucho**te**a **ma**ji [3]. Nina**hi**si **ki**u sa**na**.
4 – Mwu**li**ze **Na**di. Nili**mwo**na anache**ze**a [4] **ma**ji.
5 – Ha**yu**po. Nimem**tu**ma du**ka**ni.
6 – Du**ka**ni! Ame**kwen**da kukununu**li**a **ni**ni?
7 – Sa**bu**ni **ya** ku**o**gea [5] **na** m**ka**te **wa** kusu**ku**ma [6].
8 – Niku**le**tee [7] **ma**ji **kwen**ye gi**la**si?
9 – Ha**ya**, **le**te [8].

Corrigé de l'exercice 1

❶ Il vaut mieux que vous nous attendiez, là où nous allons, c'est loin. **❷** Quand vous reviendrez, vous nous apporterez des cadeaux ? **❸** Oui. Mais vous aimeriez que nous vous achetions quel cadeau ? **❹** Tout ce que vous trouverez. **❺** Eh bien nous vous apporterons du *halua*.

***

❻ Non, là où nous allons, ce n'est pas loin.
　　Aa, ... sio mbali.

Corrigé de l'exercice 2

❶ – punda **❷** – havitaingia **❸** – tutavipeleka **❹** – nikutafutieni – **❺** – tunakokwenda –

Deuxième vague : 16ᵉ leçon

Soixante-sixième leçon

La soif

1 – Où est le *kata* (kata il-est où) ?
2 – Quel *kata* ? Celui [qui sert] à porter les paquets ?
3 – Non ! Le kata [qui sert] à puiser de l'eau. J'ai très soif.
4 – Demande à Nadi. Je l'ai vu en train de jouer avec l'eau.
5 – Il n'est pas là. Je l'ai envoyé au magasin.
6 – Au magasin ! Qu'est-ce qu'il est allé t'acheter ?
7 – Une savonnette *(savon-à-se-laver)* et une galette *(pain de étaler)*.
8 – [Veux-tu que] je t'apporte de l'eau dans un verre ?
9 – Oui *(d'accord)*, apporte.

mia mbili na hamsini na nne • 254

Notes

1 **Kata (-)** est un nom qui a plusieurs sens. Il désigne une sorte de louche formée d'une demi-noix de coco évidée et munie d'un manche, qui sert à puiser de l'eau. C'est aussi un bourrelet ou tortillon d'herbes, ou de chiffons enroulés pour former un coussinet, que l'on pose sur la tête pour transporter des charges. Enfin, c'est une subdivision administrative. Le verbe **kukata** signifie *couper*.

2 **Ya kubebea mizigo**, *à porter des charges*, dans cet exemple, l'applicatif a une valeur instrumentale. Il est formé d'un connectif suivi d'un verbe à l'infinitif à l'applicatif. Cet applicatif est formé avec la voyelle **e** car la dernière voyelle du thème verbal est **e**.

3 **Ya kuchotea maji**, *à puiser de l'eau*, est également un applicatif instrumental, formé avec la voyelle **e** car la dernière voyelle du thème verbal est **o**.

4 **Anachezea**, *en train de jouer avec*, Δ **a-** (marqueur de sujet 3ᵉ pers., cl. 1 *il*) **-na-** (présent progressif *est en train de*) **-chez-** (t. verb. *jouer*) **-e-** (applicatif *à*) **-a** (modalité neutre).

***

Zoezi la kwanza – Tafsiri

❶ Umeniletea kila kitu? ❷ Ndio, ninafikiri sikusahau chochote leo. ❸ Aa! Umesahau sabuni ya kufulia. ❹ Samahani, nitakuletea kesho. ❺ Kesho sina muda. Asubuhi ninataka nimpelekee halua mama. Nitarudi jioni.

***

Zoezi la pili – Kamilisha

❶ Alors, tu as fini de te laver ?
Vipi, ... kuoga?

❷ Pas encore, je ne sais pas où est la louche à puiser de l'eau.
Bado, sijui kata ya . . . . maji iko wapi.

❸ Elle est sur la porte. Tu la verras en entrant.
. . . kwenye mlango. Ukiingia tu, utaiona.

❹ Et as-tu acheté le savon de toilette ?
Na sabuni ya kuogea . . . . ?

Soixante-sixième leçon / 66

5 Ya **kuogea**, *à se laver*, est un applicatif instrumental, formé avec la voyelle **e** car la dernière voyelle de la base est **o**. À Zanzibar on dit **kukoga**.

6 **Mkate wa kusukuma**, littéralement "du pain de pousser", désigne des galettes également connues sous le nom de **chapati**. **Kusukuma** signifie aussi *étaler la pâte avec un rouleau*. Il est fréquent en swahili d'employer la tournure connectif + nom (ici en classe 15, celle des infinitifs) pour "fabriquer" des adjectifs.

7 **Kuletea** est l'applicatif du verbe **kuleta**, *apporter*, et signifie *apporter qqch. à qqn*. Il est formé avec la voyelle **e** car la dernière voyelle du thème verbal est **e**.

8 L'impératif du verbe **kuleta**, **lete/leteni** est irrégulier. Nous l'avons vu à la leçon 5, note 7.

***

Corrigé de l'exercice 1
❶ Tu m'as tout apporté ? ❷ Oui, je pense que je n'ai rien oublié aujourd'hui. ❸ Non ! Tu as oublié la lessive. ❹ Excuse-moi, je te l'apporterai demain. ❺ Demain je n'ai pas le temps. Le matin je veux apporter du *halua* à maman. Je rentrerai en fin d'après-midi.

***

❺ J'ai envoyé Nadi m'en acheter, jusqu'à maintenant il n'est pas encore revenu.
Nimemtuma Nadi . . . . , **mpaka sasa**

. . . .

Corrigé de l'exercice 2
❶ – umemaliza – ❷ – kuchotea – ❸ Iko – ❹ – umeinunua ❺ – aninunulie – hajarudi

Deuxième vague : 17ᵉ leçon

Somo la sitini na saba

Kompyuta mbovu

1 – Kom**pyu**ta imenihari**bi**kia **¹** wa**ka**ti **ni**na **ka**zi **nyi**ngi.
2 – Umeshaipe**le**ka **kwa fun**di?
3 – **N**dio. La**ki**ni ame**shin**dwa **²** kuitenge**ne**za.
4 – Ume**kwen**da **wa**pi? Dara**ja**ni **³**?
5 – **N**dio.
6 – Nimeam**bi**wa **⁴** **ku**na **fun**di ho**da**ri **sa**na **nyu**ma **ya** N**go**me **Kon**gwe **⁵**, **kwe**nye **m**taa kuele**ke**a **⁶** Wi**za**ra **ya** A**r**dhi.
7 – **Ah**! Haisai**di**i **⁷** **ki**tu! Imesha**ku**wa **m**bovu.
8   Ha**la**fu nili**ku**wa ninatege**me**a **⁸** **pe**sa kuto**ka** U**la**ya **na** sija**pa**ta.
9 – **Ngo**ja nikusai**di**e.
10 **Ni**pe **ji**na **la** to**vu**ti **ya ben**ki ili tu**o**ne **ka**ma **pe**sa zime**fi**ka.
11 U**na**yo **nam**ba **ya si**ri **ya kwen**da kuzita**fu**ta?
12 – **N**dio. **Kwe**nye **si**mu **ya**ngu **ya** mko**no**ni.
13 **Ba**ba **mdo**go amenitu**mia** **⁹** barua**pe**pe.
14 – **Si**mu **ya**ko i**ko wa**pi?
15 – Si**ju**i. Nilii**we**ka **ha**pa la**ki**ni sii**o**ni **te**na.
16 **Hem** nipi**gi**e **si**mu **¹⁰** i**li**e.
17 – (dring dring) **Ah**! **Ha**pa! Umeika**li**a **¹¹**! ☐

Notes

1   Imeniharibikia, "il s'est abîmé et cela m'affecte", Δ **i-** (marqueur du sujet de classe 9, pour **kompyuta**, *ordinateur*), **-me-** (résultatif) **-ni-** (marqueur d'objet de classe 1 1ʳᵉ pers., *me*) **-harib-** (t. verb. *détérioration*) **-ik-** (statif) **-i-** (applicatif) **-a** (modalité neutre).

Soixante-septième leçon

[Un] ordinateur en panne *(détérioré)*

1 – [Mon] ordinateur m'a lâché *(ordinateur il-s'est-détérioré-en-relation-avec-moi)* alors que j'ai beaucoup de travail.
2 – Tu l'as déjà apporté chez [le] réparateur ?
3 – Oui. Mais il n'a pas réussi à le réparer.
4 – Où es-tu allé ? À Darajani ?
5 – Oui.
6 – On m'a dit *(il-m'a-été-dit)* [qu']il y a un réparateur très doué derrière le Vieux Fort, dans [la] rue qui mène au ministère du Foncier *(en-direction-de ministère-de-Terre)*.
7 – Ah ! Ça ne sert à rien *(ça-ne-sert-pas chose)*. Il est *(déjà)* foutu.
8   Et puis je comptais sur de l'argent en provenance d'Europe mais je ne l'ai pas encore reçu *(je-ne-ai-pas-encore-eu)*.
9 – Attends [que] je t'aide.
10 Donne-moi [le] nom du site de [la] banque pour qu'on voit si [l']argent est arrivé.
11 Tu l'as [le] numéro secret pour aller le chercher ?
12 – Oui. Dans mon téléphone portable *(téléphone de dans-la-main)*.
13 Mon oncle paternel *(père petit)* m'a envoyé [un] courrier électronique.
14 – Où est ton téléphone ?
15 – Je ne sais pas. Je l'avais déposé ici mais je ne le vois plus.
16 Ben ! Téléphone-moi [pour] qu'il sonne.
17 – *(dring dring)* Ah ! Ici ! Tu t'es assis dessus.

---

2 **Ameshindwa**, *il n'a pas réussi*, est le passif de **-shinda**, *vaincre*, *gagner*, *réussir*.

67 / Somo la sitini na saba

3 Darajani, littéralement "là où il y a le pont" est le quartier commercial de la ville de Zanzibar. Il se trouve à la limite de la ville de pierre, sur une grande avenue qui était autrefois un marécage.

4 Nimeambiwa, *on m'a dit*, Δ **ni-** (1re pers. cl. 1, *je*) **-me-** (résultatif) **-amb-** (t. verb. *dire*) **-i-** (applicatif) **-w-** (passif) **-a** (modalité neutre).

5 Ngome Kongwe, littéralement le *Vieux Fort*, est le fort construit par les Portugais à Zanzibar. Il se dresse face à la mer, sur la place appelée Forodhani où les touristes viennent le soir grignoter des produits de la mer.

6 Kuelekea, *en direction de*, Δ **ku** (marqueur de classe 15) **-ele-** (t. verb. *émerger*) **-ek-** (statif) **-e-** (applicatif) **-a** (modalité neutre).

7 Haisaidii, *cela ne sert pas*, Δ **hai-** (marqueur de sujet négatif de cl. p, *il*) Ø (absence de marqueur de modalité) **-said-** (t. verb. *aide*) **-i-** (applicatif) **-i** (présent négatif).

8 Nilikuwa ninategemea, *je comptais sur*, Δ **ni-** (marqueur du sujet, 1re pers. cl. 1, *je*) **-li-** (passé) **-ku-** (marqueur cl. 15) **-w-** (t. verb. *être*) **-a** (mo-

***

▶ Zoezi la kwanza – Tafsiri

❶ Nimeambiwa jana hukuenda kazini? ❷ Ndio, nilipata matatizo. ❸ Matatizo ya aina gani yalikuzuia usiende kazini? ❹ Simu yangu ya mkononi ilinihariribikia na fundi alishindwa kunitengenezea. ❺ Nipe. Nitakupelekea kwa fundi wangu. Yeye ni hodari sana.

***

Zoezi la pili – Kamilisha

❶ Pourquoi as-tu abîmé ce sac ?
   Mbona huo mkoba . . . . ?

❷ Je me suis assise dessus lorsque j'ai pris l'autobus.
   . . . . nilipopanda basi.

❸ Il n'y avait pas de place ?
   Kulikuwa hamna . . . . ?

❹ Il y en avait mais tout le monde s'est précipité *(a couru)*, moi je n'ai pas pu à cause du sac.
   Vilikuwepo, lakini kila mtu . . . . , mimi sikuweza kwa sababu ya mkoba.

dalité neutre) **ni-** (marqueur du sujet, 1re pers. cl. 1 *je*) **-na-** (progressif) **-tegem-** (t. verb. *s'appuyer*) **-e-** (applicatif) **-a** (modalité neutre). À l'oral, le **ni** est avalé et on prononce *[n'na]*.

9 **Amenitumia**, *il m'a envoyé*, ∆ **a-** (marqueur du sujet cl. 1, 3e pers., *il*) **-me-** (résultatif) **-ni-** marqueur d'objet cl. 1re pers., *me*) **-tum-** (t. verb. *utiliser*) **-i-** (applicatif) **-a** (modalité neutre).

10 Dans **nipigie simu**, *téléphone-moi*, **nipigie**, ∆ **ni-** (marqueur d'objet de cl. 1, 1re pers., *me* Ø (absence de marqueur de modalité) **-pig** (t. verb. sens en fonction du terme qui suit) **-i-** (applicatif) **-e** (impératif avec marqueur d'objet).

11 **Umeikalia**, *tu t'es assis dessus*, ∆ **u-** (marqueur du sujet de cl. 1, 2e pers., *tu*) **-me-** (résultatif) **-i-** (marqueur d'objet de cl. 9 pour **simu** (cl. 9) *téléphone*) **-ka-** (t. verb. *s'asseoir*) **-li-** (applicatif) **-a** (modalité neutre).

***

Corrigé de l'exercice 1
❶ On m'a dit que tu n'étais pas allé au boulot hier ? ❷ Oui, j'ai eu des problèmes. ❸ Des problèmes de quelle sorte t'ont-ils empêché d'aller au boulot ? ❹ Mon téléphone portable m'a lâché et le réparateur n'a pas réussi à me le réparer. ❺ Donne-le-moi. Je te l'amènerai chez mon réparateur. Il est très doué.

***

❺ J'ai entendu dire que maintenant il y a beaucoup de bus, tu aurais dû en attendre un autre.
**Nimesikia siku hizi kuna mabasi . . . . . , ungesubiri
. . . .**

Corrigé de l'exercice 2
❶ – umeuharibu ❷ Niliukalia – ❸ – viti ❹ – alikimbilia – ❺ – mengi – jingine

Deuxième vague : 18e leçon

Somo la sitini na nane

Kuuliza

1 – Habari za kutwa ¹?
2 – Nzuri... Naam ², unasema je?
3 – Tafadhali, nionyeshe nyumba ya mzee Pange.
4 – Aa! Ameondoka sasa hivi ³. Sijui nani mwenzetu.
5 – Ninaitwa Juma Pembe, ninatoka Tanga.
6 – Aliniambia, nikifika Vuga ⁴, penye mkungu ⁵, kama hayupo niulize.
7 – Njoo hapa... Unaiona ile nyumba ambayo ⁶ haijaezekwa?
8 – Ndio.
9 – Unapita nyuma, utaona kiduka ⁷ cha matunda kinakutazama.
10 Basi mlango wa pili ni nyumba yake.
11 – Asante sana, kwa herini ⁸.

Notes

1 **Kutwa** désigne "la durée du jour"; son contraire, **kucha**, désigne toute la période où il fait nuit. *Après-demain* se dit **kesho kutwa** (reportez-vous à la leçon 11, phrase 1).

2 ***Naam*** signifie *oui* en arabe. En swahili il est employé, notamment par les gens de la côte, non pas pour dire *oui* qui se dit **ndiyo**, mais pour répondre à une interjection ou pour amener une question, comme c'est le cas dans cet exemple.

3 **Sasa hivi** signifie *à l'instant*.

4 Vuga est un quartier de la vieille ville de Zanzibar.

5 Le badamier est un arbre à larges feuilles qui procure une ombre très agréable.

Soixante-huitième leçon

Depuis longtemps déjà, vous avez compris que le swahili dit "tu" là où le français dit "vous". Nous ne ferons donc plus figurer l'alternative entre parenthèses.

Demander

1 – [Quelles sont les] nouvelles de la journée ?
2 – Bonnes... Oui, que voulez-vous *(tu-dis quoi)* ?
3 – S'il vous plaît [pourriez-vous] m'indiquer *(montre-moi)* la maison de monsieur *(vieux)* Pange.
4 – Ah ! Il est parti à l'instant. À qui ai-je l'honneur *(je-ne-sais pas qui compagnon-de-nous)* ?
5 – Je m'appelle *(je-suis-appelé)* Juma Pembe, je viens de Tanga.
6   Il m'a dit que lorsque j'arriverais à Vuga, sous le badamier, s'il n'y est pas, de demander *(que je demande)*.
7 – Venez ici... Vous voyez la maison qui n'a pas encore de toit *(laquelle elle-n'a-pas-encore-été-couverte)* ?
8 – Oui.
9 – Vous passez derrière, vous verrez une petite boutique de fruits face à vous *(elle-te-regarde)*.
10   Eh bien, la porte d'à côté *(porte-deuxième)*, c'est sa maison.
11 – Merci beaucoup, au revoir *(à-tous)*.

---

6 Vous reconnaissez la construction **amba-** + **yo**, relatif de cl. 9 faisant référence à **nyumba**, *maison*. Nous avions déjà rencontré cette tournure à la leçon 64, note 2. En effet, dans certaines conjugaisons comme le résultatif **-me-** ou l'inaccompli **-ja-**, il est impossible d'introduire un pronom relatif ; on a donc recours à cette tournure. **Kuezeka** signifie *faire le toit d'un bâtiment*.

7 Nous avons vu les augmentatifs à la leçon 33. Les diminutifs, eux, se forment en supprimant le marqueur de classe d'origine d'un nom et en le remplaçant par le classificateur des classes 7/8. **Kiduka (vi-)**, *échoppe*, *boutique*, est le diminutif de **duka (ma-)**, *magasin*.

8 **Kwa heri** et **kwa herini** signifient tous les deux *au revoir*, le premier s'adressant à une personne et le second à un groupe de personnes. Ce **-ni** est le second élément du marqueur d'objet de classe 2, 2ᵉ pers. *vous*. Ici, il est accolé à un nom, ce qui est fréquent dans les formules de politesse.

***

Zoezi la kwanza – Tafsiri

❶ Habari za kutwa? ❷ Nzuri. Naam, tukusaidie nini?
❸ Tafadhali nionyeshe njia ya kwenda Kiboko Hoteli.
❹ Kiboko Hoteli? Fuata njia hii ambayo imeharibika. Mbele kidogo kuna nyumba ambayo imeanguka, uliza tena hapo.
❺ Ahsante. Kwa heri.

***

Zoezi la pili – Kamilisha

❶ Oui. Qu'est-ce que vous voulez ?
. . . . , unasema je?

❷ Pourriez-vous me montrer la boutique de fruits ?
Ninaomba nionyeshwe . . . . . . cha matunda.

❸ Vous voyez la maison qui n'a pas de fenêtres, eh bien derrière elle.
Unaiona ile nyumba . . . . . . haina madirisha, basi nyuma yake.

❹ Je suis passé, je ne l'ai pas vue !
Nimepita, ... !

❺ À cette heure-ci, elle est peut-être fermée.
Saa . . . . , labda . . . .

Soixante-huitième leçon / 68

Corrigé de l'exercice 1
❶ Quelles sont les nouvelles de la journée ? ❷ Bonnes. Oui, que pouvons-nous pour vous ? ❸ S'il vous plaît, pourriez-vous m'indiquer le chemin pour aller à l'hôtel de l'Hippopotame ? ❹ L'hôtel de l'Hippopotame ? Prenez ce chemin qui est abîmé. Un peu plus loin il y a une maison qui est écroulée, redemandez là. ❺ Merci à vous. Au revoir.

***

Corrigé de l'exercice 2
❶ Naam – ❷ – kiduka – ❸ – ambayo – ❹ – sikukiona ❺ – hizi – kimefungwa

Deuxième vague : 19ᵉ leçon

Somo la sitini na tisa

Lamu

1 – Unajua, mahali ambapo [1] sijaenda ni Lamu.
2 – Kweli? Basi twende!
3 – Nina wasiwasi, nitashindwa [2] kufahamu kiswahili cha Lamu.
4 – Sio rahisi. Lakini mimi ninajua kidogo, nitakutafsiria [3].
5   Kuna baadhi ya maneno utayafahamu.
6 – Eti wanazungumza tofauti?
7 – Kidogo. Lakini, kiamu, vile vile, ni chimbuko la kiswahili.
8 – Nimeelezwa [4] kwamba ni mji ambao [5] wageni wanaupenda sana.
9 – Sana, kila mtu ambaye [6] ameshakwenda kule, basi ana hamu ya kurudi tena.

Notes

[1] Vous reconnaissez **amba-** suivi du suffixe relatif de classe 16 **-po**.

[2] Le verbe **kushinda**, à la forme active, signifie *réussir, vaincre* ; au passif, **kushindwa** signifie non seulement *être vaincu*, mais plus souvent *échouer, ne pas réussir*.

[3] Nitakutafsiria, littéralement "je traduirai pour toi", Δ **ni-** (marqueur de sujet cl. 1, 1re pers. *je*) **-ta-** (futur) **-ku-** (marqueur d'objet cl. 1, 2e pers. *te*) **-tafsir-** (t. verb. *traduire*) **-i-** (applicatif) **-a** (modalité neutre). Vous constatez que les verbes d'origine arabe qui ont une extension fonctionnent comme les verbes bantous qui se terminent par **a**.

[4] **Nimeelezwa** est encore un passif intraduisible en français, si ce n'est par *on m'a expliqué*.

Soixante-neuvième leçon

Lamu

1 – Tu sais, un endroit où je ne suis pas encore allé, c'est Lamu.
2 – C'est vrai ? Eh bien allons-y !
3 – Je crains de ne pouvoir *(j'ai-souci j'échouerai)* comprendre le swahili de Lamu.
4 – Ce n'est pas facile. Mais moi je [le] connais un peu. Je te traduirai.
5 Il y a certains *(des)* mots que tu comprendras.
6 – Il paraît qu'ils parlent différemment ?
7 – Un peu. Mais le kiamu est aussi *(comme)* la source du swahili.
8 – J'ai entendu *(il-m'a-été-expliqué)* [dire que c']est une ville que les étrangers aiment beaucoup.
9 – Beaucoup, tous ceux qui y sont allés ont envie d'y retourner *(chaque personne laquelle elle-est-déjà-allée eh bien elle-a envie de retourner encore)*.

5 **Ambao** est en classe 3 et se rapporte à **mji**, *ville*. Lorsque le relatif est objet, il est préférable d'insérer le marqueur d'objet dans le module verbal.

6 **Ambaye** est en classe 1 et se rapporte à **mtu**, *personne*.

mia mbili na sitini na sita • 266

Somo la sitini na tisa

▶ Zoezi la kwanza – Tafsiri

❶ Mtu ambaye hawezi kuona nilichoandika ubaoni, ni nani?
❷ Mimi ninashindwa kuona. ❸ Basi pita mbele. Chukua vitu vyako. Sasa soma. ❹ "Maji yaliyomwagika hayazoeleki."
❺ Ni maneno ya babu yangu kila anapogombana na mdogo wake.

***

Zoezi la pili – Kamilisha

❶ Veux-tu aller en Inde avec moi ?
 . . . . kwenda India na mimi?

❷ Je ne sais pas parler le hindi.
 Sijui kuzungumza . . . .

❸ Ce n'est pas un problème, il y a des gens qui y vont et ne savent pas.
 Sio tatizo, wapo watu . . . . na hawajui.

❹ Toi, as-tu déjà eu l'occasion d'y aller ?
 Wewe, ... kwenda?

❺ Pas encore, mais je me suis fait expliquer par quelqu'un qui y est allé.
 Bado, lakini nimefahamishwa na mtu . . . .

Corrigé de l'exercice 1
❶ Qui est la personne qui ne peut pas lire ce que j'ai écrit au tableau ? ❷ Moi, je n'arrive pas à lire. ❸ Alors passe devant. Prends tes affaires. Maintenant lis. ❹ "L'eau qui a été renversée ne peut pas être ramassée." ❺ Ce sont les paroles de mon grand-père lorsqu'il se dispute avec son petit frère.

***

Corrigé de l'exercice 2
❶ Unataka – ❷ – kihindi ❸ – wanaokwenda – ❹ – umeshawahi – ❺ – aliyekwenda

L'archipel de Lamu, composé principalement des trois îles de Lamu, Manda et Pate, est situé à proximité de la côte kenyane, tout près de l'actuelle frontière avec la Somalie. Non loin de Lamu, célèbre pour ses grandes maisons de style arabe, à l'embouchure du fleuve Tana, se trouve le berceau du swahili. À partir du xe siècle, les populations swahilies sont descendues le long de la côte jusqu'au Mozambique et aux Comores. Au fur et à mesure de ces migrations, les parlers se sont différenciés. En plus du swahili standard, qui est parlé partout, on distingue de nos jours des dialectes que les linguistes ont divisés en dialectes du nord et dialectes du sud, et qui sont répartis de part et d'autre de l'actuelle frontière entre le Kenya et la Tanzanie. Cette distinction repose essentiellement sur les formes verbales. Le swahili standard a des conjugaisons qui le rattachent aux dialectes du nord. Le kiamu est le parler de Lamu. C'est dans cette langue que sont conservés les textes swahilis les plus anciens.

Deuxième vague : 20ᵉ leçon

Somo la sabini

Marudio – Révisions

1 Morphophonologie de l'extension applicative

C'est une extension verbale aux sens multiples. Si le thème verbal se termine par une consonne précédée de **a**, **i** ou **u**, l'applicatif se forme en insérant **-i-** entre le thème verbal et la voyelle de modalité. Par exemple :
kulala, *s'allonger, dormir* → **kulalia**, *s'allonger sur, dormir sur*
kupika, *cuisiner* → **kupikia**, *cuisiner pour*
kutafuta, *chercher* → **kutafutia**, *chercher pour, à la place de qqn*

• Si le thème verbal se termine par une consonne précédée de **e** ou **o**, l'applicatif se forme en insérant un **e**. Par exemple :
kubeba, *porter* → **kubebea**, *porter pour, à*
kuleta, *apporter* → **kuletea**, *apporter à*
kuchota, *puiser* → **kuchotea**, *puiser pour*

• Si le thème verbal se termine par deux voyelles, l'applicatif se forme en insérant **-li-** si la dernière voyelle du thème est **a**, **i**, ou **u**. Par exemple :
kukaa, *s'asseoir* → **kukalia**, *s'asseoir sur*
kununua, *acheter* → **kununulia**, *acheter à, pour*
kutia, *mettre* → **kutilia**, *mettre pour*

• Si le verbe est d'origine arabe et se termine par **i** ou **u**, l'applicatif se fait en **-ia**. Par exemple :
kujaribu, *essayer* → **kujaribia**, *essayer pour*
kurudi, *revenir* → **kurudia**, *revenir sur/à, répéter*

• Certains verbes ont une forme applicative mais pas de forme simple. Les plus courants sont les suivants :
kufagia, *balayer*
kujongea, *se pousser* (leçon 39)
kukimbia, *courir* (leçon 43)

Soixante-dixième leçon

kuzoea, *s'habituer* (leçon 48)
kuzuia, *empêcher* (leçon 18)
kuning'inia, *se suspendre* (leçon 50)
kusikia, *entendre* (leçon 24)
kupotea, *se perdre* (leçon 65, note 6)

2 La construction d'un énoncé applicatif

L'applicatif permet d'introduire un complément à un verbe intransitif ou deux compléments à un verbe transitif.

• Il permet de traduire *à*. Par exemple :
kuleta kitu, *apporter qqch.* → **kumletea mtu kitu**, *apporter qqch. à qqn*
kupeleka kitu, *envoyer qqch.* → **kumpelekea mtu kitu**, *envoyer qqch. à qqn*

• Il exprime l'idée de faire quelque chose "pour" ou "à la place de quelqu'un". Par exemple :
kufua, *faire la lessive* → **kumfulia mtu nguo zake**, *laver le linge de/pour qqn*
kupika, *cuisiner* → **kumpikia chakula mtu**, *cuisiner pour qqn*

• Il exprime l'idée de faire quelque chose "vers", "en direction de quelqu'un". Par exemple :
kueleka (inusité) → **kuelekea**, *se tourner vers*
kuhama, *déménager, émigrer* → **kuhamia**, *emménager, immigrer*
kukimbia, *s'enfuir* → **kukimbilia**, *se réfugier*

Attention ! Certain applicatifs peuvent avoir un sens très différent de ce à quoi l'on pourrait s'attendre. Par exemple :
kunuka, *puer, sentir mauvais* → **kunukia**, *sentir bon*
kutuma, *employer, envoyer qqn* → **kutumia**, *utiliser qqch*
Il est donc préférable de vérifier dans le dictionnaire le sens des applicatifs que vous emploierez.

mia mbili na sabini • 270

3 La valeur instrumentale de l'applicatif

La construction connectif + applicatif à l'infinitif permet d'exprimer "servant à faire quelque chose". Par exemple :
kubeba, *porter* → **kata ya kubebea**, *tortillon servant à porter*
kuoga, *faire sa toilette* → **sabuni ya kuogea**, *savon de toilette*
kupika, *cuisiner* → **mafuta ya kupikia**, *huile de cuisine*

4 La combinaison applicatif + passif

L'applicatif suivi du passif est une tournure impossible à rendre en français. Par exemple :
Voix active :
Nadi ameniambia..., *Nadi m'a dit...*
Voix passive :
nimeambiwa na Nadi..., *Nadi m'a dit*, littéralement "il m'a été dit par Nadi"
Babu amenisimulia hadithi (voix active), *Grand-père m'a raconté une histoire*
Nimesimuliwa hadithi na babu (voix passive), *Grand-père m'a raconté une histoire*
Mwizi ameiba gari (voix active), *Le voleur a volé une voiture*
Gari imeibiwa na mwizi (voix passive), *La voiture a été volée par le voleur*
Nimeibiwa gari yangu (voix passive), *On m'a volé ma voiture*
Notez cet exemple qui vous semblera sans doute surprenant :
kufa, *mourir*
kufiwa (appl. + passif), *avoir perdu un être cher*
amefiwa na mumewe, *elle a perdu son mari*

5 Les constructions relatives avec *amba-*

Il existe plusieurs façons de construire des relatives. Les "tiroirs" affirmatifs **na**, **ta**, **li**, permettent l'insertion d'un pronom relatif dans le module verbal. Reportez-vous à la leçon 63, §1. Il en est de même du relatif général négatif que nous verrons ultérieurement. Lorsqu'il est impossible d'employer un pronom relatif, on emploie le thème **amba-** auquel on ajoute le relatif. Par exemple :
ni mtu ambaye hakai (présent nég.) **mbali**, *c'est quelqu'un qui n'habite pas loin*

ni punda ambaye angeweza (conditionnel affirm.) **kulinganishwa na tembo kwa nguvu**, *c'est un âne qui pourrait être comparé à un éléphant pour sa force*
ni nyama ambayo imeharibika, *c'est de la viande qui est abîmée*

Même avec les marqueurs de temps ou d'aspect qui admettent l'insertion d'un pronom relatif dans le module verbal, il est parfois préférable d'employer **amba-** afin d'éviter les confusions. Par exemple :
dereva aliyemwona mbwa signifie
le chauffeur qui a vu le chien ou bien
le chien qui a vu le chauffeur
Pour éviter cette ambiguïté, choisissez :
dereva ambaye alimwona mbwa, *le chauffeur qui a vu le chien*
Cette construction est d'ailleurs identique à celle du français.

6 Les constructions relatives locatives

Les relatives locatives sont de trois sortes selon que l'on veut indiquer que le lieu est déterminé et précis, indéterminé et imprécis ou à l'intérieur. Par exemple :
tunapohamia, *là où nous emménageons*
tunakohamia, *là où nous emménageons*
shimoni alimoingia panya, *le trou dans lequel la souris est entrée*
Le plus souvent, dans la pratique, un lieu proche est défini, connu, précis ; tandis qu'un lieu lointain est parfois inconnu. C'est la raison pour laquelle la classe 17 a tendance à être employée pour marquer l'éloignement. C'est de loin la classe la plus utilisée, un peu comme *là* plus fréquent en français que *ici*, à la place duquel il est souvent employé.

Mazungumzo ya marudio

1 – Samahani. Kwa mzee John Pombe ni mbali?
2   Nimeambiwa ni nyuma ya msikiti mmoja mweupe, lakini sijauona.
3 – Ee ni mbali kidogo. Gari yako iko wapi?
4 – Sina gari. Ninakwenda kwa miguu.
5 – Hutaki nikupakie kwenye baisikeli?
6 – Aa! Ahsante.

```
 7 – Basi nenda moja kwa moja.
 8   Ukifika pahali panapouzwa vitu vya nyumbani
     kama vile sabuni ya kufulia au sabuni ya
     kuogea, teremka upande wa kulia.
 9 – Baada ya muda utawakuta bibi wanaouza
     mikate ya kusukuma, chapati, na nini sijui.
10   Basi ukifika hapo uliza tena. Utafahamishwa
     zaidi.
11 – Halafu ukikaribia kwa mzee John Pombe,
     utaona mto.
12   Huwezi kuukosa.
13 – Asante mzee. Kwa heri.
```

Traduction

1 Excusez-moi. Chez monsieur John Pombe c'est loin ? **2** On m'a dit que c'est derrière une mosquée blanche, mais je ne l'ai pas vue. **3** Euh c'est un peu loin. Où est votre voiture ? **4** Je n'ai pas de voiture. J'y vais à pied. **5** Vous ne voulez pas que je vous emmène

Somo la sabini na moja

Barua

```
1 – Bibi! Mosi amekuandikia ¹ barua. Shika.
2 – Kweli? Nisomee. ² Sioni vizuri siku hizi. Fungua,
    anasema je?
3 – "Bibi Maua. Tegemeo langu mpo katika hali ya
    uzima ³, kama nilivyo ⁴ mimi hapa."
4 – Endelea. ⁵
5 – "Nina wingi wa furaha kukufahamisha
    kwamba, safari yangu, nimefika salama.
```

en vélo ? **6** Non. Merci. **7** Alors continuez tout droit. **8** Lorsque vous arriverez à un endroit où on vend des articles pour la maison comme de la lessive ou des savonnettes, descendez à droite. **9** Au bout d'un moment vous trouverez des femmes qui vendent des galettes, des chapati et je ne sais plus quoi. **10** Eh bien lorsque vous arriverez là, demandez à nouveau. On vous expliquera davantage. **11** Ensuite quand vous arriverez chez monsieur John Pombe, vous verrez une rivière. **12** Vous ne pouvez pas la manquer. **13** Merci monsieur. Au revoir.

Vous sentez probablement que vous entrez maintenant dans la catégorie des bons "swahilisants" puisque vous voilà capable d'élaborer des phrases complexes. À partir de maintenant nous n'aborderons plus de structures nouvelles, nous ne ferons que compléter et approfondir l'étude des possibilités entrouvertes ces deux dernières semaines. Soyez confiants, vous avez acquis presque toutes les possibilités de jongler avec les finesses de la langue. Vous connaissez maintenant environ 1 000 mots et vous êtes en mesure d'en "fabriquer" beaucoup d'autres.

Deuxième vague : 21ᵉ leçon

Soixante et onzième leçon

Une lettre

1 – Grand-mère ! Mosi t'a écrit une lettre. Tiens.
2 – C'est vrai ? Lis-la-moi. Je ne vois plus bien maintenant *(jours ceux-ci)*. Ouvre, que dit-elle ?
3 – "Grand-mère Maua. J'espère que vous êtes [tous] en bonne santé *(espoir de-moi vous êtes dans état de santé)* comme je *(le)* suis, moi, ici."
4 – Continue.
5 – "J'ai *(quantité de)* la joie de t'annoncer *(de-te-faire-comprendre)* que je suis bien arrivée *(que voyage de-moi, je-suis-arrivée paix)*,

6 **Na ka**ka **U**si, ta**y**ari ameshanipa**tia** [6] **ka**zi."

7 – **U**si **ni m**tu m**zu**ri. Nili**ju**a atamsai**dia**. [7] Ende**le**a.

8 – "**Ha**li **ya he**wa Ma**pu**to **ni n**zuri, inalin**ga**na **na ya ha**po [8] **Da**r es-Sa**la**am.

9 Nipele**ke**e sa**la**mu **zan**gu **kwa wo**te wanaonifa**ha**mu."

10 – Ende**le**a.

11 – "Ninatu**mai** tutao**na**na **te**na pana**po** [9] majaa**li**wa. Ninango**je**a [10] **ji**bu **kwa ha**mu. **Mo**si."

Notes

1. **Kuandikia**, *écrire qqch. à qqn*, est l'applicatif du verbe **kuandika**, *écrire qqch*.

2. **Kusomea**, *lire qqch. à qqn*, est l'applicatif du verbe **kusoma**, *lire qqch*.

3. **-zima** est un adjectif qui signifie *entier, complet* ; **mtu mzima** est une personne d'âge mûr ou une personne âgée ; **Mzima?** signifie *Ça va ?* et **hali ya uzima**, *être en bonne santé*.

4. La copule **-li-** employée ici ne doit pas être confondue avec la marque du passé. Une copule est un mot qui remplace le verbe *être*, mais n'est pas un verbe car elle ne se conjugue pas. Dans cet exemple, **-li-** signifie *être* au présent ; il est toujours précédé d'un marqueur de sujet et suivi d'un pronom relatif. **Nilivyo**, *comme je suis*, Δ **ni-** (marqueur de sujet cl. 1, 1ʳᵉ pers. *je*) **-li-** (*être*) **-vyo** (pr. rel. cl. 8 *comme*).

5. **Kuendelea**, *poursuivre, progresser*, est le double applicatif du verbe **kwenda**, *aller*.

6. **Kupatia**, *procurer qqch. à qqn*, est l'applicatif du verbe **kupata**, *obtenir*.

***

 Zoezi la kwanza – Tafsiri

❶ Unataka kuondoka? ❷ Nilitaka uniandikie barua. ❸ Huwezi kungoja mpaka nitakaporudi? ❹ Hata kama siwezi, lazima nikungojee. ❺ Nilijua hutafurahi.

Soixante et onzième leçon / 71

6   et que [mon] grand frère Usi m'a déjà procuré du travail *(prêt il-m'a-déjà-procuré travail).)*."
7 – Usi est quelqu'un de bien *(personne bonne)*. Je savais qu'il l'aiderait *(aidera)*. Continue.
8 – "Il fait beau à Maputo *(état de air Maputo est bon)*, comme *(il-est-comparable avec)* là-bas [à] Dar es-Salaam.
9   Transmets mes salutations à tous [ceux] qui me connaissent *(qui-ils-me-connaissent)*."
10 – Continue.
11 – "J'espère que nous nous reverrons *(verrons-réciproquement encore)* par la grâce de Dieu *(là où il y a grâce)*. J'attends une réponse avec impatience *(envie)*. Mosi."

7 Dans l'énoncé **nilijua atamsaidia**, *je savais qu'il l'aiderait*, vous remarquez qu'il ne faut jamais plaquer sur le swahili la concordance des temps du français. Une règle simple pour éviter les erreurs : dites-vous que le premier verbe exprime le temps et que le second se situe par rapport au premier.

8 **Hapo** est l'anaphorique de classe 16. La plupart du temps il est employé lorsque celui qui parle ne voit pas le lieu qu'il évoque et que celui auquel il s'adresse le voit. Il a donc le sens de "là où tu es et où je ne suis pas". **Hapa**, *ici*, désigne un lieu proche et déterminé où nous nous trouvons tous deux, et **pale**, *là*, un lieu éloigné des deux interlocuteurs, mais précis.

9 **Panapo**, *là où il y a*, Δ **pa-** (marqueur de sujet cl. 16, *il y*) **-na-** *(avoir)* **-po** (pr. rel. cl. 16, *là où*).

10 **Kungojea**, *attendre qqn ou qqch.*, est l'applicatif du verbe **kungoja**, *attendre*.

***

Corrigé de l'exercice 1

❶ Tu es sur le point de partir ? ❷ Je voulais que tu écrives une lettre pour moi. ❸ Tu ne peux pas attendre jusqu'à ce que je revienne ? ❹ Même si je ne peux pas, il faut que je t'attende. ❺ Je savais que tu ne serais pas content.

mia mbili na sabini na sita • 276

Zoezi la pili – Kamilisha

❶ Grand-mère, Mosi ne t'a pas encore écrit de lettre ?
Bibi, Mosi bado . . . . barua?

❷ Ça y est, je l'ai reçue hier, mais j'attends que tu me la lises.
Tayari, nimeipata jana lakini ninakusubiri . . . .

❸ Elle est dans ma chambre, regarde sur la table, là où il y a le réveil.
Iko chumbani . . . . . . , tazama mezani, pale . . . . . . saa.

❹ Pourquoi est-ce que je ne la vois pas ?
. . . . . siioni!

❺ Attends, ce n'est pas ça ici ? Où as-tu regardé ?
Ngoja, si hii . . . . ? Uliangalia wapi?

Somo la sabini na mbili

Twenzetu!

1 – **Sho**ga [1] **yan**gu [2] nina**om**ba unisai**die**.
2 – Nikusai**die vi**pi?
3 – Mwa**nan**gu [3] ana**um**wa.
4   Madak**t**ari wame**se**ma **da**wa **za** kum**t**ibu **ni** shi**lin**gi ham**s**ini **el**fu.
5   **Pe**sa **hi**zo **mi**mi **si**na.
6 – Mwa**na**o [4] **a**na **ni**ni?
7 – Si**ju**i. Ana**hi**si kiche**fuche**fu.
8   Ana**pen**ga ma**fu**a **ki**la wa**ka**ti.
9 – Mu**me**o [5] ana**se**ma **je**?
10 – Ha**se**mi **ki**tu.
11 – **Ngo**ja ki**do**go. **Mi**mi nina**we**za ku**ku**pa [6] shi**lin**gi **el**fu ishi**ri**ni.

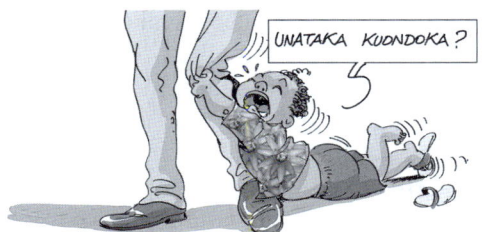

Corrigé de l'exercice 2
❶ – hajakuandikia – ❷ – unisomee ❸ – kwangu – panapo – ❹ Mbona –
❺ – hapa –

Deuxième vague : 22ᵉ leçon

Soixante-douzième leçon

Allons-y !

1 – Mon amie, je te demande un service *(je-demande que-tu-m'aides)*.
2 – Qu'est-ce que tu veux *(que-je-t'aide comment)* ?
3 – Mon enfant *(enfant-le-mien)* est malade *(il-souffre)*.
4 [Les] médecins ont dit [que les] médicaments pour le soigner coûtent *(sont)* cinquante mille shillings.
5 Moi, je n'ai pas cette somme *(cet argent moi je-ne-pas-avec)*.
6 – Ton enfant, qu'est-ce qu'il a *(enfant-de-toi il-a-quoi)* ?
7 – Je ne sais pas. Il a [la] nausée.
8 Et il se mouche tout [le] temps.
9 – Ton mari *(mari-de-toi)* qu'est-ce qu'il dit *(il-dit quoi)* ?
10 – Il ne dit rien *(il-ne-dit-pas chose)*.
11 – Attends un peu. Moi je peux te donner vingt mille shillings.

mia mbili na sabini na nane • 278

12 Kwa nini hum**wom**bi **bo**si **wa**ko [7] **vi**le **vi**le [8]?
13 – Bosi **wan**gu? Nina**o**na **ai**bu.
14 – Basi jari**bu** kum**wom**ba mu**me**we [9] **da**da **ya**ko [10].
15 Si ana u**we**zo?
16 – Ah! Mtu **ga**ni asiye**jua** [11] **kwam**ba **hu**yu ha**ku**pi **ha**ta **sen**ti **mo**ja?
17 – Usipoja**ri**bu [12] hu**we**zi kuj**ua. Mi**mi nitazun**gum**za **na**e. Twen**ze**tu! [13]

Notes

1. **Shoga (ma-)** : ce terme, lorsqu'il est employé à Zanzibar comme dans cette leçon, désigne l'amie d'une femme. En dehors de l'archipel, il fait référence à deux hommes qui entretiennent une relation intime.

2. Dans la construction **shoga yangu**, *mon amie*, on observe qu'un nom d'animé – **shoga** (cl. 5), *amie* – est déterminé par un possessif (**yangu**, *mon*) qui relève non pas de la classe 1 (**wangu**) comme on pourrait s'y attendre, ni de la classe 5 (on aurait **langu**) mais de la classe 9. Cette règle s'applique aux quelques termes des classes 5/6 qui désignent des personnes proches : **shoga (ma-)**, *amie* ; **rafiki (ma-)**, *ami(e)* ; **adui (ma-)**, *ennemi* ; **jirani (ma-)**, *voisin*.

3. **Mwanangu**, *mon enfant*, est la forme contractée de **mwana wangu**. Au pluriel on a la forme **wanangu**, *mes enfants*. On constate que dans les classes 1 et 2, le possessif s'accorde en classe avec le nom de parenté.

4. **Mwanako**, *ton enfant*, est la forme contractée de **mwana wako** (cl. 1).

5. **Mumeo**, *ton époux*, est la forme contractée de **mume wako** (cl. 1).

6. **Kukupa**, *te donner* : Δ **ku-** (cl. 15) **-ku-** (marqueur d'objet cl.1, 2ᵉ pers., *te*) **-p-** (t. verb. *donner*) **-a** (modalité neutre).

7. Faites bien attention, les possessifs des noms d'animés ont un accord dans les classes 1 et 2, c'est le cas de **bosi** (cl. 5) **wako** (cl. 1), *ton patron*, car ici il ne s'agit pas d'un nom de parenté.

8. **Vile vile**, *de même*, *aussi*, est construit sur la répétition du démonstratif de classe 8 *comme*.

9. **Mumewe**, *son mari*, est la forme contractée de **mume wake**.

Soixante-douzième leçon / 72

12 Pourquoi ne demandes-tu pas aussi à ton patron *(tu-ne-lui-demandes-pas patron de-toi aussi)* ?

13 – Mon patron *(patron de-moi)* ? J'ai *(je-vois)* honte.

14 – Alors essaye de demander au mari de ta sœur aînée *(de-lui-demander mari-de-elle sœur aînée de-toi)*.

15 N'a-t-il pas les moyens *(non il-a pouvoir)* ?

16 – Ah ! Qui ignore que ce [type] ne donne jamais même un centime *(personne quelle qui-ne-sait-pas que celui-ci il-ne-te-donne-pas même centime un)* ?

17 – Si tu ne tentes pas tu ne peux pas savoir. Moi je lui parlerai. Allons-y !

10 Dans la construction **dada** (cl. 9) **yako** (cl. 9), *ta sœur aînée*, le possessif s'accorde en classe avec le nom qu'il détermine. Il en est ainsi pour tous les noms de parenté des classes 9 et 10. Pour résumer : les possessifs des noms de parenté ne suivent pas la règle des autres noms d'animés. Ils s'accordent dans les classes 9 ou 10 lorsque le nom qu'ils déterminent relève de ces classes.

11 **Asiyejua**, *qui ne sait pas*, est un relatif présent négatif au sens assez général. Il désigne une action qui dure ou qui est considérée comme connue de tout temps. On remarquera qu'il n'y a pas de marqueur d'aspect ou de temps dans cette construction qui se décompose de la façon suivante : **a-** (marqueur de sujet affirmatif, cl.1, 1ʳᵉ pers., *il/elle*) **-si-** (négation) **-ye-** (relatif cl. 1, 3ᵉ pers., *qui*) **-ju-** (t. verb. *savoir*) **-a** (modalité neutre).

12 **Usipojaribu**, *si tu n'essayes pas* : Δ **u-** (marqueur de sujet, cl. 1, 2ᵉ pers., *tu*) **-si-** (négation) **-po-** (loc. cl. 16) **-jaribu** (b. verb. *essayer*).

13 **Twendetu**, *allons-y* ou *allons-nous-en* selon le contexte, est la forme contractée de **twende zetu**.

Zoezi la kwanza – Tafsiri

❶ Dada yangu amenitumia baruapepe. ❷ Anasema je?
❸ Mumewe anataka kuniona. Atakuja kesho kwetu. ❹ Anataka nini? ❺ Nani asiyejua anataka nini? Anataka pesa. Lazima!

***

Zoezi la pili – Kamilisha

❶ Oh ! Il y a beaucoup à manger ! Pour qui est-ce que vous cuisinez ?
He! Chakula kingi! . . . . nani?

❷ C'est pour le mariage de notre voisine.
Cha harusi ya jirani . . . . .

❸ Est-ce que vous voulez que je vous aide ?
Mnataka . . . . ?

❹ Tu peux peut-être aller nous chercher du sucre.
Labda uende . . . . sukari.

Somo la sabini na tatu

Ukoo

1 – **Ba**bu! **He**bu **njo**o! **Ma**ra **nyin**gi una**pi**ta **ha**pa, ninakufana**ni**sha.
2   **We**we **ni** **m**to**to** **wa** **m**zee **Mfa**ume **Ju**ma?
3 – Ha**pa**na, **ni** **m**jo**m**ba [1] **wa**ngu.
4 – **Ba**si, **mi**mi **ni** **bi**bi [2] **ya**ko.
5 – **A**la!
6 – Siki**li**za. **Ba**bu **ya**ke **m**zee **Mfa**ume [3] **ni** **m**zee **Zi**si Ma**ka**me **Zi**si.
7 – **Mi**mi sifa**ha**mu vi**zu**ri u**ko**o **we**tu.
8 – **Ba**si, **m**zee **Zi**si Ma**ka**me, **ba**bu **mmo**ja **na** **bi**bi [4] **na** **ba**ba yangu m**za**zi [5].
9 – **A**la!

Corrigé de l'exercice 1
❶ Ma sœur aînée m'a envoyé un courrier électronique. ❷ Que dit-elle ? ❸ Son mari veut me voir. Il viendra demain chez nous. ❹ Que veut-il ? ❺ Qui ignore ce qu'il veut ? Il veut de l'argent. Sûrement !

***

❺ Bien, donne-moi de l'argent.
Haya . . . . / . . . . pesa.

Corrigé de l'exercice 2
❶ – Mnawapikia – ❷ – yetu ❸ – nikusaidieni – ❹ – kututafutia – ❺ – lete/nipe –

Deuxième vague : 23ᵉ leçon

Soixante-treizième leçon

Un lignage

1 – Jeune homme *(grand-père)* ! Approche *(viens)* ! Tu passes souvent par ici *(fois nombreuses tu-passes ici)*, je te trouve une ressemblance *(je-te-fais-ressembler)* avec quelqu'un.
2   Es-tu l'enfant de *(vieux)* Mfaume Juma ?
3 – Non, c'est mon oncle maternel.
4 – Eh bien moi, je suis ta grand-mère.
5 – Ah bon !
6 – Écoute. Le grand-père de *(vieux)* Mfaume, c'est Zisi Makame Zisi.
7 – Moi, je ne connais pas bien notre lignage.
8 – Eh bien *(vieux)* Zisi Makame a le même grand-père et la même grand-mère que *(grand-père un et grand-mère avec)* mon père *(père de-moi géniteur)*.
9 – Ah bon !

73 / Somo la sabini na tatu

10 – Ninaitwa Ma**u**a **Kom**bo Vuai.
11 **Kwa hi**yo, **mi**mi **ni bi**bi **y**ako u**pan**de **wa ma**ma.☐

Notes

1 **Mjomba**, *oncle maternel*, est un terme de parenté des classes 1/2 ; le possessif s'accorde dans les mêmes classes.
2 **Bibi**, *grand-mère*, étant un nom de parenté des classes 9/10, le possessif s'accorde dans les classes 9/10. Sur le continent on dit **nyanya (-)** pour désigner une grand-mère.

***

Zoezi la kwanza – Tafsiri

❶ Siku hizi unakaa wapi? ❷ Ninakaa kwa mjomba wangu, Kariakoo. ❸ Ina maana mmehama Temeke? ❹ Ndiyo, bibi yangu ameondoka, amerudi kwao Bukoba. ❺ Babu yuko peke yake nyumbani, hawezi kunishughulikia[1].

[1]-**shughulika,** *être occupé, affairé*

***

Zoezi la pili – Kamilisha

❶ Je m'appelle *(mon nom est)* Mfaume Juma.
   Jina . . . . . Mfaume Juma.

❷ Je trouve que tu ressembles au vieux Zisi.
   . . . . na mzee Zisi.

❸ Le vieux Zisi est mon grand-père paternel.
   Mzee Zisi ni babu . . . . . upande wa baba.

❹ Alors je suis ta mère : ton grand-père et mon père géniteur sont cousins germains.
   Basi mimi mama yako: babu yako na baba yangu mzazi
   . . . .

❺ Moi, je ne connais pas bien notre lignage.
   Mimi sifahamu vizuri ukoo . . . . .

Soixante-treizième leçon / 73

10 – Je m'appelle *(on-m'appelle)* Maua Kombo Vuai.
11 Par conséquent, moi je suis ta grand-mère du côté maternel *(suis grand-mère de-toi côté de mère)*.

3 Lorsque l'on décrit un rapport de parenté, comme ici le "grand-père de Mfaume", on n'emploie pas le connectif (**-a**, *de*) mais le possessif. Ici il est en classe 9, car **babu** appartient à la classe 9.

4 Le swahili n'a pas de terme pour désigner les cousins germains, excepté ceux de **ndugu (-)** qui englobe aussi les frères et sœurs et de **simba kwa simba**, surtout employé entre hommes. Le plus souvent on décrit la relation en faisant remonter à l'ancêtre commun. Dans les sociétés qui admettent la polygamie, deux frères ou deux cousins ne sont pas forcément issus d'un même couple.

5 **Mzazi** signifie *celui qui a procréé* et vient du verbe **kuzaa**, *avoir des enfants*. Au pluriel **wazazi** désigne les *parents*, c'est-à-dire le père et la mère.

***

Corrigé de l'exercice 1
❶ Où habites-tu maintenant ? ❷ J'habite chez mon oncle maternel, à Kariakoo. ❸ Cela signifie que vous avez déménagé de Temeke ? ❹ Oui, ma grand-mère est partie, elle est retournée chez elle à Bukoba. ❺ Grand-père est seul à la maison, il ne peut pas s'occuper de moi.

***

Corrigé de l'exercice 2
❶ – langu – ❷ Ninakufananisha – ❸ – yangu – ❹ – simba kwa simba ❺ – wetu

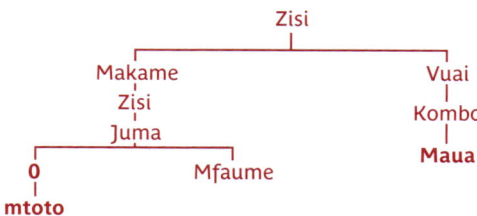

Vous êtes surpris à la lecture de ce dialogue ? Sachez que ce type de conversation est relativement courant entre une personne âgée et un jeune homme ou une jeune fille. Il est en effet très important que deux personnes qui ne se connaissent pas cherchent, dès le début, à savoir si elles ont des parents communs et lesquels, afin de déterminer leur conduite à tenir. Si elles appartiennent à deux générations alternées, c'est-à-dire si elles se considèrent comme grands-parents et petits-enfants, comme c'est le cas dans cet exemple, elles entretiendront des rapports de plaisanterie. Si elles appartiennent à des générations limitrophes, c'est-à-dire si elles se considèrent comme parents et enfants, elles entretiendront des relations de déférence. Il est donc fréquent de voir les personnes expliquer leurs arbres généalogiques.

À travers ce dialogue, vous avez remarqué que des termes comme

Somo la sabini na nne

Pweza

1 – Da**da zan**gu ¹ wamekasi**ri**ka!
2 – **Kwa ni**ni?
3 – Walia**ni**ka ² **pwe**za, **pa**ka **we**nu ³ wame**mwi**ba.
4 – Walimwa**ni**ka **wa**pi?
5 – Uani. Wali**we**ka **u**zi **ju**u **ya pwe**za kuwa**ti**sha kun**gu**ru; wanafi**ki**ri **ni** **mte**go.

mtoto, enfant, **baba**, père, **babu**, grand-père *ou* **bibi**, grand-mère, *n'ont pas exactement le même sens qu'en français. Ce sont des termes classificatoires (tout comme le français tante ou oncle sont des termes bien vagues pour un Africain de l'Est). Cela signifie que toutes les sœurs de ma mère sont mes mères, toutes les sœurs de ma grand-mère ou de mon grand-père sont mes grands-mères, etc. Lorsqu'elle parle de la personne qui lui a donné la vie, Bi Maua doit le préciser en disant* **baba mzazi**, *père géniteur.*
Sur la côte, il n'existe pas de nom de famille. Un individu est désigné par son nom propre, le prénom de son père et celui de son grand-père. En général on donne au fils aîné le prénom de son grand-père. C'est le cas ici de Zisi Makame Zisi. Vous constatez par ailleurs que Bi Maua interpelle le jeune homme en l'appelant **babu**, *grand-père. C'est un terme affectueux, souvent employé envers les petits-enfants – bibi, grand-mère, étant utilisé pour les petites filles – qui vient de l'idée que grands-parents et petits enfants sont de la même génération. Dans les relations de plaisanteries qu'ils entretiennent, il est fréquent d'entendre dire qu'ils sont mari et femme. Cette vision africaine de l'alternance des générations est antérieure à l'arrivée des religions monothéistes dans la région. Quant à Mzee, littéralement "vieux", c'est un terme de respect.*

Deuxième vague : 24e leçon

Soixante-quatorzième leçon

Le poulpe

1 – Mes sœurs sont en colère !
2 – Pourquoi ?
3 – Elles avaient mis un poulpe à sécher *(elles-avaient-étendu poulpe)*, vos chats l'ont volé.
4 – Où l'avaient-elles mis à sécher *(elles-l'avaient-étendu où)* ?
5 – Dans la cour. Elles avaient disposé un fil au-dessus du poulpe pour effrayer *(pour-leur-faire-peur)* les corbeaux ; ils croient *(ils-pensent)* que c'est un piège.

6 Matokeo yake, paka hawakuogopa wakamla.
7 – Lakini sio wale paka ambao hawana mtu?
8 Huwa [4] wanakuja hapa kumkera paka wangu.
9 – Hata. Jinsi walivyonifahamisha [5], ni paka wenu.
10 Mmoja ana mabaka meupe kwa meusi, na mwingine rangi ya udongo.
11 – Wanataka tuwalipe pweza wao?
12 – Hawakuniambia hivyo. Lakini ujue tu, kuwa mna paka wezi!

Notes

1 Les possessifs des noms de parenté en classe 10 s'accordent en classe 10, comme dans l'exemple **dada zangu**, *mes sœurs*. **Dada** (-) signifie *grande sœur* dans l'archipel, mais sur le continent c'est un terme très courant pour s'adresser à une jeune femme.

2 Le verbe **kuanika** signifie *étendre quelque chose au soleil* pour le faire sécher. Il est fréquent de faire sécher du poisson, du poulpe ou du manioc au soleil afin de les conserver.

3 En swahili standard, les possessifs des noms d'animaux, comme tous les possessifs des noms d'êtres vivants excepté les noms de parenté des classes 9/10, s'accordent dans les classes 1/2. Ne soyez cependant pas surpris d'entendre d'autres accords car il existe des différences régionales.

4 **Huwa**, qui est l'habituel du verbe *être*, **kuwa** signifie *d'habitude*.

5 **Walivyonifahamisha**, littéralement "de la façon dont elles m'ont expliqué", Δ **wa-** (marqueur de sujet cl. 2, 3ᵉ pers., *elles*) **-li-** (passé) **-vyo-** (pr. rel. cl. 8, *manière*) **-ni-** (marqueur d'objet cl. 1, 1ʳᵉ pers., *me*) **-fahamish-** (t.

***

Zoezi la kwanza – Tafsiri

❶ Nimeibiwa kuku wangu. ❷ Labda wameliwa na mbwa. ❸ Sifikiri. ❹ Mbwa wangu huwa anawaua kuku. ❺ Ina maana hashibi?

Soixante-quatorzième leçon / 74

6   Le résultat *(résultat de-lui)*, [c'est que les chats [eux] n'ont pas eu peur et [qu'ils] l'ont mangé.
7 – Mais est-ce que ce ne sont pas les chats qui n'ont pas de maître *(ne-sont-il-pas chats lesquels-ne-sont-pas avec personne)* ?
8   D'habitude ils viennent ici pour embêter mon chat.
9 – Non. D'après ce qu'elles m'ont expliqué *(manière dont-elles-m'ont-fait-comprendre)*, ce sont vos chats.
10   L'un a des taches blanches et noires et l'autre marron *(couleur de terre)*.
11 – Elles veulent que nous leur payions leur poulpe ?
12 – Elles ne m'ont pas dit cela *(ainsi)*. Mais [il faut] seulement que tu saches *(tu-saches seulement)* que vous avez des chats voleurs !

verb. *faire comprendre*) -a (modalité neutre). Vous remarquerez que le relatif employé est celui de la classe 8, qui indique la manière, alors que son antécédent **jinsi**, *manière*, est un nom de la classe 9. Vous en concluez qu'il s'agit d'un accord sémantique.

***

Corrigé de l'exercice 1
❶ On m'a volé mes poules. ❷ Peut-être qu'elles ont été mangées par un chien. ❸ Je ne crois pas. ❹ Mon chien, habituellement il tue les poules. ❺ Cela veut dire qu'il n'est pas rassasié ?

Zoezi la pili – Kamilisha

1 Ma grande sœur se marie.
Dada . . . . . anaolewa.

2 Avec qui ?
. . nani?

3 Le fils de mon oncle.
Mtoto wa mjomba . . . . . .

4 Moi je ne suis pas du tout content.
Mimi sifurahi . . . . kidogo.

Somo la sabini na tano

Majibu [1] ya barua

1 – **Ta**tu. **Nj**o**o** uniandi**ki**e ba**ru**a **kw**a **Mo**si.
2 – Umenu**nu**a ba**ha**sha **na** kara**ta**si?
3 – **Nd**io. **Nen**da ukachu**ku**e kalamu **y**ako. Andika:
4 – "Sa**lamu ny**ingi zito**ka**zo [2] **kw**etu. Tunatu**ma**i
   upo katika **ha**li nje**m**a. **Si**si hatu**ja**mbo."
5 – Ta**ya**ri.
6 – "Tumefu**ra**hi **sa**na ku**pa**ta ba**ru**a **y**ako. Takriban
   kila **si**ku ninaku**wa**zi."
7 – En**hee**!
8 – "**Ha**li **ya ha**pa **ni ka**ma ulivyoiacha.
9 Tungefu**ra**hi **sa**na **ka**ma ungeku**we**po [3] **na si**si
   wa**ka**ti wa siku**ku**u **ya I**di [4]."
10 – Ta**ya**ri.

❺ Ils veulent prendre ma poule pour le mariage.
   Wanataka kumchukua kuku . . . . . kwa harusi.

Corrigé de l'exercice 2
❶ – yangu – ❷ Na – ❸ – wangu ❹ – hata – ❺ – wangu –

Deuxième vague : 25ᵉ leçon

Soixante-quinzième leçon

Réponse à la lettre

1 – Tatu. Viens écrire pour moi *(que-tu-m'écrives)* la lettre à *(pour)* Mosi.
2 – Tu as acheté une enveloppe et du papier ?
3 – Oui. Va chercher ton crayon. Écris :
4   "Nombreuses salutations en provenance *(elles-qui-sortent)* de chez nous. Nous espérons que tu es en pleine forme *(tu-es dans état bon)*. Nous, nous allons bien."
5 – Ça y est *(prêt)*.
6 – "Nous sommes très contents d'avoir reçu *(obtenir)* ta lettre. Je pense à toi presque quotidiennement *(presque chaque jour je-t'imagine)*."
7 – Ensuite ?
8 – "Ici tout continue comme avant *(état d'ici est comme-tu-l'as-laissé)*.
9   Nous serions très contents si tu étais avec nous pour la fête de l'Aïd."
10 – Ça y est *(prêt)*.

75 / Somo la sabini na tano

11 – "Kwa leo sina mengi ya kukueleza, ila mpe salamu zetu Usi.
12 Mungu akipenda tutaonana tena, labda mwaka ujao [5] ukipata likizo.
13 Wako. [6]
14 Bi Maua."

Notes

[1] Avec **majibu** (sing. **jibu**), *réponses*, vous remarquez que le swahili emploie un pluriel alors que le français utilise un singulier.

[2] **Zitokazo**, littéralement "qui sortent de", est à la forme relative générale. Il s'agit d'un tiroir relatif dont l'action dure depuis un certain temps et qui va encore durer, même lorsque l'on aura fini d'en parler. Δ **zi-** (marqueur de sujet cl. 10 *elles*), Ø (pas de marque de temps), **-tok-** (t. verb. *sortir*) **-a-** (modalité neutre) **-zo** (rel. cl. 10 *qui*).

[3] Pour exprimer "être dans un lieu au présent", on se sert du marqueur de sujet suivi du locatif. Par exemple : **yupo**, *il est là*. Reportez-vous à la leçon 3, note 2. Au passé, au futur ou à un autre temps – ici au conditionnel – on emploie le verbe **kuwa**, *être*, suivi du locatif. **Ungekuwepo**, *si tu étais là*, Δ **u-** (marqueur de sujet cl. 1, 2ᵉ pers. *tu*) **-nge-** (conditionnel) **kuw** (t. verb. *être*) (**-e** v. modifiée par la présence du suffixe relatif) **-po** (relatif loc. cl. 16).

[4] **Idi** est plus connu en Occident sous le nom de **aïd** ou fête du mouton. Il s'agit d'une fête musulmane célébrée à la fin du mois de ramadan. Ce jour-là, sur la côte swahilie, les enfants passent dans les maisons demander quelques pièces et les voisins s'offrent des pâtisseries entre eux. Des fêtes "foraines" sont organisées en plein air. La foule se masse

***

Zoezi la kwanza – Tafsiri

❶ Mwezi ujao ninataka kwenda kwao Makame. **❷** Lakini hawatakuwepo. **❸** Wameniandikia barua, watakwenda likizo. **❹** Basi nitakwenda Mombasa kwa mjomba wangu, yeye atakuwepo. **❺** Mimi nitakwenda Mombasa wiki ijayo pamoja na bibi yangu.

Soixante-quinzième leçon / 75

11 – "Pour aujourd'hui, je n'ai pas grand-chose *(beaucoup)* à *(de)* te dire *(t'expliquer)* sinon de saluer Usi de notre part *(sauf donne nos saluts à Usi)*.
12 Si Dieu le veut *(il-aime)* nous nous reverrons, peut-être l'année prochaine *(laquelle-elle-vient)* si tu as *(si-tu-obtiens)* des vacances.
13 Je t'embrasse *(tienne)*.
14 Maua."

autour des loteries, des tombolas, des vendeurs de frites et de beignets. Les gens vont regarder des pièces de théâtre ou danser sur des airs congolais ou de bongo fleva, les variétés tanzaniennes.

5 **Mwaka ujao**, littéralement "l'année qui vient", Δ **u-** (marqueur de sujet cl. 3 *elle*) **-j-** (t. verb. *venir*) **-a-** (modalité neutre) **-o** (rel. cl. 3, *qui*).

6 Les tournures employées dans les lettres sont assez formelles. Nous vous en avons déjà donné quelques exemples à la leçon 71. Si elles ne contiennent pas de termes affectueux, c'est par pudeur. Nous avons donc traduit par *je t'embrasse* le petit mot final qui signifie "tienne", parce que c'est ainsi qu'une grand-mère occidentale terminerait une lettre à sa petite-fille.

Corrigé de l'exercice 1

❶ Le mois prochain je veux aller chez Makame. ❷ Mais ils ne seront pas là. ❸ Ils m'ont écrit une lettre, ils partiront en vacances. ❹ Eh bien j'irai à Mombasa chez mon oncle maternel, lui il sera là. ❺ Moi j'irai à Mombasa la semaine prochaine avec ma grand-mère.

mia mbili na tisini na mbili • 292

Zoezi la pili – Kamilisha

❶ Si Nadi était là, il m'aiderait à réparer la voiture.
Kama Nadi . . . . angenisaidia kutengeneza gari.

❷ Mais mon grand frère peut t'aider. Il est mécanicien.
. . . . . . kaka . . . . . anaweza kukusaidia. Ni fundi.

❸ L'an prochain il ouvrira un garage.
Mwaka . . . . atafungua gereji.

❹ Eh bien dis-lui de venir demain à onze heures.
Basi mwambie tano kesho saa . . . .

Somo la sabini na sita

Posta [1]

1 – Nime**ku**ja kuchu**ku**a ki**fu**ru**sh**i [2].
2 – **Ni**pe kika**ra**tasi [3] **cha** posta **na** kitambu**li**sho **cha**ko.
3 – **Shi**ka. Kitambu**li**sho **si**na, ni**li**cho **na**cho [4]:
4   **che**ti **cha**ngu **cha** kuza**li**wa.
5 – **Le**te... **A**a! M**bo**na **si**yo **ji**na **mo**ja?
6 – **Ni** m**zi**go **wa** sha**nga**zi [5] **ya**ngu.
7   Ame**le**te**wa** [6] **na** ba**ba ya**ngu m**do**go.
8 – Ita**bi**di uuli**pi**e [7] u**shu**ru. **Ti**a saini **ha**pa.
9   Chu**ku**a **hi**zi kara**ta**si, **nen**da kulipa di**ri**sha
    namba **ta**no.
10 – **Li**pi? **Li**le lili**lo**po [8] kari**bu na** m**la**ngo?

Notes

1 Posta (-), *poste*, est un des quelques mots d'origine étrangère qui ne prennent jamais le suffixe locatif **-ni**.

2 Kifurushi (vi-), *colis*, est le diminutif de furushi (ma-) qui désigne un *balluchon*, le plus souvent fait d'un pagne noué aux quatre coins.

3 Kikaratasi (vi-) est le diminutif de karatasi (-), *papier*.

❺ Je serai sous le badamier.
. . . . chini ya mkunguni.

Corrigé de l'exercice 2
❶ – angekuwepo – ❷ Lakini – yangu – ❸ – ujao – ❹ – aje ❺ Nitakuwepo –

Deuxième vague : 26ᵉ leçon

Soixante-seizième leçon

À la poste

1 – Je suis venu chercher *(prendre)* un *(petit-balluchon)* colis.
2 – Donnez-moi le petit papier de la poste et votre carte d'identité.
3 – Tenez *(prends)*. Je n'ai pas de carte d'identité *(carte d'identité je-ne-pas-avec)*, ce que j'ai [c'est] *(ce-que-je-suis avec-lui)* :
4 [mon] certificat de naissance.
5 – Donnez. Oh ! Pourquoi [est-ce que] ce n'est pas le même nom *(nom un)* ?
6 – C'est le paquet de ma tante paternelle.
7 Mon oncle paternel lui envoie.
8 – Il faudra que vous payiez *(que-tu-payes-pour-lui)* une taxe. Signez *(mets signature)* ici.
9 Prenez ces papiers, allez payer au guichet *(fenêtre)* numéro cinq.
10 – Lequel ? Celui qui se trouve à côté *(celui-là lequel-est-lieu proche)* de la porte ?

76 / Somo la sabini na sita

4 L'expression **nilicho nacho**, *ce que j'ai*, Δ **ni-** (marqueur de sujet cl. 1, 1re pers. *je*) **-li-** (*être*) **-cho** (pr. cl. 7 *ce que*, se rapporte à **kitu**, *chose*, qui est l'objet grammatical) puis **na-** (*et*, **na** associé à **-li-**, *être*, indique la possession) **-cho** (pronom de rappel cl. 7, obligatoire après **na**).

5 **Shangazi (-)**, *tante paternelle*, est un nom de parenté des classes 9/10 ; le possessif qui s'y rapporte s'accorde donc ici en classe 9. **Baba mdogo** (pl. **baba wadogo**) désigne l'oncle paternel. Par analogie, *tante maternelle* se dit **mama mdogo** (pl. **mama wadogo**). Vous remarquez que le possessif s'intercale entre le nom et le qualificatif et qu'il est en classe 9 parce que **baba (-)** est un nom de parenté de la classe 9.

6 **Ameletewa**, littéralement "on lui a envoyé", Δ **a-** (marqueur de sujet cl. 1, 3e pers. *elle*) **-me-** (résultatif) **-let-** (t. verb. *apporter*) **-e-** (applicatif) **-w-** (passif) **-a** (modalité neutre). Attention ! **Kuleta** signifie *envoyer*

***

Zoezi la kwanza – Tafsiri

❶ Unasema je? – Nimekuja kuchukua kifurushi changu.
❷ Hakipo. Umechelewa. ❸ Tumekipeleka posta Kijangwani.
❹ Ile iliyopo karibu na polisi? ❺ Ndiyo, lakini usisahau kuchukua kitambulisho chako.

***

Zoezi la pili – Kamilisha

❶ Ta tante paternelle t'a envoyé un colis.
. . . . kifurushi na shangazi yako.

❷ Il faudra que tu ailles à la poste le chercher.
Itabidi uende posta . . . .

❸ En entrant tu verras trois guichets, eh bien c'est celui qui se trouve à gauche.
Ukiingia tu utaona madirisha matatu, basi hilo
. . . . mkono wa kushoto.

❹ Il faut que je prenne de l'argent pour payer ?
Nichukue pesa za . . . . . . ?

❺ Oui, je crois qu'il faudra que tu payes une taxe.
Ndiyo, ninafikiri . . . . uulipie ushuru.

Soixante-seizième leçon / 76

ou *apporter quelque chose* de même que **kupeleka**. Pour ne pas confondre ces deux verbes, rappelez-vous qu'ils indiquent avant tout une direction. **Kupeleka** signifie que le mouvement va du sujet vers autrui. Par exemple **nimempelekea barua Mosi**, *j'ai envoyé une lettre à Mosi*. **Kuleta** indique que le mouvement va d'autrui vers le sujet. Par exemple **Mosi ameniletea barua**, *Mosi m'a envoyé une lettre*. De plus, si je dis **Mosi amenipelekea barua**, cela signifie que Mosi a envoyé ou transmis une lettre à ma place ou de ma part.

7 **Uulipie**, littéralement *que tu payes pour lui*, ∆ **u-** (marqueur de sujet cl.1, 2ᵉ pers. *tu*) ø (pas de marque de temps) **-u-** (marqueur d'objet, cl. 3, en référence à **mzigo**, *lui*), **-lip-** (t. verb. *payer*) **-i-** (applicatif *pour*) **-e** (subjonctif).

8 **Lililopo**, *qui est*, ∆ **li-** (marqueur de sujet cl. 5 *elle*) **-li-** (*être*) **-lo** (rel. cl. 5 *qui*) **-po** (rel. loc. cl. 16 *où*).

Corrigé de l'exercice 1
❶ Qu'est-ce que tu dis ? – Je suis venu prendre mon colis. ❷ Il n'est pas là. Vous êtes en retard. ❸ Nous l'avons envoyé à la poste à Kijangwani. ❹ Celle qui se trouve à côté de la police ? ❺ Oui, mais n'oubliez pas de prendre votre carte d'identité.

***

Corrigé de l'exercice 2
❶ Umeletewa – ❷ – kukichukua ❸ – lililopo – ❹ – kulipa ❺ – itabidi –

Deuxième vague : 27ᵉ leçon

Somo la sabini na saba

Marudio – Révisions

1 Les possessifs des noms de parenté

Le possessif d'un nom de parenté s'accorde dans la même classe que le nom qu'il détermine.
C'est-à-dire que si ce nom appartient aux classes 1/2, le possessif s'accorde dans l'une de ces classes. Par exemple :
mjomba wangu, *mon oncle maternel*
wajukuu wake, *ses petits-enfants*
mume wako, *ton mari*
mais
wake zake, *ses femmes*, car **wake wake** ne serait pas très clair.

Attention ! **Mke wake** signifie *son épouse* tandis que **mwanamke wake** désigne *sa maîtresse*. De même **mume wake** signifie *son mari* et **bwana wake**, *son amant*.

Si le nom de parenté appartient aux classes 9/10, le possessif s'accorde dans ces classes. Par exemple :
bibi yangu, *ma grand-mère*
shangazi yake, *sa tante paternelle*
ndugu zangu, *mes frères / mes sœurs / mes cousins / mes cousines*
dada zako, *tes grandes sœurs*.
Certains noms qui désignent des personnes proches entraînent des accords identiques. Par exemple :
majirani zetu, *nos voisins*
marafiki zao, *leurs amis*
shoga yangu, *mon amie*.

Attention ! À Zanzibar **shoga (ma-)** désigne l'amie d'une femme ; c'est un terme courant et anodin. Partout ailleurs il fait référence à l'ami très intime d'un homme.

Lorsque l'on décrit une relation de parenté, on emploie non pas le connectif (**-a**, *de*) mais le possessif. Par exemple :

Soixante-dix-septième leçon

mama yake Makame, *la mère de Makame* ;
babu yake babu yangu, *mon aïeul* (littéralement "le grand-père de mon grand-père").

Nous avons déjà vu les formes contractées des possessifs des noms de parenté à la leçon 49, §2.

Cette règle des possessifs peut vous paraître déroutante, mais il ne faudrait pas qu'elle devienne l'arbre qui cache la forêt. En fait, les possessifs de parenté suivent les accords de classe. Soulignons que cette règle ne s'applique qu'aux possessifs (les qualificatifs s'accordent tous dans les classes 1/2) des termes de parenté et non des autres personnes.

2 Possessifs et noms d'animaux

Les noms d'animaux appartiennent en majorité aux classes 9/10. Les possessifs qui les déterminent s'accordent dans les classes 1/2. Par exemple :
mbwa wangu, *mon chien*
ng'ombe wake, *ses vaches*.
Cependant il existe des différences régionales ; aussi ne vous étonnez pas d'entendre d'autres accords.

3 Les démonstratifs dans les classes locatives

Les démonstratifs des classes locatives contiennent les nuances suivantes :

	1. Démonstratif de proximité	2. Démonstratif d'éloignement	3. Anaphorique
Cl. 16 : lieu précis	hapa	pale	hapo
Cl. 17 : lieu vague	huku	kule	huko
Cl. 18 : intérieur	humu	mle	humo

mia mbili na tisini na nane • 298

Dans la colonne 1, celle des démonstratifs de proximité : celui qui parle se trouve à l'endroit qu'il évoque. Dans la colonne 2, celle des démonstratifs d'éloignement : celui qui parle se trouve à distance de l'endroit qu'il évoque, mais il est possible qu'il le voie. Dans la colonne 3, celles des pronoms de rappel : celui qui parle se trouve loin du lieu dont il parle, mais son interlocuteur s'y trouve. Vous ne vous étonnerez donc pas que l'anaphorique à une classe locative soit plus fréquemment employé dans une lettre ou au téléphone.

4 "Être"

4.1 Au présent

On l'exprime à l'aide d'une copule, c'est-à-dire d'un petit mot qui ne se conjugue pas mais qui remplace le verbe *être*. Par exemple :
mtoto huyu ni mdogo, *cet enfant est petit*.

• De même, *ne pas être* s'exprime à l'aide de la copule **si**. Reportez-vous à la leçon 4. Par exemple :
mtu huyu si Mkenya, *cette personne n'est pas kenyane*.

• *Être* au présent relatif s'exprime grâce à la copule **-li-**. Cette tournure est fréquemment employée dans les maximes et les proverbes. Par exemple :
aliye kwake ni mfalme, *celui qui est chez lui est roi*.

• Pour dire *être d'une certaine manière*, on emploie le relatif de classe 8. Par exemple :
kama nilivyo, *telle que je suis*.

• Pour dire *ne pas être* à une forme relative on emploie la copule **si** suivie du relatif. Par exemple :
asiye macho haambiwi tizama, *on ne dit pas "regarde" à un aveugle*.
Ce proverbe serait équivalent à "il n'est pire sourd que celui qui ne veut pas entendre", c'est-à-dire que l'on ne fait pas faire à quelqu'un ce qu'il est incapable ou refuse de faire.

• Pour dire *être dans un lieu* au présent, on emploie un relatif locatif précédé d'un marqueur de sujet (Reportez-vous à la leçon 7, §5). Par exemple :

mama yupo jikoni, *maman est dans la cuisine*
hawapo, *ils ne sont pas là*.
Pour dire *être dans un lieu* au présent et à la forme relative, on utilise la copule **-li-** dans la construction suivante : MS + **-li-** + rel. accordé avec l'antécédent + rel. loc. Par exemple :
dirisha lililopo karibu na mlango, *le guichet qui se trouve à côté de la porte*.

• À la forme négative on emploie le verbe **kuwa**, *être*, au présent négatif relatif. Par exemple :
Asiyekuwepo na lake halipo, *Celui qui n'est pas là, ses affaires ne sont pas là*.
Ce proverbe correspond à "qui va à la chasse perd sa place", ou "les absents ont toujours tort".

4.2 À un autre temps

• Pour dire *être* à un autre temps que le présent, on emploie le verbe **kuwa** au temps qui convient. Par exemple :
Mtu alikuwa mgonjwa, *Une personne était malade*.

• À la forme relative, **kuwa** suit les mêmes règles que les autres verbes. Par exemple :
Mtu aliyekuwa mgonjwa ameondoka, *La personne qui était malade est partie*.

• *Être dans un lieu* à un autre temps que le présent s'exprime en suffixant un relatif locatif au verbe **kuwa** conjugué normalement. Par exemple :
kama ungekuwapo, *si tu étais là*.

• On dit très fréquemment **kama ungekuwepo**, car la voyelle de modalité est modifiée par la présence du suffixe locatif.
On peut aussi former une relative à partir de cette tournure et dire par exemple :
yule aliyekuwepo mchana, *celui qui était là à midi*.
Ainsi *lorsqu'il sera là* se dit **atakapokuwepo**.

5 "Avoir"

Le swahili n'a pas de verbe *avoir* et dit *être avec*.

5.1 Au présent

Au présent on emploie la tournure MS + **na**. Reportez-vous à la leçon 7, §4. Par exemple :
Ana homa, *Il a de la fièvre.*

• À la forme relative on dira :
yule aliye na homa, *celui qui a de la fièvre*
c'est-à-dire que l'on emploie la copule **li**, être, à la forme relative suivie de **na**, avec.

• Voyons maintenant de plus près ce qui se passe lorsque le l'antécédent occupe la fonction d'objet grammatical. Nous avons les étapes suivantes :
nina kitu, *j'ai une chose* (forme simple)
mimi niliye na kitu, *moi qui ai une chose* (l'antécédent **mimi**, *moi*, occupe la fonction de sujet, il est marqué dans le prédicat **niliye**, par le marqueur de sujet **ni-**, *je*).
mimi niliye nacho, *moi qui l'ai* ("moi-qui-suis-avec-elle") ; l'antécédent **mimi**, *moi*, occupe toujours la fonction de sujet souvenez-vous que **na** est toujours suivi d'un nom ou d'un pronom.
kitu nilicho nacho, *la chose que j'ai* ("chose je-suis-elle dont-j'ai-parlé avec-elle"). Dans cet exemple, l'antécédent **kitu**, *chose*, occupe la fonction d'objet grammatical, il est marqué dans le prédicat **nilicho** par le relatif de classe 7 **cho**. Mais *avoir* s'exprime par la tournure *être avec*. On ajoute donc **na**, *avec*, qui doit toujours être suivi d'une référence à la chose qui accompagne. On reprend donc encore une fois le pronom de rappel ou pronom relatif de classe 7 **cho**.

• Pour dire *ne pas avoir* au présent on emploie la tournure : MS négatif + **na**. Par exemple :
Sina bahati, *Je n'ai pas de chance.*

• À la forme relative on dira :
mtu asiye na bahati, *une personne qui n'a pas de chance.*
C'est-à-dire que l'on emploie la tournure suivante : MS affirmatif + **si** + relatif et plus loin **na** + nom ou pronom de rappel. Par exemple :
Ni kitabu kisicho na maana, *C'est un livre qui est insensé.*

- *Y avoir* s'exprime grâce à la tournure : MS + **na**. Reportez-vous aux leçons 9 et 49, §3. Par exemple :
Kuna maji, *Il y a de l'eau.*
Hamna umeme, *Il n'y a pas d'électricité.*

- *Là où il y a*, s'exprime grâce à la tournure suivante : MS cl. loc. + **na** + rel. loc. Par exemple :
Kunako maji, kuna mbu, *Là où il y a de l'eau, il y a des moustiques.*

5.2 Aux autres temps

Aux autres temps on utilise le verbe **kuwa** suivi de **na**. Par exemple :
aliyekuwa na pesa, *celui qui avait de l'argent*
alipokuwa na pesa, *lorsqu'il avait de l'argent.*

6 Le relatif général affirmatif

Il existe un relatif général affirmatif. Il se forme de la façon suivante :

Marqueur de sujet	Temps	Marqueur d'objet	Thème verbal	Modalité	Relatif
affirmatif	ø	+	les monosyllabiques conservent la marque de l'infinitif lorsqu'ils sont employés sans marqueur d'objet	voyelle identique à celle de l'infinitif	+

Cette forme relative est fréquemment employée dans les proverbes. Par exemple :
Kikulacho kiko nguoni mwako, *Ce qui te mange se trouve dans ton vêtement* (autrement dit : "c'est ce qui t'est le plus proche qui te nuit le plus").
Mtoto umleavyo ndivyo akuavyo, *Comme tu élèves l'enfant, il grandit.*

7 Les tiroirs relatifs : récapitulatif

Les seules marques de temps qui acceptent l'insertion d'un pronom relatif sont le présent affirmatif (**na**), le futur affirmatif (**ta** > **taka**), le passé affirmatif (**li**) et le relatif général négatif qui est le

plus souvent traduit par un présent mais qui s'emploie pour décrire une action qui dure dans le temps. Par exemple :
mtu asiyejua adabu, *une personne qui ne connaît pas les bonnes manières*
nyumba zisizovuja, *des maisons qui n'ont pas de fuites*.

Mazungumzo ya marudio

1 – Ninaomba unipatie kazi.
2 Siwezi kuendelea namna hiyo. Nina matatizo mengi ya pesa.
3 – Unataka kufanya kazi gani?
4 – Yoyote.
5 – Siwezi kukutafutia kazi bila kujua unapendelea kufanya nini!
6 – Matatizo niliyo nayo yatanilazimisha kukubali kazi yoyote.
7 – Unajua kupika?
8 – Kidogo.
9 – Mjomba wangu ana hoteli.
10 Nitamwuliza kama anamhitaji mtu wa kumsaidia kupika.
11 – Ahsante. Ahsante sana.
12 Ngoja. Hujapata.
13 Nitakuulizia tu.
14 Je ungekubali kufanya kazi ya kupiga pasi kwenye hoteli?
15 Juzi alitaka kumfukuza yule anayeshughulikia mambo hayo.
16 – Ndio. Ningependa.
17 – Sawa. Nitampigia simu.

Traduction

1 Pourrais-tu me trouver du travail s'il te plaît. **2** Je ne peux pas continuer comme ça. J'ai beaucoup de problèmes d'argent. **3** Quel travail veux-tu faire ? **4** N'importe lequel. **5** Je ne peux pas te chercher un travail sans savoir ce que tu préfères faire ! **6** Les problèmes que j'ai m'obligeront à accepter n'importe quel travail. **7** Est-ce que tu sais cuisiner ? **8** Un peu. **9** Mon oncle maternel a un hôtel. **10** Je lui demanderai s'il a besoin de quelqu'un pour l'aider à la cuisine. **11** Merci. Merci beaucoup. **12** Attends. Tu ne l'as pas encore. **13** Je vais demander pour toi, c'est tout. **14** Est-ce que tu accepterais de faire le repassage à l'hôtel ? **15** L'autre jour il voulait renvoyer la personne qui s'occupe de ça. **16** Oui. J'aimerais. **17** Bien. Je lui téléphonerai.

Les formes relatives vous semblent peut-être un peu complexes, mais ne vous inquiétez pas, nous allons vous en faire rencontrer beaucoup dans les leçons à venir afin qu'elles vous deviennent familières. Certaines sont très fréquentes, notamment celles avec amba- *ou celles qui acceptent un pronom relatif. Pour les autres, nous estimons qu'il est de notre devoir de vous les présenter, mais au début il vous sera amplement suffisant de ne les connaître que de manière passive, c'est-à-dire de pouvoir les comprendre lorsque vous les rencontrerez. Sachez que vous pourrez parfaitement vous exprimer sans avoir recours à des tournures très élaborées pour la simple raison qu'à l'oral, il est fréquent que les gens juxtaposent des phrases plutôt que de former des relatives. Vous ferez de même dans un premier temps et tout doucement, au fur et à mesure que vous vous familiariserez avec la langue, vous commencerez à utiliser des tournures plus complexes ; mais vous n'irez probablement jamais jusqu'à fabriquer vous-même des proverbes ou des maximes. Sachez donc que le plus gros du travail est fait et que ce qui nous reste à voir est nettement plus facile. Alors bon courage !*

Deuxième vague : 28e leçon

Somo la sabini na nane

Mpira

1 – Nyama**ze**ni! Nina**ta**ka kusiki**li**za [1] m**pi**ra.
2 – Pan**di**sha [2] sa**u**ti!
3 – **Ni mwi**sho **ha**po. **Da**wa [3] zime**kwi**sha.
4 – **Ba**si **nen**da ukanu**nu**e.
5 – Una**o**na m**vu**a ina**nye**sha [4]. **Na me**chi inaa**nza sa**sa **hi**vi.
6 – Ni**na**zo nyum**ba**ni. Nimenu**nu**a **ju**zi. Una**ta**ka nikua**zi**me [5]?
7 – **Ndi**o. Ka**za**na, wamesha**an**za kutan**ga**za [6].
8 – Unache**ke**sha [7]. Hujitaya**ri**shi [8] ma**pe**ma, ha**la**fu unatuhara**ki**sha! [9]

Notes

[1] **Kusikiliza**, *écouter*, est le causatif du verbe **kusikia**, *entendre*. Le causatif est une extension qui ajoute l'idée de faire faire à l'action indiquée par le verbe de base. Il existe deux façons de le former. **Kusikiliza** est formé avec **-liz-** parce que la dernière voyelle du thème verbal est **-i-**.

[2] **Pandisha**, *hausse*, est le causatif de **kupanda**, *monter*. Il est formé en **isha** c'est-à-dire avec **i** parce que la dernière voyelle du thème verbal est **a**, et avec **sh** qui est la façon la plus courante de former le causatif. **Pandisha** Δ **pand-** (t. verb. *monter*) **-ish-** (causatif *faire*) **-a** (impératif sing.).

[3] **Dawa** (-) – qui signifie aussi *produit*, *médicament* – n'est utilisé que par les Zanzibari dans le sens de *pile*. On dit aussi **betri** et sur le continent **mawe**, littéralement "pierres".

[4] **Kunyesha**, *pleuvoir*, est le causatif de **kunya**, *déféquer*. Comme vous le constatez, il n'y a pas toujours de lien évident entre une forme première et une extension.

[5] **Kuazima** signifie aussi bien *prêter* que *emprunter* quelque chose à quelqu'un.

Soixante-dix-huitième leçon

Le football *(ballon)*

1 – Taisez-vous ! Je veux écouter le foot *(je-veux écouter ballon)*.
2 – Hausse le son *(fais-monter voix)*.
3 – C'est à fond *(est fin ici)*. Les piles sont mortes *(produits sont-finis)*.
4 – Eh bien va [en] acheter *(va et-que-tu achètes)*.
5 – Tu vois [bien] qu'il pleut *(pluie elle-pleut)*. Et le match commence à l'instant *(maintenant comme-ça)*.
6 – J'en ai à la maison. J'[en] ai acheté avant-hier. Tu veux que je te [les] prête ?
7 – Oui. Dépêche-toi, ils ont déjà commencé la diffusion *(diffuser)*.
8 – Tu [me] fais rire. Tu ne te prépares pas à l'avance *(tôt)*, ensuite tu nous presses *(tu-nous-fais-dépêcher)* !

---

6 **Kutangaza**, *diffuser, annoncer, proclamer*, est le causatif du verbe **kutangaa**, *être connu, répandu, courant*.

7 **Kuchekesha**, *faire rire*, est le causatif du verbe **kucheka**, *rire*. Il est formé en **esha** parce que la dernière voyelle du thème verbal est **e**. **Unachekesha**, *tu fais rire*, Δ **u-** (marqueur de sujet cl. 1, 2ᵉ pers. *tu*) **-na-** (présent) **-chek-** (t. verb. *rire*) **-esh-** (causatif *faire*) **-a** (modalité neutre).

8 **Kutayarisha** est un verbe à la forme causative formé à partir de **tayari**, *prêt*. **Hujitayarishi**, *tu ne te prépares pas*, Δ **hu-** (marqueur de sujet nég. cl. 1, 2ᵉ pers., *tu*) **-ji-** (réflexif) **-tayari-** (adjectif *prêt*) **-sh-** (causatif *rendre*) **-i** (v. du présent négatif).

9 **Kuharakisha**, *presser qqn*, est un verbe à la forme causative formé à partir de l'adverbe **haraka**, *vite*. **Unatuharakisha**, *tu nous presses*, Δ **u-** (marqueur de sujet cl. 1, 2ᵉ pers. *tu*) **-na-** (présent) **-tu-** (marqueur d'objet, cl. 2, 1ʳᵉ pers. *nous*) **-harak-** (thème adverbe *vite*) **-ish-** (causatif *faire*) **-a** (modalité neutre).

mia tatu na sita • 306

Zoezi la kwanza – Tafsiri

❶ Sogeza mfuko huu. ❷ Siwezi, hamna nafasi. ❸ Basi uupandishe juu. ❹ Ngoja, nimepoteza pesa katikati ya mizigo. ❺ Basi teremka, nitakutafutia mimi.

***

Zoezi la pili – Kamilisha

❶ Tatu fait bouillir de l'eau.
 Tatu . . . . maji.

❷ La petite casserole suffira ?
 Sufuria ndogo . . . . ?

❸ Non, remplie la grande.
 Hapana, ... lile kubwa.

❹ Je n'arrive pas à allumer le feu.
 Ninashindwa . . . . moto.

❺ C'est vrai, si tu ne me le rappelles pas, à chaque fois j'oublie de te l'allumer.
 Kweli, kama . . . . , kila mara ninasahau kukuwashia.

Somo la sabini na tisa

Ujana

1 *(Njiani)* Dingin, dingin.
2 – **He**! Umenish**tu**sha! [1] Una**pi**ga ken**ge**le **gha**fla **chi**ni **ya** mi**guu** [2].
3 – Ulifi**ki**ri **ni**ni? M**zin**ga?
4 – Nilifi**ki**ri **ra**di imeniangu**ki**a.
5 – **Vi**pi nikusindi**ki**ze [3]?
6 – Nime**fi**ka, nina**kwen**da **ha**po [4], m**taa wa pi**li.
7 – **Kan**zu **hi**i inakupen**de**za [5] **sa**na!

Corrigé de l'exercice 1
❶ Pousse ce sac. ❷ Je ne peux pas, il n'y a pas de place. ❸ Eh bien fais-le monter en haut. ❹ Attends, j'ai perdu de l'argent entre les bagages. ❺ Eh bien descends, je vais te le chercher, moi.

***

Corrigé de l'exercice 2
❶ – chemsha – ❷ – litatosha ❸ – jaza – ❹ – kuwasha – ❺ – hunikumbushi –

Deuxième vague : 29ᵉ leçon

Soixante-dix-neuvième leçon

La jeunesse

1. *(En chemin)* Dring, dring.
2. – Oh ! Vous m'avez fait sursauter ! Vous sonnez soudain au dernier moment *(pieds-aux)*.
3. – Vous avez cru [que c'était] quoi ? [Un coup de] canon ?
4. – J'ai cru que la foudre m'était tombée dessus.
5. – Alors je [peux] vous accompagner ?
6. – Je suis arrivée. Je vais là, dans la rue d'à côté *(deuxième)*.
7. – Cette robe vous va très bien !

8 – Uki**o**na vina**e**lea vime**u**ndwa. Ni**pi**she [6] unanichele**we**sha [7].

9 – **Ba**si **ni**pe miadi. **Ke**sho tuo**na**ne [8] **wa**pi?

10 – Usijitaa**bi**she [9] **bu**re, **ni**na mchu**mb**a. **Kwa he**ri. □

Notes

[1] **Kushtusha**, *faire sursauter*, est le causatif du verbe **kushtuka**, *sursauter*. Dans certains cas, il faut supprimer le **-k-** final du thème verbal pour former le causatif. **Umenishtusha**, *tu m'as fait sursauter*, ∆ **u-** (marqueur de sujet cl. 1, 2ᵉ pers. *tu*) **-me-** (résultatif) **-ni-** (marqueur d'objet cl. 1, 1ʳᵉ pers. *me*) **-shtu-** (t. verb. *sursauter*) **-sh-** (causatif *faire*) **-a** (modalité neutre).

[2] C'est **chini ya miguu**, *sous les pieds*, que nous avons traduit par *au dernier moment*.

[3] Le verbe **kusindikiza**, *accompagner qqn un bout de chemin*, n'est pas à la forme causative malgré ce que peut laisser penser la dernière syllabe.

[4] Nous avons vu à la leçon 77, §3, que **hapo** signifie *là où tu es et où je ne suis pas*. Il signifie ici que les deux interlocuteurs sont à distance d'un lieu précis.

[5] **Kupendeza**, *aller bien*, *seoir*, est le causatif de **kupenda**, c'est-à-dire qu'il signifie littéralement "rendre aimable", "faire être aimé". **Inakupendeza**, *elle te va bien*, ∆ **i-** (marqueur de sujet cl. 9, *elle*) **-na-** (présent) **-ku-** (marqueur d'objet cl. 1, 2ᵉ pers. *te*) **-pend-** (t. verb. *aimer*) **-ez-** (causatif *faire*) **-a** (modalité neutre).

[6] **Kupisha**, *laisser passer*, est le causatif du verbe **kupita**, *passer*. Il est irrégulier et vous remarquez qu'il n'a pas exactement le sens ordinaire d'un causatif ; d'ailleurs *faire passer* se dit **kupitisha**, qui est, lui, un

***

Zoezi la kwanza – Tafsiri

❶ Hebu nipishe, nina haraka. ❷ Nina hamu ya kuzungumza na wewe, japo dakika moja tu. Ninataka kuja kukuposa. ❸ Acha[1] kunichekesha. ❹ Basi nipe miadi. Tuonane pahali gani? ❺ Usijitaabishe bure, nimeshaolewa. Kwa heri.

[1] **acha**, *arrêter*

Soixante-dix-neuvième leçon / 79

8 – Ce n'est pas un cadeau tombé du ciel *(si-tu vois [que les bateaux] ils-flottent, [c'est qu']ils-ont-été fabriqués (créés))*. **Laissez-moi passer, vous me retardez.**

9 – **Eh bien donnez-moi un rendez-vous. Où [pouvons-nous] nous voir demain** *(demain nous-nous-voyons où)* **?**

10 – **Ne vous fatiguez pas** *(ne-te-fais-pas-de-tracas)* **pour rien, je suis fiancée** *(je-avec fiancé)*. **Au revoir.**

causatif tout à fait ordinaire dans son sens et dans sa forme. **Nipishe**, *laisse-moi passer*, ∆ **ni-** (marqueur d'objet cl. 1, 1ʳᵉ pers. *moi*) **-pi-** (t. verb. *passer*) **-sh-** (causatif *laisser*) **-e** (impératif avec marqueur d'objet).

7 **Unanichelewesha** ∆ **u-** (marqueur de sujet cl. 1, 2ᵉ pers. *tu*) **-na-** (présent) **-ni-** (marqueur d'objet cl. 1, 1ʳᵉ pers. *me*) **-chele-** (t. verb. *tarder*) **-w-** (passif *être*) **-esh-** (causatif *faire*) **-a** (modalité neutre). **Kuchelea**, *tarder*, est lui-même le double applicatif de **kucha** (kucha > kuchea > kuchelea) qui signifie *poindre* en parlant du jour.

8 **Kuonana** signifie *se voir mutuellement*. L'extension en **-an-** s'appelle l'associatif. Attention ! En français *se voir* peut signifier *se voir soi-même* et se traduit en swahili par **kujiona** qui signifie aussi *être fier*. **Tuonane** littéralement "que nous nous voyions les uns les autres" ∆ **tu-** (marqueur de sujet cl. 2, 1ʳᵉ pers. *nous*) **-on-** (t. verb. *voir*) **-an-** (associatif *l'un l'autre*) **-e** (v. du subjonctif).

9 **Kutaabisha** est un verbe à la forme causative formé à partir du nom **taabu**, *problème*, et signifie donc littéralement "faire des problèmes". **Usijitaabishe**, *ne te tracasse pas*, ∆ **u-** (marqueur de sujet affirm. cl. 1, 2ᵉ pers. *tu*) **-si-** (négation) **-ji-** (réflexif) **-taab-** (thème nom *problème*) **-ish-** (causatif *faire*) **-e** (subjonctif).

***

Corrigé de l'exercice 1

❶ Laissez-moi passer, je suis pressée. ❷ J'ai envie de discuter avec vous, ne serait-ce qu'une minute. Je veux venir vous demander en mariage. ❸ Arrêtez de me faire rire. ❹ Eh bien donnez-moi un rendez-vous. Où pouvons-nous nous voir ? ❺ Ne vous fatiguez pas pour rien, je suis déjà mariée. Au revoir.

Zoezi la pili – Kamilisha

❶ Alors, vous vous êtes vus ?
Vipi, ... ?

❷ Oui, mais les choses ne vont vraiment pas bien du tout.
Ndiyo, lakini mambo si . . . . . . hata kidogo.

❸ Pourquoi me donnes-tu des inquiétudes *(me fais sursauter)* ?
Mbona . . . . ?

❹ Va demander à Nadi, il m'a accompagné, il est au courant de tout.
Nenda . . . . Nadi, ... , anajua kila kitu.

❺ Le patron n'a pas voulu m'écouter. Il m'a licencié *(chassé travail)*.
. . . . kunisikiliza. Amenifukuza kazi.

Somo la themanini

Mazungumzo ya wanawake

1 – Ina**bi**di nimwa**chi**she ¹ ma**zi**wa **mto**to **wa**ngu. Ina**ni**tia hu**zu**ni.

2 – La**ki**ni **ba**do mdogo!

3 – Daktari ame**se**ma kuto**ka**na ² **na a**fya **ya**ngu nisiende**lee** kumnyo**nye**sha ³.

4 – **Kwa ni**ni?

5 – **Si**na **da**mu. **Mwe**zi ulio**pi**ta ali**ni**pa **da**wa **na** vita**mi**ni ⁴ la**ki**ni havinisai**di**i ⁵ cho**cho**te.

6 – Utam**li**sha ⁶ **ni**ni?

7 – Nitaja**ri**bu kumzoe**za** ⁷ ma**zi**wa **ya** ng'**om**be.

8 – **Mi**mi ninafi**ki**ri una**fa**nya **ka**zi **sa**na!

9 Una**kwe**nda ku**li**ma, ku**cho**ta **ma**ji, ku**pi**ka **na hu**ku ⁸ unanyo**nye**sha, **ni m**no!

Corrigé de l'exercice 2

❶ – mmeonana ❷ – mazuri – ❸ – unanishtusha ❹ – ukamwulize – amenisindikiza – ❺ Bosi hakutaka –

Deuxième vague : 30ᵉ leçon

Quatre-vingtième leçon

Conversation de femmes

1 – Il faut que je sèvre mon enfant *(que-je-le-fasse-laisser seins)*. Cela me rend triste *(il-me-met tristesse)*.
2 – Mais il est encore petit !
3 – Le médecin a dit qu'en raison de *(provenant de)* ma santé je ne dois pas continuer à l'allaiter *(faire-téter)*.
4 – Pourquoi ?
5 – Je suis anémiée *(je-n'ai-pas sang)*. Le mois dernier *(qui-est-passé)* il m'a donné des remèdes et des vitamines, mais cela ne me sert à rien *(il-ne-servent-pas quoi-que-ce-soit)*.
6 – Comment vas-tu le nourrir *(tu-lui-feras-manger quoi)* ?
7 – Je vais essayer de l'habituer au lait de vache.
8 – Moi, je crois que tu travailles beaucoup !
9 Tu vas cultiver, puiser de l'eau, cuisiner et en même temps *(en-parallèle)* tu allaites, c'est trop !

80 / Somo la themanini

Notes

1. **Kuachisha** est le causatif de **kuacha**, *cesser*, *laisser*, *abandonner*. **Nimwachishe**, *que je le fasse cesser* Δ **ni-** (marqueur de sujet cl. 1, 1ʳᵉ pers. *je*) Ø (pas de marque de temps) **-mw-** (marqueur d'objet, cl. 1, 3ᵉ pers. *le*) **-ach-** (t. verb. *laisser*) **-ish-** (causatif *faire*) **-e** (v. du subjonctif).

2. Notez que ce verbe **kutokana** est suivi de la préposition **na** ; l'ensemble signifie *en raison de*.

3. **Kunyonyesha**, *allaiter*, est le causatif de **kunyonya**, *téter*, *sucer*.

4. **Vitamini** est toujours employé en classe 8. Il n'a pas de singulier.

5. Lorsqu'un verbe a deux sujets, il s'accorde soit avec le dernier d'entre eux, soit en classe 8, ce qui est le cas ici dans **havinisaidii**, *ils ne m'aident pas*.

***

Zoezi la kwanza – Tafsiri

❶ Umeiona filamu hii? ❷ Bado. Kwa nini? Inachekesha? ❸ Inatisha, lakini nzuri sana. ❹ Ingekuwa inachekesha, ndiyo. ❺ Aa! Lakini ni filamu tu, sio kweli.

***

Zoezi la pili – Kamilisha

❶ Il pleut !
   Mvua . . . . !

❷ Oui, est-ce que tu pourras me ramener *(faire revenir)* à la maison ?
   Ndio, je utaweza . . . . nyumbani?

❸ Il faut que j'emprunte la voiture de mon frère.
   Inabidi . . . . gari ya ndugu yangu.

❹ Mais ne lui fais pas comprendre que tu me raccompagnes, moi.
   Lakini . . . . kwamba unanipeleka mimi.

❺ Pourquoi ? Tu as peur de lui ?
   Kwa nini? . . . . ?

Quatre-vingtième leçon / 80

6 **Kulisha**, *nourrir*, *alimenter*, est le causatif du verbe **kula**, *manger*. **Utamlisha**, *tu le nourriras* Δ **u-** (marqueur de sujet cl., 2ᵉ pers. *tu*) **-ta-** (futur) **-m-** (marqueur d'objet, *le*) **-l-** (rad. verb. *manger*) **-ish-** (causatif *faire*) **-a** (modalité neutre).

7 **Kuzoeza**, *habituer qqn à qqch.*, est le causatif de **kuzoea**, *s'habituer*. **Kumzoeza**, *l'habituer*, Δ **ku-** (marqueur de sujet cl. 15, "infinitif") **-m-** (marqueur d'objet cl. 1, 3ᵉ pers. *le*) **-zoe-** (t. verb. *habituer*) **-z-** (causatif *faire*) **-a** (modalité neutre). **Kuzoesha** est aussi très courant.

8 **Huku**, qui est le démonstratif de proximité de la classe locative 17, a ici le sens de *alors que*, *en même temps que*, en parallèle à une action précédemment exprimée.

***

Corrigé de l'exercice 1
❶ As-tu vu ce film ? ❷ Pas encore. Pourquoi ? Il fait rire ? ❸ Il fait peur, mais il est très bien. ❹ S'il était comique, oui. ❺ Ah ! Ce n'est qu'un film, ce n'est pas vrai.

Corrigé de l'exercice 2
❶ – inanyesha ❷ – kunirudisha – ❸ – niazime – ❹ – usimfahamishe – ❺ – Unamwogopa

Deuxième vague : 31ᵉ leçon

Somo la themanini na moja

Kuwahi kazini

1 – Gari yangu mbovu. Kesho uniamshe [1] mapema ili nisichelewe kazini.
2 – Panda daladala [2] au chukua baiskeli.
3 – Daladala zinajaa mno, itabidi nisubiri muda mrefu, na baiskeli haina kibao.
4 – Utakwenda kwa miguu?
5 – Ndiyo. Nitampitia [3] mfanyakazi mwenzangu. Nitafuatana [4] nae.
6 – Si ulisema hamsikilizani [5]!
7 – Tunasikilizana sana siku hizi.
8 Tumeambizana [6] tukutane [7] saa kumi na mbili kasorobo.
9 – Basi nitakuamsha alfajiri wakati nitakapoondoka kwenda sokoni.

Notes

1 **Kuamsha** est le causatif du verbe **kuamka**, *se réveiller*. Vous remarquez que dans cet exemple il ne s'agit pas seulement de retirer un élément, en l'occurrence **-k-**, mais de le remplacer par l'extension de l'applicatif **-sh-**. Il n'y a pas de verbe de base à l'origine de ces deux extensions.

2 Les **daladala** sont des taxis collectifs privés tanzaniens qui circulent sur des trajets déterminés. Il s'agit de nos jours de minibus.

3 **Kupitia** est l'applicatif de **kupita**, *passer*, et signifie *passer par*, *par l'intermédiaire de*, *via*.

4 **Kufuatana** est l'associatif de **kufuata**, *suivre* ; littéralement il signifie donc "se suivre l'un l'autre" mais nous l'avons traduit ici par *aller avec* parce qu'il est à la première personne de classe 1. Vous remarquez que son complément d'objet est introduit par **na**, *avec*.

Quatre-vingt-unième leçon

Être à l'heure au travail

1 – Ma voiture est en panne *(hors d'usage)*. Demain réveille-moi tôt pour que je ne sois pas en retard au travail.
2 – Prends *(monte)* un *daladala* ou *(prends)* le vélo.
3 – Les *daladala* sont trop bondés *(pleins beaucoup)*, il faudra que j'attende longtemps, et le vélo n'a pas de selle *(petite planche)*.
4 – Tu iras à *(avec)* pied ?
5 – Oui. Je passerai chez mon collègue de travail *(travailleur compagnon-de-moi)*. J'irai avec lui.
6 – N'as-tu pas dit que vous ne vous entendiez *(entendez)* pas ?
7 – Nous nous entendons très bien maintenant *(jours ceux-ci)*.
8 Nous nous sommes mis d'accord *(nous-nous-sommes-fait-dire-l'un-l'autre)* [pour] nous retrouver *(que-nous-nous-rencontrions)* à six heures moins le quart.
9 – Eh bien, je te réveillerai [à l']aube lorsque j'irai au marché.

5 Kusikilizana, *s'entendre mutuellement*, a exactement les mêmes sens qu'en français. Il est l'associatif de **kusikiliza**, *écouter*, qui est lui-même le causatif de **kusikia**, *entendre*. Hamsikilizani, *vous ne vous entendez pas*, ∆ **ham-** (marqueur de sujet nég. cl. 2, 2ᵉ pers. *vous*) **-siki-** (t. verb. *entendre*) **-liz-** (causatif *faire*) **-an-** (associatif *se*) **-i** (modalité neutre).

6 Kuambizana, *se mettre d'accord*, est une double extension de **kuambia**, *dire qqch. à qqn*. Tumeambizana, *nous nous sommes mis d'accord*, ∆ **tu-** (marqueur de sujet cl. 2, 1ʳᵉ pers. *nous*) **-me-** (résultatif) **-amb-** (t. verb. *dire*) **-i-** (applicatif) **-z-** (causatif) **-an-** (associatif) **-a** (modalité neutre).

7 Kukutana est l'associatif de **kukuta**, *trouver*. Tukutane, *que nous nous retrouvions*, ∆ **tu-** (marqueur de sujet cl. 2, 1ʳᵉ pers. *nous*) **-kut-** (t. verb. *trouver*) **-an-** (associatif) **-e** (subjonctif).

Zoezi la kwanza – Tafsiri

❶ Umechelewa! Ulipitia wapi? ❷ Nilisubiri daladala. Leo zimejaa sana. ❸ Mmekutana na Maua? ❹ Ndio, lakini siku hizi hatusikilizani. ❺ Siku moja aliniambia nikienda kazini nimpitie, nikasahau.

***

Zoezi la pili – Kamilisha

❶ Demain je veux que tu me réveilles très tôt.
Kesho ninataka . . . . mapema sana.

❷ Je veux passer chez mon collègue de travail.
Ninataka . . . . mfanyakazi . . . .

❸ À quelle heure veux-tu que je te réveille ?
Unataka . . . . saa ngapi?

❹ À cinq heures et demie, nous nous sommes mis d'accord pour y aller en daladala.
Saa kumi na moja na nusu, ... twende kwa daladala.

Somo la themanini na mbili

Kufanya kamba

1 – **Ma**ma **Kom**bo hu**jam**bo? **He**! **Ma**ma **Kom**bo ¹ nina**ku**u**li**za **ha**li. Hu**jam**bo?

2 – Si**jam**bo. Sama**ha**ni. **Si**po. ²

3 – Ninakuse**me**sha ³, **hu**na ha**ba**ri. **Ke**sho **twen**de **pwa**ni kugo**n**ga ⁴ u**sum**ba.

4 – Nime**ru**di **ju**zi. Kafua**ta**ne ⁵ na bi **Ta**tu, ana**ta**ka **kwen**da **ke**sho.

5 – **Kwa** kawaida ha**fa**nyi u**sum**ba, anacho**ko**a ⁶ **pwe**za.

Corrigé de l'exercice 1

❶ Tu es en retard ! Par où es-tu passé ? ❷ J'ai attendu le *daladala*. Aujourd'hui ils sont bondés. ❸ Vous vous êtes croisés avec Maua ? ❹ Oui, mais ces temps-ci nous ne nous entendons pas. ❺ Un jour elle m'a dit de passer par chez elle en allant au travail et j'ai oublié.

***

❺ Eh bien je te réveillerai à cinq heures lorsque j'entendrai le muezzin.
Basi nitakuamsha saa kumi na moja . . . . mwadhini.

Corrigé de l'exercice 2

❶ – uniamshe – ❷ – kumpitia – mwenzangu ❸ – nikuamshe – ❹ – tumeambizana – ❺ – nikimsikia –

Deuxième vague : 32ᵉ leçon

Quatre-vingt-deuxième leçon

Faire de la ficelle

1 – Mère de Kombo, tu vas bien ? Mère de Kombo, je te demande comment tu vas *(état de-toi)*. Tu vas bien ?
2 – Je vais bien. Excuse-moi. Je n'y étais pas *(je-ne-suis-pas-là)*.
3 – Je te parle *(je-te-fais-parler)*, tu ne te rends compte de rien *(tu-n'as-pas information)*. Demain allons à la plage battre la fibre de coco.
4 – J'y suis allée *(revenue)* avant-hier. Vas-y avec Tatu, elle veut y aller demain.
5 – D'habitude elle ne fait pas de fibre de coco, elle [va] pêcher *(aiguillonner)* des pieuvres.

mia tatu na kumi na nane • 318

82 / Somo la themanini na mbili

6 – Nimesi**ki**a ana**ta**ka ku**f**anya **cha**u. Mtasaidi**a**na. [7]
7 – **Mi**mi nina**ta**ka kus**u**ka **kam**ba. **Ni**na mi**a**di **na** mchu**u**zi **ke**sho, ji**o**ni.
8 Nina**ta**ka kuli**pa**.
9 – Unad**ai**wa?
10 – **A**ta. Ninatayar**i**sha hi**ti**ma [8] **ya** m**to**to **wan**gu. Nimewe**ke**sha [9] m**bu**zi. □

Notes

1 Il est très fréquent d'appeler une personne par le nom de son aîné, garçon ou fille. La tournure employée ici, c'est-à-dire la juxtaposition de **mama** et du nom de l'aîné(e) est plutôt employée sur le continent. Dans l'archipel, même comme terme d'adresse, on entendra plus fréquemment **mama yake Kombo** ou la forme contractée **mamiye Kombo**.

2 **Sipo**, *je ne suis pas là*, signifie que la personne était plongée dans ses pensées.

3 **Kusemesha**, *parler à quelqu'un*, est le causatif de **kusema**, *parler*.

4 Littéralement, **kugonga** signifie *heurter*.

5 **Kufuatana na mtu**, *accompagner*, est l'associatif de **kufuata**, *suivre qqn*. Il est ici à l'impératif de mouvement qui s'emploie pour donner un ordre avec, comme son nom l'indique, une idée de mouvement. **Kafuatane**, *vas-y avec*, Δ **ka-** (impératif de mouvement) **-fuat-** (t. verb. *suivre*) **-an-** (associatif *avec*) **-e** (v. impératif de mouvement, cl. 1).

6 **Kuchokoa** signifie *aiguillonner*, *fouir avec un bâton*, *curer*. Les pieuvres, qui vivent dans les trous des rochers, sont pêchées à marée basse dans la lagune. On les fait sortir de leur cachette en les délogeant à l'aide d'un bâton.

***

Zoezi la kwanza – Tafsiri

❶ Eh! Ninakusemesha. Husikii? ❷ Sipo. Umenishtusha! ❸ Mbona umekazana? Unakwenda wapi? ❹ Ninakwenda pwani kuchokoa pweza. ❺ Basi nisubiri nikajitayarishe, twende wote.

Quatre-vingt-deuxième leçon / 82

6 – J'ai entendu dire qu'elle veut faire un trou. Vous vous entraiderez.
7 – Moi, je veux filer *(je-veux filer)* de la corde. J'ai un rendez-vous avec le colporteur demain en fin d'après-midi.
8 Je veux payer.
9 – On te réclame [de l'argent] ?
10 – Non. Je prépare la commémoration religieuse de mon enfant. J'ai fait mettre [de côté une] chèvre.

7 **Kusaidiana**, *s'entraider*, est l'associatif de **kusaidia**, *aider*.

8 **Hitima** ou *achèvement*, est une cérémonie religieuse qui, théoriquement, a lieu quarante jours après le décès d'une personne. En réalité elle se déroule au moment où le chef de famille a pu réunir les fonds nécessaires. Les hommes se rendent à la mosquée prier pour le défunt. Il s'en suit un banquet offert à tous les participants.

9 **Kuwekesha**, *faire mettre*, est le causatif de **kuweka**, *mettre, poser*.

***

Corrigé de l'exercice 1
❶ Eh ! Je te parle. Tu n'entends pas ? ❷ Je n'y étais pas. Tu m'as fait sursauter ! ❸ Pourquoi te dépêches-tu ? Où vas-tu ? ❹ Je vais à la plage pêcher des pieuvres. ❺ Eh bien attends-moi, que j'aille me préparer et allons-y ensemble.

Zoezi la pili – Kamilisha

1 Mosi, mets de la nourriture de côté pour ton père, moi je m'en vais.
   Mosi, ... chakula baba yako, mimi ninaondoka.

2 Où vas-tu ?
   . . . . wapi?

3 À la commémoration religieuse du vieux Makame.
   Hitimani . . . mzee Makame.

4 Attends, Tatu veut venir avec toi.
   Ngoja, bi Tatu anataka . . . . na wewe.

5 Si tu as le temps, file de la corde.
   Kama una nafasi, ... kamba.

Toutes les campagnardes de l'archipel de Zanzibar ont une activité artisanale qui leur permet de se procurer un peu d'argent liquide. Les femmes de Pemba et du nord de Zanzibar sont très adroites dans la fabrication des nattes que l'on appelle **mkeka** *ou* **jamvi** *selon leur forme et leur qualité. Elles passent aussi beaucoup de temps à la confection des petites toques de coton brodées appelées* **kofia** *que portent les hommes. Dans le sud de l'île de d'Unguja, la plus grande des deux îles, elles s'adonnent soit à la culture des algues, qui sont exportées vers l'Extrême-Orient, soit à la fabrication de la corde.*

La corde se fabrique à partir de la "bogue", épaisse de deux à trois centimètres, de la noix de coco. La première étape consiste à détacher cette coque de la noix en l'empalant sur un pieu : c'est un travail réservé aux

Somo la themanini na tatu

Shahidi avunja [1] mbavu wasikilizaji

1 – Kitam**bu**o. Unamfa**ha**mu Ngo**ma**ni?
2 – Simfa**ha**mu. **Ha**pa m**ji**ni **ki**la m**mo**ja a**ja**li [2] la**ke** [3] **ba**ba.
3 – **Na**ni alikukari**bi**sha [4] **ku**la pi**la**u?

Corrigé de l'exercice 2
❶ – mwekee – ❷ Unakwenda – ❸ – kwa – ❹ – kufuatana – ❺ – suka –

hommes. Les femmes enfouissent ensuite ces "bogues" dans des trous – situés sur la plage et appelés **vyau** *(sing.* **chau***) –, qui ne sont accessibles qu'à marée basse. Les coques sont maintenues par des grosses pierres qui empêchent la mer de les emporter. Un mois plus tard, les femmes les déterrent et les frappent à l'aide d'un bâton. Lors de cette opération, les fibres se détachent. Si cela est possible, elles récupèrent les pellicules de chair qui retombent et qui sont un excellent engrais.*
Une fois rentrées chez elles, elles font sécher les fibres au soleil et peuvent, quelques jours plus tard, commencer à filer la corde. Pour ce faire, elles prennent des touffes de fibres qu'elles roulent sur une cuisse. Elles obtiennent ainsi un fil. La dernière opération consiste à faire une ficelle ou une corde selon la taille voulue. Elles effectuent généralement ce travail en fin de journée en discutant, assises sur une plate-forme de ciment située sur le devant de la maison. Elles vendent le produit de leur artisanat à des acheteurs ambulants qui les revendent aux grossistes de la ville.
Sachez que pour les habitants de la côte swahilie, la plage n'est pas un lieu de détente et de repos mais un lieu de travail. On y rencontre non seulement les pêcheurs, lorsqu'ils remontent leurs pirogues à balancier, mais aussi les enfants et les femmes qui vont pêcher dans les trous des rochers ou ramasser des coquillages. Certaines personnes ramassent aussi des holothuries – animaux marins noirs ou blancs comestibles ressemblant à des étrons – qui, une fois séchées sont exportées vers l'Extrême-Orient.

Deuxième vague : 33e leçon

Quatre-vingt-troisième leçon

Un témoin fait mourir de rire l'auditoire
(témoin il-casse côtes auditeurs)

1 – Kitambuo. Vous *(le)* connaissez Ngomani ?
2 – Je ne le connais pas. Ici en ville, chacun ne s'intéresse qu'à ses [affaires] *(chaque un il-s'intéresse la-sienne)*, **monsieur** *(papa)*.
3 – Qui vous a invité à manger du pilau ?

83 / Somo la themanini na tatu

4 – **Mi**e [5] ni**li**pi**ta**, ni**ka**wa**si**ki**a wa**tu wa**ki**se**ma: "Pi**lau**, pi**lau**. Tu**ka**le. [6]"
5   **Na**mi ni**ka**i**ngi**a. Ni**ka**la **ka**ma we**ngi**ne.
6 – Huku**i**ngi**zwa** [7] **na m**tu, **sio**?
7 – **Mi**mi **hu**la **kwa ma**ma n'ti**li**e. **Li**le li**li**ku**wa** jumui**ko**.
8   Ku**ka**a [8] **mi**e n**ka**la [9]. Li**li**ku**wa ko**sa?
9 – **Na**ni una**m**ku**m**bu**ka ha**pa?
10 – **Mi**e si**m**ku**m**bu**ki m**tu. **M**tu a**ki**la haa**nga**zi **ma**cho **hu**ku **na hu**ku.
11   Ni**li**ja**li** pi**lau tu**. Wa**li**po**a**nza **ma**ne**no yao**, ni**me**sha**shi**ba, ni**ka**o**ndo**ka.
12   **Ha**ta **so**da ni**li**i**a**cha.

Notes

1 **Avunja**, littéralement "il casse", est ce que l'on appelle un présent général. Il est surtout employé dans les titres de journaux comme c'est le cas dans cet exemple.

2 **Ajali** est le verbe **kujali**, *accorder de l'attention à*, *s'intéresser à*, au présent général. À la forme négative, **sijali** signifie *je m'en moque*.

3 **Lake** est accordé avec **jambo**, *affaire*, qui est sous-entendu.

4 **Kukaribisha**, littéralement "faire approcher", est un verbe à la forme causative construit à partir de **karibia**, *approcher de*, qui a lui-même pour racine **karibu**, *bienvenue*.

5 **Mie**, *moi*, est une variante du pronom personnel autonome **mimi**, de même que **nami** est la contraction de **na mimi**, *avec moi*.

***

Zoezi la kwanza – Tafsiri

❶ Na mie ntilie chakula, shika sahani. ❷ Nani alikukaribisha kuja kula? ❸ Nilisikia watu wakisema: "tukale, tukale", nami nikawafuata. ❹ Ukisikia watu wakisema: "tukafanye kazi, tukafanye kazi", utakwenda? ❺ Kula na kufanya kazi ni vitu tofauti, usilinganishe.

Quatre-vingt-troisième leçon / 83

4 – Moi, je passais et j'ai entendu des gens dire *(disant)* : "du pilau, du pilau. Allons manger."
5 Alors *(et)* moi aussi *(et)* je suis entré. J'ai mangé comme [les] autres.
6 – Personne ne vous a fait entrer *(tu-n'as-été fait-entrer par personne)*, n'est-ce pas ?
7 – D'habitude je mange chez une *mama n'tilie*. Ça, c'était un rassemblement.
8 Une fois assis *(s'asseoir)*, moi j'ai mangé. Était-ce une faute ?
9 – De qui vous souvenez-vous *(tu-le-souviens qui ici)* ?
10 – Moi, je ne me souviens de personne. Celui qui mange ne dévisage pas *(il-ne-regarde-pas yeux ici et ici)*.
11 Je ne me suis préoccupé que du pilau. Quand ils se sont mis à se disputer *(quand-ils-ont-commencé mots leurs)*, j'étais *(déjà)* rassasié et je suis parti.
12 Même le soda, je l'ai laissé.

6 **Tukale**, *allons manger*, est un ordre avec l'idée de mouvement. Reportez-vous à la leçon 56.

7 **Kuingizwa**, *être invité à entrer*, est le verbe **kuingia**, *entrer*, augmenté de deux extensions : un causatif (**-z-**) et un passif (**-w-**).

8 Le verbe **kukaa** est ici à l'infinitif de narration. C'est une tournure tout à fait semblable à celle du français qui dit "et de s'asseoir et de commencer à parler" etc.

9 À l'oral, le marqueur de sujet de classe 1 de première personne est souvent éludé. Dans ce dialogue, c'est le cas de **n'tilie**, *mets-m'en*.

***

Corrigé de l'exercice 1
❶ Et à moi aussi mets-moi à manger, prends l'assiette. ❷ Qui t'a invité à venir manger ? ❸ J'ai entendu des gens dire "allons manger, allons manger", alors moi je les ai suivis. ❹ Si tu entends des gens dire : "allons travailler, allons travailler", tu iras ? ❺ Manger et travailler sont des choses différentes, ne compare pas.

Zoezi la pili – Kamilisha

❶ Où est ton compagnon ?
   . . . . yuko wapi?

❷ Moi, je ne me suis occupé de personne, chacun s'occupe de ses affaires là-bas.
   Mie . . . . mtu, kila mmoja . . . . . lake kule.

❸ Eh bien, allons manger du manioc chez une mama n'tilie.
   Basi . . . . . . muhogo kwa mama ntilie.

❹ Moi, je n'ai pas faim *(suis rassasié)*, je ne veux pas manger.
   . . . nimeshiba, sitaki kula.

❺ J'ai rencontré des gens qui mangeaient du pilau, alors moi aussi je suis entré et j'ai mangé avec eux.
   Nilikuta watu wakila pilau, ... nikala nao.

Corrigé de l'exercice 2
❶ Mwenzako – ❷ – sikumshughulikia – ajali – ❸ – tukale – ❹ Mie – ❺ – nami nikaingia –

Somo la themanini na nne

Marudio – Révisions

1 Le causatif

Il s'agit d'une extension qui ajoute l'idée de *faire faire* à l'action indiquée par le verbe de base. Il existe deux façons de le former ; la plus courante est l'extension en *sh*, mais la plus ancienne est celle en **z**.

Quatre-vingt-quatrième leçon / 84

Ce dialogue est inspiré d'un fait divers relaté dans le journal Majira, *publié à Dar es-Salaam. Le comique vient du franc-parler du personnage principal qui s'adresse au juge avec une familiarité incongrue, tout en rappelant des règles élémentaires de savoir-vivre. Il est en effet tout à fait incorrect de regarder quelqu'un dans les yeux et surtout d'observer ceux qui partagent votre repas. Il n'est cependant pas très élégant non plus de les ignorer totalement. Il semble que ce témoin soit passé à proximité d'une fête, d'un mariage ou d'un meeting, et qu'il en ait profité pour aller faire quelques agapes en se mêlant à la foule des invités, ce qui n'a rien d'extraordinaire.*

Une **mama n'tilie** *est une femme qui prépare la cuisine sur un brasero et vend des repas, généralement à proximité des chantiers, des ports, des gares, des marchés et dans d'autres endroits où elle pourra trouver des clients.*

Deuxième vague : 34ᵉ leçon

Quatre-vingt-quatrième leçon

• Le causatif se forme en **-ish-** ou en **-iz-** si le thème verbal se termine par une consonne formée avec **a**, **i** ou **u**. Par exemple :
kupanda, *monter* → **kupandisha**, *faire monter*
kuacha, *laisser* → **kuachisha**, *sevrer*
kulima, *cultiver* → **kulimisha**, *faire cultiver*
kuita, *appeler* → **kuitisha**, *faire appeler, convoquer*
kuuma, *mordre* → **kuumiza**, *faire souffrir, faire mal*.

• Il se forme en **-esh-** ou **-ez-** si le thème verbal se termine par une consonne précédée de **e**, **o** ou **ny**. Par exemple :

kucheka, *rire* → **kuchekesha**, *faire rire*
kusema, *parler* → **kusemesha**, *adresser la parole à qqn*
kuweka, *poser, mettre* → **kuwekesha**, *faire mettre*
kupenda, *aimer* → **kupendeza**, *aller bien*
kukonda, *maigrir* → **kukondesha**, *faire maigrir*
kugonga, *frapper, heurter* → **kugongesha**, *faire heurter*
kunyonya, *téter* → **kunyonyesha**, *faire téter, allaiter*
kunya, *déféquer* → **kunyesha**, *pleuvoir*.

• Il se forme en **-sh-** ou **-z-** si le thème verbal se termine par une voyelle. Par exemple :
kujaa, *être plein* → **kujaza**, *remplir*
kunyamaa, *être silencieux* → **kunyamaza**, *se taire*
kutembea, *se promener* → **kutembeza**, *promener qqn*
kusogea, *bouger, se pousser* → **kusogeza**, *déplacer*
kupotea, *être perdu* → **kupoteza**, *perdre*
kuingia, *entrer* → **kuingiza**, *faire entrer*
kukimbia, *fuir* → **kukimbiza**, *chasser, faire fuir*
kutulia, *se calmer* → **kutuliza**, *calmer*
kuoa, *se marier* → **kuoza**, *marier qqn*
kupungua, *diminuer* → **kupunguza**, *faire baisser*
kuangua, *décrocher* → **kuangusha**, *faire tomber*.

• Cependant certains verbes dont le thème verbal se terminent par **a**, **i** ou **u** ont un causatif en **-lish-** ou **-liz-**. Par exemple :
kukaa, *s'asseoir* → **kukalisha**, *faire asseoir*
kusikia, *entendre* → **kusikiliza**, *écouter*
kupasua, *fendre* → **kupasulisha**, *faire éclater*
kujua, *savoir* → **kujulisha**, *faire savoir*.

• Certains verbes dont le thème verbal se termine par **e** ou **o** ont un causatif en **-lesh-** ou **-lez-**. Par exemple :
kung'oa, *arracher* → **kung'olesha**, *faire arracher*
kuzoa, *ramasser* → **kuzolesha**, *faire ramasser*
kutoa, *ôter* → **kutoza**, *prélever (une taxe)* ; **kutolesha**, *faire ôter*.

• Les verbes d'origine arabe qui ne se terminent pas par **a**, ont un causatif en **-ish-** ou **-iz-** si la dernière voyelle est **i** ou **u**. Par exemple :
kurudi, *revenir* → **kurudisha**, *renvoyer, ramener*

Quatre-vingt-quatrième leçon / 84

kusafiri, *voyager* → **kusafirisha**, *faire transporter, expédier*
kufahamu, *comprendre* → **kufahamisha**, *faire comprendre, expliquer*
kudumu, *durer* → **kudumisha**, *faire durer.*

• Les verbes d'origine arabe qui se terminent en **e** ont un causatif en **-esh-**. Par exemple :
kusamehe, *pardonner* → **kusamehesha**, *faire pardonner.*

• Les deux verbes d'origine arabe qui se terminent par deux voyelles ont un causatif en **-lish-**. Par exemple :
kusahau, *oublier* → **kusahaulisha**, *faire oublier*
kudharau, *mépriser* → **kudharaulisha**, *provoquer le mépris.*
Les causatifs des verbes monosyllabiques sont les suivants :
kula, *manger* → **kulisha**, *alimenter*
kunywa, *boire* → **kunywesha**, *faire boire.*

• Certains verbes perdent la dernière syllabe **ka** pour la remplacer par **sha**. Par exemple :
kuwaka, *brûler* → **kuwasha**, *allumer*
kupita, *passer* → **kupisha**, *laisser passer* ; **kupitisha**, *faire passer*
kuteremka, *descendre* → **kuteremsha**, *faire descendre*
kuchemka, *bouillir* → **kuchemsha**, *faire bouillir*
kukumbuka, *se souvenir* → **kukumbusha**, *rappeler*
kushuka, *descendre* → **kushusha**, *faire descendre*
kukauka, *sécher* → **kukausha**, *faire sécher.*

• Un certain nombre de verbes à la forme causative sont formés à partir de noms ou d'adjectifs. Par exemple :
sababu, *cause, raison* → **kusababisha**, *causer*
bahati, *chance* → **kubahatisha**, *tenter sa chance*
safi, *propre* → **kusafisha**, *nettoyer*
tayari, *prêt* → **kutayarisha**, *préparer*
haraka, *vite* → **kuharakisha**, *presser, faire se dépêcher*
hakika, *certitude* → **kuhakikisha**, *vérifier, confirmer*
taabu, *problème* → **kutaabisha**, *tracasser*
-fupi, *petit* → **kufupisha**, *raccourcir*
-refu, *long* → **kurefusha**, *allonger*
sawa, *bien* → **kusawazisha**, *corriger, arranger, parfaire*
rahisi, *facile* → **kurahisisha**, *faciliter.*

• Il existe certaines formes, rares ou irrégulières. Par exemple :
kuona, *voir* → **kuonya**, *avertir*
kupona, *aller mieux* → **kuponya**, *protéger*.
kulewa, *être ivre* → **kulevya**, *enivrer*
kuogopa, *avoir peur* → **kuogofya**, *faire peur*
kulala, *s'allonger* → **kulaza**, *allonger*
-nene, *gros* → **kunenepa**, *grossir* → **kunenepesha**, *faire grossir*
-kuona, *voir* → **kuonya**, *avertir* → **kuonyesha**, *montrer*.

• Certains verbes peuvent apparaître comme des causatifs mais n'en sont pas. Par exemple :
kutosha, *suffire*
kusindikiza, *accompagner un bout de chemin, raccompagner un invité*.

• Certains verbes ont le sens et la forme d'un causatif mais il n'existe pas de forme simple. Par exemple :
kuzungumza, *discuter*.
kutisha, *effrayer, faire peur*.

2 L'associatif

On l'appelle aussi *forme réciproque* ; il ajoute au verbe de base l'idée de faire l'action réciproquement ou mutuellement. Il est donc très souvent traduit en français par *se* mais il n'a pas le sens de la forme réfléchie qui, en swahili, se traduit par **-ji-**, inséré dans le verbe à la place du marqueur d'objet. L'associatif se forme en ajoutant **-an-** au thème verbal. Par exemple :
kuona, *voir* → **kuonana**, *se voir mutuellement*
kusaidia, *aider* → **kusaidiana**, *s'entraider*
kufuata, *suivre* → **kufuatana**, *se suivre, aller ensemble*
kukuta, *trouver, rencontrer* → **kukutana**, *se rencontrer*
kusikiliza, *écouter* → **kusikilizana**, *s'entendre*
kuambia, *dire* → **kuambizana**, *se mettre d'accord*.
Le complément d'un verbe à l'associatif est introduit par **na**. Par exemple :
ninasikilizana naye, *je m'entends bien avec lui*.
Il est impossible d'insérer un marqueur d'objet à cette forme.

3 L'impératif de mouvement

Il se forme de la façon suivante :

	Marqueur de sujet	Temps ou aspect	Marqueur d'objet	Thème	Modalité	Suffixe
Cl. 1	Ø	-ka-	+	les monosyllabiques ne conservent pas le **ku-** de l'infinitif lorsqu'ils sont employés sans marqueur d'objet	-e	
Cl. 2	Ø	-ka-	+		-e	-ni

Par exemple :
kavae, *va t'habiller* ; **kamwite**, *va l'appeler*
kale, *va manger*
kasogezeni mifuko, *allez pousser les sacs*.

4 Le présent général

Il existe un présent général, c'est-à-dire un présent employé pour désigner une action qui se déroule "ces temps-ci". Il est très peu employé, on le rencontre surtout dans les titres de journaux. Il se forme de la manière suivante :

Marqueur de sujet	Temps ou aspect	Marqueur d'objet	Thème	Modalité
affirmatif	-a-	+	les monosyllabiques ne conservent pas le **ku-** de l'infinitif lorsqu'ils sont employés sans marqueur d'objet	-e

Le fait que la marque de temps soit une voyelle entraîne des modifications des marqueurs de sujet Ainsi :

Classes 1/2 : **n**ajali – **w**ajali – ajali / **tw**ajali – **mw**ajali – **w**ajali
Classes 3/4 : **w**aanguka / **y**aanguka
Classes 5/6 : **l**aanguka / **y**aanguka
Classes 7/8 : **ch**aanguka / **vy**aanguka
Classes 9/10 : **y**aanguka / **z**aanguka
Classe 11 : **w**aharibika.

Les monosyllabiques ne conservent pas la marque de l'infinitif. Par exemple :
Simba ala mbuzi watatu, *Un lion dévore trois chèvres.*

⏵ Mazungumzo ya marudio

1 – Nyamazeni. Ninataka kusikiliza redio.
2 – Tusimkasirishe.
3 – Tutoke nje. Inabidi tuambizane tutafanya vipi kesho.
4 – Sikusikii.
5 – Kazana. Tutoke nje.
6 – Haisaidii kitu kumwogopa.
7 – Apandishe sauti ya redio tu.
8 – Usijitaabishe bure.
9 – Sasa kesho asubuhi tutafanya vipi? Utaniamsha? Ninakusemesha. Kesho asubuhi utaniamsha?

Somo la themanini na tano

⏵ Mzee Zisi na kijichura

1 – **M**zee **Zi**si sijam**wo**na **na** suruali, ma**i**sha **yan**gu.
2 – Unaki**ju**a **chan**zo **cha**ke?
3 – Ha**pa**na.
4 – **S**iku **mo**ja ali**kwen**da kon**de**ni kulima **mpun**ga ¹, ame**va**a suruali.

10 – Saa ngapi?
11 – Saa kumi na moja.
12 – Sawa. Pesa za mafuta unazo?
13 – Ndio ninazo.
14 – Haya. Tutaonana kesho.
15 – Kwa heri.

Traduction

1 Taisez-vous. Je veux écouter la radio. **2** Ne le fâchons pas. **3** Sortons. Il faut qu'on se mette d'accord sur comment on va faire demain. **4** Je ne t'entends pas. **5** Dépêche-toi. Sortons. **6** Ça ne sert à rien d'avoir peur de lui. **7** Il n'a qu'à monter le son de la radio. **8** Ne te casse pas la tête pour rien. **9** Bon demain matin comment on va faire ? Tu me réveilleras ? Je te parle. Demain matin tu me réveilleras ? **10** À quelle heure ? **11** À 5 heures. **12** D'accord. Tu as l'argent pour l'essence ? **13** Oui je l'ai. **14** Allez ! À demain. **15** Au revoir.

Félicitations ! Comme vous le constatez, les plus grosses difficultés sont derrière vous et vous n'avez plus à affronter de grandes nouveautés. Encore quelques petites découvertes et quelques précisions pour parfaire vos connaissances, mais vous possédez déjà tous les mécanismes de la langue et vous n'êtes pas loin d'être totalement autonome.

Deuxième vague : 35ᵉ leçon

Quatre-vingt-cinquième leçon

Le vieux Zisi et la petite grenouille

1 – Le vieux Zisi, je ne l'ai [jamais] vu de ma vie avec un pantalon *(je-ne-l'ai-pas-encore-vu avec pantalon vie de-moi)*.
2 – Tu [en] connais l'origine *(début de-cela)* ?
3 – Non.
4 – Un jour il est allé au champ cultiver du riz, il avait revêtu un pantalon.

5 Ghafla tukasikia kelele. "**Wa**tu n**jo**ni. **Wa**tu nipa**te**ni [2]!"

6 – Ali**ku**wa **pe**ke **ya**ke?

7 – **A**a. Ali**ku**wa **na** m**ke**we **na** wa**to**to **wa**ke. Tulifi**ki**ri kazo**ng**wa [3] **na cha**tu.

8 Tuka**en**da m**bio na** ma**pan**ga **na** ma**jem**be.

9 – Enhee! Mlipo**fi**ka?

10 Tulim**ku**ta ana**vu**a suru**a**li aki**pi**ga ke**le**le **hu**ku [4] ana**ru**karu**ka** [5] **ka**ma mwendawa**zi**mu.

11 Kika**to**ka kiji**chu**ra [6] ki**do**go.

12 – **A**a! **Ndo** ma**a**na hu**vaa shu**ka [7] au se**ru**ni [8]! Mas**ki**ni m**ze**e **Zi**si.

Notes

1. Il existe trois termes pour parler du riz. **Mpunga** désigne le "*riz sur pied*", **mchele** le "*riz non cuit*" et **wali** le "*riz cuit*".

2. Vous connaissez le verbe **kupata** qui signifie *obtenir*. Il a ici le sens de *sauver*, mais le swahili a aussi un autre verbe qui est **kuokoa**.

3. Le préfixe **ka-** correspond à la 3ᵉ personne du singulier de classe 1 d'un verbe au résultatif. Autrement dit **kazongwa**, *il était enroulé*, équivaut à la forme plus littéraire **amezongwa**.

4. **Huku**, démonstratif de proximité de la classe locative 17, suivi d'un verbe conjugué avec **-na-** (progressivité de l'action) signifie *alors que*, *tout en*.

5. La répétition du thème verbal donne l'idée d'intensité ou de répétition. C'est la raison pour laquelle nous avons traduit **anarukaruka** par *il sautait dans tous les sens*. La marque de temps **-na-** indique que l'action est en train de se dérouler. Il ne s'agit pas d'un temps qui serait le présent, mais d'un aspect : la progressivité de l'action.

6. **Kijichura**, *une toute petite grenouille*, Δ **kiji-** (diminutif des noms de classe 7) **-chura** (*grenouille* cl. 7). *Des toutes petites grenouilles* se dit **vijivyura**. Notez que le préfixe du verbe **kikatoka**, *elle est sortie*, est aussi en classe 7. Il s'agit de la même règle que pour les augmentatifs.

Quatre-vingt-cinquième leçon / 85

5 Soudain nous entendîmes des cris *(bruit)*. "*(Gens)* Venez. *(Gens)* À l'aide !"
6 – Il était seul ?
7 – Non. Il était avec sa femme et ses enfants. Nous avons cru qu'il était enserré *(enroulé)* par un python.
8 Nous nous sommes précipités *(allâmes vite)* avec des coutelas et des houes.
9 – Eh eh ! [Et] quand vous êtes arrivés ?
10 – Nous l'avons trouvé en train d'ôter [son] pantalon tout en criant et en sautant dans tous les sens *(il était en train de sauter sauter)* comme un fou *(celui qui va dans la folie)*.
11 Alors sortit une minuscule grenouille.
12 – Ah ! C'est la raison [pour laquelle] il porte toujours un pagne ou un sarong ! Pauvre vieux Zisi.

Reportez-vous à la leçon 35, §5. En faisant l'accord de classe et non l'accord habituel des êtres animés, c'est-à-dire dans les classes 1/2, on ajoute une dimension affective. Les diminutifs sont employés pour parler des choses ou des êtres petits, mignons, gentils ou de ceux qui inspirent un sentiment de pitié. Les noms des personnes très âgées et des infirmes appartiennent d'ailleurs aux classes 7/8.

7 **Shuka** (-) littéralement "tissu de drap", est un linge blanc uniquement porté par les hommes. Une autre tenue masculine traditionnelle est le **kikoi** (vi-) qui est un pagne de coton blanc bordé d'une lisière rose en haut et en bas. Le pagne porté par les femmes s'appelle **kanga** (-). Reportez-vous à la leçon 23.

8 **Seruni** (-), *sarong*, est un pagne à carreaux, originaire des Philippines, uniquement porté par les hommes.

mia tatu na thelathini na nne • 334

Zoezi la kwanza – Tafsiri

❶ Jana mzee Zisi alitushtusha. **❷** Tulimsikia anapiga kelele kondeni kwake, tukaenda mbio. **❸** Tulimkuta anarukaruka huku anavua suruali. **❹** Alipatwa na wazimu? **❺** Aa. Alisema kaingiwa na chatu. Tulipotazama, kikatoka kijichura kidogo.

***

Zoezi la pili – Kamilisha

❶ Pourquoi es-tu essoufflé *(tu respires)* ?
Mbona . . . . ?

❷ Mon chevreau a été enserré par un boa.
. . . . . . changu . . . . na chatu.

❸ Il est mort ?
. . . . ?

❹ Non, il a crié. Nous nous sommes précipités.
Hapana, ..., tukaenda mbio.

Somo la themanini na sita

Kwa kinyozi

1 – Niku**ka**te [1] m**ka**to **ga**ni?
2 – **A**a! **Ba**ba **yan**gu, nimesha**pi**twa **na** wa**ka**ti, m**ka**to wo**wo**te **tu**.
3 – **Ba**si ninaku**ka**ta **pan**ki.
4 – **Pan**ki? **Ni** m**ka**to **ga**ni **te**na?
5 – N**go**ja, niku**on**y**e**she ki**ta**bu **cha** mi**ka**to. **Si**ku **hi**zi **ku**na mi**tin**do **mi**pya.
6 – Si**ta**ki mi**ka**to **hi**i. **Ka**ta sawa**sa**wa **ba**si.
7 – **Njo**o **ha**pa. N**go**ja nizi**cha**ne.
8 – **He**! Inaone**ka**na [2] huzi**cha**ni. Zime**ka**a kama **sprin**gi!

Corrigé de l'exercice 1

❶ Hier le vieux Zisi nous a surpris. ❷ Nous l'avons entendu crier dans son champ, nous nous sommes précipités. ❸ Nous l'avons trouvé en train de sauter dans tous les sens tout en enlevant son pantalon. ❹ Il était pris de folie ? ❺ Non, il a dit qu'un python y était entré. Quand nous avons regardé, une minuscule grenouille est sortie.

***

❺ Le gros boa, nous l'avons frappé avec des coutelas et des houes.
Chatu . . . . mapanga na majembe.

Corrigé de l'exercice 2
❶ – unapuma ❷ Kibuzi – kilizongwa – ❸ Kimekufa ❹ – kilipiga kelele – ❺ – tumelipiga –

Deuxième vague : 36e leçon

Quatre-vingt-sixième leçon

Chez le coiffeur *(chez le barbier)*

1 – Je vous fais *(je-te-coupe coupe laquelle)* quelle coupe ?
2 – Oh ! Mon cher *(père mon)*, je suis déjà vieux jeu *(dépassé par temps)*, n'importe quelle coupe *(coupe n'importe laquelle seulement)*.
3 – Alors je vous fais une coupe punk.
4 – Punk ? C'est quoi *(coupe quelle)* [ça] encore ?
5 – Attendez, que je vous montre le livre de modèles *(coupes)*. De nos jours, il y a de nouvelles modes.
6 – Je ne veux pas [de] ces coupes. Alors, égalisez *(coupe égal alors)*.
7 – Venez ici. Attendez que je les peigne.
8 – Oh ! Ça se voit que vous ne les peignez pas. Ils sont *(restés)* comme des ressorts !

mia tatu na thelathini na sita

9 – Aa, a**a**. Tara**ti**bu! Unaniu**mi**za.³ **Bo**ra uniache.
10 Basi. Ni**nyo**e n**de**vu⁴ **tu**.

Notes

1 Le verbe **kukata** signifie *couper qqch*. Vous en déduisez donc que *couper qqch. à qqn* se dit **kukatia**. Pourquoi ne pas l'avoir employé ici puisqu'il s'agit de faire une coupe à quelqu'un ou de couper les cheveux à quelqu'un ? Parce qu'il s'agit d'une partie du corps et que le swahili considère que le corps, la personne, sont un tout. Les cheveux ne sont pas indépendants de "quelqu'un". Les grammairiens appellent cette notion "la possession inaliénable". Nous parlerons de relation étroite.

***

Zoezi la kwanza – Tafsiri

❶ He! Nywele zako zimekaa kama springi! ❷ Kweli, mimi ni mvivu, sizichani. ❸ Basi nenda kwa kinyozi, azikate. ❹ Labda panki ingekupendeza. ❺ Panki! Unanichekesha, nimeshapitwa na wakati!

***

Zoezi la pili – Kamilisha

❶ Voyons-nous en fin d'après-midi !
. . . . jioni!

❷ Non, je m'occupe d'une mariée, je lui mets du henné.
Aa, ... bi harusi, ... hina.

❸ Retrouvons-nous après. Tu finiras tout aujourd'hui ?
. . . . baadae. . . . . kila kitu leo?

❹ Il le faut ! Demain midi, c'est le mariage, il faut donc que je la ramène chez elle ce soir.
. . . . . . ! Kesho mchana harusi, kwa hivyo usiku inabidi
. . . . kwao.

❺ Tu ne la parfumes pas ?
. . . . ?

Quatre-vingt-sixième leçon / 86

9 – Aïe, aïe. Attention ! Vous me faites mal *(tu-me-fais-souffrir)*. Il vaut mieux que vous me laissiez.
10 Assez. Rasez-moi la barbe, c'est tout *(seulement)*.

2 **Inaonekana**, *ça se voit*, est le verbe **kuona** avec deux extensions, dont l'associatif, que vous reconnaissez. Il est en classe 9, qui se traduit par la forme impersonnelle.

3 **Unaniumiza**, *tu me fais mal*, Δ **u-** (marqueur de sujet. cl. 1, 2ᵉ pers. *tu*) **-na-** (présent) **-ni-** (marqueur d'objet cl. 1, 1ʳᵉ pers. *me*) **-um-** (t. verb. *souffrir*) **-iz-** (causatif *faire*) **-a** (modalité neutre).

4 **Ninyoe ndevu**, *rase-moi la barbe*, est un autre exemple de la possession inaliénable puisque *raser qqch.* se dit **kunyoa**. L'applicatif **kunyolea** signifie *raser pour, à la place de qqn*.

***

Corrigé de l'exercice 1
❶ Oh ! Tes cheveux sont comme des ressorts ! ❷ C'est vrai, je suis paresseux, je ne les peigne pas. ❸ Eh bien, va chez le coiffeur pour qu'il les coupe. ❹ Peut-être que la façon punk t'irait bien. ❺ Punk ! Tu te moques de moi, je suis vieux jeu !

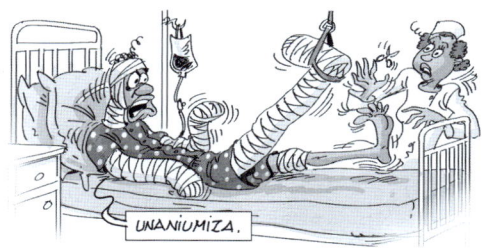

Corrigé de l'exercice 2
❶ Tuonane – ❷ – ninamshughulikia – ninamtia – ❸ Tukutane – Utamaliza – ❹ Lazima – nimpeleke – ❺ Humfukizi

Deuxième vague : 37ᵉ leçon

mia tatu na thelathini na nane • 338

Somo la themanini na saba

Mkwezi

1 – **S**iku **h**i**z**i umead**im**ika ¹!
2 – Nime**pa**ta kiba**ru**a **cha** kuan**gu**a ² **na**zi.
3 – **He**! **Kum**be una**j**ua ku**kw**ea ³ mi**na**zi?
4 – **Nd**io. Nilijifun**di**sha ⁴ uto**to**ni **kwan**gu.
5 – Una**f**anya **vi**pi?
6 – Unatu**m**ia **kam**ba. Una**f**anya a**i**na **ya na**ne **na** una**we**ka migu**u**ni.
7 – He!
8 – Ha**la**fu unaukumba**t**ia **na** unapara**m**ia.
9 – Una**pan**da min**ga**pi **kwa si**ku?
10 – Inatege**m**ea, **ka**ma si**cho**ki ⁵, thema**ni**ni mpa**ka mi**a.
11 – Ho**d**ari **sa**na! □

Notes

1 Kuadimika, *devenir rare*, est un verbe à la forme stative construit à partir de l'adjectif **adimu**, *rare*. Le statif est une extension qui indique un état ; il est toutefois différent du passif, car il ne tient pas compte de qui a fait l'action, mais seulement du résultat, qui est un état acquis. Dans cet exemple, le statif est formé en **ik-** parce que la dernière voyelle du thème verbal est **i**. **Umeadimika**, *tu es rare*, ∆ **u-** (marqueur de sujet cl. 1, 2ᵉ pers. *tu*) **-me-** (résultatif) **-adim-** (t. verb. *être rare*) **-ik-** (statif *être*) **-a** (modalité neutre).

2 Vous connaissez déjà les formes dérivées formées à partir du verbe **kuangua**, *décrocher*, qui sont le statif **kuanguka**, *tomber*, et le causatif **kuangusha**, *faire tomber*.

3 Vous avez sans doute remarqué que **kukwea**, *grimper*, et **mkwezi**, *grimpeur*, ont la même racine.

4 **Nilijifundisha**, *je me (le) suis moi-même enseigné*, ∆ **ni-** (marqueur de sujet cl. 1, 1ʳᵉ pers. *je*) **-li-** (passé) **-ji-** (réfléchi) **-fundi-** (t. verb. *avoir un savoir*) **-sha-** (causatif *faire*) **-a** (modalité neutre). C'est le même radical verbal qui a donné **fundi (ma-)**, *artisan*.

Quatre-vingt-septième leçon

Grimpeur de cocotiers

1 – Tu te fais rare en ce moment *(jours ceux-ci tu-es-devenu-rare)* !
2 – J'ai trouvé un travail journalier [qui est] de décrocher des noix de coco.
3 – Oh, ça alors ! Tu sais grimper aux cocotiers ?
4 – Oui. Je l'ai appris *(je me le suis appris)* dans mon enfance.
5 – Comment fais-tu ?
6 – Tu utilises une corde. Tu fais une sorte de huit et tu le mets aux pieds.
7 – Mmm.
8 – Ensuite tu *(l')*embrasses [le tronc du cocotier] et tu grimpes *(escalades)*.
9 – Tu [en] grimpes combien par jour ?
10 – Ça dépend, si je ne suis pas fatigué, [de] quatre-vingts jusqu'à cent.
11 – [Tu es] très fort *(doué)* !

5 **Kuchoka**, *être fatigué*, est un verbe dont le sens et la forme sont ceux d'un statif mais qui n'a pas de forme simple. Le causatif **kuchokesha** signifie *fatiguer qqn*.

mia tatu na arobaini • 340

Zoezi la kwanza – Tafsiri
❶ He! Umeadimika kama maziwa ya tembo! ❷ Siku hizi nimepata kazi posta. Nikirudi huwa nimechoka sana, ninalala tu. ❸ Unashughulikia vifurushi? ❹ Hapana, ninatengeneza njia za simu. ❺ Una bahati!

***

Zoezi la pili – Kamilisha
❶ Quand j'aurai des vacances, je veux aller escalader le Kilimandjaro.
   Nikipata likizo, ninataka kwenda . . . . . . Kilimanjaro.

❷ Tu n'as pas peur d'être fatigué ?
   Huogopi . . . . ?

❸ Je me prépare, je fais de la bicyclette tous les jours.
   . . . . , ninapanda baiskeli kila siku.

❹ Tu penses que cela suffira ?
   Unafikiri . . . . ?

❺ Je ne sais pas, mais cependant j'ai entendu dire que l'on peut se reposer.
   Sijui, lakini hata hivyo . . . . unaweza . . . .

Quatre-vingt-septième leçon / 87

Corrigé de l'exercice 1
❶ Oh ! Tu te fais rare comme du lait d'éléphant ! ❷ Maintenant j'ai trouvé du travail à la poste. Quand je rentre, je suis habituellement très fatigué, je dors, c'est tout. ❸ Tu t'occupes des colis ? ❹ Non, je répare les lignes téléphoniques. ❺ Tu as de la chance !

***

Corrigé de l'exercice 2
❶ – kukwea – ❷ – kuchoka ❸ Ninajitayarisha – ❹ – itatosha ❺ – nimesikia – kupumzika

Les îles et la côte swahilies sont couvertes de cocotiers dont toutes les parties sont utilisées. La coque *de la noix (***kumbi***) sert à faire des cordes ou du bois de chauffe, les* feuilles *(***makuti***) sont utilisées pour couvrir les toits des maisons, faire des palissades qui entourent parfois les cours, comme barrières pour protéger les jeunes pousses de la voracité des chèvres, pour confectionner des paniers et des* cageots *(***pakacha***). Le lait de coco (***tui***), utilisé dans la cuisine ou pour faire de l'*huile *(***mafuta ya nazi***) dont on se sert aussi pour s'enduire le corps, est extrait de la* chair *(***nyama***) râpée et pressée. La pulpe de coco râpé (***chicha***), une friandise très appréciée des poules, est utilisée pour cuisiner certains* coquillages *(***chwale***) ou comme savon. Le bois de la noix de coco (***kifuu***) sert à faire des* louches *(***kata***). Quant au* tronc *(***gogo***), il peut servir de banc ou entrer dans la fabrication des fours à chaux.*
Le vocabulaire swahili concernant la noix de coco est extrêmement riche puisque chaque type de cocotier – les uns sont nains les autres très hauts – a son nom. De même la noix porte un nom différent selon son degré de développement. **Nazi** *est employé pour parler de la noix arrivée à maturité et utilisée comme nous l'avons expliqué plus haut.* **Dafu** *désigne une noix de coco n'ayant pas atteint ce stade, qui contient environ un litre de* liquide translucide *(***maji***). Ce liquide est un excellent reconstituant pour les convalescents.*

Deuxième vague : 38ᵉ leçon

Somo la themanini na nane

Haraka haraka haina baraka [1]

1 – **Le**o nime**cho**ka **m**no.
2 – **Nen**da ukapumzi**ke** [2].
3 – Si**we**zi. Ina**bi**di nion**do**ke [3].
4 – Una**fa**nya **ka**zi **nyin**gi **si**ku **hi**zi. Nikupi**ki**e ka**ha**wa?
5 – **Ha**ya. **La**bda itanichan**gam**sha [4] ki**do**go. La**ki**ni **fa**nya ha**ra**ka.
(Tanda nda nda)
6 – **Vi**pi? **Chu**pa imeangu**ka** [5]?
7 – **Ndi**yo. Imevun**ji**ka. [6] Ka**ha**wa **yo**te imemwa**gi**ka [7].
8 – Ngo**ja** nina**pi**ka **te**na.
9 – **Ba**si. **Si**na **mu**da, ninafuku**zi**a.

Notes

[1] Nous avons pris ici, en guise de titre, la plus célèbre de toutes les maximes swahilies. Elle équivaut à "rien ne sert de courir, il faut partir à point".

[2] **Kupumzika**, *se reposer*, est formé d'un causatif suivi d'un statif. Il est formé en **-ik-** parce que la dernière voyelle du thème verbal est un **u**. Le verbe **kupuma** signifie *haleter* mais c'est son réversif, **kupumua**, *respirer*, qui est le plus fréquent.

[3] **Kuondoka**, *partir*, est le statif du verbe **kuondoa**, *ôter, enlever*. Il est formé en **-k-** parce que le thème verbal se termine par une voyelle.

[4] **Kuchangamsha**, traduit ici par *dégourdir* a aussi le sens de *animer, divertir, réveiller*. Il est formé à partir du verbe **kuchangamka**, *être gai/en forme*.

***

Zoezi la kwanza – Tafsiri

❶ Tutapumzika wakati gani? ❷ Leo hatupumziki. Tunafanya kazi mpaka saa za kuondoka. ❸ Sikula kitu, nitaanguka. ❹ Nenda ukanywe chai mkahawani, labda itakuchangamsha. Fanya haraka! ❺ Haraka haraka haina baraka.

Quatre-vingt-huitième leçon

Faire trop vite ne porte pas chance
(vite vite n'a pas chance)

1 – Aujourd'hui je suis trop fatigué.
2 – Va te reposer.
3 – Je ne peux pas. Il faut que je parte.
4 – Tu travailles beaucoup *(tu-fais travail quantité)* ces temps-ci. Est-ce que je te fais *(je-te-cuisine)* du café ?
5 – Oui. Peut-être que ça me dégourdira un peu. Mais dépêche-toi.
  (Badaboum, boum)
6 – Qu'est-ce qu'il y a ? La cafetière *(bouteille)* est tombée ?
7 – Oui. Elle est cassé. Tout le café s'est renversé.
8   Attends, j'en refais *(cuisine encore)*.
9 – Laisse *(assez)*. Je n'ai pas le temps, je me dépêche *(cours-après)*.

---

5 **Kuanguka**, *tomber*, *être tombé*, est le statif de **kuangua**, *décrocher*.

6 **Kuvunjika**, *être cassé*, est le statif de **kuvunja**, *casser*. **Imevunjika**, *elle est cassée*, Δ **i-** (marqueur de sujet cl. 9, *elle*) **-me-** (résultatif) **-vunj-** (t. verb. *casser*) **-ik-** (statif *être*) **-a** (modalité neutre). Le statif se forme en **-ik-** car la dernière voyelle du thème verbal est **u**.

7 **Kumwagika**, *être renversé*, est le statif de **kumwaga**, *verser* ou *jeter un liquide*. **Imemwagika**, *il est renversé*, Δ **i-** (marqueur de sujet cl. 9, *il*) **-me-** (résultatif) **-mwag-** (t. verb. *verser*) **-ik-** (statif *être*) **-a** (modalité neutre). Le statif est formé en **-ik-** car la dernière voyelle du thème verbal est **a**.

***

Corrigé de l'exercice 1
❶ Quand est-ce que nous nous reposerons ? ❷ Aujourd'hui nous ne nous reposons pas. Nous travaillerons jusqu'à l'heure de partir. ❸ Je n'ai rien mangé, je vais tomber. ❹ Va boire un thé au café, peut-être que ça te redonnera des forces. Dépêche-toi ! ❺ Faire trop vite ne porte pas chance.

mia tatu na arobaini na nne

Zoezi la pili – Kamilisha

❶ Ça pue ici ! Qu'est-ce qui est tombé ?
 .... ! .... nini hapa?

❷ Des œufs, je fais chauffer de l'eau pour nettoyer.
 Mayai, ... maji nipasafishe.

❸ Repose-toi, je le ferai quand j'aurai fini d'étendre le linge.
 ...., nitafanya nikimaliza .... nguo.

❹ Le docteur a dit de ne pas t'agiter.
 Daktari amesema ....

❺ Mais les médicaments m'ont beaucoup aidée à reprendre des forces, je peux le faire.
 Lakini dawa zimenisaidia sana ....,
 ninaweza kufanya.

Somo la themanini na tisa

Matunda

1 – Madoriani ¹ yale pale, twende kununua.
2 – Madoriani haya hayaliki ², inaonekana ³ hayajapea ⁴.
3 – Ninataka kuchukua zawadi kwa mwenyeji wangu Dar es-Salaam.
4 – Chukua mabungo ⁵ shada moja pamoja na shokishoki.
5 – Hamna hapa. Yanapatikana ⁶ wapi?
6 – Kilimani ⁷ inawezekana ⁸ kupata kila kitu.
7 – Kuna duka la matunda?
8 – Ndio, chini ya mlangilangi.
9 – Hata viungo anauza? Ninataka vanila za vijiti ⁹. □

Remarque de prononciation
(3) Dar es-Salaam se prononce souvent *[dari salama]*.

Corrigé de l'exercice 2
❶ Pananuka – Pameanguka – ❷ – ninateleka – ❸ Pumzika – kuanika – ❹ – usihangaike ❺ – kuchangamka –

Deuxième vague : 39ᵉ leçon

Quatre-vingt-neuvième leçon

Des fruits

1 – Des durions là-bas, allons en acheter.
2 – Ces durions sont immangeables, ça se voit qu'ils ne sont pas à maturité.
3 – Je veux faire *(prendre)* un cadeau à mon hôte à Dar es-Salaam.
4 – Prends un bouquet de *bungo* *(des bungo bouquet un)* ainsi que des rambutans.
5 – Il n'y en a pas ici. Où en trouve-t-on *(ils sont-possible-à-se-procurer où)* ?
6 – À Kilimani on trouve de tout *(il-est-possible se-procurer chaque chose)*.
7 – Il y a un fruitier *(magasin de fruits)* ?
8 – Oui, sous *(de)* [l']ylang-ylang.
9 – Vend-il aussi des épices *(même liants-il-vend)* ? Je veux de la vanille en gousses *(de bâtonnets)*.

mia tatu na arobaini na sita • 346

Notes

1. Le durion est un fruit originaire d'Asie de la taille d'un melon. Il est formé d'une peau épaisse, charnue et piquante. On consomme la partie crémeuse qui entoure les noyaux. Il a une odeur si forte et un goût si particulier que les opinions sur sa saveur sont très tranchées.

2. **Hayaliki**, *ils sont immangeables*, Δ **haya-** (marqueur de sujet nég. cl. 6 *ils*) **-l-** (rad. verb. *manger*) **-ik-** (statif) **-i** (présent négatif). L'un des sens du statif est *être faisable*.

3. **Inaonekana**, *il est visible*, Δ **i-** (marqueur de sujet cl. 9, *il*) **-na-** (présent) **-on-** (t. verb. *voir*) **-ek-** (statif) **-an-** (associatif) **-a** (modalité neutre). Pour un nombre réduit de verbes, l'idée de faisabilité, souvent traduite en français par *se*, *faire*, est exprimée par le statif suivi de l'associatif.

4. **Kupea** signifie que le fruit est bon à être cueilli pour qu'il mûrisse ; **kuiva** signifie *mûrir*, *être mûr*, ainsi que *être cuit*. À ces stades de développement correspondent les adjectifs **-bichi**, *vert, pas mûr*, **-pevu**, *à maturité*, et **-bivu**, *mûr*. Les habitants du continent utilisent plus volontiers le verbe **kukomaa**, qui a le même sens.

***

Zoezi la kwanza – Tafsiri

❶ Kizuie kibuzi kisije kikanywa maji haya. Hayanyweki, nimetia dawa. ❷ Haiwezekani kukifunga? ❸ Chukua kamba hii hapa. ❹ Ni mbovu, kikirukaruka itakatika. ❺ Basi kiweke na mama yake.

***

Zoezi la pili – Kamilisha

❶ Tu te fais rare ces temps-ci !
. . . . siku hizi!

❷ Je suis là.
. . . . .

❸ On dit que tu as trouvé un bon travail.
. . . . umepata kazi nzuri sana.

❹ C'est vrai, je suis content.
Ni kweli, ...

❺ Ça se voit.
. . . .

Quatre-vingt-neuvième leçon / 89

5 Le **bungo** est le fruit de la liane à caoutchouc. C'est un fruit très acide qui n'est consommé que sous forme de jus. Il est jaune, rond, de la grosseur d'une pêche. Sa peau est épaisse et caoutchouteuse. À l'intérieur, ses pépins, gros comme des noisettes, sont enrobés d'une chair jaune et juteuse. Ce fruit, qui ne pousse qu'à l'état sauvage, se trouve en très grande quantité sur l'île de Pemba.

6 **Yanapatikana**, *ils sont trouvables*, *ils s'obtiennent*, Δ **ya-** (marqueur de sujet cl. 6, *ils*) **-na-** (présent) **-pat-** (t. verb. *obtenir*) **-ik-** (statif) **-an-** (associatif) **-a** (modalité neutre).

7 **Kilimani** est le nom d'un quartier de Zanzibar ; il signifie *la colline*, car c'est le diminutif de **mlima (mi-) (mi-)**, *montagne*.

8 **Inawezekana**, *il est possible*, Δ **i-** (marqueur de sujet cl. 9, *il*) **-na-** (présent) **-wez-** (t. verb. *pouvoir*) **-ek-** (statif) **-an-** (associatif) **-a** (modalité neutre).

9 **Kijiti (vi-)**, *bâtonnet*, est un diminutif formé à partir du radical monosyllabique **-ti** que l'on retrouve dans **mti (mi-)**, *arbre*. Vous constatez que les diminutifs des monosyllabiques se forment comme ceux des noms des classes 7/8, c'est-à-dire en insérant **ji** entre le préfixe des classes 7 ou 8 et le radical du nom.

Corrigé de l'exercice 1
❶ Empêche le chevreau de venir boire de cette eau. Elle n'est pas potable, j'y ai mis des produits. ❷ Il est impossible de l'attacher ? ❸ Prends cette corde ici. ❹ Elle est usée, s'il saute dans tous les sens, elle se cassera. ❺ Eh bien, mets-le avec sa mère.

***

Corrigé de l'exercice 2
❶ Umeadimika – ❷ Nipo ❸ Inasemekana – ❹ – ninafurahi ❺ Inaonekana

*L'Afrique orientale est un carrefour où ont été adaptées des plantes de toutes les régions du monde. Sur les hautes terres du Kenya et de Tanzanie où poussent le thé et le café, on trouve toutes sortes de bananes, ainsi qu'un grand nombre de fleurs plus belles les unes que les autres. On y cultive aussi des plantes européennes dont certaines, comme le haricot vert, sont exportées vers l'Europe. Les plaines et la côte regorgent de fruits tropicaux et d'épices. À Zanzibar, de nombreuses plantes asiatiques ont été implantées. L'archipel est célèbre pour la culture du clou de girofle mais aussi pour ses épices (cannelle (**mdalasini**), noix de muscade (**kungumanga**), poivre (**pilipilimanga**), piment (**pilipili**), cumin (**uzile**), curcuma (**manjano**), cardamome (**hiliki**), gingembre (**tangawizi**), vanille (**vanila**), bétel (**tambuu**), noix d'arec (**popoo**) et ses fruits (ananas, bananes, oranges, limes et citrons, pomelos (**balungi**), mandarines (**chenza**), jaques (**fenesi**), carambolesse (**birimbi**), tomates (**tungule**;*

Somo la tisini

Pikiniki

1 – **G**a**ri** ime**f**i**ka**. To**e**ni cha**ku**la.
2 – Ta**y**a**ri**, la**ki**ni ma**s**ala msi**we**ke [1] **ju**u.
3 – **N**d**a**ni mme**jaa** s**a**na **na** tuna**we**ka **v**itu vina**v**yo**v**un**ji**ka [2].
4 – **Le**te **kam**ba.
5 – **Shi**ka. [3]
6 – **Hi**i nye**pe**si s**a**na, inaka**ti**ka [4], ha**la**fu [5] imehari**bi**ka [6].
7 – **Le**te vi**ny**wa**ji kwan**za.
8 – **So**da **ba**do hatujazinu**nu**a. **Ju**ma, chu**ku**a **pe**sa kanu**nu**e.
9 – Upe**si**! Usipo**f**anya [7] ha**ra**ka tunakukim**bi**a.

nyanya), aubergines *(blanches :* **nyanya** *– à Zanzibar –; violettes :* **biringani**), courges (**boga**), concombres (**matango**), pastèques (**tikiti**), corossols (**stafeli**), pommes-cannelle (**dikwe**), fruits de l'arbre à pain (**shelisheli**), cacao (**kakau**), grenades (**komamanga**), grenadilles (**passion**), papayes (**papai**), goyaves (**pera**), mangues (**embe**), pommes Cythère (**embe ya kizungu**), janilong (**zambarau**), mangoustans (**mangostine**), *jamboses*, pommes-roses (**tufaa**), *sapotilles, etc.), ainsi que les tubercules* (taros (**jimbi**), ignames (**kiazi kikuu**), patates douces (**kiazi kitamu**), manioc (**muhogo**), *les* épinards (**mchicha**), *les* lentilles (**kunde**) *et pois de toutes sortes et les céréales* riz (**mchele**), sorgho (**mtama**), maïs (**mhindi**). *On y trouve aussi des arbres comme l'ylang-ylang, le* flamboyant (**msonobari**), *l'arbre du voyageur, etc.*

Deuxième vague : 40ᵉ leçon

Quatre-vingt-dixième leçon

Le pique-nique

1 – La voiture est arrivée. Sortez la nourriture.
2 – C'est prêt, mais ne mettez pas la sauce du biriani en haut.
3 – À l'intérieur c'est plein à craquer *(dedans est-plein très)* et nous [y] mettons les choses qui cassent.
4 – Apporte la corde.
5 – Tiens.
6 – Celle-ci est très fine *(légère)*, elle casse et puis elle est abîmée.
7 Apporte d'abord les boissons *(boissons d'abord)*.
8 – Nous n'avons pas encore acheté les sodas *(sodas nous-ne-les-avons-pas-encore-achetés)*. Juma, prends de l'argent et va [en] acheter.
9 Vite ! Si tu ne te dépêches pas, nous partons sans toi *(nous-te-fuyons)*.

10 – **Bo**ra anu**nu**e na gilasi za plastiki.
11 – Zina**to**sha **hi**zi **za** vi**ga**e [8].

Notes

1 Le verbe **kuweka**, *poser*, n'est pas un statif mais une forme simple.

2 **Vinavyovunjika**, *qui se cassent*, Δ **vi-** (marqueur de sujet cl. 8 *elles*) **-na-** (présent) **-vyo-** (pr. rel. cl. 8 *qui*) **-vunj-** (t. verb. *casser*) **-ik-** (statif) **-a** (modalité neutre). Le statif de certains verbes n'a pas le même sens selon qu'il est employé au résultatif ou au présent. Au résultatif, **vimevunjika** signifie *elles sont cassées* tandis qu'au présent, **vinavunjika** indique la possibilité de se casser, *elles sont cassables*.

3 Le verbe **kushika**, *tenir*, *saisir*, n'est pas un statif.

***

Zoezi la kwanza – Tafsiri

❶ Kanzu hii siipendi, uzi wake unakatika kila mara. ❷ Labda uliinunua bei ndogo. ❸ Aa, ilikuwa ghali! Na sio ya zamani. ❹ He! Huwezi kuivaa, imeharibika kabisa[1]. ❺ Nilifikiri nitaendea pikiniki wiki ijayo.

[1] **kabisa**, *complètement*

***

Zoezi la pili – Kamilisha

❶ Cette corde est très mauvaise, de plus elle est en plastique.
   Kamba hii mbaya sana, ... ni ya plastiki.

❷ Pourquoi ? Elle est abîmée ?
   Kwa nini? . . . . ?

❸ Elle se rompt ?
   . . . . ?

❹ Il vaut mieux que nous fassions descendre les choses qui cassent.
   Bora tuviteremshe hivi vitu . . . .

❺ Apporte, tout doucement ; si tu ne fais pas attention tu vas toutes les casser.
   Lete, kidogo kidogo, ... taratibu utavivunja vyote.

10 – Il vaudrait mieux qu'il achète aussi *(et)* des verres en plastique.
11 – Ceux en verre suffisent *(ils-suffisent ceux-ci en verre)*.

4 **Inakatika**, *elle se rompt*, Δ **i-** (marqueur de sujet cl. 9 *elle*) **-na-** (présent) **-kat-** (t. verb. *couper*) **-ik-** (statif) **-a** (modalité neutre). Dans cet exemple aussi, le sens du verbe n'est pas le même au résultatif et au présent. Au résultatif **imekatika** signifie *elle est rompue*, *elle est cassée*.

5 Habituellement **halafu** signifie *ensuite*, mais dans ce cas il a le sens de *de plus*, *et puis*.

6 **Imeharibika**, *elle est abîmée*, Δ **i-** (marqueur de sujet cl. 9 *elle*) **-me-** (résultatif) **-harib-** (t. verb. *abîmer*) **-ik-** (statif état) **-a** (modalité neutre).

7 **Usipofanya**, *si tu ne fais pas*, Δ **u-** (marqueur de sujet cl. 1, 2ᵉ pers. *tu*) **-si-** (négation) **-po-** pronom rel. cl. 16 *si*) **-fany-** (t. verb. *faire*) **-a** (modalité neutre). Cette tournure est l'équivalent négatif du tiroir verbal en **ki**.

8 Le sens de **kigae (vi-)** est *tuile* ou *poterie*. Il est aussi employé pour désigner un *tesson*, et de là, les choses qui cassent, comme la porcelaine, la faïence etc. ; c'est la raison pour laquelle nous l'avons traduit par *verre*.

***

Corrigé de l'exercice 1
❶ Cette robe, je ne l'aime pas, son fil casse tout le temps. ❷ Peut-être l'as-tu achetée bon marché. ❸ Non, elle était chère ! Et elle n'est pas vieille. ❹ Oh ! Tu ne peux pas la mettre, elle est complètement abîmée. ❺ Je pensais la mettre pour aller au pique-nique la semaine prochaine.

***

Corrigé de l'exercice 2
❶ – halafu – ❷ – Imeharibika ❸ Inakatika ❹ – vinavyovunjika – ❺ – usipofanya –

Le pique-nique n'est pas une nouveauté, puisqu'il fait partie des fêtes traditionnelles où on l'appelait **mandari** *avant l'introduction du terme d'origine anglaise. C'est une sorte d'excursion à laquelle tout le monde peut prendre part à condition d'avoir contribué au pot commun,* **kuchangia**. *Il peut se préparer plusieurs mois à l'avance, et le groupe loue un autocar ou un taxi collectif pour l'occasion. Il se déroule généralement sur la plage. On fait des pique-niques*

Somo la tisini na moja

Marudio – Révisions

1 La répétition pour traduire l'intensité

La répétition, une façon de traduire l'intensité, s'emploie aussi bien avec les verbes qu'avec certains adverbes. Par exemple :
anarukaruka, *il saute dans tous les sens* ;
anaombaomba (littéralement "il demande sans cesse") *il mendie* ;
mtoto huyu hulialia, *cet enfant ne fait que pleurer* ;
fanya kidogo kidogo, *agis petit à petit* ;
nenda polepole, *va tout doucement*.

2 Les diminutifs

Ils se forment en attribuant les classificateurs des classes 7 et 8 à des thèmes nominaux. Par exemple :
upande (pande), *côté* → **kipande (vi-)**, *morceau* (leçon 10) ;
furushi (ma-), *balluchon* → **kifurushi (vi-)**, *colis* (leçon 76) ;
ubao (mbao), *bois, planche* → **kibao (vi-)**, *petit banc, selle* (leçon 81) ;
mlima (mi-), *montagne* → **kilima (vi-)**, *colline* (leçon 89).

• Lorsque le thème nominal commence par une voyelle, on insère **-j-** entre celui-ci et le préfixe de classe. Par exemple :
mwiko (mi-), *louche* → **kijiko (vi-)**, *petite cuillère* ;
mwana (w-), *enfant* → **kijana (vi-)**, *jeune homme, jeune fille*.

• Lorsque le radical est monosyllabique, on insère **-ji-** entre celui-ci et le préfixe de classe. Par exemple :

lors des fêtes de Nouvel An, qu'il s'agisse de fêter la nouvelle année chrétienne ou de célébrer celle du calendrier swahili traditionnel. On organise aussi des pique-niques avant le mois de ramadan ; cela s'appelle alors **vunja jungu**, *"casser la grosse marmite". À ces occasions, on prépare surtout du pilau ou du biriani.*

Deuxième vague : 41ᵉ leçon

Quatre-vingt-onzième leçon

mji (mi-), *ville* → **kijiji (vi-)**, *village* (leçon 59) ;
mti (mi-), *arbre* → **kijiti (vi-)**, *bâtonnet* (leçon 89).

• Lorsque le nom relève déjà des classes 7/8, on insère **-ji-** entre le classificateur et le radical. Par exemple :
chura (vy-), *grenouille* → **kijichura (vijivyura)**, *petite grenouille* (leçon 85).

• Mais ce diminutif des classes 7/8 ressemble au diminutif intensif que l'on forme aussi en insérant **-ji-** entre le classificateur et le thème nominal. Par exemple :
mdudu (wa-), *insecte, bestiole* → **kijidudu (vi-)**, *microbe, bactérie*.

• Les diminutifs sont employés pour parler des objets ou des êtres petits, mignons, jolis qui inspirent la tendresse ou la pitié. Dans le cas où l'on souhaite exprimer cette émotion, on les accorde dans les classes 7/8. Par exemple :
kikatoka kijichura kidogo → *et sortit une minuscule grenouille* ;
si vous vous reportez à la leçon 85, l'idée exprimée par l'accord est le décalage entre la grande frayeur de **mzee Zisi** et la jolie petite grenouille inoffensive.

3 Le statif

Le statif est une extension qui indique un état. Si le thème verbal se termine par une consonne, il se forme en **-ik-** lorsque la voyelle de la dernière syllabe du thème verbal est **a**, **i**, ou **u**. Par exemple :
kumwaga, *verser* → **kumwagika**, *être renversé* ;
kukata, *couper* → **kukatika**, *être coupé* ;

91 / Somo la tisini na moja

kutikisha ou **kutikisa**, *faire bouger* → **kutikisika**, *être branlant* ;
kufanya, *faire* → **kufanyika**, *être fait* ;
kuvunja, *casser* → **kuvunjika**, *être cassé*.

• Si le thème verbal se termine par une consonne, il se forme en **-ek-** lorsque la dernière voyelle est **e** ou **o**. Par exemple :
kupenda, *aimer* → **kupendeka**, *être populaire* ;
kusoma, *lire* → **kusomeka**, *être lisible*.

• Si le thème verbal se termine par une voyelle, il se forme en **-k-**. Par exemple :
kubomoa, *démolir* → **kubomoka**, *être démoli* ;
kutoboa, *trouer* → **kutoboka**, *être troué* ;
kuondoa, *ôter, enlever* → **kuondoka**, *partir* ;
kutoa, *sortir qqch.* → **kutoka**, *provenir de* ;
kupasua, *fendre* → **kupasuka**, *être fendu, rompu* ;
kushtua, *déplacer* → **kushtuka**, *sursauter* ;
kuangua, *décrocher* → **kuanguka**, *tomber* ;
kuchafua, *salir* → **kuchafuka**, *être sale*.

• Avec certains verbes dont le thème se termine par une voyelle, on distingue le statif proprement dit (en **-k-**) du potentiel (en **-lik-** ou **-lek-**). Par exemple :
kukataa, *refuser* → **kukatalika**, *pouvoir se refuser* ;
kufagia, *balayer* → **kufagilika**, *pouvoir se balayer* ;
kuchachua, *fermenter* → **kuchachulika**, *pouvoir fermenter* ;
kuchafua, *salir* → **kuchafulika**, *être salissant* ;
kuzoa, *ramasser* → **kuzoleka**, *pouvoir se ramasser* ;
kubomoa, *démolir* → **kubomoleka**, *pouvoir se démolir*.

• Lorsque le verbe est d'origine arabe, s'il se termine par **e** ou **i**, on ajoute **-k-**. S'il se termine par **u**, le statif à la forme **-ik-**. Par exemple :
kuharibu, *abîmer* → **kuharibika**, *être abîmé* ;
kusamehe, *pardonner* → **kusameheka**, *être pardonnable*.

• Les deux verbes d'origine arabe se terminant par deux voyelles ont un statif en **-lik**. Par exemple :
kusahau, *oublier* → **kusahaulika**, *être oublié* ;
kudharau, *mépriser* → **kudharaulika**, *être méprisé, méprisable*.

Quatre-vingt-onzième leçon / 91

• Les monosyllabiques ont les statifs suivants :
kula, *manger* → **kulika**, *être mangeable, comestible* ;
kunywa, *boire* → **kunyweka**, *être buvable, potable*.

• Certains verbes à la forme stative sont formés à partir de noms ou d'adjectifs. Par exemple :
-chafu, *sale* → **kuchafuka**, *être sale* ;
-zee, *vieux* → **kuzeeka**, *vieillir* ;
taabu, *problème* → **kutaabika**, *être tracassé* ;
adimu, *rare* → **kuadimika**, *être, devenir rare*.

• Certains verbes ont une forme et un sens statif et n'ont pas de forme simple. Par exemple :
kukasirika, *se fâcher, être en colère* ;
kuhangaika, *s'agiter, se démener* ;
kunuka, *puer* ;
kubabaika, *hésiter*.
Tout comme le passif, le statif traduit un état, mais, à la différence de celui-ci, qui suppose que l'action est produite par un être animé, le statif ne fait qu'attester d'un état, souvent durable. Il est donc intransitif. Par exemple :
gilasi imevunjika, *le verre est cassé*,
c'est son état et l'on ne sait pas pourquoi ni comment, d'ailleurs ce n'est pas le propos, tandis que :
gilasi imevunjwa, *le verre est cassé*, sous-entendu : il a été cassé par quelqu'un.

• Le statif traduit aussi la possibilité, la faisabilité d'une action. Il est alors traduit en français par *se faire*. C'est le cas notamment des verbes faisant un statif en **-lik-** ou **-lek-**, des deux monosyllabiques présentés plus haut, ainsi que des verbes suivants :
kukata, *couper* → **kukatika**, *se couper* ;
kukunja, *plier* → **kukunjika**, *se plier, être pliant, se froisser* ;
kuvunja, *casser* → **kuvunjika**, *être cassable, se casser*.

• Mais l'idée de faisabilité se traduit aussi à l'aide du statif suivi de l'associatif. C'est le cas des verbes suivants :
kuona, *voir* → **kuonekana**, *être visible, se voir* ;
kujua, *savoir* → **kujulikana**, *être su, se savoir* ;

kusema, *dire* → **kusemekana**, *se dire* ;
kupata, *obtenir* → **kupatikana**, *se trouver* ;
kuweza, *pouvoir* → **kuwezekana**, *être possible*.

4 La relation étroite

En swahili, on considère que toute action qui touche une partie du corps concerne la personne toute entière. Les linguistes traditionnels qualifient cette notion de "possession inaliénable". On la retrouve essentiellement dans les cas suivants :

• Il est inutile d'employer l'applicatif lorsque l'action porte sur tout ou partie du corps. Par exemple :
amempiga picha, *il l'a pris en photo* → **amempigia picha**, *il a pris une photo pour lui, à son intention* ;
ninakusuka nywele, *je te tresse les cheveux* ;
ameninyoa kinyozi, *il m'a rasé la barbe*.

• Il existe un type de construction – qui ne ressemble pas du tout au français –, où le statif est suivi d'un objet qui fait référence à une partie du corps ou une composante de la personne. Dans ce cas, le marqueur d'objet renvoie à la personne dans son entier. Par exemple : ce titre de journal :
mkurugenzi amepasuka mshipa mkubwa wa damu, *le directeur a fait une rupture de l'aorte*, littéralement "le directeur il a subi la rupture de la grosse veine du sang".

• La relation étroite est le seul cas où l'on peut rencontrer des verbes formés d'un statif suivi d'un passif. Par exemple :
mtoto ametokwa na machozi, *l'enfant a des larmes*, littéralement "l'enfant, il lui sort des larmes" ;
anatokwa na jasho, *il est en nage*, littéralement "il lui sort de la sueur".

5 Le marqueur d'aspect *-sipo-*

La négation de la forme en **-ki-** ou concomitant, lorsque celui-ci traduit une condition, s'exprime par un présent négatif dont le relatif est en classe locative 16, laquelle, comme nous l'avions déjà noté, indique aussi le temps. Par exemple :

Quatre-vingt-onzième leçon / 91

usipofanya haraka tutakukimbia, *si tu ne te dépêches pas, nous partirons sans toi* ;
usipofunga ukanda mwanamke atakutolea maneno, *si tu ne boucles pas ta ceinture, l'hôtesse te grondera*.

Mazungumzo ya marudio

1 – Ndimu hazipatikani siku hizi.
2   Nimehangaika kila pahali nisipate.
3 – Umekwenda sokoni?
4 – Nimemtuma mtoto. Hakupata.
5 – Tumia maembe mabichi.
6 – Hayafai. Haiwezekani.
7 – Sasa usipopata ndimu utafanya nini?
8 – Sijui. Nimechoka kama nini!
9   Tizama. Hata kinu changu kimevunjika.
10   Kumetokea nini mpaka kinu kikavunjika?
11   Kimeanguka. Kamba ya mbuzi ilikatika.
12   Mbuzi akaingia jikoni. Mtoto alitaka kumfukuza.
13   Alikuwa anaruka ruka kila pahali. Waliangusha vyombo vyote.
14   Chakula kilimwagika chini. Hakiliki tena.
15   Nimesafisha kila kitu. Sasa sijui nitapika nini tena.
16 – Tulia. Nenda ukapumzike. Nitakuletea wali baadaye.

Traduction

1 On ne trouve pas de citrons verts en ce moment. **2** J'en ai cherché partout en vain. **3** Tu es allée au marché ? **4** J'ai envoyé l'enfant. Il n'en a pas trouvé. **5** Utilise des mangues vertes. **6** Ça ne va pas. Ce n'est pas possible. **7** Alors si tu ne trouves pas de citrons verts comment vas-tu faire ? **8** Je ne sais pas. Je suis fatiguée comme je ne sais quoi ! **9** Regarde. Même mon mortier est cassé. **10** Qu'est-ce qui s'est passé pour que même le mortier soit cassé ? **11** Il est tombé. La corde de la chèvre s'est rompue. **12** La chèvre est entrée dans la cuisine. L'enfant a voulu la chasser. **13** Elle sautait partout.

Ils ont renversé toute la vaisselle. **14** La nourriture s'est déversée par terre. Elle est immangeable. **15** J'ai tout nettoyé. Et maintenant je ne sais pas ce que je vais préparer à nouveau. **16** Calme-toi. Va te reposer. Je t'apporterai du riz tout à l'heure.

Voilà, nous sommes venus à bout des extensions et vous avez acquis toutes les bases de la grammaire swahilie. Avouez que même si elle est parfois déroutante, elle est d'une grande logique et n'est pas si compliquée que cela à comprendre. La

Somo la tisini na mbili

Pirika pirika

1 – **Twen**de m**pi**rani.
2 – Ina**bi**di nimsu**bi**ri **fun**di **wa bom**ba [1].
3 Ali**se**ma ata**pi**ta [2] **le**o m**cha**na, la**ki**ni **ha**di **sa**sa sijam**wo**na.
4 – **Ba**si la**b**da ata**ku**wa ame**kwen**da [3] **kwa** m**te**ja mwin**gi**ne.
5 – A**cha**na **na**e **bwa**na.
6 **Ha**ta **hi**vyo, si**we**zi **kwen**da, **ni**na mi**a**di **na** m**do**go **wan**gu [4] **sa**sa **hi**vi.
7 **Ni**na uha**ki**ka ata**ku**wa ananisu**bi**ri.
8 – **Kwa hi**yo, una**ta**ka ku**se**ma haiweze**ka**ni?
9 – **Ndi**yo, **kwa hi**vi **sa**sa. Ni**ki**wa nimema**li**za [5] shu**ghu**li **zan**gu ma**pe**ma, nita**ku**ja.
10 Tangu**li**a [6], tutaku**ta**na **hu**ko **hu**ko.

preuve, vous en avez acquis les grandes lignes ! Elles sont amplement suffisantes pour vous débrouiller dans n'importe quelle situation. Vous êtes encore hésitant pour parler ? Vous cherchez vos accords de classes lorsque vous voulez vous exprimer ? Cela viendra beaucoup plus vite que vous ne le croyez. Beaucoup d'étrangers ont appris le swahili avant vous, et les accords sont des notes de musique qui vous reviendront comme une chanson.

Deuxième vague : 42e leçon

Quatre-vingt-douzième leçon

Une activité débordante
(allées-et-venues, allées-et-venues)

1 – Allons au foot *(ballon-au)*.
2 – Il faut que j'attende le plombier *(artisan de robinet)*.
3   Il a dit qu'il passerait cet après-midi *(il passera aujourd'hui après-midi)*, mais *(jusqu'à maintenant)* je ne l'ai pas encore vu.
4 – Eh bien, peut-être sera-t-il allé chez un autre client.
5 – Laisse-le tomber *(détache-toi de-lui)*, mon cher.
6   De toute façon *(même ainsi)*, je ne peux pas venir *(aller)*, j'ai un rendez-vous maintenant avec mon petit [frère] *(je-avec rendez-vous avec petit de-moi immédiatement)*.
7   Je suis sûr qu'il sera en train de m'attendre.
8 – Alors *(par conséquent)*, tu veux dire [que] ce n'est pas possible ?
9 – Oui, dans *(pour)* l'immédiat. Si je termine tôt ce que j'ai à faire *(si-je-suis j'ai-terminé occupations-de-moi tôt)*, je viendrai.
10 Pars devant, nous nous retrouverons là-bas même *(là-bas là-bas)*.

mia tatu na sitini • 360

11 – Lakini... Huwezi kuniazima pikipiki yako?
12 Kwa sababu kuna msichana mmoja, nilimwahidi tutakwenda pamoja [7].

: Notes

1. Le *robinet* se dit **bomba (ma-)** sur le continent, tandis que dans l'archipel on dit **mfereji (mi-)**.

2. Notez qu'il ne faut jamais appliquer au swahili la concordance des temps telle qu'elle existe en français. Ainsi **alisema atapita** se traduit par *il a dit qu'il passerait* : le swahili emploie un futur alors que le français a recours à un conditionnel. Une règle simple pour ne pas vous tromper : le premier verbe indique un temps et le second se conjugue par rapport au premier ; il est ici au futur car le fait de passer se situe au futur par rapport au fait de dire.

3. En swahili comme en français, il est possible de construire des temps composés d'un auxiliaire et d'un verbe. L'auxiliaire – le plus souvent **kuwa**, *être* – indique le temps, tandis que le verbe porte l'aspect, c'est-à-dire une indication sur la façon dont l'action se déroule. Regardez l'énoncé **atakuwa amekwenda**, *il sera allé*, Δ **a-** (marqueur de sujet cl. 1, 3ᵉ pers. *il*) **-ta-** (futur) **-ku-** (cl. 15) **w-** (rad. aux. *être*) **-a** (modalité neutre) + **a-** (marqueur de sujet cl. 1, 3ᵉ pers. *il*) **-me-** (résultatif) **-kwend-** (t. verb. *aller*) **-a** (modalité neutre).

4. **Mdogo wangu**, *mon petit*, ne désigne pas un enfant mais un frère cadet ou une sœur cadette.

***

Zoezi la kwanza – Tafsiri

❶ Nyumbani kwangu nina matatizo ya maji. ❷ Mtafute fundi wa bomba. ❸ Nilikuwa na miadi nae jana, lakini hakuja. ❹ Basi atakuwa amekwenda kwa mteja mwingine. Jaribu kumfuata leo. ❺ Siwezi, nina miadi na mdogo wangu. Halafu nina kazi nyingi.

Quatre-vingt-douzième leçon / 92

11 – Mais... Tu ne peux pas me prêter ta moto ?
12 Parce qu'il y a une jeune fille [à qui] j'ai promis *(je-lui-ai-promis)* **que nous irions** *(irons)* ensemble.

TANGULIA, TUTAKUTANA HUKO HUKO.

5 **Nikiwa nimemaliza**, *si j'ai terminé*, est un temps composé formé avec deux aspects, l'un dans l'auxiliaire (**-ki-**) qui indique la condition, et l'autre dans le verbe (**-me-**) qui est le résultatif. **Nikiwa nimemaliza** ∆ **ni-** (marqueur de sujet cl. 1, 1ʳᵉ pers. *je*) **-ki-** (condition) **-w-** (t. auxiliaire *être*) **-a** (modalité neutre) + **ni-** (marqueur de sujet cl. 1, 1ʳᵉ pers. *je*) **-me-** (résultatif) **-maliz-** (t. verb. *terminer*) **-a** (modalité neutre).

6 **Kutangulia** signifie *partir devant*, *aller en éclaireur*.

7 Encore une fois, à travers l'énoncé **nilimwahidi tutakwenda pamoja**, *je lui ai promis que nous irions ensemble*, vous constatez que le second verbe est au futur et non au conditionnel comme en français.

***

Corrigé de l'exercice 1

❶ Chez moi, j'ai des problèmes d'eau. ❷ Cherche un plombier.
❸ J'avais un rendez-vous avec lui hier, mais il n'est pas venu. ❹ Eh bien il sera allé chez un autre client. Essaye de le trouver *(suivre)* aujourd'hui. ❺ Je ne peux pas, j'ai un rendez-vous avec mon petit frère. De plus, j'ai beaucoup de travail.

mia tatu na sitini na mbili • 362

Zoezi la pili – Kamilisha

❶ Irons-nous au foot demain ?
Tutakwenda kwenye .... kesho?

❷ Il faut que j'attende ma grande sœur, elle a dit qu'elle passerait à la maison demain.
Inabidi nimsubiri dada yangu, alisema ....
nyumbani kesho.

❸ Je pense que nous aurons le temps, ça commencera en fin d'après-midi.
Ninafikiri tutawahi, ... jioni.

Somo la tisini na tatu

Bahari chafu

1 – Unakumbuka, zamani, kwenda Dar es-Salaam, usafiri ulivyokuwa mgumu?
2 – Sana. Kulikuwa na [1] meli mbili tu: *Maendeleo* na *Mapinduzi*.
3 – Kuna kipindi [2], *Mapinduzi* ilikuwa haipo [3], imekwenda matengenezo [4] Malagasi na *Maendeleo*: Mombasa.
4   Basi tulikuwa tukipanda boti ya mbao.
5 – Usinikumbushe. Siku moja, tulipoondoka Unguja, bahari ilikuwa shwari...
6 – Mlikuwa na [5] bahati.
7 – He! Tulipoingia Chumbe [6] tu, ilianza kuchafuka.
8   Mawimbi yalikuwa makubwa na ya nguvu.
9 – Enhe, ni mara nyingi pale.

❹ J'aimerais que tu me prêtes ta moto, j'ai promis à mon ami que nous irions ensemble.
   Ninaomba . . . . pikipiki, nilimwahidi rafiki yangu . . . . pamoja.

❺ Si je te la donne, moi je serai sans *(sans le fait de voyager)* transport pour venir.
   Nikikupa, mimi . . . . sina usafiri wa kuja.

Corrigé de l'exercice 2
❶ – mpirani – ❷ – atapita – ❸ – utaanza – ❹ – uniazime – tutakwenda – ❺ – nitakuwa –

Deuxième vague : 43ᵉ leçon

Quatre-vingt-treizième leçon

Mer agitée *(mer sale)*

1 – Tu te souviens, autrefois [pour] aller à Dar es-Salaam, comme c'était difficile *(le-fait-de-voyager comme-il-était difficile)* ?
2 – Très [difficile]. Il n'y avait que deux navires : *Le Progrès* et *La Révolution*.
3 – À *(il-y-a)* une époque, *La Révolution* n'était pas là, il [était] allé en réparation à Madagascar et *Le Progrès* [était à] Mombasa.
4 Alors nous prenions un bateau [à moteur].
5 – Ne me le rappelle pas. Un jour, lorsque nous avons quitté Unguja, la mer était calme...
6 – Vous aviez de la chance.
7 – Oh [mais] ! Dès que nous sommes arrivés à Chumbe *(lorque-nous-entrâmes Chumbe seulement)*, elle a commencé à être agitée *(sale)*.
8 Les vagues étaient grosses et fortes *(de force)*.
9 – Mmm, c'est fréquent *(fois souvent)* là-bas.

10 – **Ki**la **m**tu ali**ku**wa ana**hi**si [7] kiche**fu**che**fu**.
11   Mwana**m**ke **m**mo**j**a alitapikia**na** [8]! Ali**ku**wa anati**li**sha [9] huru**ma**.
12 – **We**we uli**f**anya **ni**ni? Uli**la**la?
13 – **A**a. **Bo**ti ili**ku**wa ime**j**aa [10] **m**no.
14   **Ha**ta na**f**asi **ya** kukun**j**ua [11] mi**g**uu hu**pa**ti.
15   Nilistaha**mi**li **tu**.

Notes

1 Kulikuwa na, *il y avait*, Δ **ku-** (marqueur de sujet cl. 17 *il y*) **-li-** (passé) **-kuwa** (*être*) + **na** (*avec*).

2 Kipindi (vi-) est une période de temps plus ou moins longue mais délimitée ; selon le contexte, ce mot désigne un *cours*, une *émission* de télévision ou de radio, une *époque* ou un *mandat* électoral.

3 À un temps composé négatif, il est plus fréquent que ce soit le verbe qui porte la marque de la négation. Cependant ce n'est pas une obligation. Ilikuwa haipo, *il n'était pas là*, Δ **i-** (marqueur de sujet cl. 9, *il*) **-li-** (passé) **-kuw-** (t. auxiliaire *être*) **-a** (modalité neutre) + **hai-** (marqueur de sujet nég. cl. 9 *il*) **-po** (rel. cl. 16). Vous constatez donc que l'on juxtapose un auxiliaire qui porte la marque du temps, en l'occurrence le passé, à "ne pas être" au présent.

4 Nous avons traduit **imekwenda matengenzo**, *il était parti en réparation*, par un temps composé. En effet, il n'est pas nécessaire de répéter l'auxiliaire dans ce cas.

5 Nous avions vu à la leçon 77 que *avoir* au passé se dit *être*, **kuwa** au passé suivi de **na**, *avec*.

***

Zoezi la kwanza – Tafsiri

❶ Nimekuja kwa daladala, hakuna basi. Imekwenda matengenezoni. **❷** Umeniletea mkoba wangu? **❸** Hapana, daladala ilikuwa imejaa sana, sikuweza. **❹** Ulifanya vipi kuchukua wako? **❺** Niliupakata, na mtoto wangu alikuwa amepakatwa na mtu mwingine.

Quatre-vingt-treizième leçon / 93

10 – Tout le monde avait *(chaque personne sentait nausée)* mal au cœur.
11 Une femme vomissait ! Elle faisait *(mettait)* pitié.
12 – Toi qu'est-ce que tu as fait ? Tu as dormi ?
13 – Non. Le bateau était trop plein *(il-était il-a-été-rempli trop)*.
14 On n'avait même pas la place d'allonger les jambes *(même place de-déplier jambes tu-ne-la-trouves-pas)*.
15 J'ai supporté, c'est tout.

6 Chumbe est un îlot entre Dar es-Salaam et Zanzibar, sur lequel se trouve un phare. Il est à la limite de la barrière de corail qui entoure Zanzibar.

7 **Alikuwa anahisi**, *il sentait*, Δ **-a-** (marqueur de sujet cl. 1, 3ᵉ pers. *il*) **-li-** (passé) **-kuw-** (t. auxiliaire *être*) **-a** (modalité neutre) + **a-** (marqueur de sujet cl. 1, 3ᵉ pers. *il*) **-na-** (progression) **-hisi** (t. verb. *sentir*). Le **-na-** employé ici a le sens de *être en train de* ; il s'agit d'un aspect puisqu'il donne une indication sur le déroulement de l'action.

8 **Kutapika** signifie *vomir* ; l'extension employée ici donne l'idée d'intensité.

9 **Alikuwa anatilisha**, littéralement "elle faisait mettre", Δ **a-** (marqueur de sujet cl. 1, 3ᵉ pers. *elle*) **-li-** (passé) **-kuw-** (t. auxiliaire *être*) **-a** (modalité neutre) + **a-** (marqueur de sujet cl. 1, 3ᵉ pers. *elle*) **-na-** (progression) **-ti-** (t. verb. *mettre*) **-lish-** (causatif *faire*) **-a** (modalité neutre).

10 **Ilikuwa imejaa** Δ **i-** (marqueur de sujet cl. 9 *il*) **-li-** (passé) **-kuw-** (t. auxiliaire *être*) **-a** (modalité neutre) + **i-** (marqueur de sujet cl. 9 *il*) **-me-** (résultatif) **-ja-** (t. verb. *être plein*) **-a** (modalité neutre).

11 **Kukunjua**, *déplier*, est le dissociatif de **kukunja**, *plier*. Pour le dissociatif, reportez-vous à la leçon 56, §8.

***

Corrigé de l'exercice 1

❶ Je suis venu avec le *daladala*, il n'y a pas de bus. Il est allé en réparation. ❷ Tu m'as apporté mon sac ? ❸ Non, le *daladala* était bondé, je n'ai pas pu. ❹ Comment as-tu fait pour prendre le tien ? ❺ Je l'ai mis sur mes genoux, et mon enfant était sur les genoux de quelqu'un d'autre.

mia tatu na sitini na sita

Zoezi la pili – Kamilisha

❶ Je suis passé chez le médecin mais il n'était pas là.
Nimepita kwa daktari lakini . . . .

❷ Est-ce qu'on t'a dit où il était allé ?
. . . . amekwenda wapi?

❸ Il était parti chercher des médicaments.
. . . . kutafuta dawa.

❹ Tu es passé à quel moment ?
. . . . wakati gani?

Somo la tisini na nne

Balaa za Tatu

1 – Nilipo**ku**wa **m**to**t**o, si**ju**i **ka**ma nili**ku**wa
 niki**fa**nya ¹ ba**laa ka**ma **Ta**tu!
2 – Ame**fa**nya **ni**ni **te**na?
3 – **Wa**le sa**ma**ki tunaowa**fu**ga, una**ju**a ali**ku**wa
 anawa**fa**nya ² **ni**ni?
4 – **A**a.
5 – Ali**ku**wa amewa**t**oa ³ **kwe**nye **ma**ji. **E**ti wali**ku**wa
 wana**hi**si ⁴ ba**ri**di.
6 – **Mtu**me! ⁵ Hawa**ku**fa?
7 – Hawa**ku**wahi. Isi**to**she, mwen**za**ke ali**kwe**nda
 kuchu**ku**a **mo**to kuwao**te**sha.
8 – **Kwe**li?
9 – **Ha**ki **ya Mu**ngu!
10 Nilipoi**ngi**a, nilim**wo**na **Ta**tu ana**fi**cha ⁶ **ki**tu
 mvu**ngu**ni ⁷ **kwa** ki**tan**da.
11 **Ku**mbe ili**ku**wa ⁸ **ni ka**a **la mo**to! □

❺ À midi ; tu penses que maintenant il sera déjà rentré ?
Mchana, unafikiri sasa . . . . ?

Corrigé de l'exercice 2
❶ – alikuwa hayupo ❷ Uliambiwa – ❸ Alikuwa amekwenda – ❹ Ulipita – ❺ – atakuwa amesharudi

Deuxième vague : 44ᵉ leçon

Quatre-vingt-quatorzième leçon

Les bêtises de Tatu

1 – Lorsque j'étais enfant, je ne sais pas si je faisais autant de bêtises que *(bêtises comme)* Tatu !
2 – Qu'est-ce qu'elle a encore fait ?
3 – Les poissons que nous élevons, tu sais ce qu'elle leur a fait ?
4 – Non.
5 – Elle les avait sortis de l'eau. Il paraît qu'ils avaient *(soit-disant ils-étaient ils-ressentent)* froid.
6 – Mon dieu *(prophète)* ! Ils ne sont pas morts ?
7 – Je suis arrivée à temps *(il-n'ont-pas-eu-le-temps)*. En plus *(que-cela-ne-suffise-pas)*, sa camarade était allée *(alla)* chercher du feu pour les réchauffer.
8 – C'est pas vrai ?
9 – Je te le jure *(droit de dieu)* !
10 Lorsque je suis entrée, j'ai trouvé Tatu en train de cacher quelque chose sous le *(de)* lit.
11 Dieu du ciel ! C'était un charbon ardent *(ça alors il-était est charbon de feu)* !

Notes

1 Dans un temps composé, la marque de temps **-ki-** exprime une habitude ou une action répétitive. **Nilikuwa nikifanya** signifie donc littéralement "j'avais l'habitude de faire", et Δ **ni-** (marqueur de sujet cl. 1, 1ʳᵉ pers. *je*) **-li-** (passé) **-ku** (cl. 15) **-w-** (rad. aux. *être*) **-a** (modalité neutre) + **ni-** (marqueur de sujet cl. 1, 1ʳᵉ pers. *je*) **-ki-** (habitude) **-fany-** (t. verb. *faire*) **-a** (modalité neutre).

2 À un temps composé, le pronom marqueur d'objet est inséré dans le verbe. **Alikuwa anawafanya**, *elle leur faisait*, Δ **a-** (marqueur de sujet cl. 1, 3ᵉ pers. *elle*) **-li-** (passé) **-ku-** (cl. 15) **-w-** (rad. aux. *être*) **-a** (modalité neutre) + **a-** (marqueur de sujet cl. 1, 3ᵉ pers. *elle*) **-na-** (progression) **-wa-** (marqueur de objet, cl. 2, 3ᵉ pers. *leur*) **-fany-** (t. verb. *faire*) **-a** (modalité neutre).

3 Alikuwa amewatoa, *elle les avait sortis*, Δ **a-** (marqueur de sujet cl. 1, 3ᵉ pers. *elle*) **-li-** (passé) **-ku-** (cl. 15) **-w-** (rad. aux. *être*) **-a** (modalité neutre) +

***

Zoezi la kwanza – Tafsiri

❶ Nilipokuwa mtoto tulikuwa hatuna maji ya bomba kama sasa. ❷ Tulikuwa tukipata taabu wakati huo. ❸ Lakini tulikuwa tumezoea. ❹ Hata umeme ulikuwa haujafika. ❺ Tulikuwa tunakwenda kutafuta kuni za kupikia.

***

Zoezi la pili – Kamilisha

❶ Je ne suis pas sortie aujourd'hui, je travaillais dans ma chambre.
Sijatoka leo, ... kazi chumbani kwangu.

❷ Où sont les enfants ?
Watoto . . . . wapi?

❸ On m'a dit qu'ils devaient aller chez leur grand-mère, ils faisaient des bêtises.
Nimewaambia waende kwa bibi yao, ... balaa.

a- (marqueur de sujet cl. 1, 3ᵉ pers. *elle*) **-me-** (résultatif) **-wa-** (marqueur d'objet, cl. 2, 3ᵉ pers. *les*) **-to** (t. verb. *sortir*) **-a** (modalité neutre).

4 **Walikuwa wanahisi,** *ils sentaient,* Δ **wa-** (marqueur de sujet. cl. 2, 3ᵉ pers. *ils*) **-li-** (passé) **-ku-** (cl. 15) **-w-** (rad. aux. *être*) **-a** (modalité neutre) + **wa-** (marqueur de sujet. cl. 2, 3ᵉ pers. *ils*) **-na-** (progression) **-hisi** (t. verb. *sentir*).

5 **Mtume (mi-),** *prophète, messager,* est formé à partir du verbe **kutuma,** *envoyer*. Ce terme est surtout employé par les musulmans pour lesquels il fait référence à Muhammad.

6 **Nilimwona anaficha** signifie littéralement "je la vis alors qu'elle était en train de cacher", car l'emploi de **na** dans le second verbe donne l'idée de progressivité de l'action.

7 **Mvungu (mi-)** désigne l'espace situé sous une table, un lit, etc.

8 Ne soyez pas surpris de rencontrer **ilikuwa** suivi de **ni** ; c'est une tournure très courante qui ne change rien au sens.

***

Corrigé de l'exercice 1
❶ Lorsque j'étais enfant, nous n'avions pas l'eau courante comme maintenant. ❷ Nous avions des difficultés à cette époque. ❸ Mais nous étions habitués. ❹ Même l'électricité n'était pas encore arrivée. ❺ Nous allions chercher du bois de chauffe.

***

❹ Quelles bêtises ont-ils encore faites ?
. . . . **balaa gani tena?**

❺ Je les ai vus en train d'essayer d'allumer du feu sous le lit.
Niliwaona . . . . **kuwasha moto chini ya mvungu wa kitanda.**

Corrigé de l'exercice 2
❶ – nilikuwa ninafanya – ❷ – wako – ❸ – walikuwa wanafanya – ❹ Wamefanya – ❺ – wanajaribu –

Deuxième vague : 45ᵉ leçon

Somo la tisini na tano

Baruapepe [1]

1 – Mnigeria mdanganyifu kapatikana [2].
2 – Mnigeria yupi?
3 – Yule aliyeniomba pesa kwenye baruapepe.
4 – Unajua vipi?
5 – Nimesoma gazeti. Alikamatwa na polisi kule Nigeria.
6 – Walimtambua vipi? Sio rahisi kuwadanganya.
7 – Watu kadhaa walikuwa wamechoka [3] kuibiwa.
8 Wakaenda polisi.
9 Mtu mmoja pamoja na askari mmoja walijifanya wapumbavu.
10 Walisema wanataka kuwasaidia kupata pesa zaidi.
11 – Na wakawaamini?
12 – Ndio kwa sababu kwenye zile baruapepe walikuwa wakiomba [4] pesa kwa shida fulani kama kufiwa [5] na mtu
13 na kuandika kwamba watu watakaowasaidia watapata faida siku za mbele.
14 Kwa hivyo yule polisi na mwenzake wakajifanya ni wafadhili.
15 – He! Hodari!

: Notes

1 Baruapepe littéralement "lettre par les airs".

2 Kupatikana, *possible à avoir*, est formé de kupata, *obtenir*, suivi d'un statif et d'un associatif. Nous l'avons rencontré à la leçon 60.

3 Walikuwa wamechoka, *ils étaient fatigués*, Δ wa- (marqueur de sujet cl. 2, 3ᵉ pers. *ils*) -li- (passé) -ku- (cl. 15) -w- (rad. aux. *être*) -a (modalité neutre) + wa- (marqueur de sujet cl. 2, 3ᵉ pers. *ils*) -me- (résultatif) -chok- (t. verb. *être fatigué*) -a (modalité neutre).

371 • mia tatu na sabini na moja

Quatre-vingt-quinzième leçon

Le courrier électronique

1 – [L']escroc nigérian s'est fait avoir *(escroc nigérian il-a-été-eu)*.
2 – Quel nigérian ?
3 – Celui qui m'a demandé de l'argent par courriel.
4 – Comment le sais-tu ?
5 – J'ai lu le journal. Il a été arrêté *(attrapé)* par la police là-bas au Nigéria.
6 – Comment l'ont-ils découvert ? Ce n'est pas facile de les berner.
7 – [Il y a des] gens [qui] en avaient assez *(personnes quelques-unes elles-étaient elles-sont-fatiguées)* d'être volés.
8 Ils sont allés [à la] police.
9 Une [des] personnes et un policier *(avec soldat)* se sont fait passer pour [des] imbéciles.
10 Ils ont dit qu'ils voulaient les aider à gagner plus [d']argent.
11 – Et ils les ont crus ?
12 – Oui. Parce que dans ces courriels ils demandaient [de l']argent pour certaines difficultés comme avoir perdu quelqu'un
13 et ils écrivaient que les gens qui les aideraient en tireraient profit à l'avenir *(ils-auront profit jours de devant)*.
14 Alors le policier et son compère se sont fait passer pour des bienfaiteurs.
15 – Ah ! Pas bête *(intelligent)* !

---

4 **Walikuwa wakiomba**, *ils demandaient*, ∆ **wa-** (marqueur de sujet cl. 2, 3ᵉ pers. *ils*) **-li-** (passé) **-ku-** (cl. 15) **-w-** (rad. aux. *être*) **-a** (modalité neutre) + **wa-** (marqueur de sujet cl. 2, 3ᵉ pers. *ils*) **-ki-** (concomitant) **-omb-** (t. verb. *demander*) **-a** (modalité neutre). Le concomitant **-ki-** employé dans cette construction a une valeur itérative. Cela signifie que la demande est répétée.

5 **Kufiwa**, *avoir perdu qqn*, est construit à partir du verbe **kufa**, *mourir*, ∆ **ku-** (cl. 15) **-f-** (rad. verb. *mourir*) **-i-** (applicatif) **-w-** (passif) **-a** (modalité neutre).

mia tatu na sabini na mbili • 372

Zoezi la kwanza – Tafsiri

❶ Nimepata kazi. ❷ Utaanza lini? ❸ Wiki ijayo. ❹ Wamesema walikuwa wakimtafuta mtu kama mimi tangu[1] muda mrefu. ❺ Kwa hivyo utapata mshahara mzuri.

[1]**tangu**, *depuis*

***

Zoezi la pili – Kamilisha

❶ On m'a volé mon passeport.
. . . . paspoti yangu.

❷ Vous connaissez celui qui l'a volé ?
Unamjua . . . . ?

❸ Je n'en suis pas sûr, mais je pense que c'est l'homme qui venait tout le temps.
Sina uhakika, lakini ninafikiri ni yule mwanamme
. . . . kila wakati.

❹ Comment s'appelle-t-il ?
. . . . nani?

Somo la tisini na sita

Kwa fundi

1 – **Vi**pi? **Mbo**na **kwa** mi**guu**? **Vyo**mbo [1] **vi**ko wa**pi**?
2 – **Ga**ri ime**kwen**da shughu**li**ni **sham**ba. **Ve**spa imeniharibi**ki**a njia**ni**.
3 – Umeiacha **wa**pi?
4 – Bara**ba**rani **kwa** ki**wan**da **cha** ma**zi**wa. [2]
5 – **To**ka **ja**na inani**ke**ra, ili**ku**wa iki**zi**ba**zi**ba [3] ma**fu**ta, **na bre**ki zinakwa**ma**.

Corrigé de l'exercice 1

❶ J'ai obtenu l'emploi. ❷ Quand est-ce que tu commenceras ? ❸ La semaine prochaine. ❹ Ils ont dit qu'ils cherchaient quelqu'un comme moi depuis longtemps. ❺ Alors tu auras un bon salaire.

***

❺ Je ne sais pas. Son grand frère, c'est celui qui dirigeait l'équipe des Lions.
Sijui. Kaka yake ni yule . . . . mkuu wa timu ya Simba.

Corrigé de l'exercice 2

❶ Nimeibiwa – ❷ – aliyeiiba – ❸ – aliyekuwa akija – ❹ Anaitwa – ❺ – aliyekuwa –

Deuxième vague : 46ᵉ leçon

Quatre-vingt-seizième leçon

Chez le mécanicien *(chez artisan)*

1 – Eh bien *(comment)* ? Pourquoi [es-tu] à pied ? Où sont les véhicules ?
2 – La voiture est à la campagne *(voiture elle-est-allée occupations-dans campagne)*. Le scooter m'a lâché *(il-s'est-détérioré-et-cela-m'affecte)* en chemin.
3 – Où l'as-tu laissé ?
4 – Sur la route de la laiterie *(usine de lait)*.
5 Depuis hier il me fait des histoires *(m'embête)*, l'arrivée d'essence se bouche tout le temps *(il-était il-bouche-bouche essence)*, et les freins se bloquent *(coincent)*.

6 – **Si**ku **hi**zi **za** mvua, **vyom**bo **vya** maguru**du**mu ma**wi**li **vi**na ma**sha**ka.

7 **Ni**pe ufun**gu**o, mwana**fun**zi **wan**gu ata**kwen**da kuichu**ku**a.

8 – Unafi**ki**ri **sa**a **ta**no uta**ku**wa umema**li**za kuitenge**ne**za [4]?

9 – **Bi**la **sha**ka, **ka**ma ita**ku**wa ina [5] mata**ti**zo **ha**yo **tu**.

10 – **U**na ha**ra**ka **na**yo?

11 – **Ndi**yo. Nina**ta**ka **kwen**da **sham**ba.

12 Inani**bi**di **sa**a **sa**ba **ni**we nimesha**fi**ka.

13 – **Ba**si, **pi**ta **sa**a **ta**no kaso**ro**bo, nita**ku**wa nimema**li**za [6].

14 Nikigun**du**a ta**ti**zo jin**gi**ne, utachu**ku**a **pi**ki**pi**ki **yan**gu.

Notes

1 Le terme **chombo** (**vy-**), *véhicule, appareil*, s'applique à tout moyen de transport y compris un bateau ou un avion. Il désigne aussi la vaisselle, les meubles, ainsi que les médias dans l'expression **vyombo vya habari**, littéralement les "organes de presse".

2 Dans **barabara ya kiwanda cha maziwa**, *sur la route de la laiterie*, vous remarquez qu'il est impossible de mettre le locatif **-ni** suivi d'un complément de nom. Si vous choisissez de le faire, le connectif sera accordé dans une classe locative, ce qui, dans ce cas, serait beaucoup trop "lourd".

3 **Ilikuwa ikizibaziba**, *il bouchait tout le temps*, Δ **i-** (marqueur de sujet cl. 9 *il*) **-li-** (passé) **-ku-** (cl. 15) **w-** (rad. aux. *être*) **-a** (modalité neutre) + **i-** (marqueur de sujet cl. 9 *il*) **-ki-** (habituel forme composée) **-zib-** (t. verb. *boucher*) **-a** (modalité neutre) **-zib-** (répétition t. verb. *boucher*) **-a** (modalité neutre).

4 Avec **utakuwa umemaliza kuitengeneza**, *tu auras fini de le réparer*, vous remarquez que le marqueur d'objet est dans le verbe à l'infinitif. **Utakuwa umemaliza** correspond au futur antérieur du français. Δ **u-** (marqueur de sujet cl. 1, 2ᵉ pers. *tu*) **-ta-** (futur) **-ku-** (cl. 15) **w-** (rad.

Quatre-vingt-seizième leçon / 96

6 – Par ces temps de pluie *(ces jours-ci de pluie)*, les véhicules à deux roues ont des problèmes.
7 Donne-moi la clé, mon apprenti ira le chercher.
8 – Penses-tu qu'à 11 heures tu auras fini de le réparer ?
9 – Sûrement *(sans doute)*, s'il n'a que ces problèmes-là.
10 Tu en as besoin rapidement *(tu-avec vitesse avec-lui)* ?
11 – Oui. Je veux aller à la campagne.
12 À 13 heures, il faut que je sois arrivé *(il-me faut heures sept que-je-sois je-suis-arrivé)*.
13 – Alors, passe à 11 heures moins le quart *(heure cinq moins-quart)*, j'aurai terminé.
14 Si je découvre un autre problème, tu prendras ma moto.

aux. *être*) **-a** (modalité neutre) + **u-** (marqueur de sujet cl. 1, 2ᵉ pers. *tu*) **-me-** (résultatif) **-maliz-** (t. verb. *finir*) **-a** (modalité neutre) **ku-** (cl. 15) **-i-** (marqueur d'objet de classe 9 en référence à *Vespa*) **-tengenez-** (t. verb. *réparer*) **-a** (modalité neutre).

5 **Iakuwa ina**, *il aura*, Δ **ki-** (marqueur de sujet cl. 9 *il*) **-ta-** (futur) **-ku-** (cl. 15) **-w-** (rad. aux. *être*) **-a** (modalité neutre) + **i-** (marqueur de sujet cl. 9 *il*) **-na** (*avec*).

6 **Nitakuwa nimemaliza**, *j'aurai déjà terminé*, Δ **ni-** (marqueur de sujet cl. 1, 1ʳᵉ pers. *je*) **-ta-** (futur) **-ku-** (cl. 15) **-w-** (rad. aux. *être*) **-a** (modalité neutre) + **ni-** (marqueur de sujet cl. 1, 1ʳᵉ pers. *je*) **-me-** (résultatif) **-maliz-** (t. verb. *terminer*) **-a** (modalité neutre).

Zoezi la kwanza – Tafsiri

❶ Ukija saa tisa jioni nitakuwa nimemaliza kutengeneza gari yako. ❷ Huwezi kumaliza kabla? ❸ Ilibidi niende shamba. Nikiwa nimemaliza kabla ya saa tisa nitakupigia simu. ❹ Usipoweza kumaliza saa nane basi. ❺ Ah! Saa nane sitaweza. Nimeshaahidi nitakuwa nimemaliza ile gari nyeupe saa nane.

***

Zoezi la pili – Kamilisha

❶ Connaissez-vous le chemin pour aller à la banque ?
Unaijua njia . . kwenda benki?

❷ Oui, mais je ne sais pas si vous arriverez *(arrivez)* à temps.
Ndio, lakini sijui kama . . . .

❸ Pourquoi ? C'est loin ?
Kwa nini? Ni . . . . . ?

❹ Non, mais je crois que lorsque vous arriverez, ce sera fermé.
Hapana, lakini ninaona ukifika . . . .

Somo la tisini na saba

Kuagana

1 – He! Tayari! Umeshafunga mizigo?
2 – Ndiyo. Inabidi nijitayarishe mapema.
3 – Unaondoka saa ngapi?
4 – Nimekusudia saa sita juu ya alama.
5   Namna hiyo, saa kumi na mbili nitakuwa nimeshafika [1].
6 – Itakuwa [2] jua kali. Husubiri kama saa tisa?

Corrigé de l'exercice 1

❶ Si vous venez à trois heures de l'après-midi, j'aurai terminé de réparer votre voiture. ❷ Vous ne pouvez pas terminer avant ? ❸ Il fallait que j'aille à la campagne. J'essayerai. Si j'ai terminé avant trois heures je vous téléphonerai. ❹ Si vous ne pouvez pas terminer avant 14 heures tant pis. ❺ Ah pour 14 heures je ne pourrai pas. J'ai déjà promis que j'aurais terminé la voiture blanche à 14 heures.

***

❺ J'ai besoin d'argent maintenant.
. . . . pesa sasa.

Corrigé de l'exercice 2
❶ – ya – ❷ – utawahi ❸ – mbali – ❹ – itakuwa imefungwa ❺ Ninahitaji –

Deuxième vague : 47ᵉ leçon

Quatre-vingt-dix-septième leçon

Faire ses adieux

1 – Ah ! Ça y est *(prêt)* ! Tu as déjà bouclé *(fermé)* [tes] bagages ?
2 – Oui. Il faut que je me prépare *(je-me-fais-être-prêt)* tôt.
3 – Tu pars à quelle heure ?
4 – J'ai prévu [de partir à] midi pile *(heures six sur signe)*.
5   De cette façon, à six heures *(heures douze)* je serai déjà arrivé.
6 – *(Il sera)* le soleil [sera] fort. Tu n'attends pas qu'il soit trois heures environ *(comme heures neuf)* ?

97 / Somo la tisini na saba

   7 – Nikiondoka saa hizo, nikiwa nimechelewa [3], sitapata nafasi.
   8 *(Baada ya saa kupita)*
   9 – Unavaa viatu… [4] Safari imewadia [5]?
10 – Ndiyo. Kwa herini.
11 – Ngoja nijifunge kanga ili nikusindikize [6] kidogo.
12 – Haya. *(Njiani)* Basi panatosha shangazi. Kwa heri!
13 – Karibu [7] tena. Nisalimie nyumbani.

Notes

1 **Nitakuwa nimeshafika**, *je serai déjà arrivé*, Δ **ni-** (marqueur de sujet cl. 1, 1ʳᵉ pers. *je*) **-ta-** (futur) **-ku-** (cl. 15) **-w-** (rad. aux. *être*) **-a** (modalité neutre) + **ni-** (marqueur de sujet cl. 1, 1ʳᵉ pers. *je*) **-mesha-** (résultatif renforcé) **-fik-** (t. verb. *arriver*) **-a** (modalité neutre).

2 Le marqueur de sujet de classe 9 **i-**, employé dans **itakuwa**, *il sera*, est celui de la forme impersonnelle.

3 **Nikiwa nimechelewa**, *si je suis en retard*, Δ **ni-** (marqueur de sujet cl. 1, 1ʳᵉ pers. *je*) **-ki-** (condition) **-w-** (rad. aux. *être*) **-a** (modalité neutre) + **ni-** (marqueur de sujet cl. 1, 1ʳᵉ pers. *je*) **-me-** (résultatif) **-chelew-** (t. verb. *être en retard*) **-a** (modalité neutre).

4 Dans une maison swahilie, on ôte généralement ses chaussures lorsqu'on entre dans une pièce couverte d'un tapis ou d'un linoléum.

5 Le verbe **kuwadia** signifie *être arrivé* en parlant du temps, d'un moment ou de l'heure.

***

Zoezi la kwanza – Tafsiri

❶ Nikiwa nimemaliza mapema, nitakuja kukuchukua. **❷** Kama hutakuja, sijui nitafanya vipi. **❸** Utapanda teksi. **❹** Lakini sitaweza kubeba mizigo mpaka barabarani. **❺** Nadi atakuwa amesharudi, atakusaidia.

Quatre-vingt-dix-septième leçon / 97

7 – Si je pars à cette heure-là *(heures celles-ci)*, [et] si je suis en retard, je ne trouverai pas de place.
8 *(Une heure plus tard (après heure passer))*
9 – Tu mets *(tu-revêts)* [tes] chaussures... C'est l'heure de partir *(voyage il-est-arrivé)* ?
10 – Oui. Au revoir à tous.
11 – Attends que je *(me)* noue un pagne pour t'accompagner un petit peu.
12 – Bien. *(En chemin)* Ça va *(assez)*, cela suffit [ma] tante *(paternelle)*. **Au revoir** *(avec bonheur)* !
13 – À bientôt *(bienvenue encore)*. Salue tout le monde pour moi à la maison.

6 Lorsqu'une personne quitte une maison, il est d'usage de la raccompagner sur quelques mètres ; le verbe employé à cette occasion est **kusindikiza**.

7 Lorsqu'une personne fait ses adieux, la politesse veut que son hôte l'invite à revenir en répondant **karibu**, *bienvenue*.

***

Corrigé de l'exercice 1

❶ Si j'ai terminé tôt, je viendrai te prendre. ❷ Si tu ne viens pas, je ne sais pas comment je vais faire. ❸ Tu prendras un taxi. ❹ Mais je ne pourrai pas porter les bagages jusqu'à la route. ❺ Nadi sera déjà de retour, il t'aidera.

Zoezi la pili – Kamilisha

❶ Y a quelqu'un ? – Je *(me)* noue un pagne. J'arrive.
. . . . ? – . . . . kanga. Ninakuja.

❷ Grand-père est-il là ?
. . . . yupo?

❸ Ton grand-père est allé raccompagner quelqu'un. Il va tarder un peu.
Babu . . . . kumsindikiza mtu. . . . . kidogo.

Somo la tisini na nane

Marudio – Révisions

Les temps composés

Ils sont formés à l'aide de **kuwa**, *être*, dans lequel on insère une marque de temps ou d'aspect, et d'un verbe dans lequel on insère une marque d'aspect.

• L'auxiliaire au passé (**-li-**) suivi d'un verbe au présent progressif (**-na-**) correspond à l'imparfait. Il exprime une action qui dure dans le passé. Par exemple :
alikuwa anatilisha huruma, *elle faisait pitié*.

• L'auxiliaire au passé (**-li-**), suivi d'un verbe avec le résultatif (**-me-**), correspond au plus-que-parfait du français. Il décrit une action dont le résultat se faisait encore sentir dans le passé. Par exemple :
alikuwa amewatoa, *elle les avait ôtés*.

• L'auxiliaire au passé (**-li-**), suivi d'un verbe conjugué avec la marque de temps **-ki-**, exprime une habitude dans le passé. Par exemple :
nilikuwa nikifanya balaa, *je faisais des bêtises*, sous-entendu "tout le temps" ; **ilikuwa ikizibaziba**, *il se bouchait tout le temps*.

Quatre-vingt-dix-huitième leçon / 98

❹ Il m'avait dit de venir à 17 heures
. . . . saa kumi na moja.

❺ Peut-être aura t-il oublié.
Labda . . . .

Corrigé de l'exercice 2
❶ Hodi – Ninajifunga – ❷ Babu – ❸ – yako kaenda – Atachelewa – ❹ Alikuwa ameniambia nije – ❺ – atakuwa amesahau

Deuxième vague : 48ᵉ leçon

Quatre-vingt-dix-huitième leçon

• L'auxiliaire au futur (**-ta-**) suivi d'un verbe conjugué avec le présent progressif (**-na-**) exprime l'idée d'une action qui durera dans le futur. Par exemple : **atakuwa anaona haya**, *elle aura honte*.

• L'auxiliaire au futur (**-ta-**) suivi d'un verbe au résultatif (**-me-**) correspond au futur antérieur du français. Par exemple :
utakuwa umemaliza, *tu auras terminé*.

• On peut aussi former des temps composés en conjuguant l'auxiliaire et le verbe avec des marques d'aspect. Par exemple :
Umekuwa ukiitengenzesha tangu muda gani?, *Depuis combien de temps la faisais-tu construire ?* ;
nikiwa nimemaliza mapema nitakuja, *si j'ai terminé tôt, je viendrai*.

• Généralement, c'est le verbe qui porte la marque de la négation. Par exemple :
ilikuwa haipo, *il n'était pas là* (bateau).
Mais on peut préférer mettre la négation dans l'auxiliaire. Par exemple :
hakuwa akifanya hivyo, *il n'agissait pas ainsi*.

• Le pronom marqueur d'objet est toujours inséré dans le verbe et le pronom relatif est placé dans l'auxiliaire. Par exemple :
Alikuwa anawafanya nini?, *Que leur faisait-elle ?*
kile kilichokuwa kikishika mkuki, *celle qui tenait une lance*.

Mazungumzo ya marudio

1 – Nimepata baruapepe ajabu sana.
2 – Mtu aliniandikia kwamba anahitaji msaada wa hela.
3 – Alikuwa anasema atakuwa amenirejeshea pesa zangu kabla miezi miwili haijamalizika.
4 – Baruapepe kutoka wapi? Nigeria?
5 – Unajua vipi?
6 – Usijibu. Wanataka kukudanganya.
7 – E!
8 – Bi Maua alinifahamisha jinsi wanavyofanya.
9 – Dada yake alijibu halafu walikuwa wakimwandikia kila siku.
10 – Walikuwa wanasema je?
11 – Walikuwa wanamwambia kwamba wanahitaji pesa kumsaidia mtu mmoja aliyekuwa amekwama Marekani.
12 – Lakini mtu akiwepo Marekani ina maana ana pesa!

Somo la tisini na tisa

Ngalawa

1 – Tumemaliza kutengeneza ngalawa yangu.
2 – Umekuwa ukiichongesha [1] tangu muda gani?
3 – Majuma mawili, lakini nilihangaika sana kupata mti.
4 – Umeitengeneza kwa mti gani?
5 – Kwa mwembe. Lakini ulikuwa ghali!
6 – Lazima, kwa sababu ni madhubuti kuliko msufi [2].

13 – Walikuwa wanasema kwamba mtu huyu ameibiwa kila kitu.
14 – Ee! Hata mimi wameniandikia hadithi hiyo hiyo.

Traduction

1 J'ai reçu un message bizarre. **2** Un type m'a écrit qu'il avait besoin d'argent. **3** Il disait qu'il me l'aurait rendu avant que deux mois se soient écoulés. **4** Un message en provenance d'où ? Du Nigéria ? **5** Comment le sais-tu ? **6** Ne réponds pas. Ils veulent t'escroquer. **7** Ah ! **8** Madame Maua m'a expliqué comment ils font. **9** Sa sœur a répondu et ensuite ils lui écrivaient tous les jours. **10** Qu'est-ce qu'ils lui disaient ? **11** Ils lui disaient qu'ils avaient besoin d'argent pour aider quelqu'un qui était coincé aux États-Unis. **12** Mais si quelqu'un est aux États-Unis ça signifie qu'il a de l'argent ! **13** Ils disaient que cette personne s'était fait tout voler. **14** Eh ! Moi aussi, ils m'ont raconté la même histoire.

Bravo ! Vous êtes presque arrivé au bout de vos peines. Avouez que le swahili est d'une très grande régularité. Encore deux petites leçons et il ne vous restera plus qu'à vous jeter à l'eau et à tester vos performances en situation réelle !

Deuxième vague : 49ᵉ leçon

Quatre-vingt-dix-neuvième leçon

La pirogue à balanciers

1 – Nous avons fini de construire ma pirogue à balanciers.
2 – Depuis combien de temps la fais-tu construire *(évider)* ?
3 – Deux semaines, mais j'ai eu beaucoup de mal *(je-me-suis-démené beaucoup)* pour trouver un arbre.
4 – Tu l'as fait fabriquer dans quel bois *(arbre)* ?
5 – En *(avec)* manguier. Mais c'était cher !
6 – C'est normal *(obligatoire)*, parce que c'est plus solide que du kapokier.

7 Utaipa **j**i**n**a **g**ani?
8 – Nina**b**a**b**a**i**ka. **Ku**na ma**j**ina ma**t**atu yameni**k**aa ro**ho**ni.
9 "**Ki**sa **n**i**n**i!", "**Ka**zi **s**a**s**a!" au "Re**he**ma **y**a **Mu**n**g**u".
10 – **Na** ile n**g**ala**w**a iliyopo**t**ea **hu**na ha**b**ari **y**o**y**ote?
11 – **I**le? Nime**k**ata ta**m**aa.
12 **Ni** sa**b**abu nina**t**aka kuipa **j**ina **m**o**j**a **k**ati **y**a **h**ayo.
13 – **Li**ite "Nee**m**a **y**a **Mu**n**g**u".
14 Utafua**t**ana **na** **w**atu wa**t**a**k**ao**kwen**da kuvua Ma**fi**a?
15 – **Ni** **n**ia **y**a**n**gu, sa**b**abu niliwahi**m**iza ma**fun**di wa**f**anye ha**r**a**k**a. □

Notes

1 **Umekuwa ukiichongesha**, *tu l'as fait évider*, est un temps composé formé avec le résultatif (**-me-**) dans l'auxiliaire et, pour exprimer l'idée que l'action est faite régulièrement, l'habituel des temps composés (**ki**), inséré dans le verbe. Δ **u-** (marqueur de sujet cl. 1, 2ᵉ pers. *tu*) **-me-** (résultatif) **-ku-** (cl. 15) **-w-** (rad. aux. *être*) **-a** (modalité neutre) + **u-** (marqueur de sujet cl. 1, 2ᵉ pers. *tu*) **-ki-** (habituel) **-i-** (marqueur d'objet, cl. 9 *la*) **-chongesh-** (t. verb. *faire évider*) **-a** (modalité neutre).

2 Le kapokier, dont le fruit fournit une laine servant à fabriquer les matelas et les coussins, porte aussi le nom de fromager.

***

Zoezi la kwanza – Tafsiri

❶ Unakimbilia wapi? ❷ **Ninamfukuzia rafiki yangu, tunakwenda pwani kuvua.** ❸ Umeshamaliza kuchongesha ngalawa yako? ❹ **Ni muda mrefu sasa toka uliponieleza kuwa unataka kuitengeneza.** ❺ Kweli, nilichelewa kupata msufi.

Quatre-vingt-dix-neuvième leçon / 99

7 Quel nom vas-tu lui donner ?
8 – J'hésite. Il y a trois noms qui me tournent dans la tête *(il-avec noms trois ils-me-sont-restés âme-dans)* :
9 "Quelle histoire *(conte quoi)* !", "Au travail maintenant !" ou "Miséricorde de Dieu !"
10 – Et l'autre pirogue qui a disparu *(est-perdue)*, tu n'as aucune nouvelle *(tu-n'as-pas nouvelle quelle-qu'elle-soit)* ?
11 – L'autre ? Je n'ai plus *(j'ai-coupé)* d'espoir.
12 C'est la raison [pour laquelle] je veux lui donner un de ces noms *(nom un au-milieu-de ceux-ci)*.
13 – Appelle-là "Grâce de Dieu".
14 Tu accompagneras les gens qui iront pêcher à Mafia ?
15 – C'est mon intention, c'est pour cela que j'ai poussé *(raison je-les-ai-encouragés)* les artisans à se dépêcher.

Corrigé de l'exercice 1

❶ Vers où cours-tu ? ❷ Je me dépêche d'aller chez mon ami, nous allons pêcher sur la côte. ❸ Tu as déjà fini de faire creuser ta pirogue à balanciers ? ❹ Cela fait maintenant longtemps que tu m'as expliqué que tu voulais la construire. ❺ C'est vrai, j'ai tardé à trouver du kapokier.

mia tatu na themanini na sita • 386

Zoezi la pili – Kamilisha

❶ Encore quelques jours et j'aurai terminé ta pirogue à balanciers.
Bado siku chache, ... ngalawa yako.

❷ Tu me dis cela tous les jours.
Kila siku unaniambia . . . . . .

❸ Mon fils va se marier. Je cours dans tous les sens.
Mtoto wangu . . . . kuoa. Nina pirikapirika.

***

Depuis l'Antiquité, les habitants de la côte orientale d'Afrique font du commerce avec les pays de la côte occidentale de l'océan Indien. À l'aide des boutres *ou* bateaux à voile **(majahazi)**, *ils naviguent jusqu'en Arabie, au Yémen et dans le golfe arabo-persique en profitant des vents de mousson. Pour la pêche, ils utilisent des pirogues à balanciers* **(ngalawa)** *creusées dans des troncs de kapokiers* **(misufi)** *ou de* manguiers **(miembe)** *et assemblées sans l'utilisation d'un seul clou. Les* pirogues **(mitumbwi)** *sont plus rares car moins stables, et sont donc de préférence utilisées dans les eaux plus calmes des mangroves et en-deçà de la barrière de corail.*

100 Somo la mia moja

Kwenye ndege

1 – Mabibi na mabwana, Shirika la Kenya Airways lina furaha kukukaribisheni kwenye ndege hii...
2 – Hebu nyamaza, sikiliza kidogo.
3 – Baada ya dakika chache, ndege itaruka moja kwa moja [1] kuelekea Dar-es-Salaam,
4 ikiongozwa na rubani [2] Okocha na msaidizi wake John...

❹ Je n'ai pas d'argent pour préparer le mariage.
　. . . . pesa . . kutayarisha harusi.

❺ Eh bien, termine ce travail, tu gagneras de l'argent.
　Basi, maliza kazi hii, ... pesa.

Corrigé de l'exercice 2
❶ – nitakuwa nimemaliza – ❷ – hivyo ❸ – anataka – ❹ Sina – za –
❺ – utapata –

***

En fin de journée, on voit les pêcheurs se regrouper pour hisser leurs embarcations sur le sable sec. Il arrive parfois que la marée soit plus haute ou qu'une ancre **(nanga)** *se décroche et que la pirogue soit emportée. C'est ce qui est sous-entendu dans ce dialogue.*
Les pêcheurs font des campagnes de pêche en fonction des saisons et des déplacements des bancs de poissons. Ils s'installent quelques semaines dans un endroit avant de repartir ailleurs, et vivent alors dans des cabanes de feuilles de cocotiers bâties en bordure de mer. Mafia est une petite île au large de la Tanzanie méridionale.

Deuxième vague : 50ᵉ leçon

Centième leçon

Dans l'avion

1 – Mesdames et messieurs, la compagnie *(de)* Kenya Airways a la joie de vous accueillir à bord de *(dans)* cet avion...
2 – Tais-toi, écoute un peu.
3 – Dans *(après)* quelques minutes, l'appareil décollera [pour un vol] sans escale en direction de *(avion il-décollera directement pour-se-diriger-vers)* Dar es-Salaam,
4 [il sera] piloté *(dirigé)* par le commandant de bord *(pilote)* Okocha et son co-pilote *(assistant)* John...

5 – Amesema **je**?

6 – A**cha**na **na**ye. **Ni** mae**le**zo **ya ki**la **si**ku uki**pan**da n**de**ge.

7 – Tutatu**mia mu**da **wa sa**a **mo**ja **na ro**bo, tuki**ru**ka u**re**fu **wa mi**ta **el**fu **ku**mi,

8   yaani **fu**ti thela**thi**ni **el**fu...

9 – **He**bu **a**cha ku**fa**nya **zo**go, **mi**mi nina**ta**ka ku**ju**a anachotan**ga**za.

10 – ... **na** kwen**da kwa ka**si **ya ki**lomita **mi**a **ti**sa na si**ti**ni **kwa sa**a,

11   **sa**wa **na** maili mia **si**ta...

12 – Unasi**kia**? Anae**le**za **kwa** kiswa**hi**li. Hu**o**ni **ra**ha kumsiki**li**za?

13 – U**pan**de **wa** ku**sho**to **we**tu, mta**we**za kuanga**li**a m**li**ma **wa** Kiliman**ja**ro.

14   *(Baada ya muda)*

15 – Ma**bi**bi **na** ma**bwa**na, tunatu**a** [3] **kwe**nye Uwan**ja wa** n**de**ge **wa** Dar-es-Salaam.

16   **Ha**li **ya he**wa, **jo**to **ni di**gri thela**thi**ni **na n**ne.

17   Tunatu**ma**i mmefu**ra**hi sa**fa**ri **ye**nu. Tunatara**ji**a kukupoke**e**ni **te**na.

18   Asan**te**ni **sa**na. Kari**bu**ni **te**na.

Notes

1 Il existe de nombreuses expressions avec **kwa**. Par exemple, **moja kwa moja**, *directement*, *tout droit* ; **uso kwa uso**, *face à face* ; **mkono kwa mkono**, *de la main à la main* ; **ana kwa ana**, *ensemble*, *face à face* ; **juu kwa juu**, *soudain*, *rapidement* ; **bega kwa bega**, littéralement "épaule pour épaule", autrement dit *ensemble*, *solidairement*.

Centième leçon / 100

5 – Qu'est-ce qu'il a dit ?
6 – Laisse*(-le)*. Ce sont les explications habituelles *(de chaque jour)* quand tu prends *(montes)* l'avion.
7 – La durée du vol sera *(nous-utiliserons temps)* d'une heure un quart *(heure une et quart)*, nous atteindrons une altitude *(lorsque-nous-serons-en-vol hauteur)* de dix mille mètres,
8   c'est-à-dire trente mille pieds...
9 – Arrête de faire [du] bruit, je veux savoir ce qu'il annonce.
10 – ... et la vitesse *(aller vitesse)* de neuf cent soixante kilomètres/heure *(par heure)*,
11   soit *(égal avec)* six cents miles...
12 – Tu entends ? Il explique en swahili. Tu n'éprouves pas de joie à l'écouter ?
13 – Sur votre gauche *(côté de gauche de-nous)*, vous pourrez observer le *(mont du)* Kilimandjaro.
14   *Un peu plus tard (après de moment)*
15 – Mesdames et messieurs, nous allons atterrir sur l'aéroport de Dar es-Salaam.
16   La température *(état de l'air, chaleur)* est de trente-quatre degrés.
17   Nous espérons que vous avez effectué un agréable voyage *(vous-êtes-satisfaits de voyage le-vôtre)*. Nous espérons vous accueillir à nouveau.
18   Merci *(à tous)* beaucoup. À bientôt *(bienvenue-à-tous encore)*.

2 rubani (ma-) est un *pilote d'avion* tandis que nahodha (-) désigne un *capitaine* de vaisseau.

3 Kutua, *se poser*, est employé aussi bien pour un oiseau que pour un avion, de même que kuruka, *s'envoler*, *voler*.

Zoezi la kwanza – Tafsiri

❶ Umesema utaondoka lini? – Tarehe kumi na tisa mwezi ujao. **❷** Umeshanunua tikiti ya ndege? – Zamani, inakaribia[1] mwezi. **❸** Umeshawahi kupanda ndege? **❹** Ndiyo, ninafikiri itakuwa ni safari ya saba. **❺** Mimi sijawahi kupanda ndege.

[1] **-karibia**, *bientôt (près de), approcher de*

***

Zoezi la pili – Kamilisha

❶ Tu comprenais la façon dont il parlait ?
. . . . alivyokuwa anasema ?

❷ Moi, je ne connais pas bien le swahili, je connais "merci" "bienvenue", "bonjour".
Mimi sijui . . . . . . kiswahili, ninajua "asante", "karibu", "shikamoo".

❸ Tu as besoin de lire ce livre. En peu de temps, tu comprendras tout.
Unahitaji . . . . . . kitabu hiki. Baada ya muda mfupi, ... kila kitu.

❹ Cela signifie que toi, tu n'as appris qu'avec ce livre ?
Ina maana wewe, ... kwa kitabu hicho tu!

❺ Je peux dire que oui ; ensuite j'ai rencontré des Swahilis.
Ninaweza kusema ndio; halafu . . . . Waswahili.

Centième leçon / 100

Corrigé de l'exercice 1
❶ Quand as-tu dit que tu partirais ? – Le dix-neuf, le mois prochain. ❷ Tu as déjà acheté le billet d'avion ? – Il y a longtemps, cela fait bientôt un mois. ❸ Tu as déjà pris l'avion ? ❹ Oui, je pense que ce sera le septième voyage. ❺ Moi je n'ai jamais eu l'occasion de prendre l'avion.

***

Corrigé de l'exercice 2
❶ Ulikuwa unafahamu – ❷ – vizuri – ❸ – kusoma – utafahamu – ❹ – umejifunza – ❺ – nimekutana na –

Voici achevée la première phase de votre étude du swahili. Bravo pour votre persévérance ! Soyez sûr que vos efforts seront récompensés. Et surtout n'oubliez pas de continuer la "deuxième vague" jusqu'au bout... jusqu'à la dernière leçon.

Deuxième vague : 51e leçon

Appendice grammatical

Sommaire

1 Tableau récapitulatif des accords de classe 395
2 Tableaux des adjectifs ayant des accords particuliers 396
3 Tableaux récapitulatifs des tiroirs verbaux 397
4 Tableau récapitulatif des extensions verbales 398

1 Tableau récapitulatif des accords de classe

Numéro de classe	Bantou commun	Nom	Qualificatif	Marqueur de sujet	Marqueur objet	Démonstratif de proximité	Démonstratif d'éloignement	Anaphorique	Relatif	Connectif
1	*MU	m-/mw-	m-/mw-	ni- u- a- tu-[1] m- wa-	-ni- -ku- m-/mw- -tu-[1] -ku-+-ni -wa-	huyu	yule	huyo	-ye-	wa
2	*BA	wa-/w-	wa-/w-			hawa	wale	hao	-o-	wa
3	*MU	m-/mw-	m-/mw-	u-	-u-	huu	ule	huo	-o-	wa
4	*MI	mi-	mi-/my-	i-	-i-	hii	ile	hiyo	-yo-	ya
5	*DI (LI)	Ø/ji-	Ø/ji-	li-	-li-	hili	lile	hilo	-lo-	la
6	*MA	ma-	ma-[2]	ya-	-ya-	haya	yale	hayo	-yo-	ya
7	*KI	ki-/ch-	ki-/ch-	ki-	-ki-	hiki	kile	hicho	-cho-	cha
8	*BI	vi-/vy-	vi-/vy-	vi-	-vi-	hivi	vile	hivyo	-vyo-	vya
9	*N	≠	≠	i-	-i-	hii	ile	hiyo	-yo-	ya
10	*N	≠	≠	zi-	-zi-	hizi	zile	hizo	-zo-	za
11	*DU/BU[3]	u-/w-	m-/mw-	u-	-u-	huu	ule	huo	-o-	wa
15	*KU	ku/kw-	ku-/kw-	ku-	-ku-	huku	kule	huko	-ko-	kwa
16	*PA	pa-	pa-/p-[4]	pa-	-pa-	hapa	pale	hapo	-po-	pa
17	*KU	/	ku-/kw-	ku-/kw-	-ku-	huku	kule	huko	-ko-	kwa
18	*MU	/	mu-/mw-	mu-	-mu-	humu	mle	humo	-mo-	mwa

[1] Ou bien -wa- + -ni ou -wa-.
[2] Ou m- + e.
[3] *DU est la classe 11 du bc et *BU est la classe 14.
[4] Ou p- + e.

2 Tableaux des adjectifs ayant des accords particuliers

Numéro de classe	-ili deux	-ote tout, tous	-o-ote n'importe quel qu'il soit	-ingi beaucoup	-ingine autre	-enye autre	-enyewe lui-même
1					mwingine	mwenye	mwenyewe
2	wawili	sote nyote wote	yeyote	wengi	wengine	wenye	wenyewe
3		wote	wowote		mwingine	wenye	wenyewe
4	miwili	yote		mingi	mingine	yenye	yenyewe
5		lote	lolote		jingine	lenye	lenyewe
6	mawili	yote		mengi	mengine	yenye	yenyewe
7		chote	chochote		kingine	chenye	chenyewe
8	viwili	vyote		vingi	vingine	vyenye	vyenyewe
9		yote	yoyote		nyingine	yenye	yenyewe
10	mbili	zote		nyingi	nyingine/zingine	zenye	zenyewe
11			wowote		mwingine	wenye	wenyewe
15		kokote			kwingine	kwenye	kwenyewe
16[1]	pawili	pote	popote	pengi	pengine	penye	penyewe
17[1]		kote	kokote		kwingine	kwenye	kwenyewe
18[1]		mote			mwingine	mwenye	mwenyewe

[1] Il est préférable d'employer **pahali** pour les classes 16 et 17 et **mahali** pour la classe 18.

3 Tableaux récapitulatifs des tiroirs verbaux

	Affirmatifs						Négatifs					
	Marqueur de sujet[1]	Temps ou aspect[2]	Relatif[3]	M. d'objet	Thème	Modalité[4]	M. de sujet	Temps ou aspect	Relatif	M. d'objet	Thème	Modalité[5]
Présent	+	-na	*	v	><	-a	-	-Ø-	*	v	v	-i
Présent relatif[6]	+	-Ø-		v	><		+	-si-		v	v	-a
Habituel	hu-	-Ø-			v	-a						
Présent atemporel	+	-a-		v	v	-a						
Passé	+	-li-	*	v	><	-a	-	-ku-		v	v	-a
Futur	+	-ta-		v	><	-a	-	-ta-		v	><	-a
Futur relatif	+	-taka-	*	v	><	-a						
Résultatif	+	-me-		v	><	-a	-	-ja-		v	v	-a
Résultatif renforcé	+	-mesha-		v	><	-a						
Impératif	Ø	-Ø-		v	v	-a						
	Ø	-Ø-			v	-e						
Consécutif à ordre	+	-ka-			v	-e						
Subjonctif	+	-Ø-		v	v	-e	+	-si-		v	v	-e
Consécutif	+	-ka-		v	v	-a						
Concomitant	+	-ki-		v	v	-a	+	-sipo-		v	v	-a
Conditionnel présent	+	-nge-		v	><	-a	+	-singe-		v	><	-a
Conditionnel passé	+	-ngali-		v	><	-a	+	-singali-		v	><	-a

[1] + indique que les préfixes verbaux sont affirmatifs et - indique qu'ils sont négatifs.
[2] Ø signifie qu'il n'y a pas de formatif.
[3] * indique que l'on peut insérer l'infixe relatif sans entraîner de modification du tiroir verbal.
[4] >< indique que les verbes monosyllabiques conservent le préfixe de l'infinitif lorsqu'ils sont employés sans infixe objet.
[5] Les verbes d'origine arabe ne modifiant jamais leur voyelle finale, nous n'avons pris en compte que le cas des verbes d'origine bantoue.
[6] Il existe un relatif général affirmatif formé de MS + Ø + base + rel.

4 Tableaux récapitulatifs des extensions verbales

	Verbes d'origine bantoue et assimilés					Verbes d'origine arabe		
	Base à finale consonantique		Base à finale vocalique			Terminaison en		
	a, i, u + C + a	e, o + C + a	a, i, u + a	e, o + a		i, u	e	au
Passif	-wa	-wa	-liwa	-lewa		-iwa	-ewa	-auliwa
Applicatif	-ia	-ea	-lia	-lea		-ia		
Causatif	-isha/-iza	-esha/-eza	-iza	-eza		-isha	-esha	-aulisha
Statif	-ika	-eka	-ilka	-leka		-ika	-eka	-aulika
Associatif	-ana	-ana	-iana	-eana		-iana	-eana	-auliana
Réversif[1]	-ua	-oa						

[1] Les verbes dont la dernière syllabe est formée avec un **e** ont un réversif formé avec **u**.

Index grammatical

Le premier chiffre renvoie à la leçon, le second à la note ou au paragraphe s'il s'agit d'une leçon de révision. Les chiffres en gras correspondent à la définition et/ou aux leçons de révision du sujet énoncé dans l'entrée.

Adjectifs numéraux **6,4** ; 12,7 ; 17,2 ; 48,2
Adjectifs possessifs 41,5 ; 43,1 ; 43,2 ; 43,3 ; 43,7 ; 44,1 ; 44,2 ; 44,3 ; 45,8 ; 45,9 ; 46,3 ; 46,6 ; 46,9 ; 48,3 ; **49,1** ; **49,2** ; **49,4** ; 74,3 ; **77,1** ; **77,2**
Adjectifs qualificatifs *voir* classes nominales, noms et adjectifs monosyllabiques, ordre des déterminants ; 9,7 ; 16,8 ; 26,6 ; 44,7 ; 48,2 ; 66,6
Adverbes 20,6 ; 20,7 ; 20,8 ; 26,5 ; 47,3
Alternative **-sipo-** 90,7 ; 91,5
Amba- *voir* pronom relatif **amba-** 64,2 ; 65,3 ; 65,5 ; 68,6 ; 69,1 ; 70,5
Anaphorique 36,5 ; 39,5 ; 40,1 ; 40,6 ; 41,4 ; **42,3** ; **49,3** ; **49,5** ; 60,8 ; 62,5 ; **63,1** ; **63,2** ; 64,4 ; 71,8 ; 76,4 ; **77,3**
Antécédent **63,1** ; 65,4
Applicatif 51,6 ; 65,1 ; 65,2 ; 65,6 ; 65,7 ; 66,2 ; 66,3 ; 66,4 ; 66,5 ; 66,7 ; 67,1 ; 67,4 ; 67,6 ; 67,7 ; 67,8 ; 69,3 ; **70,1** ; **70,2** ; **70,3** ; **70,4** ; 71,1 ; 71,2 ; 71,5 ; 71,6 ; 71,10 ; 76,6 ; 76,7 ; 81,3 *voir aussi* la possession inaliénable
Aspect 29,2 ; **35,1** ; **35,3** ; 92,3 ; 92,5 ; 93,7 ; 98,1
Associatif 39,4 ; 48,4 ; 50,4 ; 79,8 ; 81,4 ; 81,5 ; 81,6 ; 81,7 ; 82,5 ; 82,7 ; **84,2** ; 86,2 ; 89,3 ; 89,6 ; 89,8 ; 91,3 ; 93,8
Augmentatifs 33,1 ; 33,4 ; 33,5 ; **35,5** ; 59,4
Auxiliaire *voir* temps composés
Avoir voir **na** (copule)
bado 27,6 ; **35,3** ; 43,6
Bantou commun 4,7 ; **28,4** ; **42,4** ; 48,5
bora 38,2 ; 39,7 ; 42,1
But **42,1**
Causatif 78,1 ; 78,2 ; 78,4 ; 78,6 ; 78,7 ; 78,8 ; 78,9 ; 79,1 ; 79,5 ; 79,6 ; 79,7 ; 79,9 ; 80,1 ; 80,3 ; 80,6 ; 80,7 ; 81,1 ; 81,5 ; 81,6 ; 82,3 ; 82,9 ; 83,4 ; 83,7 ; **84,1** ; 86,3 ; 87,2 ; 87,4 ; 87,5 ; 88,2
Classe 11 (**u-**) 40,4 ; 40,5 ; 41,1 ; 41,2 ; 41,3 ; 41,4 ; 41,6 ; 41,7 ; **42,3** ; **42,4** ; 47,3 ; 63,1
Classe 15 (**ku-**) 5,2 ; 5,3 ; 5,7 ; 22,7 ; **28,6** ; 34,1 ; 36,2 ; 44,5 ; 47,8 ; **49,5** ; 54,3 ; 63,1 ; 66,6 ; 96,4

Classe 16 (**pa-**) 3,3 ; 5,5 ; 7,6 ; 9,8 ; 46,7 ; 47,4 ; 47,5 ; 48,3 ; 48,7 ; **49,3** ; 49,4 ; 50,5 ; 58,4 ; 58,6 ; 59,6 ; 61,3 ; 63,1 ; 64,3 ; 69,1 ; 70,6 ; 71,8 ; 71,9 ; 75,3 ; 76,8 ; **77,3** ; **77,4** ; **77,5** ; 79,4 ; 90,7 ; 91,5
Classe 17 (**ku-**) 3,2 ; 3,3 ; **7,6** ; 45,5 ; 45,6 ; 45,7 ; 46,4 ; 46,9 ; 48,3 ; **49,3** ; **49,4** ; 63,1 ; 65,4 ; **70,6** ; **77,3** ; 85,4 ; 93,1
Classe 18 (**mu-**) 9,8 ; 48,5 ; 48,6 ; 43,8 ; 48,9 ; **49,3** ; **49,4** ; 63,1 ; **70,6** ; **77,3**
Classes 1/2 (**m-/wa-**) 4,5 ; 4,7 ; 6,2 ; 6,3 ; **7,3** ; **7,8** ; 8,1 ; 10,5 ; 11,2 ; 11,3 ; 11,6 ; 12,4 ; 12,5 ; 12,6 ; 13,3 ; **14,3** ; 19,1 ; 20,4 ; **21,3** ; **21,4** ; 24,4 ; 24,6 ; 24,7 ; 25,9 ; 25,10 ; 26,6 ; **28,7** ; 29,7 ; 32,2 ; 42,3 ; 44,6 ; **49,1** ; **49,2** ; 55,1 ; 58,2 ; **63,1** ; 69,6 ; 73,1 ; 83,9 ; 84,4
Classes 3/4 (**m-/mi-**) 25,5 ; 25,6 ; 25,7 ; 25,8 ; 26,2 ; 26,3 ; 26,4 ; 26,8 ; 27,1 ; 27,4 ; **28,4** ; **28,7** ; 36,7 ; 40,3 ; 42,3 ; 43,7 ; 58,3 ; 63,1 ; 69,5 ; 75,5 ; **84,4**
Classes 5/6 (**ø (ji-)/ma-**) *voir* augmentatifs ; 30,2 ; 30,5 ; 30,6 ; 31,4 ; 31,5 ; 31,6 ; 31,7 ; 32,1 ; 32,3 ; 32,4 ; 32,6 ; 32,7 ; 32,9 ; 33,1 ; 33,2 ; 33,3 ; 33,5 ; 33,7 ; 33,8 ; 34,5 ; **35,4** ; 36,3 ; 42,3 ; 44,2 ; 60,5 ; 62,2 ; 62,3 ; 63,1 ; **84,4**
Classes 7/8 (**ki-/vi-**) *voir* expression de la manière, diminutifs ; 8,1 ; 8,2 ; 8,3 ; 8,6 ; 9,1 ; 9,3 ; 9,5 ; 9,7 ; 10,5 ; 10,6 ; 12,9 ; **14,1.1** ; 15,7 ; 21,3 ; 22,1 ; 23,7 ; **28,7** ; 30,4 ; 39,5 ; 40,6 ; 41,5 ; **42,3** ; 43,1 ; 43,2 ; 43,3 ; 58,1 ; 60,3 ; 61,1 ; 61,2 ; 61,4 ; **63,1** ; 80,5 ; **84,4** ; 85,6
Classes 9/10 *(**N/N**)* *voir* noms de pays, tournures impersonnelles ; 16,1 ; 16,2 ; 16,4 ; 16,5 ; 16,8 ; 17,1 ; 17,2 ; 17,3 ; 18,1 ; 18,2 ; 18,3 ; 18,4 ; 18,5 ; 19,8 ; 20,1 ; 20,2 ; **21,1** ; **21,3** ; 23,2 ; **28,7** ; 29,6 ; 31,2 ; 33,1 ; 36,5 ; 40,1 ; 41,2 ; 42,3 ; 44,1 ; 46,7 ; 49,1 ; 59,1 ; 59,2 ; 60,4 ; 61,5 ; 63,1 ; 72,10 ; 73,2 ; 73,3 ; 74,1 ; 76,5 ; **84,4**
Classes locatives *voir* classes 16, 17, 18
Classes nominales **14,1**
Comparatif 20,5 ; 20,6
Complément d'agent 53,6 ; 56,9
Complément d'objet *voir* marqueurs d'objet, êtres animés (accord)
Complément de l'associatif 81,4 ; 84,2
Complément du nom *voir* connectif **-a**
Concomitant (**-ki-**) 50,3 ; 51,3 ; 51,5 ; 52,4 ; **56,2** ; 57,5 ; 94,1 ; 96,3 ; 97,1 ; 98,1 ; 99,1
Concordance des temps 71,7 ; 92,3 ; 92,7
Condition (expression de la ~) 51,5 ; 56,2 ; 57,5 ; 90,7 ; **91,5** ; 92,5
Conditionnel affirmatif (**-nge-/-ngali-**) 52,5 ; **56,5** ; 65,5

Conditionnel négatif (-singe-/-singali-) 53,8 ; **56,6**
Conjugaisons *voir* verbes et temps composés
Connectif **-a** 8,3 ; 12,4 ; 12,5 ; **14,1.2** ; 16,1 ; 16,4 ; 18,5 ; 20,3 ; **21,1** ; 26,2 ; 27,4 ; **28,4** ; 31,4 ; 32,1 ; **35,4** ; 40,5 ; 46,4 ; 48,2 ; 48,7 ; **49,3** ; **49,5** ; 52,3 ; 66,2 ; 66,6 ; 70,3 ; 73,3 ; 96,2
Consécutif (**-ka-**) 50,6 ; 51,8 ; **56,3**
Consécutif à un ordre (MS…-ka-… -e) 52,6 ; **56,4** ; 65,7
Copule 3,6 ; 45,6 ; 48,5 ; 50,5 ; **71,4** ; **77,4.1**
Démonstratifs d'éloignement 20,1 ; 23,2 ; 23,7 ; 24,7 ; 24,9 ; 26,3 ; **28,4** ; **28,7** ; 29,7 ; 30,4 ; 33,2 ; **35,4** ; 45,7 ; 46,5 ; 49,3 ; **49,5** ; **49,6** ; 77,3
Démonstratifs de proximité 4,5 ; 10,5 ; 14,1 ; 15,7 ; 18,2 ; 18,3 ; 20,4 ; **21,1** ; **21,3** ; 22,1 ; 25,6 ; **28,4** ; 32,3 ; 32,9 ; **35,4** ; **42,3** ; 48,6 ; **49,3** ; **49,5** ; **77,3** ; 80,8 ; 85,4
Déterminants *voir* adjectifs, pronoms et ordre des déterminants
Détermination 8,2 ; 11,6 ; **21,4** ; 24,7 ; **28,7** ; 46,5
Diminutifs 68,7 ; 76,2 ; 76,3 ; 85,6 ; 89,7 ; 89,9 ; **91,2**
-enye 24,2 ; 26,6
-enyewe 44,7 ; 47,5
Être voir **-li-**, **ni**, passif, statif ; 7,5 ; 93,3
Être dans un lieu 3,2 ; 3,3 ; 5,5 ; **7,5** ; 46,7 ; 75,3 ; 76,8 ; 82,2 ; 98
Être en train de voir présent progressif
Êtres animés *voir* classes 1/2, possession inaliénable, possessifs des noms de parenté, augmentatifs, diminutifs ; 4,7 ; 12,3 ; 16,2 ; 18,4 ; **21,2** ; 31,2 ; 33,5 ; 44,6 ; 73,4 ; 74,3 ; **77,2**
Éventualité à éviter 38,4 ; 39,7 ; 40,7 ; **42,2** ; 91,5
Extensions **56,7**
Extensions multiples **70,4** ; 71,5 ; 79,7 ; 81,5 ; 81,6 ; 83,7 ; 88,2 ; 89,3 ; 89,6 ; 89,8 ; 95,2
Forme prépositionnelle *voir* applicatif
Forme pronominale *voir* infixe pronominal **-ji-**
Forme réciproque *voir* associatif
Futur affirmatif (**-ta-/-taka-**) 10,1 ; 11,1 ; 11,2 ; **14,1.1** ; 58,4 ; 61,4 ; **77,7** ; 92,3 ; 92,7 ; 96,4 ; 96,5 ; 97,1 ; 98
Futur négatif (**-ta-**) 11,4 ; **14,2**
Habituel (**hu-**) 50,2 ; **56,1** ; 62,4 ; 74,4 ; **99,1**
hebu 40,2 ; 43,5
Impératif *voir* **hebu** 5,4 ; 5,7 ; **7,7** ; 12,8 ; **14,3** ; 23,6 ; **28,3** ; **42,1** ; 66,8
Impératif de mouvement (**ka-… e**) 82,5 ; 83,6 ; **84,3**

Inaccompli (**-ja-**) 30,3 ; 31,9 ; **35,3** ; 47,7 ; 68,6
Infinitif *voir* classe 15
Infinitif de narration 83,8
Infixe pronominal **-ji-** 5,3 ; **14,2** ; 78,8 ; 79,9 ; **84,2** ; 87,4
Infixe relatif *voir* subjonctif négatif
ingi 34,1
Intensité 85,5 ; **91,1** ; 93,8
Interdiction *voir* subjonctif négatif
Interrogation 1,4
-ipi? 9,2
japo 39,3 ; 58,6
je? 17,5 ; 54,5
kama 51,7
kupiga 47,1 ; 52,2 ; 57,1
kwa 13,6 ; 46,4 ; 49,3 ; 49,5 ; 68,8 ; 100,1
lazima 31,8 ; 38,3 ; 39,8 ; 42,1
-li- 71,4 ; 76,4 ; 76,8 ; **77,4.1**
lini? 19,2
Locatif **-ni** 2,1 ; 4,2 ; 4,3 ; 5,1 ; **7,2** ; 36,8 ; 40,8 ; 44,4 ; 46,2 ; 48,1 ; 48,3 ; **49,3** ; 76,1 ; 96,2
Locatif d'intériorité *voir* classe 18
Locatif déterminé *voir* classe 16
Locatif indéterminé *voir* classe 17
Manière (expression de la ~) 10,6 ; 40,6 ; 47,3 ; 59,3 ; **63,1.2** ; 74,5
Marqueurs de sujet 1,2 ; 2,3 ; 2,5 ; 4,1 ; 5,5 ; 7,3 ; 9,8 ; 11,4 ; 22,4 ; 25,4 ; 28,2 ; 28,5 ; **35,1** ; **35,3**
Marqueur d'objet *voir* verbes monosyllabiques, impératif ; 8,2 ; 9,5 ; 11,2 ; 11,3 ; 11,6 ; 12,6 ; 13,2 ; 13,3 ; **14,2** ; 19,8 ; **21,1** ; **21,4** ; 23,6 ; 25,8 ; **28,3** ; **28,4** ; **28,6** ; 32,4 ; 32,7 ; **35,4** ; 41,1 ; 44,5 ; 44,6 ; 45,2 ; **49,3** ; **49,5** ; 59,1 ; 61,5 ; **63,1** ; 68,8 ; 69,3 ; 84,2 ; 94,2 ; 94,3 ; 96,4
Mbona? 31,1
na (copule) 2,5 ; 4,4 ; 5,5 ; **7,4** ; 15,5 ; 45,6 ; 48,5 ; 50,5 ; 58,5 ; 59,5 ; 60,8 ; **63,2** ; 64,4 ; 71,9 ; 76,4 ; **77,5** ; 93,1 ; 93,5 ; 96,5
Narratif *voir* tiroirs verbaux/consécutif
ni 3,6 ; **7,5** ; 8,5 ; **77,4** ; 94,8
Nombres ordinaux *voir* adjectifs numéraux
Noms de pays 16,6 ; 41,3 ; **42,4**

Noms et adjectifs monosyllabiques 16,5 ; **21,1** ; 29,6 ; 31,2 ; 31,6 ; **35,4** ; 89,9

-o -ote 36,4

Obligation (expression de l'~) *voir* impératif, subjonctif ; 39,6

Ordre des déterminants *voir* détermination ; 6,4 ; 9,7 ; 29,7 ; 47,2 ; **49,6**

Orthographe 1,6 ; **7,1** ; 9,6 ; 16,6 ; 24,8

-ote 24,4 ; 24,6 ; 27,5 ; 48,8 ; 51,4

Passé affirmatif (**-li-**) 15,1 ; 16,3 ; **28,1** ; 57,2 ; 58,2 ; 58,3 ; 61,1 ; 61,2 ; 61,3 ; 61,5 ; 63,1 ; **77,7** ; 93,5 ; 93,9 ; 94,1 ; 94,2 ; 94,3 ; 94,4 ; 95,3 ; 96,3 ; 98

Passé négatif (**-ku-**) 22,4 ; 24,3 ; **28,2** ; 93,3

Passif (**-w-**) 53,2 ; 53,5 ; 53,7 ; 53,9 ; 54,2 ; 54,3 ; 55,2 ; 55,4 ; 55,5 ; 55,6 ; 55,7 ; 55,8 ; 55,9 ; **56,9** ; 57,3 ; 58,1 ; 60,3 ; 60,4 ; 60,6 ; 60,7 ; 67,2 ; 67,4 ; 69,2 ; 70,4 ; 76,6 ; 79,7 ; 83,7 ; 91,4

Place de l'adjectif *voir* ordre des déterminants

Possessifs des noms de parenté 45,3 ; **49,2** ; 73,1 ; 73,2 ; 73,3 ; 74,1 ; 76,5 ; **77,1**

Possession inaliénable (relation étroite) 86,1 ; 86,4 ; **91,4**

Préfixes verbaux affirmatifs (marqueurs de sujet) *voir* sujet, tournures impersonnelles ; 2,3 ; 2,5 ; 5,5 ; **7,3** ; 17,1

Prépositions *voir* applicatif 18,5 ; 20,2 ; 29,5 ; 44,3 ; **49,1** ; 80,2

Présent affirmatif (**-na-**) 4,1 ; 5,6 ; **7,7** ; 8,2 ; 8,6 ; **14,2** ; 57,2 ; 58,1 ; 59,1 ; 59,2 ; 60,3 ; 60,4 ; 60,5 ; 60,6 ; 60,7 ; **63,1** ; **70,5** ; **77,7** ; 90,2 ; 90,4

Présent général (**-a-**) 83,1 ; 83,2 ; **84,4**

Présent négatif (Ø...**-i**) 25,4 ; 26,7 ; 27,2 ; **28,5** ; 65,3

Présent progressif (**-na-**) 54,4 ; 64,6 ; 66,4 ; 85,4 ; 93,7 ; 93,9 ; 94,2 ; 94,4 ; 94,6 ; 98

Pronom réfléchi *voir* infixe pronominal **-ji-**

Pronom relatif **amba-** 64,2 ; 65,3 ; 65,5 ; 68,6 ; 69,1 ; 69,5 ; 69,6 ; **70,5**

Pronoms personnels autonomes **7,3** ; **49,1** ; 83,5

Pronoms possessifs *voir* adjectifs possessifs

Prononciation 7,1 + introduction et 20 premières leçons

Proposition principale 52,5 ; 56,3 ; 56,5 ; 56,6

Proposition subordonnée 56,5 ; 56,6

Redoublement de la base verbale 91,1

Relatif général affirmatif (Ø) 75,2 ; 75,5

Relatif général négatif (**-si-**) 70,5 ; **77,7**

Relatifs préfixés au thème verbal 57,1 ; 57,2 ; 58,1 ; 58,2 ; 58,3 ; 58,4 ; 59,1 ; 59,2 ; 59,3 ; 59,6 ; 60,3 ; 60,4 ; 60,5 ; 60,6 ; 60,7 ; 61,1 ; 61,2 ; 61,3 ; 61,4 ; 61,5 ; 62,2 ; 62,3 ; 63,1 ; 64,2 ; 64,3 ; 65,4 ; 74,5 ; **77,4.2** ; **77,7** ; 91,5 ; 98
Relatifs suffixés au thème verbal 71,4 ; 75,2 ; 75,3 ; 75,5 ; 76,4 ; 76,8 ; **77,4.1** ; **77,6** ; **77,7**
Répétition du pronom démonstratif 24,9
Réponse à une interrogation négative 22,6
Résultatif (**-me-**) 29,2 ; 29,4 ; 32,2 ; **35,1** ; 36,7 ; 64,2 ; 68,6 ; 90,2 ; 90,4 ; 92,3 ; 92,5 ; 94,3 ; 95,3 ; 96,4 ; 96,6 ; 97,1 ; 97,3 ; 98 ; 99,1
Résultatif renforcé (**-mesha-**) 32,8 ; 33,9 ; **35,2** ; 97,1
Réversif 53,5 ; **56,8**
saa 19,6 ; 36,3
si 7,5 ; **77,4.1**
Statif 87,1 ; 87,2 ; 87,5 ; 88,2 ; 88,3 ; 88,5 ; 88,6 ; 88,7 ; 89,2 ; 89,3 ; 89,6 ; 89,8 ; 90,2 ; 90,4 ; 90,6 ; **91,3** ; **91,4**
Subjonctif affirmatif (Ø... **-e**) 36,2 ; 37,1 ; 37,4 ; 37,5 ; 37,7 ; 37,8 ; 38,2 ; 38,3 ; 38,7 ; 39,7 ; 39,8 ; **42,1** ; 43,6
Subjonctif négatif (**-si-**... **-e**) 38,4 ; 38,6 ; 39,6 ; 40,7 ; **42,2** ; 79,9
Sujet *voir* préfixes verbaux 2,3 ; 27,3 ; **28,6** ; 44,5 ; 63,1 ; 80,5
Superlatif 20,5 ; 20,6
Temps (expression du ~) *voir* classe 16
Temps composés 92,3 ; 92,5 ; 93,3 ; 93,4 ; 93,7 ; 93,9 ; 93,10 ; 94,1 ; 94,2 ; 94,3 ; 94,4 ; 94,6 ; 96,3 ; 96,4 ; 96,5 ; 96,6 ; 97,1 ; 97,3 ; **98** ; 99,1
Thème (module) verbal **4,1** ; **7,7** ; 8,2 ; **14,2** ; 53,5 ; 56,7 ; 63,1
Tournures impersonnelles 19,4 ; 50,1 ; 86,2 ; 97,2
Verbes d'origine arabe 22,2 ; 28,1 ; 28,5 ; 39,7 ; 39,8 ; **42,1** ; **42,2** ; 55,4 ; 55,7 ; 55,8 ; 55,9 ; 56,4 ; 56,5 ; 56,6 ; 56,9 ; 70,1 ; 84,1 ; 91,3
Verbes monosyllabiques et assimilés 5,2 ; 5,6 ; 11,1 ; 11,2 ; **14,2** ; 16,3 ; 24,3 ; 27,2 ; **28,1** ; **28,2** ; **28,5** ; 29,4 ; 31,9 ; 33,9 ; **35,1** ; **35,2** ; **35,3** ; 36,2 ; **42,1** ; **42,2** ; 45,2 ; 51,3 ; 51,8 ; 53,8 ; **56,2** ; **56,3** ; **56,4** ; **56,5** ; **56,6** ; 58,4 ; 59,6 ; 63,1 ; 81,1 ; 81,3 ; 81,4 ; 91,3
Vouvoiement 1,1
Voyelle thématique 12,6 ; 12,8 ; **14,1.1** ; 22,4 ; 22,5 ; 23,6 ; 25,4 ; 26,7 ; **28,1** ; **28,2** ; **28,3** ; **28,5** ; 30,7 ; **35,1** ; **35,2** ; 36,2 ; 38,4 ; **42,1** ; **42,2** ; **52,6** ; **53,8** ; **56,2** ; **56,3** ; **56,4** ; **56,5** ; **56,6** ; **56,7** ; **63,1** ; 65,1 ; 65,6 ; **77,4.2** ; **77,6** ; 82,5 ; 84,3 ; 84,4

Bibliographie

Dictionnaires

- Awde (N.), *Swahili-English, English-Swahili Dictionary & Phrasebook*, Hippocrene practical dictionary, New-York, Hippocrene Books, 2000, rééd. 2003.
- Bakhressa (S. K.), *Kamusi ya Maana na Matumizi*, Nairobi, Kampala, Dar es-Salaam, Oxford University Press, 1992.
- Baraza la kiswahili la taifa, *Kamusi kuu ya Kiswahili*, Nairobi, Longhorn Publishers, 2015.
- *Dictionnaire Français-Kiswahili, Kamusi ya Kifaransa Kiswahili*, CREDU/TUKI, Nairobi/Dar es-Salaam, 1991.
- Heylen (W.), *Kamusi Vocabulaire Français-Kiswahili, Kiswahili-Français*, lieu non cité, Mediaspaul, 1977.
- Johnson (F.), *A Standard Swahili-English Dictionary*, Oxford, Oxford University Press, 1939.
- Lenselaer (A.), *Dictionnaire swahili-français*, Paris, Karthala, 1983.
- Malaika (B.), *The Friendly Modern Swahili-Modern English Dictionary*, 2nde édition, révisée et augmentée, Danemark, 1994.
- Mohamed (M. A.), Mohamed (S. A.), *Kamusi ya Visawe. Swahili Dictionary of Synonyms*, Nairobi, Kampala, Dar es-Salaam, East African Educational Publishers, 1998.
- Murungi (J. M.) (Mhariri mkuu), *Kamusi ya Karne 21*, Nairobi, Kampala, Dar es-Salaam, Longhorn Publishers, 2011.
- Perrott (D. V.), *Concise Swahili and English Dictionary*, Grande-Bretagne, Teach Yourself Books, 1965.
- Safari (J.), Akida (H.), *Swahili English Pocket Dictionary*, Dar es-Salaam, Mkuki na Nyota Publishers, 2003.
- *Taasisi ya Uchunguzi wa Kiswahili, Kamusi ya Kiswahili Kiingereza*, Dar es-Salaam, Chuo Kikuu cha Dar es-Salaam, 2001.

Grammaire et exercices

- Ashton (E. O.), *Swahili Grammar (Including Intonation)*, London, Longman, 1944.
- Assibi (A. A.), "Observations on some Derivational Affixes in Kiswahili", *Working paper in linguistics*, n° 19, 1993.

- Kabore (S.), Racine-Issa (O.), "Swahili *ma-/-am* and Muuré *-m*: a unified account", communication faite au 7th Congress of African Linguistics, université de Buéa, Cameroun, 20-24 août 2012.
- Perrot (D. V.), *Teach Yourself Swahili*, Teach Yourself Books, New-York, London, Hodder and Stoughton, 1re édition 1951.
- Racine-Issa (O.), *Exercices de swahili pour débutants*, Paris, L'Harmattan, 1996.
- Khamisi (A. M.), *Swahili Verb Derivation*, dissertation submitted to the Graduate Division of the University of Hawaii in partial Fulfilment of the Requirements of the Degree of Doctor of Philosophy in Linguistics, 1985.
- Khamisi (A. M.), "The Shape of the Applicative Suffix in Kiswahili", *Kiswahili*, vol. 57, p. 104-117, 1990.
- Massamba (D. P. B.), Kihore (Y. M.), Hokororo (J. I.), *Sarufi miundo ya Kiswahili Sanifu (Samikisa Sekondari na Vyuo)*, Dar es-Salaam, Taasisi ya Uchunguzi wa Kiswahili (TUKI) na Chuo Kikuu cha Dar Es Salaam, 1999, réed. 2001.
- Massamba (D. P. B.), "The Semantic and Morphological Characterization of Kwa in Kiswahili", *Kiswahili*, vol. 52/1 et 2, p. 73-93, 1985.
- Massamba (D. P. B.), Kihore (Y. M.), Msanjila (Y. P.), *Sarufi Maumbo ya Kiswahili Sanifu (Samakisa Sekondari na Vyuo)*, Dar es-SalamTaasisi ya Uchunguzi wa Kiswahili (TUKI) na Chuo Kikuu cha Dar Es Salaam, 2001.
- Mdee (J. S.), *Sarufi ya Kiswahili. Sekondari na Vyuo*, Dar es-Salaam, DUP Ldt, 1996.
- Mohamed (M. A.), *Sarufi Mpya. New Kiswahili Grammar*, Dar es-Salaam, Press and Publicity Center, 1986.
- Mohamed (M. A.), *Modern Swahili Grammar*, Nairobi, Kampala, Dar es-Salaam, East African Educational Publishers, 2001.
- Polome (E.) *Swahili Language Handbook*, Washington, Center for Applied Linguistics, 1967.
- Port (R.), Shepardson (K.), "Morphophonemics of Swahili Verb Suffixes", *Studies in African Linguistics*, vol. 13/2, p. 249-272, 1982.
- Port (R.), "The Applied Suffix in Swahili", *Studies in African Linguistics*, vol. 12/ : p. 71-83, 1981.
- Racine (O.), *Les extensions verbales en Swahili standard*, Cologne, Rüdiger Köppe Verlag, 2015.

- Racine (O.), "L'expression de l'intensité en swahili standard à travers deux extensions verbales", *in* H. Medhat-Lecoq, D. Negga et T. Szende, *Traduction et apprentissage des langues. Entre médiation et remédiations*, Paris, Éditions des archives contemporaines, 2016.
- Racine-Issa (O.), Kabore (S.), "Intricate Relations in Standard Swahili: the Syntax of three Argument Constructions", *in* K. Legere, *Bantu Languages: Analysis, Description and Theory*, Cologne, R. Köppe Publishers, 2010.
- Scotton (C. M. M.), "Semantic and Syntactic Sub categorization in Swahili Causative Verb Shapes", *Journal of African Languages*, vol. 6/3, p. 249-267, 1967.
- Vitale (A.), *Swahili Syntax*, Dordrecht, Foris Publications, 1981.

Histoire de la langue

- Karangwa (J.), *Le Kiswahili dans l'Afrique des Grands Lacs. Contribution sociolinguistique*, thèse pour le Doctorat en Linguistique, sous la direction de Pierre Alexandre et de Gérard Philippson, Paris, Institut National des Langues et Civilisations orientales, juin 1995.
- Maw (J.) et Parkin (D.), *Swahili Language and Society*. Papers from Workshop help at the School of oriental and African Studies, London, in April 1982, Wien, Afro-pub, 1984.
- Nurse (D.), Spear (T.), *The Swahili, Reconstructing the History and Language of an African Society*, Philadelphia, University of Pennsylvania Press, 1985.
- Philippson (G.), *Le Swahili et l'Expansion des Langues africaines*, *in* J. P. Caprile (éd.), Contacts de Langues et Contacts de Cultures, Paris, LACITO Documents, 1982.

Histoire de la côte swahilie

- Alexandre (P.), *Les Africains. Initiation à une longue histoire et à de vieilles civilisations, de l'aube de l'humanité au début de la colonisation*, Paris, Lidis-Brepols, 1981.
- Sheriff (A.), *Slaves & Ivory in Zanzibar, Integration of an Eat African Commercial Empire into the World Economy, 1770-1873*, London, Nairobi, Dar es-Salaam, Athens, 1987.
- Sheriff (A.), Ferguson (E.), *Zanzibar under Colonial Rule*, London, Nairobi, Dar es-Salaam, Athens, 1991.

Lexiques

Afin d'alléger la présentation, les verbes dérivés, et notamment ceux à la forme applicative, sont présentés de façon très dépouillée. Par exemple vous trouverez *procurer qqch. à qqn* à **-patia**, au lieu de **kumpatia mtu kitu**, qui est la traduction littérale.

Lexique swahili - français

adj.	adjectif	*n.*	nom
inv.	invariable	*pl.*	pluriel
jur.	juridique	*v.*	verbe
nég.	négatif	*sing.*	singulier

A

-a de 8
abiria (-) passagers 29
-a anasa être confortable 8
-acha arrêter 79 ; abandonner, cesser 80 ; laisser 80, 100
-achisha maziwa sevrer 80
adabu (cl. 9) bonne éducation 77
adimu rare 87
-adimika se faire rare 87
Afrika Afrique 16
Afrika ya Mashariki Afrique de l'Est 42
afya (cl. 9) santé 80
-aga faire ses adieux 97
-agiza commander 58
-ahidi promettre 92
ahsante merci 1
aibu honte, honteux 72
aina (-) sorte 19
ajabu! étonnant ! 24
ajili (cl. 9) exprime l'intention, le but 38
-a kawaida habituel, normal, ordinaire 50
-ake son/sa/ses 43
-a kijani vert (couleur) 23
-a kisasa moderne 34
akili (cl. 9) intelligence 64
-ako ton/ta/tes 43
-a kubebea qui sert à porter 66
-a kuchotea qui sert à puiser 66
-a kuogea qui sert à faire sa toilette 66

-a kutosha	suffisamment 29
-a kuvunjika	cassable 39
Ala!	Ah bon ! 50
alama (-)	signe 97
alfajiri	aube 81
Alhamisi	jeudi 19
-alika	inviter 22
almasi (-)	diamant 60
-a magharibi	occidental 16
amani (cl. 9)	paix 41
-amini	croire 95
-a manjano	jaune 23
amba- + *suffixe relatif*	que, qui 64
-ambia	dire qqch. à qqn 13
-ambizana	se mettre d'accord 81
-amini	avoir confiance, faire confiance 32
-amka	se réveiller 81
-amsha	réveiller qqn 81
-a mwisho	dernier 19
-a nakshi	sculpté 26
ana kwa ana	ensemble 100
anasa (-)	confort 8
-andaa	préparer 11
andazi (ma-)	beignet 37
-andika	écrire (qqch.) 53
-andikia	écrire qqch. à/pour qqn 71
-angalia	observer qqch. 100
-angaza macho	dévisager 83
-angu	mon/ma/mes 48
-angua	décrocher 84
-anguka	tomber 31
-angukia	tomber sur 79
-angusha	faire tomber 84
-a nguvu	fort (adj.) 93
-anika	étendre au soleil 74
-ao	leur(s) 46
-a pili	à côté, d'à côté 68
ardhi (-)	terre (sol) 67
asante	merci 1
askari (-)	soldat 95
asubuhi (-)	matin 10
ata	non 50
au	ou 2
-a umeme	électrique 27
-a zamani	ancien 8
-azima	prêter qqch. à qqn 11 ; emprunter qqch. à qqn 78

B

baa (-) bar 48
baada (ya) après 16
baadae/baadaye ensuite 24
baadhi certains 55
baadhi ya une partie de 55
baba (-) papa 33
baba (-) mdogo (wa-) oncle paternel 76
-babaika hésiter 61
babu (-) grand-père 12
bado pas encore 17 ; encore 80
bado kidogo encore un peu 43
bado kidogo + *subjonctif* faillir 43
bahari mer, océan 93
bahasha (ma-) enveloppe 75
bahati heureusement 18
bahati (cl. 9) chance 6
bahati mbaya malheureusement 58
-bahatisha tenter sa chance 84
baibui (ma-) voile 38
baiskeli (-) bicyclette 38
bajaji mobylette à trois roues 37
baka (ma-) tache 74
balaa (-) bêtise 36
balungi (ma-) cédrat 89
-banana se serrer les uns les autres 39
bandari port (bateaux) 37
-bandika coller 59
bao (ma-) awélé 51
barabara (-) route 18
baraka (cl. 9) chance 88
baraza (-) banc de ciment en face des demeures 46
baraza (cl. 5) parlement 46
baridi (cl. 9) froid 94
barua (-) lettre 71
baruapepe (-) courrier électronique 67 ; e-mail 95
basi eh bien 5 ; alors 9 ; tant pis 58
basi! ça suffit ! 23
basi (ma-) autobus 50
bata (ma-) canard 56
-baya mal 29 ; mauvais 33
-beba porter qqch. 64
-bebea porter pour/à la place de 70
bega (ma-) épaule 31
bega kwa bega solidairement 100
bei (-) prix 61
benki (-) banque 48
bi madame 1
bi harusi mariée 57
bia (-) bière 5

bibi (-)	grand-mère 71
bibi (ma-)	madame 17
-bichi	pas mûr, vert (pas mûr) 89
-bidi	falloir 37
bila (ya)	sans 53
bila shaka	sûrement 96
bila ya wasiwasi	sans problème 53
biriani (cl. 9)	biriani (riz aux épices) 2
birimbi (-)	carambole 89
biringani (ma-)	aubergine violette 89
-bivu	être mûr 32
bodaboda	taxi-moto 37
boga (ma-)	courge 89
bomba (ma-)	robinet 92
-bomoa	démolir 91
-bomoka	être démoli 91
bora	valoir (il vaut mieux que) 38
bosi (ma)	patron 72
boti (-)	bateau à moteur 93
-bovu	vétuste 17
breki (-)	frein 18
buibui (ma-)	araignée 33
bungo (ma-)	fruit de la liane à caoutchouc 89
bure	pour rien, en vain 23
bustani (-)	jardin 44
bwana	mon cher ! 92
bwana (ma-)	monsieur 23

C

-chache	quelques 100
-chachua	fermenter 91
-chachulika	pouvoir fermenter 91
chafu	sale 50 ; agité (mer) 93
-chafua	salir 55
-chafuka	être sale 91 ; être agité (mer) 93
-chafulika	être salissant 91
chafuliwa chafuliwa	être sens dessus-dessous 55
-chagua	choisir 61
chai (-)	thé 2
chai kavu	thé nature 30
chakula (vy-)	nourriture 64
chakula (vya-)	repas 50
-chana	peigner 86
chandarua (vy-)	moustiquaire 8
-changamka	être en forme, être gai 88
-changamsha	animer, dégourdir, divertir 88
-changia	contribuer, participer 90
chanzo (vy-)	origine 85
chapati	galette 54
chatu (-)	python 85
chau (vy-)	trou à fibre de coco 82

chay ya rangi	thé nature 30
-chechemea	boiter 40
-cheka	rire (v.) 78
-chekesha	faire rire 78
-chelewa	tarder 6 ; être en retard 10
-chelewesha	retarder qqn 79
-chemka	bouillir 30
-chemsha	faire bouillir 84
chenza (-)	mandarine 89
chetezo (vy-)	brûle-parfum 47
cheti (vy-)	certificat 76
-cheza	jouer (à) 40
-cheza ngoma	danser (danse traditionnelle) 57
-chezea	jouer avec 66
chicha (cl. 9)	pulpe de coco râpée 87
chimbuko (ma-)	source (fig.) 69
chini	par terre 9 ; dessous 18
chini (ya)	bas (position), au dessous, au-dessous de, dessous (position), sous (position) 18
-choka	être fatigué 29
-chokesha	fatiguer qqn 87
-chokoa	aiguillonner, fouir 82
chombo (vy-)	appareil, meuble, vaisselle, véhicule 96
-chonga	évider, sculpter 99
-chongesha	faire évider 99
choo (vy-)	cabinet de toilette 9
-chora	dessiner 59
-chota	puiser 38
-chotea	puiser pour/à la place de 70
chozi (ma-)	larme 91
chui (-)	léopard 59
-chukua	prendre qqch. 10
chumba (vy-)	chambre 8
chumvi (cl. 9)	sel 24
-chungulia	observer, regarder 57
chungwa (ma-)	orange (fruit) 32
-chupa	sauter (du haut vers le bas) 24
chupa (-)	bocal, bouteille 30
chura (vy-)	grenouille 8
-chutama	s'accroupir 39
chwale (-)	coquillage 87

D

dada (-)	sœur 72, 74
dafu (ma-)	noix de coco à boire 87
-dai	prétendre 62 ; réclamer 82
dakika (-)	minute 24
daktari (ma-)	médecin 53
daktari (ma-) wa meno	dentiste 53
daladala (-)	taxi collectif (en Tanzanie) 81

damu (cl. 9)	sang 80
-danganya	berner, tromper 55
daraja (ma-)	pont 18
Darajani	Darajani (quartier de Zanzibar) 67
daraja (ma-)	pont 67
dawa (-)	médicament 72, 78 ; remède 78
dawa (-) / mawe / betri (-)	pile 78
dereva (ma-)	chauffeur 70
dhahabu (cl. 9)	or 60
-dharau	mépriser 84
-dharaulika	être méprisable 91
-dharaulisha	provoquer le mépris 84
dhoruba (-)	orage 18
digri (-)	degré 100
dikwe (ma-)	pomme-cannelle 89
dirisha (ma-)	fenêtre 46 ; guichet 76
-dogo	petit 4
-donoa	becqueter, donner des coups de bec 64
doriani (ma-)	durion (fruit) 89
duka (ma-)	boutique, magasin 23
-dumisha	faire durer 84
-dumu	durer 84

E

-ekundu	rouge 23
-elea	flotter 79
-elekea	se tourner vers 70 ; se diriger vers 100
-elezea	expliquer qqch. à qqn 62
elfu (cl. 9)	mille 27
-ema	bon 75
-embamba	maigre, mince 25 ; fin *(adj.)* 28
embe (-) ya kizungu	pomme Cythère 89
embe (ma-)	mangue 32
-enda	aller 5
-enda mbio	se dépêcher, se précipiter 85
-endelea	continuer, poursuivre (continuer) 71
-enu	votre/vos 44
-enye	ayant 23
-enyewe	même 47
-epesi	fin (adj.), léger 90
-etu	notre/nos 44
-eupe	blanc 8
-eusi	noir 23
-ezeka	faire le toit (d'un bâtiment) 68

F

-fa	mourir 31
-faa	convenir, être valable 27
-fagia	balayer 91
-fahamisha	faire comprendre 71 ; expliquer 84
-fahamu	comprendre 41 ; connaître 71

faida	profit 95
-fananisha	trouver une ressemblance 73
-fanya	faire 5
-fanya haraka	se dépêcher 10
-fanya kazi	travailler 29
-fanyika	être fait 91
-faransa	français 4
farasi (-)	cheval 18
fedha (cl. 9)	argent 29
fenesi (ma-)	jaque 89
-ficha	cacher 52
-fika	arriver 13, 17
-fikiri	penser 22 ; croire 24
filamu (-)	film 48
-fiwa	perdre un proche 70
fomu (-)	formulaire 27
-fua	faire la lessive 38
-fuatana na	accompagner qqn 81
-fuga	élever (animal) 94
-fuja pesa	jeter l'argent par les fenêtres 61
-fukiza	enfumer 47
-fukuza	chasser (faire fuir) 44
-fukuzia	courir vers/après, se dépêcher d'arriver à 39
fulani	quelconque 95
-fulia	laver qqch. à/pour qqn 70
fundi (ma-)	artisan 62 ; mécanicien 62, 96
fundi wa bomba / wa mfereji	plombier 92
-fundisha	enseigner qqch. à qqn 87
-funga	fermer qqch. 18 ; battre (match) 51 ; boucler, nouer 97
-funga breki	freiner 18
-fungua	ouvrir 17
-funika	couvrir, recouvrir 54
-fupi	court 48
-fupisha	raccourcir 84
furaha (cl. 9)	joie 71
-furahi	être content 22
furushi (ma-)	balluchon 76
futi (-)	pied (mesure) 100

G

gani?	quel ? 12
gari (-)	voiture 18 ; charrette 65
gari (ma-)	autocar 39
gazeti ma-)	journal 41
gereji (-)	garage 4
ghadhabu (-)	colère 54
ghafla	soudain 79
ghali	cher (prix) 61
ghorofa (-)	étage 46

mia nne na kumi na nne • 414

gilasi (-) / glasi (-)	verre 66
giza (cl. 9)	obscurité 48
gogo (ma-)	tronc 87
-gonga	battre, frapper, heurter 82
-gongesha	faire heurter 84
gongo (ma-)	gourdin 55
-gumu	difficile 33
-gundua	découvrir 96
gurudumu (ma-)	roue 96

H

habari (-)	nouvelle 2
hadi	jusqu'à 92
hadithi (-)	histoire 12
haja (-)	besoin 10
haki (-)	droit *(jur.)* 94
haki ya Mungu!	je te le jure ! 94
hakika	certain *(adj.)* 42
-hakikisha	confirmer, vérifier 17
halafu	ensuite 15 ; après 50 ; de plus 90
hali (cl. 9)	état, situation 71
hali ya hewa	temps (météo) 71
halua	confiserie 19
-hama	déménager, émigrer 65
-hamia	emménager, immigrer 65
hamu	envie 11
-hangaika	s'agister, se démener, remuer 31
hapa	ici 25
hapana	non 2
hapo	là-bas 9
haraka	vite 5
-harakisha	presser qqn 78
-haribika	être détérioré 62 ; être abîmé 64
-haribu	abîmer, détériorer 44
harusi (-) / arusi (-)	mariage 11
hasa	surtout 5
hata	aussi 5 ; même 5, 20 ; au point que 64
hata hivyo	malgré cela 40 ; de toute façon 40, 92
hata kidogo	absoulment pas 41
hatari	danger, dangereux 20
haya	bien 2 ; bon, d'accord 10
haya (cl. 9)	honte 52
hebu	interjection pour attirer l'attention avant de donner un ordre 40
Hem!	Ben ! 67
herini (-)	boucle d'oreille 61
hewa (cl. 9)	air 71
hiliki (-)	cardamome 30
-himiza	encourager, pousser qqn à (encourager) 99
hina (cl. 9)	henné 11

hisi	trouver 43
-hisi	sentir 34
-hisi baridi	avoir froid 94
-hisi kichefuchefu	avoir mal au cœur, avoir la nausée 72
-hisi kiu	avoir soif 66
-hisi njaa	avoir faim 54
-hitaji	avoir besoin 26
-hitajiwa	être nécessaire 56
hitima	commémoration religieuse en signe de deuil 82
hivi	environ 22
hivyo	ainsi 40
hodari	habile 11 ; doué, fort (doué), fort *(adj.)* 87
hodi?	y a quelqu'un ? 3
homa (cl. 9)	fièvre 4
hongera!	félicitations ! 6
hospitali (-)	hôpital 4
hoteli (-)	hôtel 13
huku	alors que, en même temps, tout en 80
huku na huku	ici et là 83
-hukumu	juger 55
-huruma (cl. 9)	pitié 93
huwa	d'habitude 62, 74
huzuni (cl. 9)	tristesse 80

I

-iba	voler qqch. 55
idi	aïd (fête de fin de ramadan) 75
ijumaa	vendredi 27
ila	sauf, sinon 75
ina maana	cela signifie 36
-ingereza	anglais 4
-ingi	beaucoup, nombreux 16
-ingia	entrer 27
-ingine	autre 39
-ingiza	faire entrer 83
-ipi	lequel 9
-isha	finir 33
-ishi	vivre *(v.)* 34
isipokuwa	sauf 53
isitoshe	en plus 94
-ita	appeler 84
-itisha	convoquer 84
-itwa	s'appeler 6
-iva	mûrir 32

J

-ja	venir 11
-ja tena	revenir 27
-jaa	être plein, être rempli 48

jaa (ma-)	tas d'ordures 64
jaaliwa (ma-)	être exaucé par la grâce de Dieu, grâce de Dieu 71
jahazi (ma-)	boutre 99
-jali	accorder de l'attention à qqn, s'intéresser à, se préoccuper de 83
jambo (ma/mbo)	affaire 1
jamvi (ma-)	natte 82
jana	hier 15
jani (ma-)	feuille 23
japo	ne serait-ce que 39
-jaribia	essayer pour/à la place de qqn 70
-jaribu	essayer 33
jasho (cl. 5)	sueur 91
-jaza	remplir 27
je?	quoi ? 17 ; alors ? 20
jela (-)	prison 48
jembe (ma-)	houe 33
-jenga	construire 27
-jeruhi	blesser 55
-jerumani	allemand 20
-ji	se 5
-jiandaa na	se préparer pour 11
jibu (ma-)	réponse 71
jicho (ma-)	œil 31
-jidai	faire semblant 62
-jifanya	se prétendre 95
-jifundisha	apprendre 87
jiko (meko/majiko)	foyer 35
jikoni (ma-)	cuisine (lieu) 3
jimbi (ma-)	taro 44
jina (ma-)	nom 41
jino (meno)	dent 33
jinsi (-)	façon, manière 74
jioni	fin d'après-midi 13
jirani (ma-)	voisin 22
-jisaidia	aller aux toilettes 5
-jiumiza	se blesser 50
jiwe (ma-)	pierre 36
jiwe (ma-) zuri (ma-)	pierre précieuse 60
-jongea	se pousser 39
jongoo (ma-)	iule, mille-pattes 33
joto (cl. 5)	chaleur, température 100
-jua	connaître, savoir *(v.)* 11
jua (cl. 5)	soleil 15
-julikana	se savoir, être su 91
-julisha	faire savoir 84
juma (ma-)	semaine 99
Jumamosi (cl. 9)	samedi 19
Jumanne (cl. 9)	mardi 19
Jumapili (cl. 9)	dimanche 3

Jumatano (cl. 9)	mercredi 19
jumuiko (-)	rassemblement 83
juu	en haut 18, 31
juu (ya)	sur 18
juu chini	à l'envers 34
juu kwa juu	soudain 100
juu ya alama	pile (heure) 97
juzi	avant-hier 22

K

kaa (ma-)	braise, charbon 94
-kaa	demeurer 20 ; s'asseoir 33 ; rester 86
-kaa rohoni	avoir en tête, tenir à cœur 99
kabati (ma-)	armoire 9
kabisa	complètement 90
kabla	avant (de) 47
kadhaa	certain(es), quelques 95
kahawa (-) (cl. 9)	café (boisson) 5
kaka (-)	frère 71
kakau (cl. 9)	cacao 89
kalamu (-)	crayon 75
-kali	méchant 20 ; tranchant 33 ; fort *(adj.)* 97
-kalia	s'asseoir sur 70
-kalisha	faire asseoir 84
kama	comme 19 ; à peu près 22 ; si 51
-kamata	tenir qqch. 38 ; attraper 55
kamba (-)	ficelle 82 ; corde 82, 90
kanga (-)	pagne 23
kanzu (-)	robe 11
karafuu (-)	clou de girofle 53
karatasi (-)	papier 75
-karibia	approcher de, bientôt (près de) 100
-karibisha	inviter 83 ; accueillir 100
karibu	bienvenue, entrez ! 3 ; à proximité 25 ; presque 100
karibu na	près de, proche de 20 ; à côté de 76
karibu tena	à bientôt 97
kasi (cl. 9)	vitesse 100
-kasirika	être en colère, se mettre en colère 20 ; se fâcher 74
kasorobo	moins le quart, moins le quart 19
kata	petite division administrative (canton) 66
-kata	couper 86
kata (-)	petite louche, tortillon 66
-kata tamaa	perdre espoir 99
-kataa	refuser 91
-katalika	être refusé 91
-kataza	interdire 40
kati ya	au milieu de, parmi 99

-katika	se casser 40 ; se couper, se rompre 90
katika hali njema	en bonne santé 75
katika hali ya uzima	en bonne santé 71
katika (ya)	entre, au milieu de 78
-kauka	sécher 84
kaunta (-)	guichet 17
-kausha	faire sécher 84
-kavu	sec 30
kawaida (-)	habitude 50
-kazana	se dépêcher 78
kazi (-)	travail 3
keki (-)	gâteau 19
kelele (ma-)	bruit 85
kengele (-)	sonnette 79
Kenya	Kenya 27
-kera	embêter qqn 74
kesho	demain 10
kesho kutwa	après-demain 11
kete (-)	bille 51
kiamu	dialecte swahili de Lamu 69
kiasi (cl. 9)	quantité 58
kiatu (vi-)	chaussure 9
kiazi (vi-) kitamu (vi-)	patate douce 89
kibao (vi-)	selle 81
kibarua	travail journalier 87
kiboko (vi-)	hippopotame 20
kichaa (vi-)	folie 31
kichochoro (vi-)	ruelle 26
kidani (vi-)	collier 61
kidogo	un petit peu 16
kidogo kidogo	petit à petit 91
kifaru (vi-)	rhinocéros 20
kifurushi (vi-)	paquet, colis 76
kifuu (-)	demie noix de coco évidée 87
kigae (vi-)	poterie, tesson, tuile (poterie), verre 90
kihindi	indien 48
kijana (vi-)	jeune homme 91
kijidudu (vi-)	bactérie, microbe 91
kijiji (mi-)	village 91
kijiko (vi-)	cuillère 91
kijiti (vi-)	bâtonnet, gousse 89
kikapu (vi-)	panier 39
kikoi (vi-)	pagne 85
kila	chaque 9
kila kitu	tout 9
kilele (vi-)	sommet 41
kilima (vi-)	colline 89
Kilimanjaro	Kilimandjaro 41
kilomita (-)	kilomètre 100
-kimbia	courir 43 ; s'enfuir 62
-kimbilia	se réfugier 70

-kimbiza	chasser (faire fuir), faire fuir 84
kimya	silencieux 51
kinu (vi-)	mortier 30
kinyozi (vi-)	barbier, coiffeur 86
kinyume (cl. 7)	contraire 41
kinywaji (vi-)	boisson 90
kioo (vi-)	vitre 46
kipande (vi-)	morceau 10
kipigo (vi-)	raclée 51
kipindi (vi-)	cours, émission, époque, mandat électoral, période 93
kiroboto (vi-)	puce 8
kisa (vi-)	conte, histoire 12
kisahani (vi-)	soucoupe 15
kisu (vi-)	couteau 15
kiswahili	swahili (langue) 10
kitabu (vi-)	livre 10
kitalii	en touriste 27
kitambulisho (vi-)	carte d'identité 76
kitana (vi-)	peigne 9
kitanda (vi-)	lit 8
kitendawili (vi-)	devinette 41
kiti (vi-)	chaise 8
kitoweo (vi-)	poisson ou viande en sauce, sauce 54
kitu (vi-)	chose 4
kitumbua (vi-)	beignet de riz 10
kituo (vi-)	station 37 ; arrêt 50
kiu (cl. 9)	soif 66
kiungo (vi-)	épice 32
kiwanda (vi-)	fabrique, usine 96
kiwanda cha maziwa	laiterie 96
ko ko ko	toc toc toc 53
kobe (ma-)	tortue 59
kofia (-)	toque 82
koloni (-)	colonie 42
-komaa	être à maturité, être mûr 89
komamanga (ma-)	grenade (fruit) 89
kompyuta (-)	ordinateur 67
-konda	maigrir 84
konde (-)	champ 85
-kondesha	faire maigrir 84
-kongwe	ancien, antique, vieux 67
korosho (-)	noix de cajou 60
kosa (ma-)	faute 83
-kosa	manquer 47
-kosea	se tromper 100
-kubali	accepter 61
kubadhi (ma-)	chaussures de Pemba 43
-kubwa	grand 4 ; encombrant 25
kucha	toute la nuit 53
kucha (-)	griffe, ongle 59

kuchoma	faire griller 15
kuelekea	en direction de 67, 100
kule	là-bas 69
kuli (-)	débardeur 29
kulia	droite 26
kuliko	plus que 20
-kumbatia	embrasser qqn/qqch. 87
kumbe!	ça alors ! 64
kumbi (ma-)	coque (de noix de coco) 87
-kumbuka	se souvenir 83 ; se rappeler 93
-kumbusha	rappeler qqch. à qqn 59
kunde (-)	lentille 89
kungumanga	noix de muscade 89
kunguru (-)	corbeau 64
kuni (-)	bois de chauffe 38
-kunja	plier 91
-kunjika	se froisser, être pliant 91
-kunjua	allonger (les jambes), déplier 93
kupitia	via 81
kushoto	gauche 26
-kusudia	avoir l'intention de, prévoir 97
-kuta	rencontrer 29 ; trouver qqn 62
-kutana	se rencontrer, se retrouver 81
kuti (ma-)	feuille de cocotier 87
kutoka + nom de lieu	en provenance de 29
kutokana na	en raison de 80
kutwa	journée 68
kuwa	que 74
kuzaliwa (cl. 15)	naissance 76
kwa	pour 6 ; par 16 ; chez 46 ; à 71
kwa ajili ya	dans l'intention de, pour 38
kwa heri	au revoir 13, 68
kwa hiyo	par conséquent 64, 73 ; alors 73
kwa kawaida	d'habitude 50
-kwama	se bloquer, se coincer 96
kwa mfano	par exemple 34
kwa miguu	à pied 26
kwa nini?	pourquoi ? 6
kwa sababu	parce que 19
kwa sababu ya	à cause de 52
kwamba	que 13
kwanza	d'abord 19
kwao	chez eux, chez eux 46
-kwea	grimper 87
kweli	vrai 8 ; vraiment 20
kwenye	à 24 ; dans 30

L

-la	manger 5
labda	peut-être 17
lai (ma-)	sorbet 45

laika (ma-)	poil (humain) 33
lakini	mais 2 ; cependant 34
-lala	s'allonger, dormir 8
-lalamika	se lamenter 47
-lalia	s'allonger sur 70
-laza	allonger 84
lazima	certainement, falloir (il faut que), sûrement 31
-le -le	le même 24
-lea	élever (un enfant) 77
leo	aujourd'hui 2
-leta	apporter 5
-levya	enivrer 84
-lewa	être ivre, être malade (en transports) 34
-lia	crier 34 ; sonner 67
-lika	comestible, être mangeable 91
likizo (-)	vacances 75
-lima	cultiver 80
limau (ma-)	citron jaune 32
-limisha	faire cultiver 84
-lingana	être comparable, ressembler 71
-linganisha	comparer, trouver une ressemblance 65
lini?	quand ? 19
-lipa	payer qqch. 25
-lipia	payer pour/à la place de qqn 76
-lisha	alimenter, nourrir 80
lo!	oh là là ! 31

M

maabara (-)	laboratoire 48
maana (-)	sens 36
madhubuti *(inv.)*	solide 99
madini (cl. 6)	minéraux 60
maelezo (cl. 6)	explications 100
maendeleo (cl. 6)	progrès 93
mafuta (cl. 6)	essence, huile 65
magharibi	ouest 16
magonjwa	maladies 42
mahala/mahali (cl. 16)	endroit (lieu) 47
maili (-)	mile 100
maisha (cl. 6)	jamais, vie 34
maji (cl. 6)	eau 2
maktaba (-)	bibliothèque 48
Malagasi	Madagascar 42
-maliza	terminer qqch. 37
mama (-)	maman 19 ; madame 26
mama (-) mdogo (wa-)	tante maternelle 76
mandari (-)	pique-nique 90
mangostine	mangoustan 89
manjano (cl. 9)	curcuma 23

manyoya (cl. 6)	plumage 33
maonyesho (cl. 6)	exposition 60
mapema	tôt 50
mapinduzi (cl. 6)	révolution 93
mara (-)	fois 16
marahaba	réponse à une salutation d'une personne de la génération suivante 3
mara kwa mara	fréquemment 16
mara moja	subitement 20
mara nyingi	souvent 73 ; fréquent 93
-marekani *(inv.)*	américain 20
maridadi	élégant 50
markiti (-) (Zanzibar)	marché 48
masala	sauce de biriani 90
mashariki	est (point cardinal) 42
masika	saison des pluies 50
maskini	pauvre 85
matata (cl. 6)	embrouille, garnement, problème 36
matata (cl. 6), tata (ma-)	problèmes 36
matatu (cl. 6)	taxi collectif (au Kenya) 25
matengenezo (cl. 6)	réparation 93
matokeo (cl. 6)	résultat 74
matope (cl. 6)	boue 50
maulidi	célébration de la naissance du prophète Muhammad 19
maziko (cl. 6)	enterrement 39
maziwa (cl. 6)	lait 30
mbali	loin 20
mbali na	loin de 20
mbalimbali	différent, variés 60
mbao (-)	bois 8
mbele (ya)	devant 20
mbio	vite 85
mbona?	pourquoi ? 31
mbu (-)	moustique 31
mbuyu (mi-)	baobab 45
mbuzi (-)	chèvre 82
mbwa (-)	chien 64
mchana (cl. 9)	midi 15 ; début d'après-midi 17
mchanjo (mi-	vaccin 27
mchele (cl. 3)	riz non cuit 85
mchezo (mi-)	jeu 44
mchicha (mi-)	épinards 89
mchumba (wa-)	fiancé 12
mchuuzi (wa-)	colporteur 82
mdalasini (mi-)	cannelle 30
mdanganyifu (wa-)	escroc 95
mdomo (mi-)	bouche 53
mdudu (wa-)	bestiole, insecte 91
mechi (-)	match 78
meli (-)	bateau, navire 29

meza (-)	table 30
mfadhili (wa-)	bienfaiteur 95
mfalme (wa-)	roi 12
mfano (mi-)	exemple 34
mfanya (wa-) biashara (-)	commerçant 29
mfanyakazi (wa-)	travailleur 81
mfereji (mi-)	robinet 92
mfuko (mi-)	poche, sac 43
mgahawa	café (lieu) 2
mganga (wa-)	médecin 89
mgeni (wa-)	étranger *(n.)*, invité 15
mgomba (mi-)	bananier 49
mgongo (mi-)	dos 29
mgonjwa (wa-)	malade 4
mguu (mi-)	jambe, pied 26
mhindi (mi-)	maïs 89
Mhindi (wa-)	Indien 29
mia	cent 27
mia (ma-)	centaine 27
miadi (cl. 4)	rendez-vous 50
mimi	moi 1
mita (-)	mètre 100
miwani (cl. 4)	lunettes 43
mji (mi-	ville 4
mjomba (wa-)	oncle maternel 73
mjukuu (wa-)	petit-fils 12
mkahawa (mi-)	café (lieu) 2
mkate (mi-)	pain 36
mkate (mi-) wa (ya) kusukuma	galette 66
mkato (mi-)	coupe 86
mke (wa-)	épouse 77 ; femme (épouse) 85
mke (wa-) / mwenza (w-)	co-épouse 49
mkeka (mi-)	natte 60
mkoa (mi-)	région (administrative) 60
mkoba (mi-)	sac 67
mkonge (mi-)	sisal 60
mkono (mi-)	bras, main, manche 26
mkono kwa mkono	de la main à la main 100
mkuki (mi-)	lance 98
mkungu (mi-)	badamier 68
mkutano (mi-)	réunion 17
mkuu (wa-)	chef 95
mkwezi (wa-)	grimpeur 87
mlangilangi (mi-)	ylang-ylang 89
mlango (mi-)	porte 26
mlezi (wa-)	parent "adoptif" 57, 62
mlima (mi-)	montagne 89
mnazi (mi-)	cocotier 26
mno	trop 20
mnyama (wa-)	animal 20
-moja	unique 24

mia nne na ishrini na nne • 424

moja kwa moja	tout droit 26 ; directement 100
moto (mi-)	feu 94
moyo (mi-)	cœur, courage 20
mpaka	jusqu'à 15
mpapai (mi-)	papayer 40
mpenzi (wa-)	amant, e) ami(e) (petit, maîtresse 62
mpigaji (wa-)	batteur (musicien), musicien 57
mpira	football 36 ; caoutchouc 43
mpira (mi-)	ballon, élastique, hévéa, pneu, préservatif 36
mpumbavu (wa-)	idiot 95
mpunga (cl. 3)	riz sur pied 85
msaada (mi-)	aide 65
msaidizi (wa-)	assistant 100
msemo (mi-)	dicton 23
mshipa (mi-)	veine 91
msichana (wa-)	jeune fille 11
msikilizaji (wa-)	auditeur 81
msikiti (mi-)	mosquée 26
msonobari (mi-)	flamboyant (arbre) 89
msufi (mi-)	fromager (arbre), kapokier 99
Msumbiji	Mozambique 41
mtaa (mi-)	rue 26
mtalii (wa-)	touriste 20
mtama (-)	sorgho 89
mtambo (mi-)	centrale *(n.)* 27
mtandio (mi-)	voile de tête 47
mtego (mi-)	piège 74
mteja (wa-)	client 92
mti (mi-)	arbre 18
mtindo (mi-)	mode 86
mtoto (wa-)	enfant 1
mtu	quelqu'un 45
mtu (wa-)	personne 24
mtu (wa-) mzima (wa-)	adulte, personne âgée 34
mtumbwi (mi-)	pirogue 99
mtume (mi-)	messager, prophète 94
mtume!	mon dieu ! 94
mu (-)	téléphone 13
muda (cl. 3)	temps 5
muhogo (mi-)	manioc 25
mume (wa-)	mari 72, 77 ; époux 77
mundu (mi-)	serpe 28
mungu (mi-)	dieu 75
muwa (mi-)	canne à sucre 28
mvivu (wa-)	paresseux 8
mvua (-)	pluie 18
mvungu (mi-)	dessous (d'un meuble), sous (un meuble) 94
mvuvi (wa-)	pêcheur 12
mwadhini (wa-)	muezzin 81

-mwaga	jeter (un liquide), renverser, verser 88
-mwagika	être renversé, renverser, se renverser 88
mwaka (mi-)	année 27
mwaka jana	l'année dernière 60
mwaka ujao	l'année prochaine 75
mwalimu (wa-)	maître d'école 19
mwana (w-)	enfant 45
mwanafunzi (wa-)	apprenti, élève 96
mwanamke (wanawake)	femme 4
mwanamme (wanaume)	homme 4
mwananchi (w-)	citoyen 45
mwembe (mi-)	manguier 25
mwendawazimu (w-)	fou 85
mwenge (mi-)	flambeau, torche 41
mwenyeji (we-)	hôte 89
mwenyewe (w-)	propriétaire 44
mwenza (w-) + *possessif*	compagnon 45 ; camarade 94
mwezi (mi-)	mois 27
mwiba (mi-)	arête, épine, piquant, piquant *(n.)* 40
mwiko (mi-)	louche *(n.)* 91
mwili (mi-)	corps 28
mwisho	fin *(n.)* 19 ; à fond 78
mwizi (wezi)	voleur 55
mwoga (w-)	peureux 20
mzazi (wa-)	géniteur, parents (père et mère) 73
mzee (wa-)	vieux 12
mzigo (mi-)	bagage, fardeau 25 ; paquet 76
mzinga (mi-)	canon 79

N

na	et 1 ; avec 2 ; par 53
marqueur de sujet + na akili	être intelligent 64
marqueur de sujet + na giza	être sombre 48
marqueur de sujet + na kichaa	être fou 31
marqueur de sujet + na mambo	être compliqué 15
marqueur de sujet + na moyo	être courageux 20
marqueur de sujet + na uhakika	être sûr 22
marqueur de sujet + na wasiwasi	craindre 38
naam	oui 68
nafasi (-)	place 4
nafuu	convenable 61
nahodha (-)	capitaine 100
nakshi (-)	sculpture 26
namba (-)	numéro 67, 76
namna (cl. 9)	façon 40
nanga (-)	ancre 99
nani?	qui ? 6
-nawa	se débarbouiller, se laver les mains 10
nazi (-)	noix de coco 87
nchi (-)	pays 16

ndani	dedans 39
ndani (ya)	dans 24
ndege (-)	avion 16 ; oiseau 18
ndevu (-)	barbe 86
ndimu (-)	citron vert, lime 32
ndio maana	c'est pour cela 62
ndiyo/ndio	oui 4
ndizi (-)	banane 54
ndoto (-)	rêve 33
ndugu (-)	frère, parent 41 ; cousin 77
neema	bonheur, grâce *(n.)* 99
-nene	gros 20
-nenepa	grossir 84
-nenepesha	faire grossir 84
neno (ma-)	mot 40
-ngapi?	combien ? 6
-ng'oa	arracher 53
-ng'olesha	faire arracher 84
-ngoja	attendre 47
-ngojea	attendre qqch. 71
ng'ombe (-)	bovin, vache 18
ngalawa (-)	pirogue à balanciers 99
ngoma (-)	tam-tam 57
ngome (-)	fort *(n.)* 67
Ngome Kongwe	Vieux Fort 67
nguo (-)	vêtement 11
nguvu (-)	force 65
-ni	au, en (lieu) 2 ; en 4
ni	être *(atemporel)* 3
nia (-)	but, intention 99
-ning'inia	s'accrocher 50
nini?	quoi ? 5
nipateni!	À l'aide ! 85
njaa (cl. 9)	faim 2
nje	extérieur 60
nje (cl. 9)	dehors 53
njia (-)	chemin 4
-nong'ona	chuchoter 44
-nuka	puer, sentir mauvais 70
-nukia	sentir bon 70
-nunua	acheter 10
-nunulia	acheter qqch. à/pour qqn 51
nusu (cl. 9)	demi, moitié 17
-nya	déféquer 78
nyama (-)	viande 64 ; chair 87
-nyamaa	être silencieux 84
-nyamaza	se taire 84
-nyang'anya	dérober, ravir (voler) 55
nyanya (-)	grand-mère 73 ; tomate 89
nyanya (-) (à Zanzibar)	aubergine blanche 89
-nyesha	pleuvoir 78

nyinyi	vous 6
-nyoa	raser 86
-nyonya	téter 80
-nyonyesha	allaiter 80
nyoya (ma-)	plume, poil (animaux) 33
nyoya/unyoya (ma-)	pelage 33
nyuma	derrière 44
nyumba (-)	maison 15
-nywa	boire 5
-nyweka	être buvable, être potable 91
nywele (*sing.* unywele)	chevelure (*sing.* cheveu) 11
-nywesha	faire boire 84

O

-oa / -olewa	épouser, se marier 57
-o -ote	quoi que ce soit 36
-oga	se doucher 9 ; se laver 10
-ogofya	faire peur 84
-ogopa	avoir peur 20
-okoa	sauver 85
-omba	demander 17
-ombaomba	mendier 91
-ona	voir qqch. 9
-ona haya	avoir honte 52
-ona raha	être content 100
-onana	se revoir, se voir les uns les autres 48
-ondoa	enlever, ôter 88
-ondoka	partir 17
-onekana	sembler 8 ; être visible 86
-ongeza	ajouter qqch. 32
-ongoza	diriger 100
-onja	goûter 32
-onya	avertir 84
-onyesha	montrer 61
-onysha	indiquer 68
-ota	rêver 33
-ote	tous 30
-otesha	réchauffer auprès du feu 94
-ovu	abîmé, hors d'usage 17

P

-pa	donner 67, 72
pahala/pahali (cl. 16)	endroit (lieu) 47
paja (ma-)	cuisse 35
paka (-)	chat 54
pakacha (ma-)	cageot 87
-pakata	prendre sur ses genoux 48
-pakia	transporter qqn 38
pamba (-)	coton 60
pamoja (na)	avec, ensemble 41

mia nne na ishrini na nane • 428

-panda	monter, prendre (un moyen de transport) 17
panga (ma-)	coutelas 85
panki	punk 86
panya (-)	souris 70
papai (ma-)	papaye 32
-paramia	grimper 87
pasipoti (-)	passeport 44
passion	grenadille 89
-pasua	fendre 84
-pasuka	être fendu, être rompu 91
-pasulisha	faire éclater 84
-pata	obtenir 6 ; gagner 29
-patia	procurer qqch. à qqn 71
-patikana	se procurer 60 ; se trouver 60, 89 ; être possible à obtenir 89 ; être possible à trouver 95
-pea	être à maturité 89
peke + *possessif*	seul 45
-peleka	amener, conduire, emmener qqn 20 ; envoyer 70
-pelekea	envoyer qqch. à qqn 70
pembe (-)	coin 30
pembeni	de côté 22
-penda	aimer 8 ; vouloir qqch. 75
-pendeka	être populaire 91
-pendeza	aller bien (seoir), seoir 79
-penga mafua	se moucher 72
pepo (cl. 9)	paradis 58
pera (ma-)	goyave 32
pesa (ma-)	argent 13
pete (-)	bague 10
-pevu	à maturité 89
pia	aussi 31
picha (-)	photo 20
-piga	frapper 31
-piga kelele	crier 52
-piga kengele	sonner 79
-piga pasi	repasser (du linge) 47
-piga picha	photographier 52
-piga simu	téléphoner 17
-pigia simu	téléphoner à qqn 13
-pika	cuisiner qqch. 36
-pikia	cuisiner qqch. à qqn 70
pikiniki (-)	pique-nique 90
pikipiki (ma-) ou (-)	moto 92
pilau (cl. 9)	riz aux épices 2
pilipili (-)	piment 89
pilipilimanga (-)	poivre 89
-pinda	tourner 26

pirikapirika	activité débordante 92
-pisha	laisser passer 79
-pita	passer 18
-pitia	passer chez/par 81
-pitisha	faire passer 79
-pitwa na wakati	être vieux jeu 86
plastiki (cl. 9)	plastique 90
pochi (ma-)	porte-monnaie 58
-pokea	accueillir 56
pole!	désolé ! 4
polepole	tout doucement 91
polisi (-)	police, policier 55
-ponya	protéger 84
popoo (-)	noix d'arec 89
pori (ma-)	brousse 12
-posa	faire une demande en mariage 46
posta (-)	poste 48
posti kadi (-)	carte postale 59
-potea	se perdre 70 ; être perdu 84 ; disparaître 99
-potelea mbali	laisser tomber 65
-poteza	perdre qqch. 9
-puma	être essouflé 62
-pumua	respirer 88
-pumzika	se reposer 88
punda (-)	âne 65
-pungua	diminuer 84
punguza	faire baisser 84
pwani	plage 15 ; côte 60
pweza (-)	pieuvre, poulpe 74
-pya	nouveau 29

R

radi (-)	foudre 79
rafiki (ma-)	ami 77
raha (cl. 9)	joie 6
rahisi	facile 69
-rahisisha	faciliter 84
rangi (-)	couleur 23
rangi ya buluu	bleu 46
rangi ya udongo	marron (couleur) 74
redio (-)	radio 24
-refu	long 16
rehema (cl. 9)	miséricorde 99
ringi (ma-)	jante 44
robo	quart 22
-roga	ensorceler 56
-rogoa	désenvoûter 56
roho (-)	âme 99
rubani (ma-	pilote d'avion 24

mia nne na thelathini • 430

-rudi	rentrer, revenir (là d'où on vient) 15 ; retourner 69
-rudia	répéter, revenir sur 70
-rudisha	ramener, renvoyer 84
ruhusa	permission 37
-ruka	décoller (avion) 24 ; sauter 54 ; s'envoler 100
-rukaruka	sauter dans tous les sens 85
-rusha	lancer 55

S

saa (-)	heure 16 ; montre 17
saa (ma-)	heure (durée) 36
-sababisha	causer (engendrer) 84
sabuni (-)	savon 66
safari (-)	voyage 5 ; fois 19
safi	propre 84
-safiri	voyager 16
-safirisha	expédier, faire transporter 84
-safisha	nettoyer 84
sahani (-)	assiette 64
-sahau	oublier 36
-sahaulika	être oublié 91
-sahaulisha	faire oublier 84
-saidia	aider 5
-saidiana	s'entraider 82
saini (-)	signature 76
sala (-)	prière 43
salama (cl. 9)	paix 51
salamu (-)	salutation 71
-salimia	transmettre des salutations 97
salio (-)	"le reste" = crédit de téléphone portable non utilisé 13
samahani	excusez-moi 17
samaki (-)	poisson 10
-samehe	pardonner 54
-sameheka	être pardonné 91
sana	très 1 ; beaucoup 18
sanaa (-)	art 60
sanduku (ma-)	valise 9
sasa	maintenant 17
sasa hivi	à l'instant 68, 78
sauti	voix 78
sauti (-)	son *(n.)* 78
sawa	ça va ? 25 ; d'accord 27
sawa na	équivalent à 100
sawasawa	égal 86
-sawazisha	arranger, corriger, parfaire 84
-sema	dire 34
-semekana	se dire 91
-semesha	parler à qqn 82 ; adresser la parole à qqn 84

senti (-)	centime 72
seruni (-)	sarong 85
shada (ma-)	bouquet 89
shahidi (ma-)	témoin 83
shaka (ma-)	problème 96
shamba (ma-)	campagne (lieu) 39
-shambulia	attaquer 55
-shangaza	étonner qqn 85
shangazi (-)	tante paternelle 76
shanuo (ma-)	oursin 40
shauri yako!	c'est ton affaire 51
shavu (ma-)	joue 31
Shelisheli	Seychelles 42
shelisheli (ma-)	fruit de l'arbre à pain 89
-shiba	être rassasié 83
shida (-)	difficulté, problème 95
-shika	prendre qqch. 13, 17 ; tenir qqch. 17 ; saisir (prendre) 62
shikamoo	salutation à une personne plus âgée 3
shilingi (-)	shilling 72
shimo (ma-)	trou 70
-shinda	dépasser, vaincre 34 ; réussir 67
-shindwa	échouer, ne pas réussir 67
shirika (ma-)	société 35 ; compagnie 100
shoga (ma-)	amie (d'une femme) 72, 77
shokishoki (-)	ramboutan 89
-shtusha	faire sursauter 79
shughuli (-)	occupation 92
-shughulikia	être affairé, être occupé 73
-shuka	descendre 84
-shuka (ma-)	drap, pagne 85
-shukuru	remercier 22
shule (-)	école 10
shusha	faire descendre 84
shwari	calme (temps, mer) 93
si	ne pas être 7
sigara (-)	cigarette 60
-sikia	entendre 24 ; entendre dire 57
-sikiliza	écouter qqch. 22
-sikilizana	s'entendre 81
sikio (ma-)	oreille 34
siku (-)	jour 16
sikukuu (-)	fête 75
-simama	s'arrêter 18
simba (-)	lion 20
simba kwa simba	cousin germain 73
simu (-)	coup de fil, téléphone 13
-simulia	raconter 12
-sindikiza	accompagner 79
sinema (-)	cinéma 48
sio?	n'est-ce pas ? 83

siri (-)	secret 67
sisi	nous 4
sista (ma-)	sœur (religieuse) 48
skuli (-)	école 10
soda (-)	soda 2
-sogeza	déplacer qqch. 39
soko (ma-)	marché 32
-soma	lire qqch. 53
-somea	lire qqch. à qqn 71
-someka	être lisible 91
sonara (ma-)	bijoutier 61
spana (-)	outil 62
spoki (-)	rayon (bicyclette) 38
springi (-)	ressort 86
stafeli (ma-)	corossol 89
-stahamili	supporter 93
stesheni (-)	gare 7
-subiri	attendre 10
sufuria (-) / sufuria (ma-)	casserole 54
-suka	tresser qqch. 11 ; filer (tresser) 82
sukari (cl. 9)	sucre 30
-sukuma	étaler (une pâte) 66
-sukumana	se bousculer 50
sungura (-)	lièvre 12
suruali (-)	pantalon 85
suti (-)	costume 50

T

taa (-)	lampe 31
-taabika	être tracassé 79, 91
-taabisha	tracasser qqn 79
taabu (-) / tabu (-)	problème 79
taarabu (-)	taarab (concert) 47
tafadhali	prier (je te prie), s'il te plaît 5
-tafsiria	traduire qqch. à/pou qqn 69
-tafuna	mordre 31
-tafuta	chercher 17
-tafutia	chercher qqch. à/pour qqn 65
tai (-)	cravate 50
-taka	vouloir qqch. 5 ; aller *(futur proche)*, être sur le point de 31
tako (ma-)	fesse 33
takriban	presque 75
tamaa (cl. 9)	espoir 99
-tambua	découvrir 95
tambuu (-)	feuille de bétel 89
-tamu	sucré 32
-tangaa	être courant 78
-tangaa (cl. 6)	être répandu 78
Tanganyika	Tanganyika 41
tangawizi (-)	gingembre 23

-tangaza	diffuser, diffusion 78 ; annoncer 100
tango (ma-)	concombre 89
tangu	depuis 95
-tangulia	partir devant, précéder 92
Tanzania	Tanzanie 41
-tapika	vomir 93
-tarajia	compter (espérer), espérer 100
taratibu!	attention ! 31
tarehe (-)	date 19
tatizo (ma-)	problème 62
-tawala	dominer, régner 41
tayari	prêt (adj.) 10
-tayarisha	préparer 78
-tazama / -tizama	regarder 8
-tega	piéger 56
-tegemea	dépendre 50
tegemeo (ma-)	espoir 71
-tegua	désamorcer, ôter un piège 56
teksi (-)	taxi 13, 26
tele	beaucoup 50 ; nombreux, plein 64
-teleka	faire chauffer 30
-tembea	marcher 40 ; se promener 84
-tembeza	promener qqn 84
tembo (-)	éléphant 65
tena	de plus 20 ; d'ailleurs 100
-tengeneza	fabriquer (qqch.) 60 ; réparer qqch. 62
-teremka	descendre 39
-teremsha	faire descendre 84
-tia	mettre qqch. 22
-tia chumvi	exagérer, en rajouter 24
-tia huzuni	rendre triste 80
-tia saini	signer 76
-tibu	soigner 55
tiketi (-)	billet 21
-tikisa / -tikisha	faire bouger 91
-tikisika	être branlant 91
tikiti (-)	pastèque 89
-tilia	mettre pour/à la place de 70
-tilisha huruma	faire pitié 93
timu (-)	équipe 95
-tisha	faire peur 20, 74 ; effrayer qqn 74
-toa	faire sortir 33 ; enlever, extraire, sortir qqch. de 94
-toboa	percer qqch., trouer 91
-toboka	être troué 91
tofauti	différemment, différent 69
-toga	piquer 40
toka	depuis 51
-toka	sortir de 27 ; venir de (provenance) 68
-tokea	surgir 55
-tokuwa na damu	être anémié 80

-tolea	sortir à/pour 40
-tolea maneno	gronder qqn 40
-tolea ukali	gronder qqn 44
-tolesha	faire ôter 84
-tosha	suffire à qqn 29
tovuti (-)	site (web) 67
-toza	prélever une taxe 84
treni (-)	train 17
tu	ne que, seulement 20 ; c'est tout ! 22, 86 ; dès que 64
-tua	atterrir 100
tufaa (ma-)	pomme-rose 89
tui (cl. 6)	lait de coco 87
-tulia	se calmer 84
-tuliza	calmer (qqn) 84
-tuma	envoyer qqn 32
-tumai	espérer 71
tumbaku (-)	tabac 53
tumbo (ma-)	ventre 34
-tumia	envoyer 67 ; employer (utiliser), utiliser 70
tunda (ma-)	fruit 68
tundu (ma-)	trou (dans une paroi) 31
tungule (-)	tomate 89
-tunza	récompenser 47
-tupa	jeter 64
-tupu	sans rien, vide 36
-twanga	piler qqch. 30

U

-ua	tuer qqn 55
ua (ma-)	fleur 1
-ua (nyua)	cour 74
ubao (mbao)	bois 8
ubavu/mbavu	côte (flanc) 83
ubuyu (buyu)	fruit du baobab 45
udongo (cl. 11)	terre 74
udugu	fraternité 41
Ufaransa	France 42
ufunguo (funguo)	clé 96
ugali	gruau 54
Uganda	Ouganda 41
ugonjwa (maginjwa)	maladie 42
uhakika	certitude 22
uhuru	indépendance, liberté 41
Uingereza	Grande-Bretagne 41
ujana	jeunesse 79
Ujerumani	Allemagne 41
uji	bouillie 36
ukali	sévérité 44
ukanda (kanda)	ceinture 91

ukoloni	colonisation 41
ukoo (koo)	lignage 73
ukubwa	dimension, taille (dimension) 42
ukucha (kucha)	griffe, ongle 59
ukulele (kelele)	cri 85
ukumbi (kumbi)	salon 55
ukuni (kuni)	bois de chauffe 38
ukuta (kuta)	mur 17
ukwaju (kwaju)	tamarin (fruit) 45
ukweli	vérité 54
Ulaya	Europe 67
ulimi (milimi/ndimi)	langue (organe) 53
-uliza	demander, interroger 46
-uma	faire mal 29 ; mordre 31 ; faire souffrir 53
-uma / -tafuna	piquer (insecte) 31
umeme	électricité 27
-umia	être blessé 24
-umiza	faire mal, faire souffrir 84
umoja	union, unité 41
-umwa	avoir mal, souffrir 53
-unda	créer 79
unga	farine 37
Unguja	grande île de l'archipel de Zanzibar 42
unyama	sauvagerie 42
unywele (*pl.* nywele)	cheveu 11
upande (pande)	côté 53
upesi	vite 47
urefu	hauteur, longueur 42
Ureno	Portugal 41
usafiri (cl. 11)	moyen de transport 92
usawa	égalité 41
ushauri	conseil 61
ushuru	taxe 76
usiku	nuit, soir 17
usingizi	sommeil 53
uso (nyuso)	visage 10
uso kwa uso	face à face 100
usumba	fibre de coco 82
utalii	tourisme 42
utamaduni (tamaduni)	culture 22
utoto	enfance 42
utovu	sève, suc 40
utu	humanité 42
uwanja (mi-)	terrain 100
uwanja wa ndege	aéroport 100
-uza	vendre 45
uzi (nyusi)	fil 74
uzima (cl. 11)	complétude 71

mia nne na thelathini na sita • 436

uzito	poids 42
uzuri	beauté 42

V

-vaa	s'habiller, porter (un vêtement) 47 ; revêtir 50
-vamia	assaillir 64
vanila (cl. 9)	vanille 89
-vimba	enfler, gonfler 31
vipi (cl. 8)	alors 39
vipi?	comment ? 8
vitamini	vitamines 80
viza (-)	visa 27
vizuri	bien 12
vocha (-)	crédit de téléphone portable que l'on achète généralement sous forme de carte prépayée 13
-vua	pêcher 99
-vuja	avoir des fuites 18
-vunja	casser 55
-vunjika	se casser 88 ; être cassable 90
vyombo vya habari	médias 96

W

-wadia	arriver (temps) 97
-wahi	avoir le temps 11 ; avoir l'occasion 27 ; être à l'heure 81
-waka	brûler 84
wakati	lorsque, au moment où 67
wakati (nyakati)	moment, temps 13 ; époque 41
wala	ni, pas plus que 22
wali (cl. 11)	riz cuit 85
-wa na	avoir 15
wanja	antimoine, khôl 11
wao	elles, ils 7
wapi?	où ? 3
-washa	allumer, faire brûler 31
wasikilizaji	auditoire 83
wasiwasi	inquiétude 34 ; souci 34, 53
watu	gens 13
-waza	imaginer qqch., penser à qqn 75
wazimu (cl. 11)	folie 85
-weka	mettre, poser 22
-wekesha	faire mettre de côté 82
wewe	toi 1
-weza	pouvoir (v.) 13, 19
-wezekana	être possible 89
wiki (-)	semaine 27
wimbi (ma-)	vague 93

wingi (cl. 11)	multitude, pluriel 42 ; quantité 71
wipa (-)	essuie-glaces 18
wizara (-)	ministère 67

Y
yaani	c'est-à-dire 22
Yesu	Jésus 48
yeye	il, lui 5 ; elle 7

Z
-zaa	mettre au monde, procréer, se reproduire 6
zaidi	davantage, plus (+) 20
zamani	autrefois 8
zambarau (-)	janilong 89
Zanzibar	Zanzibar 29
zao (ma-)	produit agricole 60
zao (ma-) (cl. 6)	récolte 60
zawadi (-)	cadeau 22
-zeeka	vieillir 91
-ziba	boucher *(v.)* 56
-zibua	déboucher 56
-zidi	augmenter qqch. 52
-zima	entier 34 ; complet 34, 71
zimwi (ma-)	ogre 59
-zito	épais, lourd 20
ziwa (ma-)	lait 30 ; sein 35
-zoa	ramasser 84
-zoea	s'habituer 48
-zoeza / -zoesha	habituer qqn à qqch. 80
-zoleka	se ramasser 91
-zolesha	faire ramasser 84
-zomea	se moquer de 62
-zonga	enrouler, enserrer 85
-zuia	empêcher 18 ; retenir 38
zulia (ma-)	tapis 60
-zungu	européen 6
-zungumza	parler 72
-zuri	beau 2 ; bon 2

Lexique français - swahili

A

à	kwenye 24 ; kwa 71
À l'aide !	nipateni! 85
abandonner	-acha 80
abîmé	-ovu 17
abîmé (être ~)	-haribika 64
abîmer	-haribu 44
absoulment pas	hata kidogo 41
accepter	-kubali 61
accompagner	-sindikiza 79
accompagner qqn	-fuatana na 81
accorder de l'attention à qqn	-jali 83
accrocher (s'~)	-ning'inia 50
accroupir (s'~)	-chutama 39
accueillir	-pokea 56 ; -karibisha 100
acheter	-nunua 10
acheter qqch. à/pour qqn	-nunulia 51
activité débordante	pirikapirika 92
adieux (faire ses ~)	-aga 97
adresser la parole à qqn	-semesha 84
adulte	mtu (wa-) mzima (wa-) 34
aéroport	uwanja wa ndege 100
affaire	jambo (ma/mbo) 1
affaire (c'est ton ~)	shauri yako! 51
affairé (être ~)	-shughulikia 73
Afrique	Afrika 16
Afrique de l'Est	Afrika ya Mashariki 42
âgée (personne ~)	mtu (wa-) mzima (wa-) 34
agister (s'~)	-hangaika 31
agité (être ~) (mer)	-chafuka 93
agité (mer)	chafu 93
agricole (produit ~)	zao (ma-) 60
Ah bon !	Ala! 50
aïd (fête de fin de ramadan)	idi 75
aide	msaada (mi-) 65
aider	-saidia 5
aiguillonner	-chokoa 82
aimer	-penda 8
ainsi	hivyo 40
air	hewa (cl. 9) 71
ajouter qqch.	-ongeza 32
alimenter	-lisha 80
allaiter	-nyonyesha 80
Allemagne	Ujerumani 41
allemand	-jerumani 20
aller	-enda 5
aller *(futur proche)*	-taka 31

aller aux toilettes	-jisaidia 5
aller bien (salutations)	*marqueur de sujet* + jambo 1
aller bien (seoir)	-pendeza 79
allonger	-laza 84
allonger (les jambes)	-kunjua 93
allonger (s'~ sur)	-lalia 70
allonger (s'~)	-lala 8
allumer	-washa 31
alors	basi 9 ; vipi (cl. 8) 39 ; kwa hiyo 73
alors ?	je? 20
alors que	huku 80
amant	mpenzi (wa-) 62
âme	roho (-) 99
amener	-peleka 20
américain	-marekani (inv.) 20
ami	rafiki (ma-) 77
ami(e) (petit(e) ~)	mpenzi (wa-) 62
amie (d'une femme)	shoga (ma-) 72, 77
ancien	-a zamani 8 ; -kongwe 67
ancre	nanga (-) 99
âne	punda (-) 65
anémié (être ~)	-tokuwa na damu 80
anglais	-ingereza 4
animal	mnyama (wa-) 20
animer	-changamsha 88
année	mwaka (mi-) 27
année dernière (l'~)	mwaka jana 60
année prochaine (l'~)	mwaka ujao 75
annoncer	-tangaza 100
antimoine	wanja 11
antique	-kongwe 67
appareil	chombo (vy-) 96
appeler	-ita 84
appeler (s'~)	-itwa 6
apporter	-leta 5
apprendre	-jifundisha 87
apprenti	mwanafunzi (wa-) 96
approcher de	-karibia 100
après	baada (ya) 16 ; halafu 50
après-demain	kesho kutwa 11
après-midi (début d'~)	mchana (cl. 9) 17
après-midi (fin d'~)	jioni 13
araignée	buibui (ma-) 33
arbre	mti (mi-) 18
arec (noix d'~)	popoo (-) 89
arête	mwiba (mi-) 40
argent	pesa (ma-) 13 ; fedha (cl. 9) 29
armoire	kabati (ma-) 9
arracher	-ng'oa 53
arracher (faire ~)	-ng'olesha 84
arranger	-sawazisha 84

arrêt	kituo (vi-) 50
arrêter	-acha 79
arrêter (s'~)	-simama 18
arriver	-fika 13, 17
arriver (temps)	-wadia 97
art	sanaa (-) 60
artisan	fundi (ma-) 62
assaillir	-vamia 64
asseoir (faire ~)	-kalisha 84
asseoir (s'~ sur)	-kalia 70
asseoir (s'~)	-kaa 33
assiette	sahani (-) 64
assistant	msaidizi (wa-) 100
attaquer	-shambulia 55
attendre	-subiri 10 ; -ngoja 47
attendre qqch.	-ngojea 71
attention !	taratibu! 31
atterrir	-tua 100
attraper	-kamata 55
au	-ni 2
au revoir	kwa heri 13, 68
aube	alfajiri 81
aubergine blanche	nyanya (-) (à Zanzibar) 89
aubergine violette	biringani (ma-) 89
auditeur	msikilizaji (wa-) 81
auditoire	wasikilizaji 83
augmenter qqch.	-zidi 52
aujourd'hui	leo 2
aussi	hata 5 ; pia 31
autobus	basi (ma-) 50
autocar	gari (ma-) 39
autre	-ingine 39
autrefois	zamani 8
avant (de)	kabla 47
avant-hier	juzi 22
avec	na 2 ; pamoja (na) 41
avertir	-onya 84
avion	ndege (-) 16
avoir	*marqueur de sujet* + -na 2 ; -wa na 15
avoir en tête	-kaa rohoni 99
awélé	bao (ma-) 51
ayant	-enye 23

B

bactérie	kijidudu (vi-) 91
badamier	mkungu (mi-) 68
bagage	mzigo (mi-) 25
bague	pete (-) 10
baisser (faire ~)	punguza 84
balayer	-fagia 91
ballon	mpira (mi-) 36

balluchon	furushi (ma-) 76
banane	ndizi (-) 54
bananier	mgomba (mi-) 49
banc de ciment en face des demeures	baraza (-) 46
banque	benki (-) 48
baobab	mbuyu (mi-) 45
baobab (fruit du ~)	ubuyu (buyu) 45
bar	baa (-) 48
barbe	ndevu (-) 86
barbier	kinyozi (vi-) 86
bas (position)	chini (ya) 18
bateau	meli (-) 29
bateau à moteur	boti (-) 93
bâtonnet	kijiti (vi-) 89
batteur (musicien)	mpigaji (wa-) 57
battre	-gonga 82
battre (match)	-funga 51
beau	-zuri 2
beaucoup	-ingi 16 ; sana 18 ; tele 50
beauté	uzuri 42
becqueter	-donoa 64
beignet	andazi (ma-) 37
beignet de riz	kitumbua (vi-) 10
berner	-danganya 55
besoin	haja (-) 10
besoin (avoir ~)	-hitaji 26
bestiole	mdudu (wa-) 91
bétel (feuille de ~)	tambuu (-) 89
bêtise	balaa (-) 36
bibliothèque	maktaba (-) 48
bicyclette	baiskeli (-) 38
bien	haya 2 ; vizuri 12
bien (eh ~)	basi 5
bienfaiteur	mfadhili (wa-) 95
bientôt (à ~)	karibu tena 97
bientôt (près de)	-karibia 100
bienvenue	karibu 3
bière	bia (-) 5
bijoutier	sonara (ma-) 61
bille	kete (-) 51
billet	tiketi (-) 21
biriani (riz aux épices)	biriani (cl. 9) 2
blanc	-eupe 8
blessé (être ~)	-umia 24
blesser	-jeruhi 55
blesser (se ~)	-jiumiza 50
bleu	rangi ya buluu 46
bloquer (se ~)	-kwama 96
bocal	chupa (-) 30
boire	-nywa 5

boire (faire ~)	-nywesha 84
bois	mbao (-), ubao (mbao) 8
bois de chauffe	kuni (-), ukuni (kuni) 38
boisson	kinywaji (vi-) 90
boiter	-chechemea 40
bon	-zuri 2 ; haya 10 ; -ema 75
bonheur	neema 99
bouche	mdomo (mi-) 53
boucher *(v.)*	-ziba 56
boucle d'oreille	herini (-) 61
boucler	-funga 97
boue	matope (cl. 6) 50
bouger (faire ~)	-tikisa / -tikisha 91
bouillie	uji 36
bouillir	-chemka 30
bouillir (faire ~)	-chemsha 84
bouquet	shada (ma-) 89
bousculer (se ~)	-sukumana 50
bouteille	chupa (-) 30
boutique	duka (ma-) 23
boutre	jahazi (ma-) 99
bovin	ng'ombe (-) 18
braise	kaa (ma-) 94
branlant (être ~)	-tikisika 91
bras	mkono (mi-) 26
brousse	pori (ma-) 12
bruit	kelele (ma-) 85
brûle-parfum	chetezo (vy-) 47
brûler	-waka 84
brûler (faire ~)	-washa 31
but	nia (-) 99
buvable (être ~)	-nyweka 91

C

c'est tout !	tu 22, 86
c'est-à-dire	yaani 22
ça alors !	kumbe! 64
ça suffit !	basi! 23
ça va ?	sawa 25
cabinet de toilette	choo (vy-) 9
cacao	kakau (cl. 9) 89
cacher	-ficha 52
cadeau	zawadi (-) 22
café (boisson)	kahawa (-) (cl. 9) 5
café (lieu)	mgahawa, mkahawa (mi-) 2
cageot	pakacha (ma-) 87
calme (temps, mer)	shwari 93
calmer (qqn)	-tuliza 84
calmer (se ~)	-tulia 84
camarade	mwenza (w-) + *possessif* 94
campagne (lieu)	shamba (ma-) 39

canard	bata (ma-) 56
canne à sucre	muwa (mi-) 28
cannelle	mdalasini (mi-) 30
canon	mzinga (mi-) 79
caoutchouc	mpira 43
capitaine	nahodha (-) 100
carambole	birimbi (-) 89
cardamome	hiliki (-) 30
carte d'identité	kitambulisho (vi-) 76
carte postale	posti kadi (-) 59
cassable	-a kuvunjika 39
cassable (être ~)	-vunjika 90
casser	-vunja 55
casser (se ~)	-katika 40 ; -vunjika 88
casserole	sufuria (-) / sufuria (ma-) 54
cause (à ~ de)	kwa sababu ya 52
causer (engendrer)	-sababisha 84
cédrat	balungi (ma-) 89
ceinture	ukanda (kanda) 91
cela signifie	ina maana 36
cent	mia 27
centaine	mia (ma-) 27
centime	senti (-) 72
centrale *(n.)*	mtambo (mi-) 27
cependant	lakini 34
certain *(adj.)*	hakika 42
certainement	lazima 31
certains	baadhi 55
certain(es)	kadhaa 95
certificat	cheti (vy-) 76
certitude	uhakika 22
cesser	-acha 80
chair	nyama (-) 87
chaise	kiti (vi-) 8
chaleur	joto (cl. 5) 100
chambre	chumba (vy-) 8
champ	konde (-) 85
chance	bahati (cl. 9) 6 ; baraka (cl. 9) 88
chaque	kila 9
charbon	kaa (ma-) 94
charrette	gari (-) 65
chasser (faire fuir)	-fukuza 44 ; -kimbiza 84
chat	paka (-) 54
chauffer (faire ~)	-teleka 30
chauffeur	dereva (ma-) 70
chaussure	kiatu (vi-) 9
chef	mkuu (wa-) 95
chemin	njia (-) 4
cher (prix)	ghali 61
chercher	-tafuta 17
chercher qqch. à/pour qqn	-tafutia 65

cheval	farasi (-) 18
chevelure (*sing.* cheveu)	nywele (*sing.* unywele) 11
cheveu	unywele (*pl.* nywele) 11
chèvre	mbuzi (-) 82
chez	kwa 46
chez eux	kwao 46
chien	mbwa (-) 64
choisir	-chagua 61
chose	kitu (vi-) 4
chuchoter	-nong'ona 44
cigarette	sigara (-) 60
cinéma	sinema (-) 48
citoyen	mwananchi (w-) 45
citron jaune	limau (ma-) 32
citron vert	ndimu (-) 32
clé	ufunguo (funguo) 96
client	mteja (wa-) 92
clou de girofle	karafuu (-) 53
coco (fibre de ~)	usumba 82
coco (lait de ~)	tui (cl. 6) 87
cocotier	mnazi (mi-) 26
cocotier (feuille de ~)	kuti (ma-) 87
co-épouse	mke (wa-) / mwenza (w-) 49
cœur	moyo (mi-) 20
cœur (tenir à ~)	-kaa rohoni 99
coiffeur	kinyozi (vi-) 86
coin	pembe (-) 30
coincer (se ~)	-kwama 96
colère	ghadhabu (-) 54
colère (être en ~)	-kasirika 20
colère (se mettre en ~)	-kasirika 20
colis	kifurushi (vi-) 76
coller	-bandika 59
collier	kidani (vi-) 61
colline	kilima (vi-) 89
colonie	koloni (-) 42
colonisation	ukoloni 41
colporteur	mchuuzi (wa-) 82
combien ?	-ngapi? 6
comestible	-lika 91
commander	-agiza 58
comme	kama 19
comment ?	vipi? 8
commerçant	mfanya (wa-) biashara (-) 29
compagnie	shirika (ma-) 100
compagnon	mwenza (w-) + *possessif* 45
comparable (être ~)	-lingana 71
comparer	-linganisha 65
complet	-zima 34, 71
complètement	kabisa 90
complétude	uzima (cl. 11) 71

compliqué (être ~)	*marqueur de sujet* + na mambo 15
comprendre	-fahamu 41
comprendre (faire ~)	-fahamisha 71
compter (espérer)	-tarajia 100
concombre	tango (ma-) 89
conduire	-peleka 20
confiance (avoir ~)	-amini 32
confiance (faire ~)	-amini 32
confirmer	-hakikisha 17
confiserie	halua 19
confort	anasa (-) 8
confortable (être ~)	-a anasa 8
connaître	-jua 11 ; -fahamu 71
conseil	ushauri 61
construire	-jenga 27
conte	kisa (vi-) 12
content (être ~)	-furahi 22 ; -ona raha 100
continuer	-endelea 71
contraire	kinyume (cl. 7) 41
contribuer	-changia 90
convenable	nafuu 61
convenir	-faa 27
convoquer	-itisha 84
coque (de noix de coco)	kumbi (ma-) 87
coquillage	chwale (-) 87
corbeau	kunguru (-) 64
corde	kamba (-) 82, 90
corossol	stafeli (ma-) 89
corps	mwili (mi-) 28
corriger	-sawazisha 84
costume	suti (-) 50
côte	pwani 60
côté	upande (pande) 53
côté (à ~ de)	karibu na 76
côté (à ~)	-a pili 68
côté (d'à ~)	-a pili 68
côté (de ~)	pembeni 22
côte (flanc)	ubavu/mbavu 83
coton	pamba (-) 60
couleur	rangi (-) 23
coup de fil	simu (-) 13
coupe	mkato (mi-) 86
couper	-kata 86
couper (se ~)	-katika 90
cour	-ua (nyua) 74
courage	moyo (mi-) 20
courageux (être ~)	*marqueur de sujet* + na moyo 20
courant (être ~)	-tangaa 78
courge	boga (ma-) 89
courir	-kimbia 43
courir vers/après	-fukuzia 39

mia nne na arobaini na sita • 446

courrier électronique	baruapepe (-) 67
cours	kipindi (vi-) 93
court	-fupi 48
cousin	ndugu (-) 77
cousin germain	simba kwa simba 73
couteau	kisu (vi-) 15
coutelas	panga (ma-) 85
couvrir	-funika 54
craindre	*marqueur de sujet* + na wasiwasi 38
cravate	tai (-) 50
crayon	kalamu (-) 75
créer	-unda 79
cri	ukulele (kelele) 85
crier	-lia 34 ; -piga kelele 52
croire	-fikiri 24 ; -amini 95
cuillère	kijiko (vi-) 91
cuisine (lieu)	jikoni (ma-) 3
cuisiner qqch.	-pika 36
cuisiner qqch. à qqn	-pikia 70
cuisse	paja (ma-) 35
cultiver	-lima 80
cultiver (faire ~)	-limisha 84
culture	utamaduni (tamaduni) 22
curcuma	manjano (cl. 9) 23

D

d'abord	kwanza 19
d'accord	haya 10 ; sawa 27
d'accord (se mettre ~)	-ambizana 81
d'ailleurs	tena 100
danger	hatari 20
dangereux	hatari 20
dans	ndani (ya) 24 ; kwenye 30
danser (danse traditionnelle)	-cheza ngoma 57
Darajani (quartier de Zanzibar)	Darajani 67
date	tarehe (-) 19
davantage	zaidi 20
de	-a 8
débarbouiller (se ~)	-nawa 10
débardeur	kuli (-) 29
déboucher	-zibua 56
décoller (avion)	-ruka 24
découvrir	-tambua 95 ; -gundua 96
décrocher	-angua 84
dedans	ndani 39
déféquer	-nya 78
dégourdir	-changamsha 88
degré	digri (-) 100
dehors	nje (cl. 9) 53
demain	kesho 10
demande (faire une ~ en mariage)	-posa 46

demander	-omba 17 ; -uliza 46
déménager	-hama 65
démener (se ~)	-hangaika 31
demeurer	-kaa 20
demi	nusu (cl. 9) 17
démoli (être ~)	-bomoka 91
démolir	-bomoa 91
dent	jino (meno) 33
dentiste	daktari (ma-) wa meno 53
dépasser	-shinda 34
dépêcher (se ~ d'arriver à)	-fukuzia 39
dépêcher (se ~)	-fanya haraka 10 ; -kazana 78 ; -enda mbio 85
dépendre	-tegemea 50
déplacer qqch.	-sogeza 39
déplier	-kunjua 93
depuis	toka 51 ; tangu 95
dernier	-a mwisho 19
dérober	-nyang'anya 55
derrière	nyuma 44
dès que	tu 64
désamorcer	-tegua 56
descendre	-teremka 39 ; -shuka 84
descendre (faire ~)	shusha, -teremsha 84
désenvoûter	-rogoa 56
désolé !	pole! 4
dessiner	-chora 59
dessous	chini 18
dessous (au ~)	chini (ya) 18
dessous (au-~ de)	chini (ya) 18
dessous (d'un meuble)	mvungu (mi-) 94
dessous (position)	chini (ya) 18
détérioré (être ~)	-haribika 62
détériorer	-haribu 44
devant	mbele (ya) 20
devinette	kitendawili (vi-) 41
dévisager	-angaza macho 83
diamant	almasi (-) 60
dicton	msemo (mi-) 23
dieu	mungu (mi-) 75
dieu (mon ~ !)	mtume! 94
différemment	tofauti 69
différent	mbalimbali 60 ; tofauti 69
difficile	-gumu 33
difficulté	shida (-) 95
diffuser	-tangaza 78
diffusion	-tangaza 78
dimanche	Jumapili (cl. 9) 3
dimension	ukubwa 42
diminuer	-pungua 84
dire	-sema 34

dire (se ~)	-semekana 91
dire qqch. à qqn	-ambia 13
directement	moja kwa moja 100
direction (en ~ de)	kuelekea 67, 100
diriger	-ongoza 100
diriger vers (se ~)	-elekea 100
disparaître	-potea 99
divertir	-changamsha 88
dominer	-tawala 41
donner	-pa 67, 72
donner des coups de bec	-donoa 64
dormir	-lala 8
dos	mgongo (mi-) 29
doucement (tout ~)	polepole 91
doucher (se ~)	-oga 9
doué	hodari 87
drap	-shuka (ma-) 85
droit *(jur.)*	haki (-) 94
droit (tout ~)	moja kwa moja 26
droite	kulia 26
durer	-dumu 84
durer (faire ~)	-dumisha 84
durion (fruit)	doriani (ma-) 89

E

eau	maji (cl. 6) 2
échouer	-shindwa 67
éclater (faire ~)	-pasulisha 84
école	shule (-) 10 ; skuli (-) 46
écouter qqch.	-sikiliza 22
écrire (qqch.)	-andika 53
écrire qqch. à/pour qqn	-andikia 71
éducation (bonne ~)	adabu (cl. 9) 77
effrayer qqn	-tisha 74
égal	sawasawa 86
égalité	usawa 41
élastique	mpira (mi-) 36
électricité	umeme 27
électrique	-a umeme 27
élégant	maridadi 50
éléphant	tembo (-) 65
élève	mwanafunzi (wa-) 96
élever (animal)	-fuga 94
élever (un enfant)	-lea 77
elle	yeye 7
elles	wao 7
e-mail	baruapepe (-) 95
embêter qqn	-kera 74
embrasser qqn/qqch.	-kumbatia 87
embrouille	matata (cl. 6) 36
émigrer	-hama 65

émission	kipindi (vi-) 93
emménager	-hamia 65
emmener qqn	-peleka 20
empêcher	-zuia 18
employer (utiliser)	-tumia 70
emprunter qqch. à qqn	-azima 78
en	-ni 4
en (lieu)	-ni 2
encombrant	-kubwa 25
encore	bado 80
encore (pas ~)	bado 17
encourager	-himiza 99
endroit (lieu)	mahala/mahali (cl. 16), pahala/pahali (cl. 16) 47
enfance	utoto 42
enfant	mtoto (wa-) 1 ; mwana (w-) 45
enfler	-vimba 31
enfuir (s'~)	-kimbia 62
enfumer	-fukiza 47
enivrer	-levya 84
enlever	-ondoa 88 ; -toa 94
enrouler	-zonga 85
enseigner qqch. à qqn	-fundisha 87
ensemble	pamoja (na) 41 ; ana kwa ana 100
enserrer	-zonga 85
ensorceler	-roga 56
ensuite	halafu 15 ; baadae/baadaye 24
entendre	-sikia 24
entendre (s'~)	-sikilizana 81
entendre dire	-sikia 57
enterrement	maziko (cl. 6) 39
entier	-zima 34
entraider (s'~)	-saidiana 82
entre	katika (ya) 78
entrer	-ingia 27
entrer (faire ~)	-ingiza 83
entrez !	karibu 3
enveloppe	bahasha (ma-) 75
envers (à l'~)	juu chini 34
envie	hamu 11
environ	hivi 22
envoler (s'~)	-ruka 100
envoyer	-tumia 67 ; -peleka 70
envoyer qqch. à qqn	-pelekea 70
envoyer qqn	-tuma 32
épais	-zito 20
épaule	bega (ma-) 31
épice	kiungo (vi-) 32
épinards	mchicha (mi-) 89
épine	mwiba (mi-) 40
époque	wakati (nyakati) 41 ; kipindi (vi-) 93

mia nne na hamsini • 450

épouse	mke (wa-) 77
épouser	-oa / -olewa 57
époux	mume (wa-) 77
équipe	timu (-) 95
équivalent à	sawa na 100
escroc	mdanganyifu (wa-) 95
espérer	-tumai 71 ; -tarajia 100
espoir	tegemeo (ma-) 71 ; tamaa (cl. 9) 99
essayer	-jaribu 33
essayer pour/à la place de qqn	-jaribia 70
essence	mafuta (cl. 6) 65
essoufé (être ~)	-puma 62
essuie-glaces	wipa (-) 18
est (point cardinal)	mashariki 42
et	na 1
étage	ghorofa (-) 46
étaler (une pâte)	-sukuma 66
état	hali (cl. 9) 71
étendre au soleil	-anika 74
étonnant !	ajabu! 24
étonner qqn	-shangaza 85
étranger (n.)	mgeni (wa-) 15
être (dans un lieu)	*marqueur de sujet* + *locatif* 3, 7
être (ne pas ~)	si 7
être *(atemporel)*	ni 3
être sur le point de	-taka 31
Europe	Ulaya 67
européen	-zungu 6
eux (chez ~)	kwao 46
évider	-chonga 99
évider (faire ~)	-chongesha 99
exagérer	-tia chumvi 24
excusez-moi	samahani 17
exemple	mfano (mi-) 34
exemple (par ~)	kwa mfano 34
expédier	-safirisha 84
explications	maelezo (cl. 6) 100
expliquer	-fahamisha 84
expliquer qqch. à qqn	-elezea 62
exposition	maonyesho (cl. 6) 60
extérieur	nje 60
extraire	-toa 94

F

fabrique	kiwanda (vi-) 96
fabriquer (qqch.)	-tengeneza 60
face à face	uso kwa uso 100
fâcher (se ~)	-kasirika 74
facile	rahisi 69
faciliter	-rahisisha 84
façon	namna (cl. 9) 40 ; jinsi (-) 74

façon (de toute ~)	hata hivyo 40, 92
faillir	bado kidogo + *subjonctif* 43
faim	njaa (cl. 9) 2
faim (avoir ~)	marqueur de sujet + na njaa 2 ; -hisi njaa 54
faire	-fanya 5
fait (être ~)	-fanyika 91
falloir	-bidi 37
falloir (il faut que)	lazima 31
fardeau	mzigo (mi-) 25
farine	unga 37
fatigué (être ~)	-choka 29
fatiguer qqn	-chokesha 87
faute	kosa (ma-) 83
félicitations !	hongera! 6
femme	mwanamke (wanawake) 4
femme (épouse)	mke (wa-) 85
fendre	-pasua 84
fendu (être ~)	-pasuka 91
fenêtre	dirisha (ma-) 46
fermenter	-chachua 91
fermenter (pouvoir ~)	-chachulika 91
fermer qqch.	-funga 18
fesse	tako (ma-) 33
fête	sikukuu (-) 75
feu	moto (mi-) 94
feuille	jani (ma-) 23
fiancé	mchumba (wa-) 12
ficelle	kamba (-) 82
fièvre	homa (cl. 9) 4
fil	uzi (nyusi) 74
filer (tresser)	-suka 82
fille (jeune ~)	msichana (wa-) 11
film	filamu (-) 48
fin *(adj.)*	-embamba 28 ; -epesi 90
fin *(n.)*	mwisho 19
finir	-isha 33
flambeau	mwenge (mi-) 41
flamboyant (arbre)	msonobari (mi-) 89
fleur	ua (ma-) 1
flotter	-elea 79
fois	mara (-) 16 ; safari (-) 19
folie	kichaa (vi-) 31 ; wazimu (cl. 11) 85
fond (à ~)	mwisho 78
football	mpira 36
force	nguvu (-) 65
forme (être en ~)	-changamka 88
formulaire	fomu (-) 27
fort (doué)	hodari 87
fort *(adj.)*	hodari 87 ; -a nguvu 93 ; -kali 97
fort *(n.)*	ngome (-) 67

fou	mwendawazimu (w-) 85
fou (être ~)	*marqueur de sujet* + na kichaa 31
foudre	radi (-) 79
fouir	-chokoa 82
foyer	jiko (meko/majiko) 35
français	-faransa 4
France	Ufaransa 42
frapper	-piga 31 ; -gonga 82
fraternité	udugu 41
frein	breki (-) 18
freiner	-funga breki 18
fréquemment	mara kwa mara 16
fréquent	mara nyingi 93
frère	ndugu (-) 41 ; kaka (-) 71
froid	baridi (cl. 9) 94
froid (avoir ~)	-hisi baridi 94
froisser (se ~)	-kunjika 91
fromager (arbre)	msufi (mi-) 99
fruit	tunda (ma-) 68
fruit de l'arbre à pain	shelisheli (ma-) 89
fuir (faire ~)	-kimbiza 84
fuites (avoir des ~)	-vuja 18
parent	ndugu (-) 41

G

gagner	-pata 29
gai (être ~)	-changamka 88
galette	chapati 54 ; mkate (mi-) wa (ya) kusukuma 66
garage	gereji (-) 4
gare	stesheni (-) 7
garnement	matata (cl. 6) 36
gâteau	keki (-) 19
gauche	kushoto 26
géniteur	mzazi (wa-) 73
gens	watu 13
gingembre	tangawizi (-) 23
gonfler	-vimba 31
gourdin	gongo (ma-) 55
gousse	kijiti (vi-) 89
goûter	-onja 32
goyave	pera (ma-) 32
grâce *(n.)*	neema 99
grâce de Dieu	jaaliwa (ma-) 71
grand	-kubwa 4
Grande-Bretagne	Uingereza 41
grand-mère	bibi (-) 71 ; nyanya (-) 73
grand-père	babu (-) 12
grenade (fruit)	komamanga (ma-) 89
grenadille	passion 89
grenouille	chura (vy-) 8

griffe	kucha (-), ukucha (kucha) 59
griller (faire ~)	kuchoma 15
grimper	-kwea, -paramia 87
grimpeur	mkwezi (wa-) 87
gronder qqn	-tolea maneno 40 ; -tolea ukali 44
gros	-nene 20
grossir	-nenepa 84
grossir (faire ~)	-nenepesha 84
gruau	ugali 54
guichet	kaunta (-) 17 ; dirisha (ma-) 76

H

habile	hodari 11
habiller (s'~)	-vaa 47
habitude	kawaida (-) 50
habitude (d'~)	kwa kawaida 50 ; huwa 62, 74
habituel	-a kawaida 50
habituer (s'~)	-zoea 48
habituer qqn à qqch.	-zoeza / -zoesha 80
haut (en ~)	juu 18, 31
hauteur	urefu 42
henné	hina (cl. 9) 11
hésiter	-babaika 61
heure	saa (-) 16
heure (durée)	saa (ma-) 36
heure (être à l'~)	-wahi 81
heureusement	bahati 18
heurter	-gonga 82
heurter (faire ~)	-gongesha 84
hévéa	mpira (mi-) 36
hier	jana 15
hippopotame	kiboko (vi-) 20
histoire	hadithi (-), kisa (vi-) 12
homme	mwanamme (wanaume) 4
homme (jeune ~)	kijana (vi-) 91
honte	haya (cl. 9) 52 ; aibu 72
honte (avoir ~)	-ona haya 52
honteux	aibu 72
hôpital	hospitali (-) 4
hors d'usage	-ovu 17
hôte	mwenyeji (we-) 89
hôtel	hoteli (-) 13
houe	jembe (ma-) 33
huile	mafuta (cl. 6) 65
humanité	utu 42

I

ici	hapa 25
ici et là	huku na huku 83
idiot	mpumbavu (wa-) 95
il	yeye 5

ils	wao 7
imaginer qqch.	-waza 75
immigrer	-hamia 65
indépendance	uhuru 41
Indien	Mhindi (wa-) 29
indien	kihindi 48
indiquer	-onysha 68
inquiétude	wasiwasi 34
insecte	mdudu (wa-) 91
instant (à l'~)	sasa hivi 68, 78
intelligence	akili (cl. 9) 64
intelligent (être ~)	*marqueur de sujet* + na akili 64
intention	nia (-) 99
intention (avoir l'~ de)	-kusudia 97
intention (dans l'~ de)	kwa ajili ya 38
interdire	-kataza 40
intéresser (s'~ à)	-jali 83
interroger	-uliza 46
invité	mgeni (wa-) 15
inviter	-alika 22 ; -karibisha 83
iule	jongoo (ma-) 33
ivre (être ~)	-lewa 34

J

jamais	maisha (cl. 6) 34
jambe	mguu (mi-) 26
janilong	zambarau (-) 89
jante	ringi (ma-) 44
jaque	fenesi (ma-) 89
jardin	bustani (-) 44
jaune	-a manjano 23
Jésus	Yesu 48
jeter	-tupa 64
jeter (un liquide)	-mwaga 88
jeter l'argent par les fenêtres	-fuja pesa 61
jeu	mchezo (mi-) 44
jeudi	Alhamisi 19
jeunesse	ujana 79
joie	raha (cl. 9) 6 ; furaha (cl. 9) 71
joue	shavu (ma-) 31
jouer (à)	-cheza 40
jouer avec	-chezea 66
jour	siku (-) 16
journal	gazeti ma-) 41
journée	kutwa 68
juger	-hukumu 55
jure (je te le ~ !)	haki ya Mungu! 94
jusqu'à	mpaka 15 ; hadi 92

K

kapokier	msufi (mi-) 99
Kenya	Kenya 27
khôl	wanja 11
Kilimandjaro	Kilimanjaro 41
kilomètre	kilomita (-) 100

L

là-bas	hapo 9 ; kule 69
laboratoire	maabara (-) 48
laisser	-acha 80, 100
laisser passer	-pisha 79
laisser tomber	-potelea mbali 65
lait	maziwa (cl. 6), ziwa (ma-) 30
laiterie	kiwanda cha maziwa 96
lamenter (se ~)	-lalamika 47
lampe	taa (-) 31
lance	mkuki (mi-) 98
lancer	-rusha 55
langue (organe)	ulimi (milimi/ndimi) 53
larme	chozi (ma-) 91
laver (se ~ les mains)	-nawa 10
laver (se ~)	-oga 10
laver qqch. à/pour qqn	-fulia 70
léger	-epesi 90
lentille	kunde (-) 89
léopard	chui (-) 59
lequel	-ipi 9
lessive (faire la ~)	-fua 38
lettre	barua (-) 71
leur(s)	-ao 46
liane à caoutchouc (fruit de la ~)	bungo (ma-) 89
liberté	uhuru 41
lièvre	sungura (-) 12
lignage	ukoo (koo) 73
lime	ndimu (-) 32
lion	simba (-) 20
lire qqch.	-soma 53
lire qqch. à qqn	-somea 71
lisible (être ~)	-someka 91
lit	kitanda (vi-) 8
livre	kitabu (vi-) 10
loin	mbali 20
loin de	mbali na 20
long	-refu 16
longueur	urefu 42
lorsque	wakati 67
louche (petite ~)	kata (-) 66
louche *(n.)*	mwiko (mi-) 91
lourd	-zito 20
lui	yeye 5
lunettes	miwani (cl. 4) 43

M

Madagascar	Malagasi 42
madame	bi 1 ; bibi (ma-) 17 ; mama (-) 26
magasin	duka (ma-) 23
maigre	-embamba 25
maigrir	-konda 84
maigrir (faire ~)	-kondesha 84
main	mkono (mi-) 26
main (de la main à la ~)	mkono kwa mkono 100
maintenant	sasa 17
mais	lakini 2
maïs	mhindi (mi-) 89
maison	nyumba (-) 15
maître d'école	mwalimu (wa-) 19
maîtresse	mpenzi (wa-) 62
mal	-baya 29
mal (avoir ~)	-umwa 53
mal (faire ~)	-uma 29 ; -umiza 84
mal au cœur (avoir ~)	-hisi kichefuchefu 72
malade	mgonjwa (wa-) 4
malade (être ~) (en transports)	-lewa 34
maladies	magonjwa 42
maladie	ugonjwa (maginjwa) 42
malgré cela	hata hivyo 40
malheureusement	bahati mbaya 58
maman	mama (-) 19
manche	mkono (mi-) 26
mandarine	chenza (-) 89
mandat électoral	kipindi (vi-) 93
mangeable (être ~)	-lika 91
manger	-la 5
mangoustan	mangostine 89
mangue	embe (ma-) 32
manguier	mwembe (mi-) 25
manière	jinsi (-) 74
manioc	muhogo (mi-) 25
manquer	-kosa 47
marché	soko (ma-) 32 ; markiti (-) (Zanzibar) 48
marcher	-tembea 40
mardi	Jumanne (cl. 9) 19
mari	mume (wa-) 72, 77
mariage	harusi (-) / arusi (-) 11
mariée	bi harusi 57
marier (se ~)	-oa / -olewa 57
marron (couleur)	rangi ya udongo 74
match	mechi (-) 78
matin	asubuhi (-) 10
maturité (à ~)	-pevu 89
maturité (être à ~)	-komaa, -pea 89
mauvais	-baya 33
mécanicien	fundi (ma-) 62, 96

méchant	-kali 20
médecin	daktari (ma-) 53 ; mganga (wa-) 89
médias	vyombo vya habari 96
médicament	dawa (-) 72, 78
même	hata 5, 20 ; -enyewe 47
même (le ~)	-le -le 24
mendier	-ombaomba 91
mépris (provoquer le ~)	-dharaulisha 84
méprisable (être ~)	-dharaulika 91
mépriser	-dharau 84
mer	bahari 93
merci	ahsante, asante 1
mercredi	Jumatano (cl. 9) 19
messager	mtume (mi-) 94
mètre	mita (-) 100
mettre	-weka 22
mettre au monde	-zaa 6
mettre de côté (faire ~)	-wekesha 82
mettre pour/à la place de	-tilia 70
mettre qqch.	-tia 24
meuble	chombo (vy-) 96
microbe	kijidudu (vi-) 91
midi	mchana (cl. 9) 15
mile	maili (-) 100
milieu (au ~ de)	katika (ya) 78 ; kati ya 99
mille	elfu (cl. 9) 27
mille-pattes	jongoo (ma-) 33
mince	-embamba 25
minéraux	madini (cl. 6) 60
ministère	wizara (-) 67
minute	dakika (-) 24
miséricorde	rehema (cl. 9) 99
mode	mtindo (mi-) 86
moderne	-a kisasa 34
moi	mimi 1
moins le quart	kasorobo 19
mois	mwezi (mi-) 27
moitié	nusu (cl. 9) 17
moment	wakati (nyakati) 13
moment (au ~ où)	wakati 67
mon cher !	bwana 92
mon/ma/mes	-angu 48
monsieur	bwana (ma-) 23
montagne	mlima (mi-) 89
monter	-panda 17
montre	saa (-) 17
montrer	-onyesha 61
moquer (se ~ de)	-zomea 62
morceau	kipande (vi-) 10
mordre	-tafuna, -uma 31
mortier	kinu (vi-) 30

mosquée	msikiti (mi-) 26
mot	neno (ma-) 40
moto	pikipiki (ma-) ou (-) 92
moucher (se ~)	-penga mafua 72
mourir	-fa 31
moustiquaire	chandarua (vy-) 8
moustique	mbu (-) 31
Mozambique	Msumbiji 41
muezzin	mwadhini (wa-) 81
multitude	wingi (cl. 11) 42
mur	ukuta (kuta) 17
mûr (être ~)	-bivu 32 ; -komaa 89
mûr (pas ~)	-bichi 89
mûrir	-iva 32
musicien	mpigaji (wa-) 57

N

n'est-ce pas ?	sio? 83
naissance	kuzaliwa (cl. 15) 76
natte	mkeka (mi-) 60 ; jamvi (ma-) 82
nausée (avoir la ~)	-hisi kichefuchefu 72
navire	meli (-) 29
ne que	tu 20
ne serait-ce que	japo 39
nécessaire (être ~)	-hitajiwa 56
nettoyer	-safisha 84
ni	wala 22
noir	-eusi 23
noix de cajou	korosho (-) 60
noix de coco	nazi (-) 87
noix de coco à boire	dafu (ma-) 87
noix de muscade	kungumanga 89
nom	jina (ma-) 41
nombreux	-ingi 16 ; tele 64
non	hapana 2 ; ata 50
normal	-a kawaida 50
notre/nos	-etu 44
nouer	-funga 97
nourrir	-lisha 80
nourriture	chakula (vy-) 64
nous	sisi 4
nouveau	-pya 29
nouvelle	habari (-) 2
nuit	usiku 17
nuit (toute la ~)	kucha 53
numéro	namba (-) 67, 76

O

obscurité	giza (cl. 9) 48
observer	-chungulia 57
observer qqch.	-angalia 100

obtenir	-pata 6
obtenir (être possible à ~)	-patikana 89
occasion (avoir l'~)	-wahi 27
occidental	-a magharibi 16
occupation	shughuli (-) 92
occupé (être ~)	-shughulikia 73
océan	bahari 93
œil	jicho (ma-) 31
ogre	zimwi (ma-) 59
oh là là !	lo! 31
oiseau	ndege (-) 18
oncle maternel	mjomba (wa-) 73
oncle paternel	baba (-) mdogo (wa-) 76
ongle	kucha (-), ukucha (kucha) 59
or	dhahabu (cl. 9) 60
orage	dhoruba (-) 18
orange (fruit)	chungwa (ma-) 32
ordinaire	-a kawaida 50
ordinateur	kompyuta (-) 67
ordures (tas d'~)	jaa (ma-) 64
oreille	sikio (ma-) 34
origine	chanzo (vy-) 85
ôter	-ondoa 88
ôter (faire ~)	-tolesha 84
ou	au 2
où ?	wapi? 3
oublié (être ~)	-sahaulika 91
oublier	-sahau 36
oublier (faire ~)	-sahaulisha 84
ouest	magharibi 16
Ouganda	Uganda 41
oui	ndiyo/ndio 4 ; naam 68
oursin	shanuo (ma-) 40
outil	spana (-) 62
ouvrir	-fungua 17

P

pagne	kanga (-) 23 ; kikoi (vi-), -shuka (ma-) 85
pain	mkate (mi-) 36
paix	amani (cl. 9) 41 ; salama (cl. 9) 51
panier	kikapu (vi-) 39
pantalon	suruali (-) 85
papa	baba (-) 33
papaye	papai (ma-) 32
papayer	mpapai (mi-) 40
papier	karatasi (-) 75
paquet	kifurushi (vi-), mzigo (mi-) 76
par	kwa 16 ; na 53
par conséquent	kwa hiyo 64, 73
par terre	chini 9
paradis	pepo (cl. 9) 58

parce que	kwa sababu 19
pardonné (être ~)	-sameheka 91
pardonner	-samehe 54
parent "adoptif"	mlezi (wa-) 57, 62
parents (père et mère)	mzazi (wa-) 73
paresseux	mvivu (wa-) 8
parfaire	-sawazisha 84
parlement	baraza (cl. 5) 46
parler	-zungumza 72
parler à qqn	-semesha 82
parmi	kati ya 99
participer	-changia 90
partie (une ~ de)	baadhi ya 55
partir	-ondoka 17
partir devant	-tangulia 92
pas plus que	wala 22
passagers	abiria (-) 29
passeport	pasipoti (-) 44
passer	-pita 18
passer (faire ~)	-pitisha 79
passer chez/par	-pitia 81
pastèque	tikiti (-) 89
patate douce	kiazi (vi-) kitamu (vi-) 89
patron	bosi (ma) 72
pauvre	maskini 85
payer pour/à la place de qqn	-lipia 76
payer qqch.	-lipa 25
pays	nchi (-) 16
pêcher	-vua 99
pêcheur	mvuvi (wa-) 12
peigne	kitana (vi-) 9
peigner	-chana 86
pelage	nyoya/unyoya (ma-) 33
penser	-fikiri 22
penser à qqn	-waza 75
percer qqch.	-toboa 91
perdre (se ~)	-potea 70
perdre espoir	-kata tamaa 99
perdre qqch.	-poteza 9
perdre un proche	-fiwa 70
perdu (être ~)	-potea 84
période	kipindi (vi-) 93
permission	ruhusa 37
personne	mtu (wa-) 24
petit	-dogo 4
petit à petit	kidogo kidogo 91
petit-fils	mjukuu (wa-) 12
peu (à ~ près)	kama 22
peu (encore un ~)	bado kidogo 43
peu (un petit ~)	kidogo 16
peur (avoir ~)	-ogopa 20

peur (faire ~)	-tisha 20, 74 ; -ogofya 84
peureux	mwoga (w-) 20
peut-être	labda 17
photo	picha (-) 20
photographier	-piga picha 52
pied	mguu (mi-) 26
pied (à ~)	kwa miguu 26
pied (mesure)	futi (-) 100
piège	mtego (mi-) 74
piège (ôter un ~)	-tegua 56
piéger	-tega 56
pierre	jiwe (ma-) 36
pierre précieuse	jiwe (ma-) zuri (ma-) 60
pieuvre	pweza (-) 74
pile	dawa (-) / mawe / betri (-) 78
pile (heure)	juu ya alama 97
piler qqch.	-twanga 30
pilote d'avion	rubani (ma- 24
piment	pilipili (-) 89
piquant	mwiba (mi-) 40
piquant *(n.)*	mwiba (mi-) 40
pique-nique	mandari (-), pikiniki (-) 90
piquer	-toga 40
piquer (insecte)	-uma / -tafuna 31
pirogue	mtumbwi (mi-) 99
pirogue à balanciers	ngalawa (-) 99
pitié	-huruma (cl. 9) 93
pitié (faire ~)	-tilisha huruma 93
place	nafasi (-) 4
plage	pwani 15
plastique	plastiki (cl. 9) 90
plein	tele 64
plein (être ~)	-jaa 48
pleuvoir	-nyesha 78
pliant (être ~)	-kunjika 91
plier	-kunja 91
plombier	fundi wa bomba / wa mfereji 92
pluie	mvua (-) 18
plumage	manyoya (cl. 6) 33
plume	nyoya (ma-) 33
pluriel	wingi (cl. 11) 42
plus (+)	zaidi 20
plus (de ~)	tena 20 ; halafu 90
plus (en ~)	isitoshe 94
plus que	kuliko 20
pneu	mpira (mi-) 36
poche	mfuko (mi-) 43
poids	uzito 42
poil (animaux)	nyoya (ma-) 33
poil (humain)	laika (ma-) 33
point (au ~ que)	hata 64

poisson	samaki (-) 10
poivre	pilipilimanga (-) 89
police	polisi (-) 55
policier	polisi (-) 55
pomme Cythère	embe (-) ya kizungu 89
pomme-cannelle	dikwe (ma-) 89
pomme-rose	tufaa (ma-) 89
pont	daraja (ma-) 18, 67
populaire (être ~)	-pendeka 91
port (bateaux)	bandari 37
porte	mlango (mi-) 26
porte-monnaie	pochi (ma-) 58
porter (qui sert à ~)	-a kubebea 66
porter (un vêtement)	-vaa 47
porter pour/à la place de	-bebea 70
porter qqch.	-beba 64
Portugal	Ureno 41
poser	-weka 22
possible (être ~)	-wezekana 89
poste	posta (-) 48
potable (être ~)	-nyweka 91
poterie	kigae (vi-) 90
pouple	pweza (-) 74
pour	kwa 6 ; kwa ajili ya 38
pour (c'est ~ cela)	ndio maana 62
pourquoi ?	kwa nini? 6 ; mbona? 31
poursuivre (continuer)	-endelea 71
pousser (se ~)	-jongea 39
pousser qqn à (encourager)	-himiza 99
pouvoir *(v.)*	-weza 13, 19
précéder	-tangulia 92
précipiter (se ~)	-enda mbio 85
prélever une taxe	-toza 84
prendre (un moyen de transport)	-panda 17
prendre qqch.	-chukua 10 ; -shika 13, 17
prendre sur ses genoux	-pakata 48
préoccuper (se ~ de)	-jali 83
préparer	-andaa 11 ; -tayarisha 78
préparer (se ~ pour)	-jiandaa na 11
près de	karibu na 20
préservatif	mpira (mi-) 36
presque	takriban 75 ; karibu 100
presser qqn	-harakisha 78
prêt *(adj.)*	tayari 10
prétendre	-dai 62
prétendre (se ~)	-jifanya 95
prêter qqch. à qqn	-azima 11
prévoir	-kusudia 97
prier (je te prie)	tafadhali 5
prière	sala (-) 43
prison	jela (-) 48

prix	bei (-) 61
problème	matata (cl. 6) 36 ; tatizo (ma-) 62 ; taabu (-) / tabu (-) 79 ; shida (-) 95 ; shaka (ma-) 96
problème (sans ~)	bila ya wasiwasi 53
problèmes	matata (cl. 6), tata (ma-) 36
proche de	karibu na 20
procréer	-zaa 6
procurer (se ~)	-patikana 60
procurer qqch. à qqn	-patia 71
profit	faida 95
progrès	maendeleo (cl. 6) 93
promener (se ~)	-tembea 84
promener qqn	-tembeza 84
promettre	-ahidi 92
prophète	mtume (mi-) 94
propre	safi 84
propriétaire	mwenyewe (w-) 44
protéger	-ponya 84
provenance (en ~ de)	kutoka + nom de lieu 29
proximité (à ~)	karibu 25
puce	kiroboto (vi-) 8
puer	-nuka 70
puiser	-chota 38
puiser (qui sert à ~)	-a kuchotea 66
puiser pour/à la place de	-chotea 70
pulpe de coco râpée	chicha (cl. 9) 87
punk	panki 86
python	chatu (-) 85

Q

quand ?	lini? 19
quantité	kiasi (cl. 9) 58 ; wingi (cl. 11) 71
quart	robo 22
quart (moins le ~)	kasorobo 19
que	kwamba 13 ; amba- + *suffixe relatif* 64 ; kuwa 74
quel ?	gani? 12
quelconque	fulani 95
quelqu'un	mtu 45
quelques	kadhaa 95 ; -chache 100
qui	amba- + *suffixe relatif* 64
qui ?	nani? 6
quoi ?	nini? 5 ; je? 17
quoi que ce soit	-o -ote 36

R

raccourcir	-fupisha 84
raclée	kipigo (vi-) 51
raconter	-simulia 12
radio	redio (-) 24

raison (en ~ de)	kutokana na 80
rajouter (en ~)	-tia chumvi 24
ramasser	-zoa 84
ramasser (faire ~)	-zolesha 84
ramasser (se ~)	-zoleka 91
ramboutan	shokishoki (-) 89
ramener	-rudisha 84
rappeler (se ~)	-kumbuka 93
rappeler qqch. à qqn	-kumbusha 59
rare	adimu 87
rare (se faire ~)	-adimika 87
raser	-nyoa 86
rassasié (être ~)	-shiba 83
rassemblement	jumuiko (-) 83
ravir (voler)	-nyang'anya 55
rayon (bicyclette)	spoki (-) 38
réchauffer auprès du feu	-otesha 94
réclamer	-dai 82
récolte	zao (ma-) (cl. 6) 60
récompenser	-tunza 47
recouvrir	-funika 54
réfugier (se ~)	-kimbilia 70
refusé (être ~)	-katalika 91
refuser	-kataa 91
regarder	-tazama / -tizama 8 ; -chungulia 57
région (administrative)	mkoa (mi-) 60
régner	-tawala 41
remède	dawa (-) 78
remercier	-shukuru 22
rempli (être ~)	-jaa 48
remplir	-jaza 27
remuer	-hangaika 31
rencontrer	-kuta 29
rencontrer (se ~)	-kutana 81
rendez-vous	miadi (cl. 4) 50
rentrer	-rudi 15
renversé (être ~)	-mwagika 88
renverser	-mwaga, -mwagika 88
renverser (se ~)	-mwagika 88
renvoyer	-rudisha 84
répandu (être ~)	-tangaa (cl. 6) 78
réparation	matengenezo (cl. 6) 93
réparer qqch.	-tengeneza 62
repas	chakula (vya-) 50
repasser (du linge)	-piga pasi 47
répéter	-rudia 70
réponse	jibu (ma-) 71
reposer (se ~)	-pumzika 88
reproduire (se ~)	-zaa 6
respirer	-pumua 88
ressemblance (trouver une ~)	-linganisha 65 ; -fananisha 73

ressembler	-lingana 71
ressort	springi (-) 86
rester	-kaa 86
résultat	matokeo (cl. 6) 74
retard (être en ~)	-chelewa 10
retarder qqn	-chelewesha 79
retenir	-zuia 38
retourner	-rudi 69
retrouver (se ~)	-kutana 81
réunion	mkutano (mi-) 17
réussir	-shinda 67
réussir (ne pas ~)	-shindwa 67
rêve	ndoto (-) 33
réveiller (se ~)	-amka 81
réveiller qqn	-amsha 81
revenir	-ja tena 27
revenir (là d'où on vient)	-rudi 15
revenir sur	-rudia 70
rêver	-ota 33
revêtir	-vaa 50
revoir (se ~)	-onana 48
révolution	mapinduzi (cl. 6) 93
rhinocéros	kifaru (vi-) 20
rien	*v. nég.* + kitu 4
rien (pour ~)	bure 23
rien (sans ~)	-tupu 36
rire (faire ~)	-chekesha 78
rive *(v.)*	-cheka 78
riz cuit	wali (cl. 11) 85
riz non cuit	mchele (cl. 3) 85
riz sur pied	mpunga (cl. 3) 85
robe	kanzu (-) 11
robinet	bomba (ma-), mfereji (mi-) 92
roi	mfalme (wa-) 12
rompre (se ~)	-katika 90
rompu (être ~)	-pasuka 91
roue	gurudumu (ma-) 96
rouge	-ekundu 23
route	barabara (-) 18
rue	mtaa (mi-) 26
ruelle	kichochoro (vi-) 26

S

s'il te plaît	tafadhali 5
sac	mfuko (mi-) 43 ; mkoba (mi-) 67
saisir (prendre)	-shika 62
saison des pluies	masika 50
sale	chafu 50
sale (être ~)	-chafuka 91
salir	-chafua 55
salissant (être ~)	-chafulika 91

salon	ukumbi (kumbi) 55
salutation	salamu (-) 71
samedi	Jumamosi (cl. 9) 19
sang	damu (cl. 9) 80
sans	bila (ya) 53
santé	afya (cl. 9) 80
santé (en bonne ~)	katika hali ya uzima 71 ; katika hali njema 75
sarong	seruni (-) 85
sauce	kitoweo (vi-) 54
sauf	isipokuwa 53 ; ila 75
sauter	-ruka 54
sauter (du haut vers le bas)	-chupa 24
sauter dans tous les sens	-rukaruka 85
sauvagerie	unyama 42
sauver	-okoa 85
savoir (faire ~)	-julisha 84
savoir (se ~)	-julikana 91
savoir *(v.)*	-jua 11
savon	sabuni (-) 66
sculpté	-a nakshi 26
sculpter	-chonga 99
sculpture	nakshi (-) 26
se	-ji 5
sec	-kavu 30
sécher	-kauka 84
sécher (faire ~)	-kausha 84
secret	siri (-) 67
sein	ziwa (ma-) 35
sel	chumvi (cl. 9) 24
selle	kibao (vi-) 81
semaine	wiki (-) 27 ; juma (ma-) 99
semblant (faire ~)	-jidai 62
sembler	-onekana 8
sens	maana (-) 36
sens dessus-dessous (être ~)	chafuliwa chafuliwa 55
sentir	-hisi 34
sentir bon	-nukia 70
sentir mauvais	-nuka 70
seoir	-pendeza 79
serpe	mundu (mi-) 28
serrer les uns les autres (se ~)	-banana 39
seul	peke + *possessif* 45
seulement	tu 20
sève	utovu 40
sévérité	ukali 44
sevrer	-achisha maziwa 80
Seychelles	Shelisheli 42
shilling	shilingi (-) 72
si	kama 51
signature	saini (-) 76

signe	alama (-) 97
signer	-tia saini 76
silencieux	kimya 51
silencieux (être ~)	-nyamaa 84
sinon	ila 75
sisal	mkonge (mi-) 60
site (web)	tovuti (-) 67
situation	hali (cl. 9) 71
société	shirika (ma-) 35
soda	soda (-) 2
sœur	dada (-) 72, 74
sœur (religieuse)	sista (ma-) 48
soif	kiu (cl. 9) 66
soif (avoir ~)	-hisi kiu 66
soigner	-tibu 55
soir	usiku 17
soldat	askari (-) 95
soleil	jua (cl. 5) 15
solidairement	bega kwa bega 100
solide	madhubuti *(inv.)* 99
sombre (être ~)	*marqueur de sujet* + na giza 48
sommeil	usingizi 53
sommet	kilele (vi-) 41
son *(n.)*	sauti (-) 78
son/sa/ses	-ake 43
sonner	-lia 67 ; -piga kengele 79
sonnette	kengele (-) 79
sorbet	lai (ma-) 45
sorgho	mtama (-) 89
sorte	aina (-) 19
sortir (faire ~)	-toa 33
sortir à/pour	-tolea 40
sortir de	-toka 27
sortir qqch. de	-toa 94
souci	wasiwasi 34, 53
soucoupe	kisahani (vi-) 15
soudain	ghafla 79 ; juu kwa juu 100
souffrir	-umwa 53
souffrir (faire ~)	-uma 53 ; -umiza 84
source *(fig.)*	chimbuko (ma-) 69
souris	panya (-) 70
sous (position)	chini (ya) 18
sous (un meuble)	mvungu (mi-) 94
souvenir (se ~)	-kumbuka 83
souvent	mara nyingi 73
station	kituo (vi-) 37
su (être ~)	-julikana 91
subitement	mara moja 20
suc	utovu 40
sucre	sukari (cl. 9) 30
sucré	-tamu 32

sueur	jasho (cl. 5) 91
suffire à qqn	-tosha 29
suffisamment	-a kutosha 29
supporter	-stahamili 93
sur	juu (ya) 18
sûr (être ~)	*marqueur de sujet* + na uhakika 22
sûrement	lazima 31 ; bila shaka 96
surgir	-tokea 55
sursauter (faire ~)	-shtusha 79
surtout	hasa 5
swahili (langue)	kiswahili 10

T

taarab (concert)	taarabu (-) 47
tabac	tumbaku (-) 53
table	meza (-) 30
tache	baka (ma-) 74
taille (dimension)	ukubwa 42
taire (se ~)	-nyamaza 84
tamarin (fruit)	ukwaju (kwaju) 45
tam-tam	ngoma (-) 57
Tanganyika	Tanganyika 41
tant pis	basi 58
tante maternelle	mama (-) mdogo (wa-) 76
tante paternelle	shangazi (-) 76
Tanzanie	Tanzania 41
tapis	zulia (ma-) 60
tarder	-chelewa 6
taro	jimbi (ma-) 44
taxe	ushuru 76
taxi	teksi (-) 13, 26
taxi collectif (au Kenya)	matatu (cl. 6) 25
taxi collectif (en Tanzanie)	daladala (-) 81
taxi-moto	bodaboda 37
téléphone	mu (-), simu (-) 13
téléphoner	-piga simu 17
téléphoner à qqn	-pigia simu 13
témoin	shahidi (ma-) 83
température	joto (cl. 5) 100
temps	muda (cl. 3) 5 ; wakati (nyakati) 13
temps (avoir le ~)	*marqueur de sujet* + na muda 5 ; -wahi 11
temps (en même ~)	huku 80
temps (météo)	hali ya hewa 71
tenir qqch.	-shika 17 ; -kamata 38
tenter sa chance	-bahatisha 84
terminer qqch.	-maliza 37
terrain	uwanja (mi-) 100
terre	udongo (cl. 11) 74
terre (sol)	ardhi (-) 67
tesson	kigae (vi-) 90

téter	-nyonya 80
thé	chai (-) 2
thé nature	chai kavu, chay ya rangi 30
toc toc toc	ko ko ko 53
toi	wewe 1
toit (faire le ~) (d'un bâtiment)	-ezeka 68
tomate	nyanya (-), tungule (-) 89
tomber	-anguka 31
tomber (faire ~)	-angusha 84
tomber sur	-angukia 79
ton/ta/tes	-ako 43
toque	kofia (-) 82
torche	mwenge (mi-) 41
tortillon	kata (-) 66
tortue	kobe (ma-) 59
tôt	mapema 50
tourisme	utalii 42
touriste	mtalii (wa-) 20
touriste (en ~)	kitalii 27
tourner	-pinda 26
tourner (se ~ vers)	-elekea 70
tous	-ote 30
tout	kila kitu 9
tout en	huku 80
tracassé (être ~)	-taabika 79, 91
tracasser qqn	-taabisha 79
traduire qqch. à/pou qqn	-tafsiria 69
train	treni (-) 17
tranchant	-kali 33
transmettre des salutations	-salimia 97
transport (moyen de ~)	usafiri (cl. 11) 92
transporter (faire ~)	-safirisha 84
transporter qqn	-pakia 38
travail	kazi (-) 3
travail journalier	kibarua 87
travailler	-fanya kazi 29
travailleur	mfanyakazi (wa-) 81
très	sana 1
tresser qqch.	-suka 11
triste (rendre ~)	-tia huzuni 80
tristesse	huzuni (cl. 9) 80
tromper	-danganya 55
tromper (se ~)	-kosea 100
tronc	gogo (ma-) 87
trop	mno 20
trou	shimo (ma-) 70
trou (dans une paroi)	tundu (ma-) 31
troué (être ~)	-toboka 91
trouer	-toboa 91
trouver	hisi 43
trouver (être possible à ~)	-patikana 95

trouver (se ~)	-patikana 60, 89
trouver qqn	-kuta 62
tuer qqn	-ua 55
tuile (poterie)	kigae (vi-) 90

U

union	umoja 41
unique	-moja 24
unité	umoja 41
usine	kiwanda (vi-) 96
utiliser	-tumia 70

V

vacances	likizo (-) 75
vaccin	mchanjo (mi- 27
vache	ng'ombe (-) 18
vague	wimbi (ma-) 93
vain (en ~)	bure 23
vaincre	-shinda 34
vaisselle	chombo (vy-) 96
valable (être ~)	-faa 27
valise	sanduku (ma-) 9
valoir (il vaut mieux que)	bora 38
vanille	vanila (cl. 9) 89
variés	mbalimbali 60
véhicule	chombo (vy-) 96
veine	mshipa (mi-) 91
vendre	-uza 45
vendredi	ijumaa 27
venir	-ja 11
venir de (provenance)	-toka 68
ventre	tumbo (ma-) 34
vérifier	-hakikisha 17
vérité	ukweli 54
verre	gilasi (-) / glasi (-) 66 ; kigae (vi-) 90
verser	-mwaga 88
vert (couleur)	-a kijani 23
vert (pas mûr)	-bichi 89
vêtement	nguo (-) 11
vétuste	-bovu 17
via	kupitia 81
viande	nyama (-) 64
vide	-tupu 36
vie	maisha (cl. 6) 34
vieillir	-zeeka 91
vieux	mzee (wa-) 12 ; -kongwe 67
Vieux Fort	Ngome Kongwe 67
vieux jeu (être ~)	-pitwa na wakati 86
village	kijiji (mi-) 91
ville	mji (mi- 4
visa	viza (-) 27

visage	uso (nyuso) 10
visible (être ~)	-onekana 86
vitamines	vitamini 80
vite	haraka 5 ; upesi 47 ; mbio 85
vitesse	kasi (cl. 9) 100
vitre	kioo (vi-) 46
vivre *(v.)*	-ishi 34
voile	baibui (ma-) 38
voile de tête	mtandio (mi-) 47
voir (se ~ les uns les autres)	-onana 48
voir qqch.	-ona 9
voisin	jirani (ma-) 22
voiture	gari (-) 18
voix	sauti 78
voler qqch.	-iba 55
voleur	mwizi (wezi) 55
vomir	-tapika 93
votre/vos	-enu 44
vouloir qqch.	-taka 5 ; -penda 75
vous	nyinyi 6
voyage	safari (-) 5
voyager	-safiri 16
vrai	kweli 8
vraiment	kweli 20

Y

y a quelqu'un ?	hodi? 3
ylang-ylang	mlangilangi (mi-) 89

Z

Zanzibar	Zanzibar 29

N° édition 4242 : Le swahili
Imprimé en France par Laballery - Avril 2023
303210